U0513121

共生与国际关系
金应忠文集

金应忠 /著
任 晓 /编

上海人民出版社

序言：金应忠与中国国际关系学的发展

任　晓

2023年4月12日，金应忠先生在新西兰奥克兰市病逝，享年81岁。消息传出，微信群里一片惋惜之声，哀悼他的离去。

金应忠生命历程中的后四十年，亲历和见证了国际关系学科在中国的发展。他自身在这一过程中所从事的学术活动和工作，是这种发展的一个缩影。他在这个过程中留下了一个长长的身影，作出了可称重要的贡献。

金应忠是改革开放以来国际关系学科在中国重兴和发展的开创者之一。我在专著《中国国际关系学史》（商务印书馆2022年版）中对此有所反映。书中写道："金应忠的《试论国际关系学的研究对象和任务》，应是（改革开放后）探讨国际关系学对象和任务等最早的一篇论文。"[1]

这篇文章见于国际关系史研究会所编的《国际关系史论文集》中。国际关系史研究会，就是后来的中国国际关系史研究会，2000年更名为中国国际关系学会。1980年12月，国际关系史研究会成立大会在广州举行。这部论文集，是提交给成立大会各篇论文的汇集，总体水平相当高。限于当时的条件，文集并不是正式出版的，但非正式出版并不影响它在学术史上的地位。论文集的封面是经过专门设计的，由名家商承祚题签，落款为1981年4月，整个设计颇为雅致。金应忠出席了这个成立大会，正好说明他的学术生涯是跟改革开放以来国际关系学科的成长相始终的。他提交给大会的这篇论文，其贡献在于率先对什么是国际关系学作了精要的阐述。文章中写道：

> 如果给国际关系下一个定义，国际关系学就是研究国际关系发展内在规律性的科学。马克思主义国际关系学的基本任务，就是要揭示国际关系运动

发展的规律，以便顺应历史的潮流，制定正确的战略和策略，推动国际关系沿着它自己的必然方向前进。研究国际关系必然涉及国际关系中的诸种关系和影响国际关系的诸种因素，但是孤立地研究这些关系和因素，并不能揭示国际关系发展变化中内在的必然性，这种具体的研究，不能代替国际关系学理论的研究，只有研究它们共同的、经常起作用的、最能揭示问题实质的因素，才能探索到国际关系发展中的客观规律。

该文又写道:“当我们对国际关系中的诸种关系进行综合的研究，分析比较了这种关系的时候，我们不难发现，它们之间都有其共性：第一，各种关系都是国际关系的具体表现形式；第二，各种关系都受各有关国家的政治、经济、军事、文化等发展的具体实际的制约，某种特定关系发展的程度，首先是为有关国家的具体国情所决定的；第三，某种特定的关系，服从特定的利益，国家的关系服从国家的利益，民族的关系服从民族的利益，宗教的关系服从宗教的利益，集团的关系服从集团的利益。这些共同点表明了国际关系说到底实际上是相互之间的利害关系。”[2]

早在1980年，金应忠就进行了这样一些思考，可说是学科性探讨的先行者之一。

金应忠也是我国在改革开放后的早期即开始国际关系理论探索的上海学者。他参与的一项极重要的工作，是参加了1987年全国性国际关系理论研讨会的筹备工作。这是改革开放启动以来全国范围内召开的首次国际关系理论讨论会，国务院国际问题研究中心总干事宦乡、时任上海市市长汪道涵都出席了会议，也都发表了十分重要的讲话。金应忠当时在上海市国际关系学会工作，亲身参与了这一重要学术会议的组织和筹备过程，并且是正式出版的会议文集《国际关系理论初探》的副主编之一。

多年后，他写了一篇《上海国际关系理论讨论会追记》，追述这一在中国国际关系学科史上具有历史意义的重要会议的来龙去脉，叙述甚详。他曾告诉我，这篇“追记”没有正式发表过。他写道：

为什么要召开“上海国际关系理论讨论会”？开会是要花钱的，需要学会自己想办法筹钱。讨论会文集《国际关系理论初探》之所以在1991年，即讨论会结束四年后才正式出版，因为当时上海一个讨论会发起单位的有关同志未能及时提供自己承诺的该由其承担的3 000元费用，需要另外想办法补上这个缺口而受到耽搁。在当年经费如此紧张的情况下，仍然要想办法召开这个讨论会，其主要理由在讨论会领导小组委托国际关系学院赵玉梁、赵晓春、楚树龙三位老师写的《关于建立有中国特色的国际关系学体系——上海国际关系理论讨论会纪要》中是这样说的："自党的十一届三中全会以来，我国国际交往的实践和国际关系教育的实践告诉我们国际关系理论的研究已经提到议事日程了。第一，在新的历史条件下，面临着许多新问题、新现象，理应作出科学的阐明，创造性地发展马克思主义国际关系理论，建立我们自己的理论体系。第二，当代世界政治经济正面临着大转折，需要用科学的国际关系理论，预测国际关系的发展演变，制定正确的战略和策略。"这个表述从大处、全局着眼来讲为什么要召开"上海国际关系理论讨论会"的原因是完全正确的。何况中国共产党第十三次全国代表大会在10月底就要召开，社会主义改革开放事业、中国对外关系发展即将进入新的历史发展历程。

然而具体地说，还涉及这样几方面：第一，对已经启动的国际关系理论研究需要共同推一把。当时国际关系理论研究已经启动是事实。1980年金应忠撰写了《试论国际关系学的研究任务、对象和范围》，1981年陈乐民发表《西方现代国际关系学简介》，1985年陈汉文的《在国际舞台上——西方现代国际关系学浅说》出版，1987年邵文光翻译的《争论中的国际关系理论》出版，1987年倪世雄、金应忠主编的《当代美国国际关系理论流派文选》出版。1987年张季良主编的《国际关系学概论》出版，这是我国历史上第一本用中国人的话语撰写的国际关系理论教材。第二，对中国特色国际关系学体系在中国如何发展要定个方向，坚持两条腿走路。通过当年学术成果的回顾，我们可以有根有据地说，国际关系学发展在中国的起步，一开始就是两条腿走路的：一条腿是探索具有中国特色的国际关系学理论体系、学术体系、话语体系，当年的开路先锋是国际关系学院张季良教授。客观地说中国学者的国际关系理论研究起步较晚，尚未形成一整套独具特色的学术体系，但在国家对外关系发展中，在观察国际形势变化过程中，中国学者提出的许多观点和具有创造性的理论，在指导国家对外政策、支持世界人民的正义事业方面所具有的价值，是有目共睹的，我国外交取得的成就也是有目共睹的，从学术上给予提炼、抽象是中国国际关系学学者义不容辞的责任。另一条腿是对美欧国家国际关系理论成果开展实事求是的评析。客观地说，国外国际关系理论成果包含着合理与不合理成分是不足为奇的，全面肯定固然不对，完全否定也未必科学，为了分清是非就要评析、就有了科学比较的必要性，旨在“去伪存真，去粗取精，由此及彼，由表及里”的过程中找出其中合理的、对我们有用的东西。现在有人说国际关系学在中国发展走的是先引进、再创造的道路，这不符合当年的事实。学者要凭事实讲话而不能自拍脑袋说瞎话。第三，为正在诞生的中国国际关系理论定个性。在讨论会上，无论是与会者的发言还是宦乡、汪道涵的讲话都说要建立中国特色国际关系学体系，说明当时定性是清楚的：一是中国自己的；二是要有中国特色；三是建立国际关系学体系。

很显然，只有亲身经历过这件事情的人，才可能写出这样的“追记”。毫无疑问，他对首次全国性国际关系理论讨论会的召开作出了实实在在的贡献。

也是因为撰写《中国国际关系学史》专著的缘故，我曾通过微信问当时身在新西兰的他出生年月问题，他答复我是1942年1月8日生，但户口簿上写的是4月8日，是派出所弄错了，结果身份证上也变成这个日子。后来，我又问他在复旦大学国际政治系学习是哪年到哪年的事，他答复说是1963年9月进校，1968年12月26日毕业离校。连日期也记得清清楚楚，可能是因为正好与毛主席的生日是同一天。

诸如此类关于一些细节问题的问答，在他生命的最后几年中在我和他之间进行过不少次，这些都保留在我的手机中。

2022年2月22日，我问他《国际关系理论比较研究》由中国社会科学出版社出版的缘起。他回答：第一版是1991年出版的，修订本是2003年出版。当时，两位作者（另一位是倪世雄，他们二人在多年间进行了亲密无间的学术合作）觉得不仅要翻译国外的理论著作，而且还要与中国外交理念做比较，考虑如何吸收，如何与中国外交理念融合，为建立中国的国际关系理论体系提供基础。客观上，当时国内也没有相关教材。说起这个，他似乎有点得意地说道，想不到这本书一出来，很受欢迎，有国际关系学科的各校都选它做教材。本科生读这本书，考硕士和博士研究生时也选作参考书，产生了不小的影响。我又问这本书的来由如何，他的回答是：这本书首先是我们两个提出来的，得到中国社会科学出版社张明谦、刘仁的支持。当时张明谦正在主编一套"当代国际问题研究丛书"，建议把这本书纳入他的丛书，于是就这样纳入并出版了。这本书的优点是中外理论都有，保守者反对不了，小青年觉得有新鲜感。

我问：张明谦是中国国际问题研究中心的吧？他答：这是兼的，其实是中国社会科学出版社国际室主任，他离休后由周兴泉接班。

金应忠从1988年10月起担任上海市国际关系学会秘书长，直到2017年3月卸任，前后长达近30年，这大概创造了一项纪录，今后也无人能够打破。我没听到过有人对此提出过什么不同意见，因为他是一个能为各方面所接受的人。有时候他打来电话，拿起听筒听到第一声就知道是他。有时他未必有什么特别的事，就是因为他想到了一个什么问题，想与人分享，听听意见而已。他对人总是乐呵呵的，无论年老年轻，都是这样。他跟谁都谈得来，跟谁都能处好关系，难怪大家都接受他，都乐意和他做朋友。他的最后一个身份是上海外国语大学的顾问教授，有多篇论文是以此身份发表的。

金应忠的晚年发出了夺目的光彩，这是尤其不简单的。尽管年岁渐高，但他依然不停地思考问题，并把自己的思考写成一篇又一篇文章，以至于家人为他担心，劝他不要写了。他不以为意，依然勤奋地思考和研究，笔耕不辍。从2010年到他辞世的这十二三年间，是他学术生涯中的丰收期。尤其值得指出的是，他发表了一系列的论文，倡导和建构共生理论，成为上海"共生学派"国际关系理论的代表之一。

在21世纪的头二十年左右的时间里，国际关系学在中国取得了长足的发展，学术成果众多，学者队伍日益壮大，在各个分支领域都是如此，这有事实为证。国际关系理论建设的扎实开展，又是其中最为重要、最值得关注的发展。在任何一门学科中，理论都毫无疑问地处于核心地位。在这二十余年间，国际关系理论“中国学派”已然兴起，形成了不同的理论流派，主要包括关系理论、道义现实主义、天下体系理论和共生理论四种，其中共生理论主要是由上海学者发展起来的，金应忠在这一过程中发挥了重要作用。

金应忠是最早把“共生”概念引入国际关系学的学者。在国际关系学界，他最先注意到哲学和社会学家胡守钧等人对“社会共生”所开展的研究并给予了很大重视，认为可以引入国际关系的理论探讨中来加以发展。他于 2011 年 10月在上海的《社会科学》杂志发表了这方面的第一篇论文《国际社会的共生论——和平发展时代的国际关系理论》，这是从国际关系视角讨论共生论的第一篇论文。

金应忠在该文中注明，他论文中的“共生”观念是受胡守钧教授《社会共生论》专著的启发，并向胡表示了感谢。论文指出，“共生”是国际社会的基本存在方式，不以人的主观意志为转移；人类社会经济生活的共生性是孕育、形成、强化国际社会共生网络的巨大动力；“共生”不仅是国际社会的一种客观存在，而且是国际社会发展的基本途径，它是在“共生”过程中实现的；世界进入和平发展时代，并不表明国际社会共生性已经成熟、已经文明，相反依然有大量不成熟的地方，大量不文明的表现。邓小平提出和平与发展，是作为当代世界依然存在而且需要解决的两个主要问题提出来的，涉及人类社会如何共同生存、如何共同发展，认为这两个问题关系全局，带有全局性、战略性的意义；社会的进步是人的共生关系的进步，既是共生关系改善的结果，又是新的、更高共生关系生长的起点；在全球体系共生网络中，实现发展中国家包容性发展，同时也是发达国家发展的需要，更新和完善全球体系共生网络中的共生制度和规范是包容性发展、共同发展的需要。这些论述，都反映出他深度的理论思考。

国际共生论提出的一个重要背景是中国学者对国际秩序和对西方国际关系理论的批判性反思。世界上存在如此之多的种种问题、矛盾、危机乃至战争，出路在哪里？这是众多人士一直在思考研究的问题。在有的中国学者看来，西方的国际关系理论实际上是建立在欧美这一“地方性”的国际政治经验基础之上的，而 18 世纪以来的西方国际关系史，几乎就是一部结盟对抗和霸权战争的历史。因此，西方国际关系理论关于战争与和平问题思考的思想材料，过多地来源于伯罗奔尼撒战争史以及西方近代以来频繁的内部战争的经验。建立在这一历史经验之上的理论，深刻影响了当代西方学者和战略家的头脑，并使他们每每在国际关系发生变革和转折的时刻，对国际关系尤其是大国间关系的未来走向自然产生历史联想。艾利森以伯罗奔尼撒战争中的雅典和斯巴达来类比当今的美国和中国，只不过是又一例罢了，这也再次反映了西方学者思维的局限，他们的思考已经很难从已有的窠臼中跳脱出来了。

而“共生”观念，给了人们一个重要的启发。在国际关系学界，金应忠率先注意到了，并开始研究并撰文，在接下来的若干年间，连续撰写和发表了多篇论文。这些论文，大都收进了这本文集。

金应忠不仅自己研究，还鼓励和带动不同学科的上海学者跨越学科界线，共同探讨共生观念，进一步发展这一方向上的理论研究。他邀请胡守钧出席研讨会，胡因此撰写和发表了《国际共生论》一文。也经由他的穿针引线，上海市哲学学会、上海市社会学学会、上海市国际关系学会和复旦大学社会共生研究中心于2014年6月7日共同召开了“社会共生理论跨学科研讨会”，共聚一堂对共生理论相关问题展开研讨。这种形式是以往不多见的，反映了包括金应忠在内的组织者的眼光，产生了积极的效果。

在生命中的最后几年，他比较多地使用“和合共生”四字，有不少文字发送在微信群里，成为他最后的学术思考。

2022年4月7日，我请他发送未曾发表的《关于上海共生学派》一文，他当天就发过来了，并说“供讨论用”。我表示，以后不妨就叫共生学派，略去“上海”二字，因为运用共生概念从事相关国际关系理论研究的学者已经不限于上海了。他表示同意和支持，觉得这样更方便运用和合共生理念来逻辑演绎人类命运共同体等概念的学术意涵。

稍后，他分享了某大学将要召开的“自主知识体系与国际关系理论发展创新”研讨会议程，并说看了该论坛一系列发言的题目，似乎与“自主知识体系与国际关系理论发展创新”这个总题目有较大差距，认为现在学术界基本上只熟悉“他主知

识体系”而对“自主知识体系”摸不着边际，甚至不想涉足这个问题。（2022 年 6 月 21 日微信）

新冠肺炎疫情延续了三年之久，迫使人们一般只能以微信联系或交换看法。金应忠身处新西兰，就更是这样。当我还想着哪天他回上海了，再见面聚聚聊聊时，他竟去了。但他留下了自己的贡献，留下了有思想的学术文字，人们会记得他。

有一位名叫巴博内斯（Salvatore Babones）的澳大利亚学者表示，中国国际关系研究引发了一场关于发展一种独特的中国学派的讨论，这个学派利用中国的历史和知识传统来激发新的国际关系理论。中国学派的国际关系理论深植于中国传统的思想和实践，将这些概念应用于对当今世界体系的理论与实证分析，可以为全球国际关系研究作出重要贡献。此外，中国学派倡导的概念可能比想象中更容易推广，随着中国的全球化，中国学派国际关系理论可能在中国之外获得重要的应用。[3]

巴博内斯的这一肯定，是国外学者迄今为数不少的注意和肯定之一。中国学派学者应该为此感到高兴和欣慰，金应忠当是其中之一。

这部文集，收入了金应忠除专著外的主要撰述，从 1980 年的第一篇论文到发表于 2022 年 6 月的最后一篇论文，时间跨度大致为 42 年。编辑的原则是着重收入学科性和理论性的文章，这反映了金应忠一生中最主要的学术研究工作和收获的果实。在他生命的最后十余年间，金应忠思考最多的问题就是共生与国际关系，这段时间也是他撰写和发表论文最为集中的一段时间。这部文集以《共生与国际关系》为书名，应该是合适的吧。之所以在他身后花费时间精力着手并完成这项编集、审订和出版工作，完全是出于一种情义和对学术传承的希冀，愿以此告慰他的在天之灵。

这项工作，得到了金应忠夫人徐苹老师和女儿金海燕女士的授权和协助。他的有些论文只有纸质版而无电子版，整理工作得到了复旦大学博士研究生孙志强的帮助。上海人民出版社潘丹榕女士和史美林女士为此出力甚多，在此一并致谢。

2023 年 9—12 月于上海

注释

1. 任晓:《中国国际关系学史》,商务印书馆 2022 年版,第 159 页。

2. 金应忠:《试论国际关系学的研究对象和任务》,载国际关系史研究会编:《国际关系史论文集》,生活·读书·新知三联书店 1981 年版,第 9、13 页。

3. Salvatore Babones, "Taking China Seriously: Relationality, Tianxia, and the 'Chinese School' of International Relations," https://doi.org/10.1093/acrefore/9780190228637.013.602, published online: 26 September 2017.

目　录

试论国际关系学的研究对象和任务

自从有了国家之后，就出现了国家之间的交往。随着科学技术的发展，交通和通讯联络日趋方便，国家之间的交往越来越频繁。但是在资本主义世界市场形成以前的一个相当长的历史时期内，这种国与国之间的交往，一般局限在个别国家之间或局部地区之间，涉及的内容是有限的；而世界各国多数处在闭关自守的状态。真正形成全球范围内的国际交往，具有现代意义上的国际关系，则是在资本主义世界市场形成以后的事情。

由于资本主义世界市场的形成，"过去那种地方的和民族的自给自足和闭关自守状态，被各民族的各方面的相互往来和相互依赖所代替了"。首先表现在经济上的"相互往来和相互联系"，是形成现代意义上的国际关系的物质基础。国与国之间的交往成为国家事务的重要组成部分。国家政府的首脑亲自参与国际事务的决策成为国际关系中的普遍现象，几乎没有一个国家的政府首脑不是该国对外政策的决策者和主要执行者。国际关系学理论的形成与发展，是与此相适应的。

为了处理国与国之间的关系，势必要求对国际关系有一个基本的认识，并以此为向导，这实际上是国际关系学的萌芽。马克思列宁主义的诞生，为国际关系学理论的发展，提供了崭新的装备。无产阶级革命导师在国际关系理论方面所提出的科学论述及所提供的科学方法，为我们创立马克思主义的国际关系理论体系奠定了坚实的基础。马克思、恩格斯的《共产党宣言》，列宁的《帝国主义论》等，都可以认作是革命导师在马克思主义的国际关系学理论上所建树的丰碑。

当然，我们也不能不看到，要建立起马克思主义的国际关系学理论体系谈何容易。首先是必须确定国际关系学理论的研究对象和任务是什么。为了研究国际关系，处理国际关系，势必涉及一系列有关的具体学科和国际关系的具体事实。显然要确定国际关系学理论的研究对象，就可以有多种多样的说法，但是据我的看法，无非两个问题：第一，有关国际关系的各个学科的研究是否能够代替国际关系学理论的研究？第二，国际关系所涉及的相当广泛、极其丰富的具体事实，是否都是国际关系学理论的研究对象？本文试图从解答这两个问题入手，就国际关系学的研究对象和任务作一点探讨。

一、国际关系发展有自己内在的规律

按照辩证唯物主义的观点，世界上万事万物都有自己的运动发展的规律，国际关系的发展显然也毫不例外，有着自己内在的规律。作为人类社会发展的一个部分，国际关系发展的规律首先服从人类社会发展的总规律。国际关系是人类社会一定历史阶段的产物，因国家的产生而出现，也将因国家的消亡而消失。人类社会发展的不同形态的相继出现，导致了建立在不同社会形态基础上的国际关系的出现，例如奴隶制国家之间的关系，封建制国家之间的关系，资本主义国家之间的关系，社会主义国家之间的关系。又由于人类社会总体发展的不平衡性，有的国家已经进入社会主义阶段，有的却还处在奴隶制形态，导致了不同社会形态的国家之间的关系的出现，例如奴隶制国家与封建制国家之间的关系，封建制国家与资本主义国家之间的关系，社会主义国家与资本主义国家之间的关系，甚至与封建制国家之间的关系。但是人类社会不管出现多少迂回，经历多少曲折，终将到达大同的境界，建立在国家与国家关系基础上的国际关系也终将不复存在。

然而国际关系的发展变化作为社会运动的一个侧面，又必然具有自己的特征，第一，它是国际间相互关系变化发展的一种运动形态，第二，它不仅受关系双方的各自的变化发展的促进和制约，而且也受其他方面的，乃至是总体的变化发展的促进和制约，因此它必然包含着自己内在的运动变化的必然性，即具有自己内在的规律性。

人们尽可以从自己的目的和利害出发，为国际关系发展变化制定某种模式，如霸权主义者曾根据谋求霸权的需要，提出过炮舰外交的政策。人们也企图建立过各种各样的体系，例如神圣同盟，又例如雅尔塔体系。但是，不仅一切霸权主义的企图，而且一切要把国际关系稳定在某个体系中的企图，最终都必然被国际关系内在发展规律所否定。客观世界的运动发展迫使人们不断地去认识它固有的规律性，建立起国际关系学理论。所以，如果给国际关系学下一个定义，国际关系学就是研究国际关系发展内在规律性的科学。马克思主义国际关系学的基本任务，就是要揭示国际关系运动发展的规律，以便顺应历史的潮流，制定正确的战略和策略，推动国际关系沿着它自己的必然方向前进。

二、有关国际关系的各个学科的研究，不能代替国际关系学的研究

在今天的世界上，任何国家在制订国际战略的时候，首先就得考虑整个国际关系的形势及其可能的发展，以便得出一个总体的认识，基本的认识，为此无不要分析整个世界诸种力量的联系和矛盾，估计各种现实的因素和可能出现的因素，进行长远利益和近期利益的比较，才能找出有利于自己发展的最佳方向，也就是说，必须有一种指导总体研究的理论，而这种理论又必须是能够揭示国际关系发展内在的客观规律的。我们国家有大批从事国际关系问题调研的同志，他们要对大量的国际问题进行分析比较，或作出一定的估价，或提出近期或远期的预测，这样艰巨细致的科学工作以管窥豹是行不通的，至少也不会有好结果，也就是说，也必须有一种能够揭示诸种国际现象和国际问题内在的具有必然性的理论作指导。

显然这个任务是国际关系有关的各个学科的研究所承担不了的。

例如外交学。外交是国际交往中的一种具体实践，在这种实践基础上所建立的外交学只能是研究这种具体外交实践的科学。外交学从外交业务上总结历史与现实外交活动中的经验与教训，指导自己的国家在与其他国家的交往中，不至于处在不利的地位，不让别国牺牲自己国家和民族的利益来营私，以便正确地运用外交手段和智谋，达到推行本国外交政策的目的。它并不承担指导外交政策的制订。

又如外交政策。任何国家在对外关系的主要目标方面，都是为了引导或影响

对外关系的发展，使其有利于本国的最根本的利益，或国家集团的利益，或国际合作的利益，为此都必须制订协调和处理与其他国家（地区或组织）的关系的基本界限，即一定的外交政策。这种外交政策是总的战略利益的具体实现，是原则性和灵活性的实际结合，确切地表明了国家对国际关系中具体事件所取的赞成或反对的基本立场。显然正确的外交政策只能受国际关系内在必然性的认识所支配，只能是这种认识的必然结果，而无法代替对国际关系中内在必然性的认识。

又如国际关系史。国际关系史是以国际关系发展的历史事实作为自己的研究对象，国际关系发展历史中的任何一件历史事实都可以作为国际关系史的研究课题。以历史事实为依据，给国际关系发展的历史以科学的说明，这就是国际关系史的任务。同现实的国际关系发展一样，历史的国际关系的发展也包括一系列重大的事件（偶然发生的或必然发生的），多种多样的因素（直接的或间接的），各种各样的人物（有决定性影响的，或有不可忽视的作用的，或一般性的），对这一切要作出确定性的判断，离开对国际关系中内在的必然性的认识，显然也是不能成功的。历史固然是一面镜子，对现实国际关系的研究可以从中得到借鉴，能为认识国际关系发展内在规律提供某种线索，但是它的功能也只不过如此而已。

又如无产阶级革命导师关于国际关系理论的研究。马克思主义告诉我们，马克思主义不是教条而是行动的指南。企图靠搬用无产阶级革命导师关于国际关系方面的现成结论来取代我们对现实国际关系的探讨，无疑是不好的。现代国际关系发展中的新情况新问题，有许多是经典作家在世时所无法预料的，都需要我们以马克思主义为指导，作出科学的回答。对无产阶级革命导师关于国际关系理论的研究，决不是意味着仅仅是具体注释他们的某些论述，也决不是意味着仅仅把他们的原话摘录汇编成章，第一位的任务是探讨革命导师是用什么方法建立他们对国际关系内在必然性的认识（方法论），又是如何从现实的国际关系中，阐发自己对国际关系中内在必然性的认识的（规律性的分析）。这种对革命导师关于国际关系理论的研究，不仅没有消减我们对国际关系中内在规律性的研究，相反只会促进我们在这方面的研究，指导我们在这方面的研究。

再如国际法。在我国通常称此为国际关系的准则，日本的学者称此为国与国之间的法。从国际法的任务看，它是以确定国与国之间相互关系的规范为目的，或来源于习惯，或来源于国际条约，例如调整限定国家的管辖权行使的范围等。国际法是国际关系发展的产物，又转过来为现实国际关系服务，是国际交往的工具。显然如果要通过国际法的研究来确定国际关系发展的规律，那是不可能的。相反，国际法条文是否合理，只有放在国际关系的变化发展中才能得到正确的判断。与国际关系有关的学科，还有西方国际关系理论的研究，国别外交史的研究，国别政治制度的研究，比较政治制度的研究，国际共产主义运动史的研究等，更具有它们自己学科的局限性，更谈不上能完成国际关系中内在必然性的研究。

综上所述，对国际关系中内在必然性的认识，只能由国际关系学来承担，这是毫无疑问的。

三、国际关系所涉及的具体内容不等于国际关系学的研究对象

我们知道，国际关系从广义上讲，有政治关系、经济关系、军事关系、文化关系、宗教关系、政党关系、民族关系、地域关系、集团关系以及政治关系的继续——交战国关系，这些关系的发生和发展，不仅涉及有关国家的外交政策，而且涉及有关国家的政治经济的制度和国家的性质。这些关系中，不仅有现实的关系，而且还有历史的关系，而现实关系与历史关系又往往是不能截然分开的。影响国际关系的不仅有物质的因素，而且还有意识形态甚至心理的因素，内容之丰富，门类之繁多，决不是一言能尽的。即使说，国际关系仅仅是国际政治关系，首先，研究国际政治关系不能离开上述关系，其次国际政治关系本身所涉及的内容也是极为丰富的。这些关系如果都成为国际关系学的研究对象，割裂开来去研究，那么，国际关系学势必会成为包罗万象的国际问题百科全书，这样就会模糊国际关系所涉及各类具体内容的研究与国际关系学理论研究的区别，也达不到预期的效果。诚然，国际关系不是根本脱离这些关系而存在于这些关系之外的东西。

特别应该注意到，在现代国际关系中还出现了许多新的情况，出现了不少令人

注目的因素，这些因素也会给国际关系的发展带来重大的影响。

一是宗教的因素。这在中世纪是具有相当地位的，但后来一度削弱了，这些年来又开始变得令人注目。作为波兰人的罗马教皇保罗二世在1979年回到波兰时出现的空前未有的壮观盛况，举世瞩目，世人震惊。强大的教会势力曾经迫使波兰的盖莱克(Edward Gierek)政权不得不采取一系列让步措施，以便减少教会势力的反抗，缓和政教之间的矛盾。去年导致盖莱克下台和波兰政局不稳的工潮，其中教会势力是不可低估的因素。这是一个国家内的情况。以伊斯兰教徒为主体的阿富汗人民反对苏联社会帝国主义的干涉和武装入侵的斗争，使这支近十万人的军队陷于泥潭，以及为声援阿富汗人民斗争而召开的伊斯兰国家会议所显示出来的巨大力量，更清楚地表明了宗教势力在国际事务中已成为不可忽视的力量。

二是能源。两次石油能源危机所造成的严重混乱的局面，在全世界人民的心目中，特别是在欧美国家人民的心目中，留下了极为深刻的影响。从中东波斯湾地区，以几乎是无偿取得的石油能源所建立起来的欧美日本的能源结构，在西方经济发展和社会生活中所赋予的实际意义，中东波斯湾地区被人们看成是西方国家的生命线。为了切断这个地区与西方世界的联系，苏联入侵阿富汗，南下印度洋，利用这里的矛盾不断地制造事端，使这个地区成为当今世界动荡不定的热点。现在世界上因此有人说，第三次世界大战已经打起来了。这种说法是否属实有待研究，但是这足可以证明石油能源在国际关系中的地位。

三是间谍。目前在太空中昼夜巡行的间谍卫星到底有多少，谁也说不清。在地球上如幽灵游荡的间谍到底有多少，也是很难说得清，反正世界上不论大国还是小国，都向外派出间谍，其中当然要数苏联、美国的间谍网尤为令人注目。据说苏联的间谍有十万，到底有多少，反正是个谜。那么多间谍在世界上活动，或者窃取情报，或者制造假情报，或者进行暗杀绑架，或者组织策反，或者挑起事端，制造动乱，或者策动政变，改朝换代。世界上许多动乱的引起，往往是与美国中央情报局和苏联克格勃的特务活动相关联的。50年代，美国中央情报局搞到了赫鲁晓夫在苏共二十大上的大反斯大林的秘密报告，并公布于世，一下子在全世界范围内掀起了一场轩然大波。这支力量的活动，客观上越来越受人们的关注。

四是军事装备的因素。说起打仗，人们往往首先想到军队的数量，但是目前世界上通行的办法不是把精力主要集中在训练大批的军队上，而是集中在军事装备的更新和配置上，因此，军事装备的水平和配置，已经成为衡量军队实力的一种标志。苏联美国两个超级大国的军备竞赛，已经成为人们心理上产生恐惧的一个重要因素。成千上万枚核弹对准着自己的国家，不知哪一天凌晨会落到自己的头上，许多西欧人都谈到过这方面的心情，足见苏联导弹核武器对西欧的威慑作用的实际效能。这种威慑作用势必会对国际关系的发展带来影响，一方面表现为欧美国家害怕得罪苏联，对苏联的扩张行为的对抗因此受到制约。另一方面又表现为苏联因势利导，逐步吞食世界，在避免直接武装对抗的情况下，谋取实际的利益。

当然还有其他的因素，例如地域的因素，集团组织的因素，甚至一些偶然的因素，像伊朗扣留美国驻伊朗大使馆人员的人质事件等，都会给国际关系的发展带来相当可观的影响。在历史上，奥匈帝国皇储被人刺杀，竟成为第一次世界大战的导火线。这一切，在我们确定国际关系学的研究对象的时候，不能不给予足够的注意，这些因素在研究国际问题的时候，固然要给予认真的思索和科学的推敲，万万不可粗心大意，万万不可掉以轻心，但是也应该看到，这些因素并不是在任何时候、任何情况下都起决定性作用的。

例如上面提到的宗教因素。从去年十月开始的伊朗和伊拉克之间的武装冲突，虽然起因中也包括宗教的矛盾，也有各自的教派国家为后盾。战争初期，双方都有些后盾国家扬言要军事介入，表示声援，但战争却一直局限在这两个国家之间，原因为何，孤立地看显然是说不清的。

又例如能源问题。引起近年来鼓噪一时的能源危机，有多种多样的因素，能源结构的因素，能源供应短缺的因素，能源价格上涨的因素，囤积居奇和乘机哄抬的因素等，但是如果能在能源结构上作一定的调整，不那么完全依赖石油能源，如果能在能源的供应上开辟新的廉价的领域，那么中东海湾地区在西方经济发展中所处的地位相应地就要减弱。何况，据有关人士估算，现在世界石油的产量根本不存在供不应求的问题。两伊战争，使世界最大的石油输出国之一的伊朗和伊拉克受到了严重的破坏，但在西方世界所引起的震动却没有 1973 年爆发第一次能源危机的时候那样巨大，这足以证明中东海湾地区在西方能源结构中所处的地位是会发生变化的。

再例如军事装备的更新和配置。这固然可以使人望而生畏，但是决定战争是否会爆发的根本原因不在于军事装备如何。英国一位著名的军事理论家和历史学家利德尔·哈特(Liddell Hart)，此人是非常重视武器装备作用的，他曾经和另一个人提出了坦克、机械化步兵和飞机联合作战的现代运动战的原理，对机械化战争的军事思想的形成有很大的影响。但就是这样一位先生，也认为德国希特勒胆敢在1939年9月1日入侵波兰，并不是因为希特勒德国的军队在人数和武器上在世界上都占压倒优势的结果，他否定了仅仅从军事装备上估计形势的看法。他说："克里孟梭在上次大战中讲过：战争事关重大，不可任凭军人处置。一九三九年的欧洲局势，使这句多次经人引用的话又增添了价值，也有了新的含意。因为哪怕军人的眼力绝对可以信赖，现在也不能任凭他们处置。即使不是发动战争，就是维持战争的力量，也已经越出了军事领域，而转移到经济领域了。"[1]战争"不可任凭军人处置"，是何原因，他说得不够全面，但是不可以仅凭军事实力来作出形势的估价，却是可取的。

总而言之，研究国际关系必须涉及国际关系中的诸种关系和影响国际关系的诸种因素，但孤立地研究这些关系和因素，并不能揭示国际关系发展变化中内在的必然性，这种具体的研究，不能代替国际关系学理论的研究，只有研究它们的共同的，经常起作用的、最能揭示问题实质的因素，才能探索到国际关系发展中的客观规律。

四、世界政治经济的总和是国际关系学的研究对象

如果我们孤立地研究和考察国际关系中的某种关系或某种因素，我们固然无法回答国际关系学所必须回答的问题，但是当我们对国际关系中的诸种关系进行综合的研究，分析比较了这种关系的时候，我们不难发现，它们之间都有其共性：第一，各种关系都是国际关系的具体表现形式；第二，各种关系都受各有关国家的政

治、经济、军事、文化等发展的具体实际的制约，某种特定关系发展的程度，首先是为有关国家的具体国情所决定的；第三，某种特定的关系，服从特定的利益，国家的关系服从国家的利益，民族的关系服从民族的利益，宗教的关系服从宗教的利益，集团的关系服从集团的利益。这些共同点表明了国际关系说到底实际上是相互之间的利害关系。所以当我们进一步研究这些关系的时候，我们会发现，所有特定的利益，局部的利益，都受世界范围内某种根本对立的利益的影响。

固然不错，无产阶级的社会主义国家的各种国际关系的特定利益，都受无产阶级世界范围的斗争利益的影响，尽管他们各自独立自主，各国对待国际范围内发生的事件的态度可以有各自的行为，但都要顺应全世界无产阶级的整体利益，或者也是为着谋求全世界无产阶级整体利益这一崇高的目标。

也固然不错，资本帝国主义国家在处理国际关系中的诸种关系的时候，尽管也受到各种特定利益的支配，因此相互之间表现为尔虞我诈，矛盾重重，但客观上也受到资本帝国主义共同利益的影响。在这种利益的影响下，虽然难以取得根本一致，但也会出现集团的组合。西欧从 50 年代的煤钢联营到 70 年代的欧洲议会的建立，不能不说这是受资本帝国主义共同利益影响的结果。

这两类利益既然如此对立，那么在世界范围内某种根本对立利益的影响下，会不会发生某种变化呢?

在第二次世界大战的时候，面对希特勒德国的侵略扩张的野心和疯狂的行为，社会主义的苏联曾经谋求与英法等资本帝国主义国家在反法西斯斗争中结成联盟，但是张伯伦的英国和达拉第的法国从他们损人利己的企图出发，拒绝这样做，结果当然很悲惨。事实教育了法国和英国，丘吉尔领导的英国和戴高乐领导的自由法国政府最后终于同社会主义的苏联结成了联盟，这是何种因素起作用的结果呢？当然是世界范围内两大根本对立的利益作用的结果，即希特勒德国的利益和一切不愿受希特勒德国奴役的人们的利益对立的结果。

在当今的世界上，面对苏联社会帝国主义的侵略扩张，迫使世界上一切受苏联社会帝国主义欺侮、干涉、颠覆、威胁和侵略的国家，一切国家利益受到苏联社会帝国主义损害的国家联合起来，不管政治制度是何等的不同，在历史上是曾经何等的对立，发展水平又有何等的差距，目前还有这种或那种利益的冲突，都要联合起来，结成最广泛的反对苏联社会帝国主义统一战线。一切深知张伯伦、达拉第历史教训的人们，一切深知敦刻尔克大溃败历史教训的人们，决不会认为这种统一战线不是战略的需要，而仅仅是出于策略的考虑。

那么这种世界范围的根本利益的对立又是什么所规定的呢？

在今天的世界上，任何一国的经济活动尽管受到各自的社会历史条件、自然资源以及经济发展程度不同的影响，但是由于国际分工的存在，世界上任何国家的经济活动必然要同其他国家的经济保持某种程度的联系，势必或多或少地程度不同地依赖于其他国家的生产以及别的经济联系，因此客观上已经形成了具有全球规模的经济结构和经济体系。这样，某一个国家在国际事务中的任何行为，都不能不首先考虑到世界体系可能会给自己带来的后果。马克思主义认为，一切社会现象的最深厚的基础在于经济。显然只有世界范围的经济体系和结构才是经常起作用的，最能从世界纷繁复杂、光怪陆离的现象中揭示出国际关系发展中内在的原动力。内在的规律的因素，最能揭示出问题的实质。而世界政治又是世界经济的集中表现。世界政治经济的总和规定了世界范围内某种根本利益的对立。苏联社会帝国主义国家在政治上谋求建立对世界的支配权，在经济上谋求建立以苏联国内经济体系和结构为中心的世界经济体系和结构，这不仅直接危害着所有资本帝国主义国家的利益，同时也否定了所有无产阶级的社会主义国家各自的独立和主权的利益，根本否认了他们任何自主自立的行为，也杜绝了一切落后国家从本国的实际情况出发独立发展的可能。苏联社会帝国主义对捷克斯洛伐克的入侵，对阿富汗的入侵，策动和支持越南在东南亚谋求霸权的武装暴行，对我国一再地武装挑衅和在我国边境陈兵百万等，这种现实清楚地表明了苏联社会帝国主义是如何来建立起自己的势力范围，它的目的是如何表现出帝国主义的特征的。对捷克斯洛伐克的入侵事件的发生并不是因为杜布切克（Alexander Dubček）谴责了苏联社会帝国主义的卑劣行径，而是因为捷克斯洛伐克独立地发展自己的事业的企图。很明白，只要苏联社会帝国主义谋求政治上建立对世界的支配权，在经济上建立以苏联为中心的世界经济体系和结构的狂妄野心一天不放弃，世界就一天也不会安宁。

尽管人们可能会对此一时认识不清，但全世界联合起来反对苏联社会帝国主义的统一战线越来越扩大，这种总的发展趋势，是谁也改变不了的。可以说，世界上几乎没有一个国家的人民会甘心忍受苏联的支配。在根本对立的利益的冲突面前，得道多助，失道寡助，这似乎也是一条规律。

世界政治经济的总和不仅规定了世界范围内某种根本利益的对立，同时也规定了世界战略力量的结构。第二次世界大战以后，由于中国等一系列国家走上了社会主义道路，形成了一个社会主义阵营，世界上出现了两个阵营对立的局面。由于第二次世界大战的有利时机和中国等国革命的影响，朝鲜战争的胜利，促进了民族解放运动的高涨，以 1955 年万隆会议为标志，第三世界的力量开始登上了世界政治的舞台，到 50 年代末、60 年代，世界范围内形成了两个阵营三种力量的战略结构。而后又由于苏联的背叛，走上了对外侵略扩张谋求世界霸权的社会帝国主义道路，使社会主义阵营不复存在。而在资本帝国主义世界中，由于资本主义政治经济发展不平衡规律的作用，美国的地位如江河日下，德法日等国迅速发展，西欧日本作为世界范围内的独立力量，逐渐变成现实。这样，整个世界经过 60 年代的动荡、分化和改组，到了 70 年代世界战略力量发生了重新组合，出现了多极世界的战略力量的结构。这就是第二次世界大战后世界政治经济总和发展变化所带来的现实。从世界政治经济的总和中，我们看到了多极化世界战略力量之间的相互联系和相互制约。这种世界战略力量之间的相互联系和相互制约，一方面迫使苏联在谋求与西欧地区的均势的同时，把战略进攻的矛盾指向第三世界，首先指向中东波斯湾地区和亚太地区，形成了当前世界的两个热点，另一方面也迫使西方国家逐渐改变对第三世界在政治和经济上的态度，有利于南北对话的发展，在客观上有利于增强第三世界的地位。不甘心忍受民族压迫和民族剥削的第三世界的强烈的民族情绪，国家要独立、世界政治要民主的历史潮流，是苏联社会帝国主义战略目标的不可逾越的巨大障碍。显然，轻视第三世界力量的世界政治近视症是错误的。

综上所述，是世界政治经济的总和决定了世界范围内国际关系发展的总趋势，所以我们只有把世界政治经济的总和作为自己的研究对象，具体地考察为此所规定的世界范围内的某种根本利益的对立和战略力量的结构，才能揭示出国际关系发展的规律，科学地建立起国际关系学理论体系。马克思主义从世界政治经济材料的总体的分析和综合所得出的判断中，揭示出资本主义政治经济发展不平衡的规律。这种科学的认识，指导了我们科学地认识资本主义国家之间的关系，指明了社会主义发展的历史进程。马克思主义也同样地揭示出“压迫其他民族的民族是不能获得解放的”的规律，对这一规律性的认识，指导了我们如何科学地认识压迫民族和被压迫民族之间的关系，认识先进国家的无产阶级对落后国家的无产阶级的应有态度。所以，如果我们要给马克思主义的国际关系学下一个明确定义，它就是以世界政治经济的总和为自己的研究对象，关于国际关系发展规律的科学。

注释

1. [英]利德尔·哈特:《第二次世界大战》，伍协力译，上海译文出版社 1978 年版，第 29 页。

（原载国际关系史研究会编:《国际关系史论文集》，生活·读书·新知三联书店 1981 年版。）

关于中国国际关系理论体系构成的基本要素

构建中国国际关系理论体系，关键是要弄清楚哪些是涉及国际社会的原生性基本要素，这些要素的涵义是什么，不同要素之间的内在逻辑结构关系是什么。本文拟就此与诸同仁展开讨论。

一、文化价值观念

国际关系理论不是从文化价值观念推导出来的，但文化价值观念是理论的灵魂；任何理论都含有一种文化价值观念判断。中国国际关系理论体系必然具有中国人的文化价值观念，显示中国人思考问题的研究视角和研究方法。中国人最重要的文化价值观念是和谐。中国传统文化中的阴阳有序、阴阳相济的观念，和而不同、致中和的观念，以及现代文化中的矛盾对立统一的观念，都是这种和谐文化价值观念的体现，凝结着中华民族五千多年发展史中认识世界、改造世界的智慧。和谐文化价值观念是中华民族对事物发展、社会发展、世界发展客观规律认识的结晶，构成了中国人思维的基本定势。当代中国，不仅要在国内建设和谐社会，而且主张构建持久和平、共同繁荣的和谐世界，显示了当代中国人对和谐的追求。当然，文化价值观念的研究不能代替国际关系理论研究；国际关系理论研究只能依据国际关系的本来面貌，理论体系构建只能依据国际社会的原生性因素。然而弘扬中国人的文化价值观念是中国学者的责任。

什么是和谐，为什么必须和谐，为什么能和谐以及如何实现和谐，在不同的语境中必须作不同的定义。就和谐社会而言，首先在于对人的尊严的相互尊重；就和谐世界而言，首先在于对主权国家及其他行为体尊严的相互尊重。这两者之间具有相似性。人类社会需要尊严、自由、安全，而现代文明将人的尊严放在第一位，以人为本，是人类社会进步的一个重要标志；自由、民主、安全是以对人的尊严的相互尊重为存在前提的。每个人都因他人的存在而存在，无一例外，互为存在的前提，具有相互性。人的尊严、自由、民主、安全、权益都具有相互性。公平、正义就是讲相互性及如何实现相互性。这都显示和谐存在于相互性之中，就是要处理好相互性。牛马不能群，而“人能群”，因为人能处理相互性。如果每个人只讲个人尊严，只要个人的自由、民主、安全、权益，否定他人的自由、民主、安全、权益，否定尊严的相互性，那么社会不仅不会有和谐而且会永无宁日。人的尊严的相互尊重是社会和谐的前提条件。在国际社会中，主权国家及其他行为体尊严的相互尊重，是实现国际社会公平、正义，构建持久和平、共同繁荣和谐世界的前提条件，否则世界永无宁日。人学会相互尊重是现代文明的基本要求，是现代文明成熟的表现。

中国先贤认为人要发展，一要自强不息，强调自力更生，因为人有主体性，应该以自己的智慧和能力来赢得他人对自己尊严的尊重，以维护自己的生存和发展；二要厚德载物，强调要尊重他人的尊严，因为人与人是共生的，必须处理好与他人的共生关系，以便为自己的生存和发展创造良好的外部环境。中国先贤用自强不息、厚德载物统一了人的主体性与共生性关系，用现代语言来说就是一要坚持自强不息，二要坚持互利共赢、共同发展，而这正是当代中国坚持和平发展道路的写照，也是构建和谐世界的努力方向。

继文艺复兴之后，欧美文化又经历了启蒙运动，其最大功勋就是重塑人的尊严，逐渐使人权、自由、平等、公平、正义成为社会的主流观念。如果说个人的人权、民主、自由是以人与人的相互尊重为前提，那么平等、博爱、公平、正义则直接表达了对人的尊严的相互尊重的要求。由人的相互关系推及国际社会所有主权国家及其他行为体之间的相互关系也是如此。从这个意义上说，中国人的文化价值观念与欧美人的文化价值观念是相通的、相容的，并不具有对立性，因此具有中国人文化价值观念的中国国际关系理论体系会对世界具有感染力、吸引力。

二、研究对象与逻辑起点

在 1980 年中国国际关系史研究会成立大会上，我递交了一篇关于国际关系学研究对象的论文。据说在此以前从未有人正式讲过这个问题。1987 年“上海国际关系理论讨论会”有来自全国各地的 100 多位学者参加，开了五天，这个问题成了讨论的题目。当时讨论所取得的基本共识是，主权国家及其他行为体是国际关系理论的研究对象。现在面临的问题是，中国国际关系理论在研究对象上，既然与国际学术界具有一致性，为什么说具有中国特色。这种现象的发生，一是如上所说与中国人的文化价值观念有关，二是与中国人自己的研究视角有关，正是这两者的有机结合，带来了中国国际关系理论的中国特色。

中国学者有自己的研究视角，1987 年“上海国际关系理论讨论会”的与会者已经注意到了，并提出了国际关系理论“中国特色”的概念。当时与会者认为国际关系理论不仅要研究主权国家及其他行为体之间的相互关系，而且要研究全部相互关系所形成的“合力”，认为这种“合力”是国际关系发展的动力，决定着国际关系发展趋向，影响着所有主权国家及其他行为体的行为与相互关系，强调“当今世界上，任何一个国际重大问题都不可能按照一个国家的意志解决，而要遵守合力原则通过斗争、谈判、达成协议来解决”，因而主张微观研究与宏观研究的综合研究。这个共识显示了中国学者关注全局性、整体性的研究视角。这种研究视角，从理论体系构建角度，就是国际社会主体性与共生性问题。问题是这种研究视角是否符合国际社会原生态实际，是否抓住了国际社会发展变化的原生性基本要素，结论似乎应该是肯定的。

在国际社会里，所有主权国家及其他行为体均具有主体性与共生性双重自然属性，而各自共生性的交汇联结在相互之间构建起各种各样的共生关系，构建起国际社会的共生性，使国际社会成为主体性与共生性对立统一的社会，全部国际关系是由此发生的。国际关系的发展、变革都是因为主权国家及其他行为体主体性发展、变革而引起共生关系的发展和变革所带来的。其中主权国家作为国际关系的基本行为体，其发展、变革所引起的共生关系的发展、变革对国际关系影响尤为重大，所以特别受到人们重视，然而更要关注国际社会所有主权国家及其他行为体共生关系在整体上、全局上发生的发展、变化，关注国际社会主体性与共生性对立统一所引起的发展、变化，从而使国际关系研究具有全局性、战略性和前瞻性。

在国际关系研究中，是否承认和尊重所有主权国家及其他行为体均具有主体性与共生性双重属性，如何认识和处理相互间的共生关系，如何认识国际社会主体性与共生性的对立统一性，直接规定着各国的对内、对外发展战略和对外政策，同时也派生出各种各样的国际关系理论。传统强权大国只承认自己拥有完全的主体性、自主性，只要求别国对自己的尊重，否认或贬抑其他国家主体性、自主性，只承认其他国家对自己的从属性、依附性，殖民主义与霸权主义由此而来。在此背景下，新兴崛起国家没有独立自主生长、发展空间，不得不参与霸权争斗，传统的“国强必霸”新兴大国崛起之路也由此而来，传统国际体系变革也因此而发生。在此背景下，战争成为国际社会常态，“零和博弈”成为国家间关系的基本形态。传统国际关系理论的研究视角是权力制约、制衡，是要证明强权有理、霸权有理。尽管国际关系中确实存在权力制约、制衡的问题，但如果研究视角囿于此，就存在局限性、片面性。任何理论、流派如果不能超越这种研究视角，那就无法超越传统国际关系理论。

当代国际关系发生的巨大变化，包括“二战”后德国与日本的和平崛起，欧盟体系的发展，新兴国家集体和平崛起，都是国际社会主体性发展共生性发展的变革带来的。尽管强权大国依然信守传统国际关系理论原理，但在美国国际问题学术界却出现了一次又一次大论战，显示了传统国际关系理论面临的困境。这些现象都表明承认所有主权国家及其他行为体均具有主体性与共生性属性，承认国际社会是主体性与共生性对立统一的社会，并在此基础上认识和处理相互之间的共生关系，是科学认识当代国际关系不得不作出的选择。

三、研究切入点

如果说科学认识当代国际关系的中国国际关系理论的研究对象与逻辑起点是

所有主权国家及其他行为体的主体性与共生性及他们之间的共生关系，那么研究的切入点则是所有主权国家及其他行为体对资源的相互依赖性。

在国际社会里，所有主权国家及其他行为体的主体性发展都离不开对资源的依赖。无论是物质性资源还是非物质性资源，无论是实体性资源还是虚拟性资源，都是任何主权国家及其他行为体主体性发展、寻求自我实现的必需品。任何主权国家及其他行为体的主体性发展除了依赖自己拥有或创造的资源，还必须借重他方所拥有或创造的资源，因而表明任何主权国家及其他行为体的共生性是对他方资源的依赖性，据此产生的共生关系是相关各方对资源的相互依赖性。国际社会行为体对资源相互依赖性的一个显著特征是：行为体借重其他行为体拥有或创造的资源，以自己共生性和与他方的共生关系，创造出供其他行为体主体性发展所需要的资源，以显示自己的主体性、自主性，获取自己的权力和利益。这种特征使所有行为体各自的经济资源、政治资源、社会资源、文化资源、科技资源、人力资源、网络资源、民意资源等，都具有相互依赖性，形成了各种各样的经济关系、政治关系、社会关系、文化关系、知识产权关系、网络关系、政党关系、民意关系等，不仅构建起庞大的国际关系，而且使国际社会产生巨大的流动性，使所有主权国家及其他行为体置于错综复杂的权力与利益的复合性相互依赖关系之中，因而使国际关系呈现错综复杂的局面。殖民主义的兴盛与终结，霸权主义的产生，传统国际体系的变更，都与资源占有关系变革关联着。第二次世界大战后，发达经济体有发展的空间、新兴经济体有集体崛起的可能、欧盟体系有发展的可能、联合国地位和作用的重要性日益突出、二十国集团登上全球舞台、区域性合作日益受人重视、多边主义日益兴盛，等等，也都与所有主权国家及其他行为体对资源的相互依赖关系的变革关联着，都与诸如秩序、制度、机制及相关的拘束性力量和工具的变革关联着。

四、研究的核心概念

国际关系理论的核心概念是由国际社会发展的原生性核心因素所规定的，源自国际关系发展、变化的原生性状态和要求，而不是凭主观愿望可选择的。

任何主权国家及其他行为体的共生性属性是主体性发展对他方资源的依赖性，与他方构成的共生关系是对资源的相互依赖性，无论是供他方主体性发展需要还是供己方主体性发展需要，资源的相互需要、互为利用都使合作具有原生性要求和动力。而任何主权国家及其他行为体的主体性属性具有尊严而无从属性，所以合作必须是平等的也是构建共生关系的自然要求，主权国家之间理论上的平等变成事实上的平等也是共生关系发展的自然趋向。

马克思主义认为国际社会政治经济不平衡发展是客观规律。政治、经济发展的非均衡状态，不仅会导致矛盾、冲突的加剧而且会导致国际社会的危机、甚至大规模战争，乃至世界大战。由于主权国家及其他行为体主体性发展的非均衡性具有必然性，所以平等地合作应对、缓解共生关系非均衡状态具有必要性，否则各自的发展都会面临问题、障碍、挑战乃至破坏，造成既没有安全性又难以发展。主权国家及其他行为体之间的共生关系在根本上是需要依赖和平、合作、发展来维护和实现的。

和平、合作、发展是中国国际关系理论的核心概念。这种理论界定是主权国家及其他行为体主体性与共生性属性相互间共生关系的原生性状态和要求所规定的。

五、国际关系发展的动力

国际关系发展需要和平、合作、发展，是主权国家及其他行为体主体性发展与共生性发展及相互关系发展的原生性状态和要求所规定的，具有原生性动力。尽管自“大航海时代”到来而开启的国际社会、国际关系充满着冲突、战争，甚至在上世纪前半期爆发了惨绝人寰的两次世界大战和使人类社会遭到巨大破坏的“大危机”。第二次世界大战后尽管世界大战不再发生，但地区性战争连年不断，而且可使人类毁灭的核战争威胁依然存在。然而这种状态不仅没有阻止国际关系的发展，而且求和平、谋发展、促合作已经成为当代世界的历史潮流，世界已经进入和平发展时代，这是国际社会历史发展趋向所造就的。自“大航海时代”到来而开启的国际社会出现了四大历史发展趋向，驱动国际社会孕育、生长、发展，造就新的力量，推动国际关系的变化、变革，不断地为国际社会求和平、谋发展、促合作扫清前进道路上的障碍。这四大历史发展趋向是：一是民族觉醒、民族独立、建立和建设民族国家的历史发展趋向（可简称为建立与建设民族国家的历史发展趋向）；二是经济全球化为驱动力的全球化发展历史趋向；三是科学技术革命性发展的历史趋向；四是现代文明进步的历史发展趋向。这四大历史发展趋向既独立发展又联系互动，互为前提，互为动力，在促进主权国家及其他行为体主体性普遍发展逐渐实现的同时，又带来共生关系整体性、体系性发展趋向与不断变革趋向。历史上任何强权大国、当代的超级大国都无法阻挡、改变这种历史发展趋向。当今世界和平发展时代是这种历史发展趋向造就的，和平、发展、合作已成为时代的主旋律，成为国际关系中不得不采纳的选择，同样这种历史发展趋向将为和平发展时代造就更美好的明天。

六、基本概念

（一）传统国际体系

人们都在说国际体系，但是必须界定其定义是什么。人们都在说“体系转型”，问题是从什么体系转向什么体系。传统国际体系是以殖民主义与霸权主义为基本内涵；殖民主义终结后，传统国际体系只留下霸权主义这份资产。传统国际体系在本质上是国际社会主体性与共生性发展历史趋向同历史遗留的古典国家间关系存在形式相结合的复合体，不仅同样以谋求权力、谋求霸权为目标，而且在实现手段上，如拓疆扩土、军事征服、霸权争夺、强权政治、集团政治、均势政策、“离岸平衡”、联盟政策以及压抑新兴大国崛起、小霸权凭借大霸权庇护谋求霸权等等，几乎都可以在古典国家间关系中找到类似案例。传统国际体系构成了以权力为核心的传统共生关系，形成了以征服、控制为特征的体系结构。新兴大国除非“臣服”于霸权，没有独立自主生长、发展的条件和空间，“国强必霸”的传统新兴大国崛起之路由此产生，传统国际体系变更由此发生。传统国际体系尽管至今已具有全球性，但是其基本特征在可预期的将来不会发生根本性改变。众多国家为了维护自己生存,求得发展的空间,不得不投靠其麾下,这也是事实。这都显示了历史发展的某种延续性,是当今世界依然不太平的重要原因。

传统国际体系根本上有违于国际社会四大历史发展趋向,殖民主义被终结就是例证,但是其存续不仅与国际社会主权国家主体性发展由普遍性极不均衡趋向相对较为普遍性均衡的历史演变过程关联着,而且与现代文明进步的历史演变过程关联着,在这种历史演变过程没有发生根本性改变以前,传统国际体系不会轻易退出历史舞台。

(二)全球体系

全球体系是所有主权国家及其他行为体对资源的错综复杂的复合性相互依赖体系,是相关各方权力和利益错综复杂的复合性相互依赖体系,与传统国际体系有一系列根本区别。尽管这种相互依赖体系经历了复杂、曲折的历史累积过程,然而其不受传统国际体系制约、束缚的客观发展规律,历经数百年,逐渐孕育、生长、形成诸如经济体系、政治体系、社会体系、文化体系等各种各样体系,并最终汇合并演变为一个全球体系,产生了世界经济、世界政治等概念,出现了各种各样世界性公共产品。

全球体系的孕育、生长、形成、发展,以四大历史发展趋向为动力,经由主权国家及其他行为体的主体性发展与共生性发展及因此带来的共生关系变革,在使所有主权国家普遍性发展逐渐实现的同时,逐渐构建起有机联系的整体,使人、社会、国家、自然界之间具有有机联系的整体性,对任何主权国家及其他行为体都具有不可抗拒性。即使传统国际体系的主导国家也无法抗拒全球体系有机联系整体性的制约和规范。

全球体系具有两重属性:一是发展的不可抗拒性;二是发展的非均衡性。这两个属性同时存在又同时发生作用,因此全球体系发展不仅存在着主权国家及其他行为体之间的矛盾、摩擦、冲突、对抗,而且产生着各种各样问题,并由于全球体系有机联系的整体性,这些问题的累积会演变成各种各样全球性问题发生。

如果说不同的矛盾、摩擦、冲突、对抗可能局限于某些国家之间，那么全球性问题则会使所有主权国家及其他行为体均卷入其中，谁都难以幸免。全球体系发展日益使国际社会成为"一荣俱荣、一损俱损"的生命共同体，全球共同治理的必要性由此产生。

国际学术界通常所说的国际社会是传统国际体系居主导地位的社会，是具有从属性关系的社会。但是严格意义上说国际社会是以全球体系为内涵的社会。全球体系的形成赋予国际社会特定的社会发展形态。

(三) 和平发展时代

和平发展时代的基本特征是全球体系与传统国际体系在国际社会中并存而又联系互动。由于全球体系的形成，相对于以往"战争与和平"时代，国际社会已不再由传统国际体系一家独大，所有主权国家因同处于全球体系与传统国际体系之中而具有双重身份，显示不同的主体性特征，也使国际社会存在传统国家与新兴国家之间的结构性矛盾、存在传统国际体系与全球体系的结构性矛盾。这种双重结构性矛盾使国家间在冲突与合作之间出现多种性质的组合与交织，呈现很难以传统的联盟关系来划分敌友的复杂局面，其中一个根本性趋向是所有国家(包括传统国际体系中的主导国家)及其他行为体的主体性发展与共生性发展在全球体系中获得发展空间的同时，都必须适应全球体系发展，都无一例外地面临全球体系发展变化以及相关问题的挑战，面临着一系列全球问题的挑战。这种挑战的本质是如何发展。面对这种挑战，世界各国发展最基本的挑战因素在国内社会已是一个不争的事实，世界不存在最好的国内制度安排也是一个不争的事实。

相对于以往"战争与和平"时代将和平与战争联在一起，"和平与发展"时代则将和平问题与发展问题联在一起，不仅新兴国家面临发展问题，发达国家也面临发展问题；全球体系的形成使新兴国家史无前例地获得了超越传统国际体系束缚而和平发展的条件和空间，因而也使发达国家有了和平发展的条件和空间，从根本上消除了为争夺发展条件和空间而发动战争的必要性，产生了合作的必要性。

但是由于传统国际体系本质上是一种资源占有体系，而在当代，这个体系又发展成为名副其实的“朝贡体系”，因此主导性国家不仅不会轻易放弃这种体系，要尽力维护这种体系，而且依然高度警惕有没有国家挑战这个体系，因此和平发展时代不可能是没有冲突、战争威胁的时代，新兴国家崛起不得不面对诸多挑战，并经受严峻考验。

尽管传统国际体系在国际社会中至今依然居于主导地位，全球体系发展依然非常艰难，但是全球体系发展的不可抗拒性和非均衡性，却规定了和平发展时代是传统国际体系逐渐失去主导地位并逐渐走向消亡的时代，是全球体系逐渐走上国际社会主导地位的时代。“和平与发展”时代的“体系转型”的必然性是一个历史渐进的发展过程，是一个曲折复杂的历史性变革过程，或许要经历若干个发展阶段。在这个历史性变革过程中，能否避免大的破坏和灾难考验着人类的理性与智慧。对这个历史性变革过程，在时限估计上宁可长一些，例如100年或者200年，只有这样才能在战略设计上更充分一些，策略选择上更谨慎一些，减少盲目性，避免盲动性。

（四）和平发展道路

这是相对于“国强必霸”的大国崛起传统道路而言的，只有在全球体系形成的时代、“和平与发展”时代才有这种可能的选择，是史无前例的。

全球体系的形成，不仅使新兴国家崛起有了超越传统国际体系束缚的条件和空间，使发达国家有了不断开拓发展空间的机遇，都有了和平发展的可能性，而且使所有国家都面临如何统筹国内与国际两个大局的挑战，以便实现国内社会发展的稳定性与可持续性，构成了和平发展的必要性。当今世界，由于全球体系发展的不可抗拒属性与发展的非均衡性属性以及与国内社会发展的互动性，各国不得不寻求和平的国际环境，不得不寻求国内社会变革，争取国内社会和平发展的现实性。

国家争取和平发展与坚持和平发展道路既相似又有区别。坚持和平发展道路不仅不谋求霸权、不参与霸权争斗，而且是坚持独立自主发展的道路，因此被传统国际体系主导国家视为异己，并遭到挤压、打击不可避免，亦即是说坚持和平发展道路不是可以免除遭到安全威胁、战争威胁的道路。国家坚持独立自主、自强不息，不断增强自己“自保能力”，坚定不移地维护国家核心利益和按公认的国际关系准则参与国际社会，都是国家坚持和平发展道路的必要条件。

（五）国家核心利益

主权国家共生性之间的交汇联结形成的共生关系，不仅没有否认各自的主体性、自主性，而且在事实上存在着各自主体性之间的毗邻线，各自资源如何分享的底线，以及相应的界定各自权力和利益的底线，构成了主权国家各自生存、发展的基础。依据这种客观存在对国家生存、发展的重要性的程度，形成了国家核心利益、重要利益、一般利益之类的范畴。国家核心利益是国家生存、发展的根本性基础条件，包括国家主权，国家安全，领土完整，国家统一，宪法确立的国家政治制度，社会大局的稳定，经济社会可持续发展的基本保障等。国家如果失去了这些根本性基础条件，安全得不到完全保障，不仅发展无从谈起而且维持生存也困难。构成国家核心利益的这些根本性基础条件是构成国家主体性的最基本因素，是国家安全的核心要素，是彰显国家尊严的最基本因素，对任何国家都具有相似性，是任何国家都应平等享有的，因此被联合国宪章宗旨和原则为代表的现代国际法所确认，成为国际社会公平、正义的基准。

国家之间相互尊重，首先是就相互尊重国家核心利益而言的，这不仅是国家间如何和平相处，如何合作、发展的需要，而且是国际社会发展的需要。国家核心利益有保障的发展是国际社会发展的基本前提，为此全球体系发展必然要为其创造这个基本前提，显著的事实是殖民主义从兴盛走向终结，当代霸权主义不得不有限度地、有条件地容忍其他国家的崛起。国际关系理论之所以要将国家核心利益作为一个基本概念来研究，因为传统国际体系仅承认强权大国的国家核心利益，否认或贬抑其他国家的核心利益，不仅导致了国家间矛盾和冲突，甚至战争，而且给全球体系发展制造混乱，阻碍全球体系发展，国际社会不太平都是由此而来的。

（六）普遍发展、普遍安全

普遍发展、普遍安全不是一种理想主义，而是由全球体系发展的非均衡性所规定，人类不得不面对所有共生关系的发展问题与安全问题。全球体系是多个发展层次的子体系所构成的网络体系，为叙述方便简化为两个层次：一是全球体系子体系层次，二是全球体系层次。在全球体系子体系层次上，由于所有主权国家及其他行为体的主体性发展与共生性发展，各自共生性交汇联结形成各种各样共生关系，诸如贸易关系、金融关系、投资关系、产权关系、政治关系、安全关系、军事关系、政党关系、文化关系、社会关系、宗教关系、生态环境关系，等等，逐渐构建起各种各样的体系，每个体系中还含有更多层次的体系，从体系发展的稳定性、可持续性、安全性角度而言，要求体系构成及相应的共生关系具有相对均衡性。然而由于所有主权国家及其他行为体主体性发展是非均衡的，各种各样相应的共生关系发展是不均衡的，因此全球体系所有层次的子体系发展存在不稳定性、不可持续性、非安全性是不可避免的。国际社会一要发展，二要寻求非均衡性变得相对均衡，两者不可偏废，于是产生了普遍发展和普遍安全的内生性要求。国际社会有两种办法应对这种局面：一种办法是由全球体系自发性调节，一种办法是人类社会能动性调节。全球体系的自发性调节一直在发挥作用，是以破坏性后果来实现的，差异仅是破坏性后果大小而已，问题是：(1)如果人类社会能动性调节不参与，破坏性后果可能越来越严重、越来越巨大；(2)所有层次的子体系都从属于全球体系，不仅所有子体系中发生的问题通过全球体系的传导机制会演变成其他子体系的问题，甚至会演变成全球体系的问题；(3)传统国际体系的权力争斗不仅阻碍人类社会能动性调节作用的发挥，而且加剧全球体系不稳定性、不可持续性、非安全性。事实上，这已有20世纪前半期连续发生的两次世界大战与“大危机”的前车之鉴，以及“9・11”国际恐怖主义袭击和2008年金融危机的前车之鉴。至今人们越来越认识到普遍发展、普遍安全的重要性，不仅发展的概念越来越丰富、充实，而且安全概念也越来越多样化，国际关系理论不得不研究普遍发展与普遍安全问题。

（七）全球共同治理

尽管传统国际体系有一个从区域性向全球性演变过程，但是传统国际体系本质上是一种全球治理，是按传统国际体系支配性、主导性强权大国意志凭借霸权治理世界的模式，其所建构的政治体系、军事体系、经济体系、金融体系都是作为全球治理的工具以便实现霸权治理。当代传统国际体系将全球治理塑造成为全球性的、名副其实的“朝贡体系”，用制度性、机制性工具实现强权大国国家利益最大化，将世界财富纳入其国库，而世界各国获得的却是风险、危机，战争威胁。

但是随着全球体系的形成，普遍发展、普遍安全面临的问题越来越多，有的是区域性问题，有的是全球性问题，有的是全球体系发展过程中长期累积起来的，一直找不到有效的解决办法，有的是传统国际体系霸权治理给全球体系发展所造成的问题，无论是哪一类问题都对所有主权国家及其他行为体发展带来问题，构成挑战，造成威胁，直接干扰着各自的发展稳定性、可持续性与安全性。而这些问题又不是凭某个国家之力所能有效应对与解决的。当然，国际社会还存在另一类问题，即传统国际体系支配性、主导性大国如何维持霸权面临的问题，与全球体系的问题既有区别又有联系，但是从根本上说，全球体系面临的问题是所有主权国家及其他行为体需要共同应对的问题，据此产生了全球共同治理的需要。联合国作为全球政治治理的平台得到世界各国的重视，尽管至今依然并不令世界各国满意，但是仍具有其他国际组织不可替代的机制功能。从 2008 年金融危机爆发以来，二十国集团作为全球经济治理的平台开始发挥作用，是否具有可持续性有待观察，但是为了应对全球经济领域面临问题的挑战，这样一个平台是有其存在和发挥作用的价值的。

全球共同治理与全球治理，尽管仅有两字之差，但是后者是最易被传统国际体系的主导国家接受的，例如 1975 年开始的每年一次的西方七国首脑会议试图承担这个职能，然而也是有心无力，一是七国集团在国际社会并不具有代表性，各国不愿接受他们的“治理”，二是没有能力应对全球体系面临问题的挑战。所以全球共同治理的地位上升是必然的趋向。

（八）国际秩序

传统国际体系本身就是一种国际秩序体系，传统国际体系的变更本身就是一种国际秩序的转型，就此而言，传统国际体系演变的历史过程是一种国际秩序转型的历史演变过程。所以在传统国际关系理论中，国际体系与国际秩序几乎是同义的，并没有严格区分。但是从 20 世纪中期开始，随着全球体系的逐渐形成，传统国际体系逐渐面临与国际秩序既有联系又有区别的趋向。第二次世界大战后形成的以联合国宪章的宗旨和原则为代表的国际政治秩序，以世界贸易组织（前身是 GATT）为代表的国际经济贸易秩序，就显示了这种趋向。正因为出现了这种趋向，导致了传统国际体系的主导国家不仅与联合国若即若离，经常离开联合国单干，而且不得不经常搬用国内法对付其他国家。这或许是当年殚精竭虑打造这两个平台的小罗斯福总统（Franklin Delano Roosevelt，1882—1945 年）所始料未及的。

从理论上说，鉴于主权国家及其他行为体之间的所有共生关系，都存在着各自主体性之间的毗邻线，都存在着资源分享的底线及界定相关各方权力和利益的底线，因此在共生关系中设定相互容忍、包容、拘束的国际秩序、制度、机制，使各方的权力和利益受到某种程度的拘束，不至于损害他方正当、合理的权益和发展空间，这是相互尊重主体性、自主性和发展权，构建共生关系均衡性、和谐性、舒适度的原生要求，是维护全球体系稳定性、可持续性、安全性的原生要求，不仅构成了国际社会的公平、正义性，而且构成了国际社会内在的和平可能性。然而直到第二次世界大战前，传统国际体系一直与此背道而驰。直到接连发生的两次世界大战与 20 世纪 30 年代的大萧条，人们才似乎朦胧地看到了世界的整体性及国际社会相关各方的关联性、互动性，才感知到为所有主权国家及其他行为体设置共生性底线以及为共生关系底线构建拘束性工具的必要性，战后联合国宪章宗旨和原则的确认与联合国的成立，关税及贸易总协定的设立，都在相当大的程度上反映了当时人们对国际社会认识的这种变化。战后以联合国宪章和关税及贸易总协定为代表的国际秩序，尽管有诸多的不公正、不合理之处，但在总体上适应全球体系发展的需要。寻求更加公正、合理的国际政治经济新秩序，顺应全球体系发展新的需要，符合所有主权国家及其他行为体的共同利益。

国际秩序与传统国际体系有区别的发展的趋向，以及国际社会新兴力量的成长，将为不断变革的国际秩序发挥拘束性功能提供更大的有效性。

中国国际关系理论体系的基本概念，还涉及哪些依然有待研究。其中国际社会的概念是必然要涉及的，由于此概念在上述过程中涉及，所以不单独列出。

（原载杨洁勉主编：《构建中国国际关系理论体系——纪念1987年"上海国际关系理论讨论会"25周年论文集》，上海人民出版社2013年版。）

和平发展时代国际关系的逻辑结构

要说明和平发展时代国际关系的逻辑结构是什么，首先必须说清楚国际社会是什么，必须使对国际社会众说纷纭的定义回归到国际社会的原生态研究，回归至国际社会本来是什么的研究。我们都承认事物发展有其客观规律，不以人的意志所转移，因为事物发展是由其一系列原生性因素按其逻辑演绎规则推进的。当今国际社会已进入和平发展时代。和平发展时代的国际关系不同于以往时代，是国际社会的一系列原生性因素历经数百年逻辑演绎所造就的。在这数百年间，国际社会经历战争、危机、劫难，甚至两次世界大战的惨祸，但是国际社会的一系列原生性因素仍坚定不移地按其逻辑演绎规则，将国际关系发展带进了和平发展时代。因此我们必须将国际社会的一系列原生性因素说清楚，从国际社会一系列原生性因素逻辑演绎的历史进程，来考察和平发展时代国际关系的逻辑结构。当然这是非常艰难的工作，但这是构建中国国际关系理论体系必须开拓的基础研究。本文拟就此展开讨论，祈得到同仁们的斧正。

一

国际社会是主权国家及其他行为体主体性与共生性对立统一的社会。和平发展时代国际关系是国际社会主体性与共生性对立统一的逻辑演绎历史过程造就的，因此必须将所有主权国家及其他行为体的主体性与共生性的相互关系说清楚，将共生关系的逻辑演绎结构理清楚。

第一，传统国际关系理论是以权力为逻辑起始点与核心概念来阐述国际社会国家之间权力争斗的正当性，形成了“零和博弈”的观念，论证了霸权的合理性，将国际关系简化为菜刀与砧板的关系，突出的只是强权大国的主体性，或许与认为“最重要的文化价值是个人权利”有关，甚至与认为“人性本恶”有关。事实上所有主权国家均具有主体性与共生性双重属性，因此不仅强权大国只讲自己的主体性、否认或贬抑其他主权国家的主体性是不合理的，而且传统国际关系理论强调国际社会的无政府状态、否认或轻视主权国家及其他行为体共生性构建起来的共生关系对主权国家及其他行为体主体性发展的导引、规范作用也是片面的。尽管国际学术界包括美国学者自20世纪60年代以来提供的一系列研究成果（例如“合作论”“体系论”“相互依存论”“国际政治经济学”“国际机制论”“集体安全论”“全球化论”等）都在努力纠正传统国际关系理论的片面性与局限性，然而都没有认识到国际社会是所有主权国家及其他行为体的主体性与共生性对立统一的社会，在发生各种矛盾、竞争、冲突、问题的同时，既给行为体主体性发展以导引、空间和条件，又导引、规范着行为体共生性发展的趋向。

第二，国际社会中，所有主权国家及其他行为体主体性的根本特征是具有尊严而无从属性，具有自主性，具有生存、发展的本能性欲望，自我组织、自我发展，寻求自我实现，追求自己的权力和利益，维护自己的安全性，因而也产生了世界的多元性、多样性；所有主权国家及其他行为体共生性的根本特征是主体性的生存、发展对其他行为体具有依赖性，对国际社会具有依赖性，而且是复合性相互依赖性，因而也产生了共同的利益与安全性；各种行为体主体性发展创造了世界的多样性、多元性，是国际社会共生性发展的基础，但都是在与国际社会的主权国家及其他行为体的共生关系中实现的，其所追求的生存和发展欲望及权力和利益从属于国际社会的共生关系，受各种共生关系所形成的合力的规范，只有在妥善处理国际社会共生关系中才能寻求自我实现和获得安全性；各种行为体主体性与共生性的对立统一在不断形成合力的过程中，不断形成、变革、提升国际社会发展的规则性，不断规范各种共生关系，推动国际社会发展。随着人们对国际社会发展规则性的认识深化，超越传统国际关系理论的束缚是一个必然的趋向。超越传统国际关系理论束缚，不是“国际关系理论终结”，而是使国际关系理论更能表达对国际社会发展规则性的认识。

第三，国际社会所有行为体具有主体性与共生性双重属性，均起源于人具有主体性与共生性双重属性。中国先贤认为人"力不若牛，走不若马，而牛马为用，何也？曰：人能群，彼不能群也"。尽管人有主体性，但是因为"人能群"，不仅有共生性而且能处理相互之间的共生关系，因此人的能力超越了动物界，创造了灿烂的人类文明。人的共生性超越了人性善恶争议、规定了人的社会性，构建起社会；人的主体性与共生性的对立统一过程中，不断地形成、变革、提升社会发展的规则性，推动社会发展。尽管社会产生了政府，但是政府必须认识、把握住社会发展规则性是什么；政府的作为与不作为最终是由社会发展的规则性来规范的。人、社会与自然界之间也存在主体性与共生性的关系，自然界自身也存在主体性与共生性关系；人、社会与自然界的共生关系不能破坏自然界自身的共生关系，不能破坏自然界发展的规则性，否则人、社会就可能遭到自然界灾难性的报复。亦即是说人、社会与自然界具有共同的利害关系和共同的安全性，人、社会必须遵循相应的发展规则，规范自己与自然界的共生关系。"自然界灾难性报复"是规范人、社会与自然界共生关系的终极性拘束力量。在国际社会中所有行为体之间同样存在共同的利害关系和共同的安全性，是在对立统一的过程中构建起来的，存在着发展的规则性，因此所有行为体必须规范自己在国际社会共生关系中的作为与不作为，不能为所欲为、恣意妄为，否则也会带来各种各样的问题，甚至带来灾难性后果。国际社会共生关系最终是以"灾难性后果"来规范所有行为体的作为与不作为的；"灾难性后果"是国际社会所有行为体必须遵循国际社会发展规则的终极性拘束力量。

第四，国际社会国家及其他行为体的主体性发展与共生性发展是有差异的，甚至"差异"巨大，何况行为体又是各自自我组织、自我发展、自我实现，各自的发展成果可能对他方主体性发展有益，也可能对他方主体性发展不利，甚至可能出现损害他方主体性发展的状况，因此行为体之间的共生性交汇联结必然存在矛盾。共生关系构建过程是一个矛盾对立统一过程，在根本上是一个需要相关各方合作、相互调节、包容、容忍、适应的过程，需要有拘束性力量和工具来规范相关各方的作为与不作为，尽可能避免引起对抗、冲突甚至灾难的发生符合相关各方主体性发展利益与安全性。

第五，和平发展时代国际关系研究不能只研究冲突而是要研究冲突与合作，尤其是要深化对国际社会发展规则性的认识，面对国家及其他行为体的主体性发展，研究如何维护、增进共生关系在和平、合作、发展过程中互利共赢，在实现各自发展利益和安全性的同时促进共同发展，实现共同的安全性；研究如何处理好现实共生关系中矛盾、竞争、冲突的可管理性与可控性，增进互信，以便缓解、化解矛盾和冲突，减轻因此带来的灾难和破坏；研究如何面对国家及其他行为体共生性之间相互交汇联结的必然性，发现共同的利害关系和共同的安全性，探索可以相互调节、包容、容忍、拘束的国际秩序、制度和机制，以增进相关各方的共生性相互交汇联结时的权力、利益的公平、正义，寻求互惠性与安全性以及各自舒适度与相互间的和谐性。

第六，如果说国内社会也是一个主体性发展与共生性发展对立统一的社会，如何有效地构建国内社会行为体之间主体性发展与共生性发展的统一性，使所有人和所有行为体的发展均有较高的安全性、舒适度和相互之间的和谐性，每一个国家均有待深化对社会发展规则性的认识，并据此作出巨大努力，并不因有政府存在而可懈怠，相比较而言对当代国际社会发展规则性的认识则显得更不成熟，有待研究、探讨的问题则更多。和平发展时代的国际关系与国内社会发展具有更巨大的联系性、互动性，对其研究更有必要，承担着更艰巨的历史使命。因此首先必须将国家及其他行为体主体性与共生性关系说清楚，将国际社会共生关系的逻辑演绎结构理清楚，以增进人们的理性思维能力和判断具体国际现象的驾驭能力，以应对和平发展时代国际关系的多方面挑战，适应国家坚持和平发展道路的需要。

第七，传统国际关系研究的主题是战争与和平问题，当代国际社会发展已将这一主题转换成和平问题与发展问题的研究。这两个主题是在国际社会主体性与共生性发展的不同时代发生的，因此发生的历史性转换不仅与国际社会主体性发展与共生性发展的历史进程关联着，而且与现代文明进步的历史进程关联着，应该历史地考察这种历史性转换的必然性、必要性和实现和平与发展的复杂性、艰难性。

从理论上对国际社会共生关系发展内在的逻辑演绎过程研究有助于揭示这种历史性转换的内在逻辑性，有助于揭示国际关系发展变化内在的客观规律性，有助于提高坚持和平发展道路认识的全局性、战略性、前瞻性。

二

所有主权国家及其他行为体主体性发展与共生性发展均对资源具有原生性的相互依赖性，使国际社会的和平、合作、发展具有原生性要求与动力，使所有主权国家及其他行为体之间的相互尊重、构建公正、合理的国际秩序具有原生的必要性。

第一，国际社会共生关系发展内在逻辑演绎是以行为体对资源的依赖为起点的。国际社会国家与其他行为体均有自我实现的需求，然而均离不开对资源的依赖，包括对物质资源和非物质资源、实体资源和虚拟资源的依赖，除了依赖自己拥有或创造的资源，均需要借助其他国家及其他行为体所拥有或创造的资源，诸如经济资源、政治资源、社会资源、文化资源、科技资源、网络资源、民意资源等等，因而具有共生性。国家及其他行为体在对资源的依赖过程中构建起共生关系，寻求自己的生存、发展及权力和利益。

第二，国家及其他行为体借助其他行为体所拥有或创造的资源，以自己的共生性和与他方的共生关系创造出供其他行为体生存、发展所需要的资源，以发展和增强自己的主体性，强化自主性，构成错综复杂对资源、权力与利益的复合性相互依赖关系和体系结构，这是国际社会主体性发展与共生性发展区别于以往任何历史社会的重要标志，使国际社会日益成为"一荣俱荣、一损俱损"的生命共同体，构成了国际社会需要相互尊重主体性、需要合作的原生性动力。国际社会这个特征经历了逐渐显现的历史过程。

第三，任何资源均具有稀缺性特征，尽管形成的原因不尽相同，但都需要人类珍惜，需要不断寻求资源创新。由于资源的稀缺性特征和行为体对资源的依赖，不仅带来了行为体的共生性而且带来了行为体之间共生性交汇联结的共生关系。资源的稀缺性特征使资源成为国家及其他行为体之间共生关系的纽带，也对国家及其他行为体提出了久久未能有效解决的如何合作分享资源的问题，包括如何相互尊重各自的主体性，如何设定相互容忍、包容的国际秩序、制度、机制，以便相关各方拘束自己对权力和利益的追求，如何使相关各方具有正当、合理的发展空间，实现公平、正义，适应共生关系发展的需要，使所有国家及其他行为体主体性发展均具有一定的安全性、舒适度。由于这些问题久久未能有效解决，国际社会的危机、冲突、战争、灾难均因此而发生。

第四，按国际社会共生关系的逻辑结构，任何行为体之间的共生关系不仅不存在否认行为体各自的主体性，而且都存在着行为体相关各方主体性之间的毗邻线，都存在资源分享的底线，都存在着界定相关各方权力和利益的底线，国家主权原则的提出，国家核心利益的主张，贸易、投资等等规则的设定，都试图表达这种客观存在，即使这种表达并不人人满意，但否认“底线”的客观存在是不现实的。因而从理论上说在共生关系中设定相互容忍、包容、拘束的国际秩序、制度、机制，使共生关系毗邻线、资源分享底线以及相关各方的权力和利益界定在相互可以容忍、包容的公平、公正、合理的水平上，使行为体的主体性权益受到某种程度的拘束，不至于损害他方的权益，实现持久和平、共同繁荣，这是相互尊重主体性、自主性及其发展权，构建共生关系安全性、和谐性、舒适度的原生性要求，不仅构成了国际社会的正义性，而且构成了国际社会存在内生的和平可能性以及如何缔造和平的内在逻辑路径。构建持久和平、共同繁荣的和谐世界是符合国际社会共生关系逻辑结构的合理追求。

三

传统国际体系的基本内涵是殖民主义与霸权主义，本质上是一种资源占有体系。传统国际体系的出现与存续不仅同国际社会主体性发展与共生性发展由普遍性极不均衡趋向相对较为普遍均衡的历史演变过程关联着，而且同国际现代文明进步的历史进化过程关联着。

第一，国际社会发展至今，行为体之间的资源相互依赖性事实上经历了按权力分配逐渐趋向按国际秩序、制度、规则分享的历史演变过程。由于按权力分配资源也是一种国际秩序，因此这个历史演变过程也可以被认为是一种国际秩序转型的历史演变过程。这个历史演变过程不仅被国际社会主体性发展与共生性发展由普遍性极不均衡趋向相对较为普遍均衡的历史演变过程所规定，而且被国际社会现代文明进步的历史进化过程所规定。

第二，具有国际社会特征的对资源的相互依赖性是在欧洲首先生长起来的，至少欧洲一些国家的主体性与共生性发展取得的进展比欧洲以外的地区显示了更多的优势。因此当欧洲列强将对资源的依赖向美洲、非洲、亚洲及大洋洲拓展时，不仅当地社会无力抵抗，而且欧洲列强可以采取强者占有、胜者全得的原则，根本可以不用顾忌与当地社会共生关系的毗邻线、资源分享的底线，不需要思考与当地社会构建共生关系的秩序、制度、机制，总之根本不存在公平、正义。尽管现代文明起源于欧洲，然而欧洲列强对资源掠夺、占有的行为、观念却是古典的野蛮，显示现代文明进步仍处于初期阶段。这就是因“大航海时代”到来而开启的以殖民主义全球拓展为先导的国际社会发展。以殖民主义全球拓展为先导的国际社会发展，不仅是经济社会全球化的发展趋向而且是政治全球化的发展趋向，其基本特征虽然本质上显示了国际社会主体性发展与共生性发展的历史趋向，但是凸显的仅是欧洲列强的主体性、自主性和安全性，完全否定美洲、非洲、亚洲及大洋洲当地社会的主体性、自主性和安全性。因此在相当长的历史时期里，国际社会是以欧洲为中心的。殖民主义建立了宗主国对殖民地的依赖性、殖民地对宗主国的依附性，宗主国按各自的势力范围在世界各地建立了各自不同的秩序和制度，使世界处于被分割状态。

第三，殖民主义以否定其他国家的主体性、自主性和安全性来实现对资源的占有性，然而世界上所有国家的主体性并不是都能轻而易举地否定的，殖民主义时代的欧洲内部就面临这个问题，于是产生了强权大国凭借自身主体性优势地位对其他国家征服、控制为特征的霸权主义。霸权主义与霸权争斗的出现和存在同样是以无论国际社会主体性与共生性普遍性发展方面还是在拘束性工具的效能方面整体上均不足以制约霸权主义政策、而新兴崛起大国没有发展空间为存在依据的，这不仅使非霸权国家能否依赖自己的实力坚持独立自主发展面临严峻挑战而不得不寻求“自保”，也使当时欧洲新兴崛起大国为寻求生长、发展空间而不得不参与霸权争斗。霸权国家凭借自身主体性优势地位通过对其他国家的征服以实现对被征服（“臣服”）国家自主性的控制权，以此实现对资源分配的支配权、主导权，构建起根本上对其有利的国际秩序、制度和机制。因此霸权主义政策对非霸权国家根本上不存在安全性、舒适度、和谐性，因此引起非霸权国家的不满意、不信任是不可避免的。“国强必霸”也成了传统的新兴崛起大国必由之路。因此殖民主义时代的欧洲及世界，霸权的争斗一直没有停止过。

第四，尽管当代霸权主义征服（“臣服”）的途径、手段有多种选择，对资源的支配权、主导权的方式途径也有多样性，即使出现了全球性霸权大国并构建起了霸权机制和规范，但是依然离不开战争手段的使用。殖民主义对殖民地的征服需要战争，霸权主义也需要战争，不仅霸权国家取得霸权需要战争而维系霸权也需要战争，霸权争夺更离不开战争，因而传统国际关系研究以战争与和平为主题。即使在和平发展时代只要霸权主义有存在的依据也不可能免除战争的灾祸，并使坚持和平发展道路的国家也面临战争威胁，显示了时代交替的过渡性。

第五，殖民主义、霸权主义都是实力—权力决定论的资源分配体系，即使当代霸权主义更注重霸权体系的机制和规范建设，都是凭借特殊优势的实力地位。中国历史上出现过的名不符实的“朝贡体系”在当代世界的某些国家手中变得名副其实，也是以“臣服”为基本条件的，借助“金融杠杆”“石油杠杆”等机制性、制度性工具接受世界的“朝贡”，将世界巨额财富纳入自己国库，同样依然需要隔三岔五地发动征服战争惩罚不愿“臣服”的国家，警示其他国家不得不接受“臣服”，以维系自己的霸权。这种“朝贡体系”的存在事实上使国际社会发展潜伏着隐患，2008 年金融危机爆发的原因分析就证实了这一点。

第六，国际社会出现后所产生的传统国际体系是以殖民主义、霸权主义为基本内涵的。尽管传统国际体系在一定程度上显示了与殖民国家、霸权国家主体性发展与共生性发展的一致性，然而在本质上却是国际社会主体性与共生性发展历史趋向同历史遗留的古典国家间关系存在形式相结合的复合体，构成了以权力为核心的传统共生关系，形成了以征服、控制为特征的传统共生性行为和体系结构。与古典国家间关系存在形式相比较，传统国际体系不仅同样以谋求权力、谋求霸权为目标，而且在实现手段上，如拓疆扩土、军事征服、霸权争夺、强权政治、集团政治、均势政策、联盟政策以及压抑新兴大国崛起、小霸权凭借大霸权庇护谋求霸权等，在中国古代春秋战国时期几乎都可以找到类似的案例，都可以从欧洲早期的国家间关系中找到类似的案例。这都显示了历史发展的某种延续性，是当今世界依然不太平的重要原因。

第七，现代文明包括人权、民主、自由以及公平、正义等观念，都是基于对人的尊严、对人的主体性的尊重的逻辑源点发展起来的，启蒙运动的伟大功勋是重塑了人的尊严，与野蛮分道扬镳是自然的趋向。现代文明不只是生产方式、生活方式的文明，更重要的是观念、理念及实现观念、理念行为的文明。文明是相对于野蛮而言的；文明的进步是取代野蛮的结果。殖民主义、霸权主义以及因此形成的传统国际体系是以权力为核心的传统共生观为基础的，或者否认或者贬抑被征服、控制国家的主体性、自主性、安全性和发展权，这不是现代文明进步的取向，表明现代文明进步在国际社会明显地滞后于国内社会。但是国际社会现代文明进步的历史趋向是不可遏制的，根本上是因为国家主体性自强不息、普遍性崛起的历史趋向是不可遏制的。当代国际社会普遍要求国际关系民主化，本质上就是要求对国际社会行为体主体性尊严能相互尊重，尊重世界的多样化、多元性；随着所有国家主体性的自强不息、普遍性崛起，将更普遍地为对国家主体性相互尊重提供物质基础。

第八，殖民主义曾经是传统国际体系的重要资产。然而曾经遍布美洲、亚洲、非洲及澳洲殖民地上的人民经过自己的努力，终于陆续重新建立了自己的民族国家，恢复了主体性、自主性，获得了作为国家主体性发展与共生性发展的基本条件，也从根本上结束了世界被若干个宗主国分割的状态。这显示了殖民主义否认别国的主体性、自主性、安全性不符合国际社会发展的历史趋向。到 20 世纪 60 年代殖民主义终结以后，传统国际体系只留下霸权主义这份资产，变成了一个世界性体系。传统国际体系不仅还有存续的历史条件，而且至今依然在国际中居于主导地位，然而同样面临着国际社会发展历史趋向的挑战。

四

国际社会主体性与共生性对立统一关系历经数百年的逻辑演绎造就了全球体系孕育、生长、形成和发展。和平发展时代是全球体系与传统国际体系在国际社会中并存而又联系互动的时代。全球体系发展的不可抗拒属性与发展的非均衡性属性，使全球体系取代传统国际体系的历史过程具有必然性。

第一，随着"大航海时代"到来而开启的国际社会出现了四大历史发展趋向，驱动国际社会孕育、生长、发展。这四大历史发展趋向：一是民族觉醒、民族独立、建立和发展民族国家的历史发展趋向，又可简称为建立和发展民族国家的历史发展趋向；二是以经济全球化为驱动力的全球化发展历史趋向；三是科学技术革命性发展的历史趋向；四是现代文明进步的历史发展趋向。这四大历史发展趋向既独立发展又联系互动，互为前提，互为动力，在促进国家及其他行为体主体性普遍性发展逐渐实现的同时，又带来共生关系的整体性发展趋向与不断变革趋向。当今世界和平发展的时代是这四大历史发展趋向造就的。

第二，自"大航海时代"到来后，随着这四大历史发展趋向的进程，历经数百年，国际社会主体性发展与共生性发展逐渐孕育、生长、构建起了史无前例的全球体系，赋予国际社会新的社会内涵，塑造了国际社会特定的社会形态。全球体系的孕育、生长、发展，以四大历史发展趋向为驱动力，经由国家及其他行为体的主体性发展与共生性发展和由此带来的共生关系变革逐渐构建起有机联系的整体，使人、社会、国家、自然界之间具有整体性，对任何国家及其他行为体都具有不可抗拒性。终结殖民主义，改变世界被若干个宗主国分割的状态，建立联合国，建立国际贸易、金融等国际机构和机制，尽管因此形成的制度和规范至今依然存在这样或那样的问题，尽管传统国际体系的主导性国家还在借此谋求私利，但是人类社会史无前例地将世界作为一个整体来规范国家及其他行为体的行为，寻求公平、正义，以避免诸如两次世界大战和20世纪30年代"大危机"因"零和博弈"造成的恶斗结果的重演，都显示了全球体系有机联系整体发展不可抗拒的巨大能量，人类社会不得不寻求适应。全球共同治理实现的过程是一个不得不寻求适应的过程。

第三，如果说在20世纪中期全球体系作为人类社会命运共同体已经初显端倪，那么随着殖民主义的终结至“冷战”结束便基本形成，出现了全球体系与传统国际体系并存于国际社会中而又互动联系的局面，构成了和平发展时代的显著特征。如果说传统国际体系曾经支撑了“战争与和平”的时代，那么全球体系取代传统国际体系新陈代谢过程将支撑“和平与发展”时代的发展进程。全球体系根本上区别于传统国际体系，具有自己的运行、发展、变化规律，其中驱动力是四大历史发展趋向而不是权力争斗；主体是所有国家及其他行为体而不只是某些强权国家；物质基础是所有国家及其他行为体主体性发展与共生性发展的日益普遍性；精神支柱是现代文明的进步，逐渐由对物的尊重转换为对行为体的主体性、自主性、安全性和发展权的相互尊重；基本特征是所有行为体之间的有机联系、复合性相互依赖日益深化，整体性、系统性、均衡性的不断调整、变革、发展，体系结构性不断增强，行为体之间平等合作具有内生性需求；适应性要求是相关各方共生关系的国际秩序、制度、机制更趋公平、公正、合理，调节机制及拘束性力量和工具更趋有效；目的是不断满足所有国家、所有人日益增长的物质生活、精神生活的需要而不只是某些强权国家的需要。

第四，全球体系的形成不仅从根本上改变了传统国际体系在国际社会一家独大的局面，开启了全球体系取代传统国际体系新陈代谢的历史进程，而且为国际社会共生性发展开拓了超越霸权争斗的发展空间，并在根本上为国家及其他行为体的主体性和共生性发展提供了史无前例的、能尽可能大地绕过传统国际体系角斗场束缚的历史性机遇和空间，有了和平发展的可能。当代国家和平发展道路是相对于传统的“国强必霸”发展道路而言的。

第五，全球体系孕育、生长、发展自“大航海时代”到来后尽管经历了一个曲折复杂、坎坷艰辛的渐进性历史过程，但由于发展是全球体系本质属性，不仅至今取得了与传统国际体系并存的历史地位，而且取代传统国际体系的新陈代谢过程也是不可避免的历史趋向。

(1) 在四大历史发展趋向驱动下,不管在任何时期、任何状况下,无论其在孕育时期还是在形成以后,发展是全球体系的刚性取向,必然要为自己的发展开辟道路,具有不可遏制性。传统国际体系资源占有制度和规范都将不得不适应全球体系资源分享的制度和规范;从19世纪中期以后发生的巨大变化表明这种改变是必然的,传统国际体系内的主导性大国因面对改变而出现焦虑症也不可避免,过去发生过,至今也存在。

(2) 全球体系随着自己的形成已经构建起全球性经济体系、政治体系、社会体系、文化体系、法律体系等各种子体系,已将所有国家(包括现存的霸权国家)及其他行为体置于自身体系内,使所有国家在全球体系与传统国际体系双重国际环境中都具有不同身份,显示不同的主体性特征,使国家间在冲突与合作之间出现多种性质的组合与交织,呈现很难以传统的联盟关系来划分的复杂关系,其中一个根本性趋向是所有国家(包括霸权国家)及其他行为体的主体性发展与共生性发展不仅会推动全球体系发展而且也必须适应全球体系的发展,都同样面临着全球体系发展变化以及相关问题的挑战,曾经在20世纪上半叶不仅闹成了"三十年代大危机"而且发生了两次世界大战,至今依然都面临着一系列全球问题的挑战,都面临着全球体系发展刚性取向的不可抗拒性。其中全球体系中的经济体系和政治体系的发展变化以及发生问题的挑战所带来的意义更为巨大,因此带来的全球性经济社会发展格局和政治发展格局的变化,都同样迫使所有国家及其他行为体的理念、观念、行为不得不发生改变,不得不思考自己与其他行为体如何共生的问题。自20世纪60年代以来国际学术界一直在思考、讨论这些问题,争论的核心焦点是守成还是变革。

(3) 当今世界人们都在讨论谁挑战谁的问题,其实基本问题是谁都面临着全球体系发展的挑战。各国的关键问题是谁能顺应全球体系发展变化、一心一意谋发展,国际关系的核心问题是世界各国是否必须承担有区别的责任实现全球共同治理。目前国际学术界确实有些人专注于传统国际体系,专注于将霸权国家与发展中国家之间的一大堆矛盾挑出来并予以强调,似乎"零和博弈"是不可避免的,然而事实上矛盾恶化趋向的制约性同样在增强，共同应对全球问题的必要性同样在增长，共同的利害关系和共同安全性同样在扩大、在深化。这种两点论的认识是由国际社会内传统国际体系与全球体系并存而又互动联系的局面所规定的，必须求同存异、趋利避害是理性的选择。只要新兴崛起国家自强不息、厚德载物，不断增强"自保能力"，坚守国家核心利益底线，坚持公认的国际关系准则参与国际社会，"居善地"而不参与争夺霸权，即使对外关系面临一大堆矛盾和冲突，仍存在可控、可管理的客观条件，矛盾与冲突的可控、可管理性符合相关各方发展的根本利益，建立战略互信也据此具有可能性。

（4）当今国际社会不仅存在霸权国家与新兴崛起国家的结构性矛盾，使新兴国家崛起面临挑战，而且存在全球体系与传统国际体系的结构性矛盾。这两对结构性矛盾同时存在，联系互动，左右着所有国家内政与外交的决策，左右着国际形势发展变化。只讲前一个结构性矛盾是片面的，并且正因为后一个结构性矛盾的存在，使所有国家的对内、对外发展战略与政策都面临挑战，都必须使内政与外交有一个全局性统筹，使前一个结构性矛盾有可控、可管理的可能性，也迫使所有国家不得不超越传统国际体系、面对国际社会全球体系发展现实作为正常国家思考问题。霸权国家回归到正常国家或许是痛苦的，一时显得焦虑不安，甚至对霸权事业病笃乱投医也难免，但其逐渐走出传统国际体系将是全球体系发展必然带来的结果。对非霸权国家而言，在全球体系中则存在着日益扩大的经济体系空间、政治体系空间、社会体系空间等，发展的空间大得很，根本用不着参与争夺霸权，对霸权国家病笃乱投医的行为完全可以沉着、从容应对，关键是如何发展好、利用好这些空间，从而壮大自己，使别的国家也得益。

（5）如果说在战争与和平时代，决定国家在国际社会地位的是国家军事实力的耀武扬威，那么在和平与发展时代则是国家是否具有认识、适应和利用全球体系发展趋向的智慧和能力，以及转化为促进国家内部行为体主体性发展与共生性发展对立统一的智慧和能力，在发展中能否统筹国际与国内两个大局、构建和谐社会，是否具有近期及中长期经济社会持久稳定发展的规划和机制及制度保障，在根本上决定着国家发展前景。当今世界各国发展最基本的挑战因素在国内社会是一个不争的现实,世界各国不存在最好的国内制度安排也是一个不争的事实。当代国际社会大变革的前景如何,能否构建一个和谐世界,根本上取决于能否出现一个有影响力的大国能提供一整套足以行之有效、有感染力的构建和谐社会的理念和制度,提供一个持久稳定发展、令人羡慕并具吸引力的富强民主文明和谐社会的榜样;在这样一个大国没有屹立于世界之前,国际社会大变革的前景依然是模糊的,传统国际体系依然有存在的资源。

第六,全球体系的另一个本质属性是发展的非均衡性,因此必须不断寻求发展的系统性、均衡性和安全性,这不仅是所有国家必须为此合作的决定性因素,而且是发生全球体系逐渐取代传统国际体系新陈代谢历史过程的另一个基本因素。随着全球体系的形成,加深对此本质属性的认识尤为必要。

(1) 全球体系内的所有行为体均有自己的特殊性,发展的非均衡性是必然的,既形成了世界的多样性、多元性又导致全球体系发展的非均衡性,然而所有行为体的共生性交汇联结、共生关系的发生都需要系统性、均衡性和安全性;如果相关各方的资源分享没有适当的公正、合理性,共生关系就会失去系统、均衡性,就会失去安全性。在共生关系的源头上寻求资源分享的公正、合理性以实现所有行为体所有共生性交汇联结、共生关系的发生具有系统性、均衡性和安全性,是全球体系实现系统性、均衡性与安全性的自然要求。20 世纪 70 年代开始的"高级政治"与"低级政治"关系的研究,或许看到了这种"自然要求",南北关系的研究,加强对国际金融体系的监管的研究,加强对互联网监管的研究,对国际恐怖事件标本兼治的研究,等等,都在寻求适应这种"自然要求"。

(2) 国际社会行为体的主体性是发展变化的,不同行为体之间的各种共生性交汇联结所需要的系统性、均衡性和安全性,不仅各有自己的特殊性而且也是发展变化的。全球体系内不同领域、不同层级子体系的非系统性、非均衡性和非安全性是不断发生的,因此对相对应的资源分享的国际秩序、制度、机制需要不断地适时作出适当的完善、调整、变革,以便对非系统、非均衡和非安全性状况有效地给予能动性调节。如果说一般性公司企业不能自觉地作出能动性有效调节,可能带来衰败的结果,对国际社会发展的影响或许是有限的,当然也确实存在大到不能倒闭的公司，一旦倒闭对国际社会发展的影响确实会巨大。然而如果对全球体系内不同领域、不同层级子体系发生的非系统性、非均衡性不能给予有效的能动性调节，就有可能相互发生溢出效应，使问题不断累积、蔓延恶化，放任由全球体系作自发性调节，国际社会就会面临巨大的动乱和破坏。这已经是20世纪前半期发生的两次世界大战和“大危机”造成的惨剧所证明了的。

(3) 在世界多样性、多元化背景下，全球体系内不同领域、不同层级子体系中非系统性、非均衡性和非安全性状况的发生有自己的规律性，如何纠正也有自己的规律性，只能遵循全球体系内不同领域、不同层级子体系发展的客观规律而不是权力规则；权力规则只对传统的国际体系内适用，根本上不适用于全球体系，至于用权力来规范世界多样性、多元性的趋同则更不现实。如果说在传统国际体系中只有少数国家有共同利益，那么在全球体系中是所有国家有共同利益，并呈现日益增多的趋向，必须同舟共济、休戚与共。因此超越传统国际体系以权力为核心的传统共生观，在尊重世界多样性、多元化基础上，在所有主权国家及其他行为体相互尊重的基础上，实现全球共同治理，使资源分享的国际秩序、制度、机制变得更加公平、公正、合理，使所有共生关系变得相对和谐也是自然的趋向，以便人类社会有效地获得自己的安全，实现自己的利益。就此而言，欧盟作为一个庞大的国家群体的发展进程，尽管至今依然面临严峻的挑战，然而其所显示的区域性共同治理制度、机制的创新能力、秩序创新能力无疑是人类社会发展的一项伟大实验。对人类社会而言，如何维护全球体系的系统性、均衡性和安全性，使所有共生关系变得相对和谐，是人类历史发展的一个全新课题。即使欧盟体系在一个区域范围内共同治理的实践至今也没有解决这个问题。如果说维护全球经济体系的系统性、均衡性和安全性至今面临许多未被人们认识的因素的挑战，那么维护全球政治体系的系统性、均衡性和安全性，至今人们受到传统国际体系所形成的各种观念、理念的束缚和挑战。不仅许多人眼中只有传统国际体系的存在，看不到全球体系中的全球政治体系正在生长、发展，看不到全球共同治理概念的提出本身就显示了全球政治、经济体系发展的历史趋向，而且霸权国家至今依然力图用霸权实现全球治理，显示了历史发展的复杂性、曲折性。

五

全球体系的发展性与非均衡性双重属性，使国际社会的普遍发展与普遍安全具有不可分割性，这不仅构成了包括传统国际体系主导国家在内的所有主权国家及其他行为体具有越来越广泛、深入的共同利益，而且使全球共同治理日益显示其必要性。全球共同治理逐步推进的历史过程与全球体系取代传统国际体系的新陈代谢历史过程具有同步性。

第一，全球体系是一个有机联系的整体，具有发展与不均衡的双重本质属性，因此带来了发展与安全的双重需求，全球体系的生长、发展使普遍的安全与普遍的发展具有不可分割性，《联合国宪章》所显示的宗旨和原则，根本上是与此一致的。

(1) 普遍的安全不是少数国家的安全而是所有国家及其他行为体的安全，是全球体系内经济、政治、社会、文化、法律等各种子体系的安全，普遍的发展也是所有国家及其他行为体的发展，是全球体系内所有经济、政治、社会、文化、法律等各种子体系的发展。如何统筹普遍安全与普遍发展是当代国际社会的基本问题，其他所有问题都从属于这个基本问题的发展进程，不能本末倒置。

(2) 普遍的发展、普遍的安全(无论是传统安全还是非传统安全)，都不会从天上掉下来，首先是由各国发挥自己的聪明才智和能力，为国内社会行为体的主体性发展和共生性发展提供有效实现的公平机会和空间所造就的，是为国内社会所有行为体提供生存、发展的有效安全保障所造就的。国际社会普遍安全与普遍发展的不可分割性首先在于国家内部的安全与发展的不可分割性；国家内部的安全与发展的不可分割性的成果是国际社会普遍安全与普遍发展不可分割性的基础。

(3) 全球体系的普遍发展与普遍安全，依靠传统国际体系是不可能实现的。当代国际关系复合性相互依赖发展趋向，谋和平、求合作、促发展的趋向，新兴经济体崛起日益增多的趋向等都不是源自传统国际体系，因为传统国际体系既没有这种创造力也没有这种机制。无论是传统国际体系的权力争斗还是当今世界上一些国家任意地制裁、打击、惩罚其他国家，任意地设置贸易保护主义，任意地玩弄“离岸平衡”给别国和平发展制造麻烦，都使全球体系的发展与安全面临更严峻的挑战。此后果也使霸权国家的发展与安全事实上面临来自传统国际体系与全球体系双重挑战的困境。和平、合作、发展是全球体系内生性要求所驱使的。没有和平、没有合作，普遍发展的障碍不能有效排除，普遍安全没有保障，问题积重难返，最坏的结果无非是全球体系自发性调节带来比20世纪前半期的两次世界大战和“大危机”更大的灾难和破坏。这显然是人们不愿意看到的。为了实现自己生存的安全和发展，必然会迫使人类社会以自己的理智防止这种可能发生。

(4) 全球体系不仅需要普遍安全与普遍发展的不可分割性而且具有相应的内生性动力和机制，因为全球体系是人类社会经济、政治、社会、文化、科技、法律乃至更广泛普遍的人际关系的网络体系，尽管具有发展的非均衡性，但内生性的需要是发展的系统性、均衡性和安全性。全球体系依靠三个途径来满足自己内生性需要：其一是自发性调节。全球体系一直存在自发调节趋向，不管人们是否意识到都在发生作用，差别在于发生在局部问题上还是演变为全球性自发调节。其二是国家及其他行为体单独的能动性调节。这是国家及其他行为体感受到国际社会共生关系中问题的存在而主动作出纠正措施的能动性行为，否则可能会对自己产生不利的后果。其三是众多国家及其他行为体因为面临全球性共同问题而作出的能动性调节。当今国际社会面临的最大难题是如何实现有效的全球性共同调节、共同治理。应该看到，寻求有效的全球性共同调节、共同治理，广大发展中国家有一种需求和动力。尽管传统国际体系主导国家也需要全球治理，但因担心“权力转移”而坚持要由他们来主导和控制，要推行霸权治理。然而这种主观意志是不现实的，一是因为历史已经证明霸权治理无法应对全球问题的挑战，二是因为全球性共同调节、共同治理是必须超越霸权争斗的事，与传统的“权力争斗”“权力转移”在本质上不是一回事。但要让传统国际体系主导国家走出“权力争斗”“权力转移”的传统认识也尚需要时日，因此国际社会实现普遍安全与普遍发展仍需要一个国际体系转型的历史过程，使全球共同治理的逐渐推进的历史过程与全球体系取代传统国际体系的历史过程具有同步性。

第二，在“四大历史发展趋向”的驱动下，全球体系的生长、发展在已经并将继续对所有国家寻求自己发展提出挑战的同时也提供历史性机遇和空间，在已经成就一批发达经济体的同时正在成就一批新兴经济体的崛起，并将继续成就越来越多的新兴经济体崛起，具有历史发展的必然性。如果说20世纪是国家主体性普遍觉醒的世纪，造就了民族国家遍布全球的局面，那么21世纪则是国家主体性发展走向普遍性崛起的世纪，是群“星”在各大洲闪烁的世纪。如果说现存的发达经济体曾经是或者说至今依然是传统国际体系的支柱力量，那么在全球体系形成、发展的背景下，尽管依然不时显示传统大国的特征，也不得不关注、倚重、顺应全球体系内政治体系发展，使联合国日益成为传统国家与新兴国家合作共同治理全球政治的重要平台。尽管2008年后跨入国际舞台中心的G20机制在未来发展中的地位和作用存在争议，有待未来证实，但毕竟开启了传统大国与新兴国家合作共同治理全球经济的机制。全球政治共同治理与全球经济共同治理的发展将极大地否定传统国际体系存在的依据，实现更加公正、合理资源分享的全球经济政治新秩序的建立具有历史的必然性。21世纪是以“9·11”事件、“阿富汗战争”、“伊拉克战争”开局的，然而不能否定21世纪是国际社会发生新的伟大变革的世纪，是国际社会体系与秩序转型的世纪，或许也可能是霸权主义犯下可怕的错误导致遭受可怕后果的世纪。新的伟大变革将与现代文明的进步联系着，而不是变得越来越野蛮。狼群般“虐囚”式地任意地惩罚一个国家不是现代文明的象征。即使一些国家内部发生动乱，国际社会或许更有可能采取更加文明的办法来处理。受“四大历史发展趋向”驱动的全球体系发展已经造就并将继续推动世界范围内的生产力、生产方式、生活方式、经济社会发展格局、政治发展格局的深刻变革，越来越快、越来越深刻的变革浪潮席卷人类生活的每一个要素，促进各国发展和国际社会资源分享的变革，在全球共同治理逐渐实现的过程中逐渐推进国际政治经济秩序转型，在实现国际政治经济秩序转型的过程中，实现全球体系取代传统国际体系的新陈代谢历史过程，实现普遍发展与普遍安全。

六

全球体系的普遍发展与普遍安全的逐渐实现，不仅为国际社会更普遍、更广泛地造就新的力量,促进国际社会的文明进步,而且推进国际秩序的不断调整、变革,从而为构建持久和平、共同繁荣的和谐世界提供更有效的拘束力量和拘束工具。

第一,全球体系的普遍安全与普遍发展是在不断形成拘束性力量和不断构建拘束性工具的历史过程中实现的。无论是人、社会、自然的共生性还是国际社会的共生性,所有共生关系拘束性的本身是以原生性的因果关系构成的,即谁不受拘束终将会受到报复。然而这种原生的因果性对人类的伤害会较大,因而需要用相关的资源作为拘束性工具来强化,自觉拘束自己而尽可能大地减少伤害。这些资源包括:

(1) 物质性资源。任何共生关系中,物质性资源都是基础性资源,不仅实体世界是如此,而且虚拟世界也是如此。所以研究共生关系的拘束性工具不得不首先考虑物质性资源是什么。人在生长发育期间,体内的每个细胞都显示旺盛的活力和较长的生长周期,因而使整个人体都展现出青春气息。人到老年,细胞活力减弱,生长周期变短,因而出现衰老迹象。显然,改善细胞的生长状况是一个重要的拘束性工具资源。当今世界依然呈现总体增长的势头,一批发展中国家经济依然保持较强的发展势头,是拘束 2008 年金融危机所带来的系列性风险能量的重要工具资源。在国际社会共生网络系统中,各种各样的共生链上,无论存在于实体世界,还是存在于虚拟世界,要维系共生关系的原生性拘束性,没有适当的足够的物质性资源作为拘束性工具来支撑是不行的;要人们相信和而不同,并在不同共生关系的共生性底线上构建共生关系的和谐性也是困难的。

(2) 公共文化性资源。从一定意义上说,文化是人类认识共生关系拘束性的智慧结晶。中国传统文化信奉君子之道、中庸之道、礼仪之道,是中国人数千年来认识共生关系拘束性的智慧结晶。要在国际社会共生网络系统的共生关系链条的共生性底线上构建共生关系的和谐性,需要有相关各方认可的公共文化资源,以确认国际社会究竟是什么,因而相关各方需要在不同问题领域、不同负责人层次、不同公众范围,在不同平台上,不断地开展交流、对话、沟通,达成共识、增进共识,以建构相关的公共文化资源,作为各自的决策资源。

(3) 制度性资源。有人将制度性资源称为制度文化。一定的制度以一定的文化为背景，并在一定的制度基础上将文化推上一个新的历程，说制度文化有一定道理。不同文化构建不同的制度，使人们对共生关系拘束性认识以制度形式予以强化，所以制度还有不同于文化的意义，具有自己的独立性。要在国际社会共生网络系统的共生关系链条的共生性底线上，建构共生关系的和谐性，不仅需要公共文化资源，而且还需要有公共制度性资源作为拘束性强化工具来使用。什么是公共制度性资源？以联合国宪章的宗旨和原则为代表的国际条约、协议、公约等国际法规及多边性、双边性相关规范，以联合国为代表的各种国际组织，以论坛、对话为特征的各种非正式国际机制以及协商、讨论成果，对相关各国具有拘束性的正式国际机制，乃至联合国维和部队等都是当代的公共制度性资源。

第二，如果对第二次世界大战前后的国际社会状况作比较，尽管至今依然问题多多，然而毕竟比战前成熟得多，文明得多，至少已有近七十年看不到世界大战了。其原因是多方面的：(1)主体意识的增强。其中过去的殖民地附属国已经成了主权国家，这些新独立的主权国家为维护国家主权、领土完整及“自我实现”作出了不懈的努力，具有重要意义。(2)如何预防灾难越来越受到人们的重视。寻求避免世界大战的重演，寻求避免引发核大战，寻求避免 20 世纪 30 年代大危机的重演，几乎已成为国际社会的共识。(3)国际互助意识得到加强。一方有难，八方支援，各种形式的援助，联合国维和部队的频频动作，至今已成为国际社会的常态。(4)由于上述因素的作用而得到加强的是，规范各行为主体相互包容的共生底线的国际制度、规则越来越多，逐步细化到国际社会生活的方方面面。当规范相互包容的共生底线的国际制度、规则一旦建构起来，就会转化成国际社会所有行为主体的公共资源，改善行为主体间共生关系纽带的分享原则，改善共生关系，在维护国际和平、稳定的同时，给众多国家发展带来机会，将国际社会共生性推至历史从未有过的高度，将世界带进和平发展的时代。

第三，世界进入和平发展时代，然而人类社会依然面临如何维护和平，如何共同发展两大问题；这两大问题如何解决的前景，涉及下列四大作为共生关系拘束性力量和拘束性工具的发展进程：

(1) 传统共生观、安全观的改变与新的共生观、安全观建立的进程。传统共生观，是强者主导弱者、凌驾弱者的共生观，或者弱肉强食，或者欺诈霸凌，或者以削弱对方为己任；反映在国家对外关系上则是霸权主义、强权政治，零和博弈，因而导致世界不得安宁，甚至在20世纪上半叶连续爆发了两次世界大战。然而直至今天，传统的共生观、安全观依然支配着一些国家的国内政策和对外政策，威胁着别国的生存与安全。因此启迪人们面对国际社会高度共生性，"把发展问题提到全人类的高度来认识"，以建立新的共生观、安全观的任务依然艰巨，至于以新的共生观、安全观来提高处理各类矛盾、冲突的认识，这任务更加庞杂、繁重。

(2) 经济全球化与多极化的发展进程。从根本上而言，行为主体的共生观、安全观源自客观存在；当客观存在根本改变了后，共生观、安全观不得不发生改变。从这个意义上说，美国"罗斯福新政"时期的刺激消费政策，第二次世界大战后欧美国家的种种福利政策，乃至欧盟体系的发展都是被人、社会、自然的共生度乃至国际社会的共生度已经发生了重大变化而逼出来的；无论是被迫变还是自觉变，不得不变，从而使共生关系得到改善，使人民的生活环境和状况得到改善。回顾人类社会历史，无论是国内社会还是国际社会，共生观、安全观就是这样变过来的。即使传统的共生观、安全观并未发生根本改变，然而其内涵事实上也发生了变化。由于和平发展时代的到来，无论是国内社会还是国际社会，人们的共生观和安全观已经出现了发生根本改变的必要性和可能性。

首先是经济全球化发展。从根本上而言，在经济全球化进程中，在增进国际社会共生性的同时，也给所有行为主体发展带来机会；同舟共济、互利共赢是这种共生性与主体性相互统一的必然逻辑结论，传统共生观因此应该得到改变也是自然的事。然而经济全球化是一个漫长的进程，所有行为体对此进程的感受并不一样，这首先涉及人们认识的局限性、片面性，同时涉及各自利益增减的判断。你认为对他的发展是一个机遇，他却认为这是对自己的挑战，事实上也可能确实给他带来某些问题和困难。对此他也许认为如何避开这些问题和困难对自己更现实，因此会设置各种保护主义，政治障碍，人为的壁垒，从而阻碍经济全球化的进程，引发或加剧国际社会的矛盾、冲突和对抗，当然也可能使他失去发展的机遇，带来更大的困难，面临更大的挑战。然而经济全球化和多极化不可抗拒的趋向，将在伴随着给人们带来欢乐与痛苦的过程中，逐步实现共生性与主体性的有机统一，改变人们认识的片面性、局限性，并最终改变人们传统的共生观念，选择在相互尊重、平等合作中寻求互利共赢。

其次是国际力量多元化、多极化发展。国际社会传统的共生观、安全观是以少数列强争夺世界霸权为主要表现形式的。第二次世界大战后出现了两个超级大国争夺世界霸权，冷战结束后仅留下了一个超级大国，但由这个超级大国主导建立的世界秩序、游戏规则，从根本上看，不仅有利于这个超级大国，而且也有利于其他西方大国，因此具有各种凌驾于别国的优势，具有继续维持传统共生观、安全观的资源；横行霸道而乐此不疲，自以为这是责任。然而随着经济全球化发展，国际力量多元化、多极化日趋显现，这种局面有可能逐渐改变。尽管人们对国际社会多元化、多极化利弊有对立的争议，但当代多元化、多极化是建立在国际社会共生性基础之上并融入其中的，这不仅有可能减少历史上的多元化、多极化显示的弊病，而且有可能使多元化、多极化发展趋向相对均衡状态和新的制约状态，为国际社会共生网络发展提供新的资源，并相对地削弱传统共生观、安全观的诱发资源。邓小平曾经预期，如果到 21 世纪 50 年代前后，多极化有一个“可喜的发展”，能形成相对均衡状态和制约状态，到“那个时候可以真正消除战争的危险”。当然他主要是指世界大战，然而也足见多元化、多极化发展对提升当代国际社会共生度的意义，对改变传统共生观、安全观的意义。不过，我们也不能不注意到世界多元化、多极化发展依然具有相当多的不确定性因素。

(3) 国内社会共生性发展进程。国际社会并不是国内社会发展的简单延伸或放大，但从根本上说，国际社会的共生性是国内社会人、社会、自然共生性历史发展的产物，在于国内社会共生性发展为国际社会共生性发展不断地提供新的动力和新的观念。国内社会共生性发展的动力是什么、观念是什么、内部持久的稳定性靠的是什么，都在相当大的程度上影响着国际社会共生性发展，引导着国际社会全球共同治理的动力和观念的变革。

(4) 国际制度和规则创新的进程。面对当今国际社会经济全球化和多极化的发展势头，对于国际社会具有重要稳定性作用的国际制度和规则的不断调整、创新也是必需的，何况人类面对着如此众多的曾经面对过但从未感到如今天这样严重的全球性问题，以及如此众多从未面对过的全球性问题。这些问题不仅发生在实体世界，而且发生在虚拟世界。虚拟世界中面对的全球性问题对实体世界或许更具挑战性、更具摧毁性。然而，尽管国际制度和规则的创新已经如此迫切地提到人类社会的议程上，需要调整或制定界定相互间利益毗邻或临界点的文本规定，需要更新和构建共生规范，但利益的博弈也同样严峻，因而使国际制度和规则的创新步履维艰。

（原载杨洁勉主编：《构建中国国际关系理论体系——纪念1987年“上海国际关系理论讨论会”25周年论文集》，上海人民出版社2013年版。）

构建“中国自主的知识体系”是历史使命

一

2016年5月17日，习近平总书记主持召开哲学社会科学工作座谈会并发表重要讲话，提出“构建具有自身特质的学科体系、学术体系、话语体系”（以下简称“三大体系”）的任务，认为只有这样，“我国哲学社会科学才能形成自己的特色和优势”。这个任务所强调的是“具有自身特质”、“形成自己的特色和优势”，吹响了建设中国自主知识体系的号角！

六年后的2022年4月25日，习近平总书记在中国人民大学考察调研时又强调：“加快构建中国特色哲学社会科学，归根结底是建构中国自主的知识体系。要以中国为观照、以时代为观照，立足中国实际，解决中国问题，不断推动中华优秀传统文化创造性转化、创新性发展，不断推进知识创新、理论创新、方法创新，使中国特色哲学社会科学真正屹立于世界学术之林。”再次对中国哲学社会科学界发出召唤！殷殷期盼，令人动容！

其间，据中国社会科学院院长谢伏瞻同志说：“2016年5月17日，习近平总书记主持召开哲学社会科学工作座谈会并发表重要讲话，这在当代中国哲学社会科学发展史上具有里程碑式的重大意义。2017年5月17日，习近平总书记为我院建院40周年发来贺信，今年1月2日、4月9日，又分别为我院中国历史研究院和中国非洲研究院成立发来贺信。不到两年的时间内，习近平总书记专门为一个研究单位三次发贺信，这是十分罕见、极其珍贵的，充分体现了习近平总书记和党中央对哲学社会科学事业的高度重视，充分体现了习近平总书记和党中央对我院的亲切关怀，我们大家在深受巨大鼓舞的同时，也深为一种庄严的历史责任感所激荡。

“2018年7月25日,中共中央政治局常委、中央书记处书记王沪宁同志来我院调研并发表讲话。王沪宁同志开门见山地指出,他调研的目的就是,习近平总书记发表‘5·17’重要讲话两年多了,讲话中提出的加快构建中国特色哲学社会科学的战略任务和要求,‘破题没有?进展如何?’现在,习近平总书记发表‘5·17’重要讲话三年了,致我院建院40周年贺信两年了,王沪宁同志的这一发问仍然是振聋发聩、发人深思的,习近平总书记和党中央给我们出的题目,我们的考卷答得如何?需要认真总结,更要查找差距,制定措施,继续抓好落实。”[1]

“加快建构中国自主的知识体系”一直念兹在兹于总书记的心头。由此可见,我们务必要深刻领会习近平总书记如此看重建构中国自主的知识体系的意义。

二

“构建中国自主的知识体系”是当代社会科学界的历史使命。“建构中国自主的知识体系”,首先要搞明白这样三个问题:一是知识与建构知识体系的关系。要建构知识体系并不等于先要创造知识、建构知识,因为社会有知识存在便意味着已经有了构建知识体系的素材。二是知识与体系的关系。有知识并不等于有知识体系。知识体系是知识按照特定的学理性逻辑实现知识的逻辑演绎。在知识体系中,知识是作为一个个概念建构成学术体系的,当然各自的作用并非处于同一平面上,而是分层次的。知识的主体性是在学科体系、学术体系、话语体系中得到实现的。三是这是回答“时代之题”的需要。当今世界已经进入多元共生的时代,在和衷共济、和合共生过程中寻求和平发展是当今世界的唯一出路。习近平总书记在考察中国人民大学时强调:“世界百年未有之大变局加速演进,世界进入新的动荡变革期,迫切需要回答好‘世界怎么了’、‘人类向何处去’的时代之题。”以便在做好“时代之题”过程中“使中国特色哲学社会科学真正屹立于世界学术之林”,坚持把马克思主义基本原理同中国具体实际相结合、同中华优秀传统文化相结合,立足中华民族伟大复兴战略全局和世界百年未有之大变局,不断推进马克思主义中国化时代化过程。这是马克思主义中国化、时代化的需要。

三

中华优秀文化宝库不仅有完整的知识系统而且构成严密的知识体系。中华民族在五千多年历史发展中积累了丰富多彩的社会科学知识。回顾历史，从古代先贤编纂《尚书》《四书五经》算起，历朝历代编纂的文献不计其数，都是中华优秀传统文化知识宝库的组成部分。当我们今天研讨加快建构中国自主的知识体系时，首先要有文化自信，中华优秀文化宝库不仅有完整的知识系统而且构成严密的知识体系。

首先就知识系统而言，尽管历史上相当长的历史时期中，中华知识宝库没有按照现代标准建立“哲学社会科学学科分类”，但是它博大精深，含有适应人类社会生存和发展需要的完整的知识系统。正是这个知识宝库系统，护佑中华民族在五千多年里持续不断地走过了艰辛的历程，创造了璀璨的中华文明。有人说中华优秀传统文化中有类似政治历史学的研究传统，确实如此。在中华历史文献中，以史议政确实是一个常见的现象，以便让人们从史实中感悟政治变迁的奥秘，汲取治国理政的韬略。著名的《资治通鉴》被宋神宗誉为“鉴于往事，有资于治道”的宝鉴。《资治通鉴》的内容不仅涉及历史、政治、哲学，而且涉及军事和民族关系，甚至还兼及经济、文化和历史人物评价；显示了中华民族认识世界、改造世界的整体意识、统筹兼顾的协调意识；其目的是要通过对事关国家盛衰、民族兴亡的统治阶级政策的描述，警示后人、咨政治国。换言之，中华知识宝库是万宝全库，为适应中华民族生存与发展需要的知识面面俱到，即使按照现代“哲学社会科学学科分类”标准也几乎是应有尽有。断言中华知识宝库中这也没有那也没有的说法实为妄自菲薄。

其次，就知识体系而言，中华民族先民历来重视自己的学问与先人的一脉相通性、一脉相承性、一脉相连性、一脉相传性，由此构成了中华优秀传统文化的“体系”概念。如果说“一脉不通、周身不遂”，那么就意味着整个“体系”发生障碍。换言之，中华优秀传统文化知识宝库本来就具有“体系”性。我们的先人虽然没有英语

"体系"概念，但是讲一脉相通性、一脉相承性、一脉相连性、一脉相传性，由此构成了中华优秀传统文化的"体系"概念。中华文化的这个"体系"概念，有自己的构成要素。所以要研究中国大地上长出来的要素是什么？包括如何创造性转化、创新性发展。我们平时写文章，讲究要一气呵成、气贯长虹，也是讲文章的体系性；这里说的"气"就是如行云流水似的综合运用"体系"构成要素，构成深含哲理的学理性逻辑体系。

笔者与倪世雄合著的《国际关系理论比较研究（修订本）》（2003 年）曾言及："中华文明是在中华大地上孕育起来的，具有自己的背景、自己的特征，是无可置疑的。"其中关于对外关系的传统理念同样具有丰富的思想意义。

尽管中华优秀传统文化知识宝库博大精深，有完整的知识系统，有深含哲理的学理性逻辑体系，但是至今没有解决对中华优秀传统文化的系统性、体系性认识问题。即使近现代发展起来的文化史、哲学史、学术史等研究成果，通常也只是发展过程的研究，与编年史研究成果相类似。但是一直没有形成体系性认识。

四

在不断推进马克思主义中国化时代化过程中构建中国自主的知识体系。中国自主的知识体系具有自身的特质、具有自己的特色和优势。坚持和发展中国特色社会主义理论和实践提出了大量亟待解决的新问题。要坚持把马克思主义基本原理同中国具体实际相结合、同中华优秀传统文化相结合，立足中华民族伟大复兴战略全局和世界百年未有之大变局，不断推进马克思主义中国化时代化。要以中国为观照、以时代为观照，立足中国实际，解决中国问题，不断推动中华优秀传统文化创造性转化、创新性发展，不断推进知识创新、理论创新、方法创新，使中国特色哲学社会科学真正屹立于世界学术之林。哲学社会科学工作者要做到方向明、主义真、学问高、德行正，自觉以回答中国之问、世界之问、人民之问、时代之问为学术己任，以彰显中国之路、中国之治、中国之理为思想追求，在研究解决事关党和国家全局性、根本性、关键性的重大问题上拿出真本事，取得好成果。要发挥哲学社会科学在融通中外文化、增进文明交流中的独特作用，传播中国声音、中国理论、中国思想，让世界更好地读懂中国，为推动构建人类命运共同体作出积极贡献。

注释

1. 谢伏瞻：《加快构建中国特色哲学社会科学学科体系、学术体系、话语体系》，《中国社会科学》2019 年第 5 期，第 4—22 页。

（撰于 2022 年。）

关于中国特色国际关系学的和合共生学派

一、和合共生学派的历史使命

和合共生研究不只是一些学者的学术主张，而今已经悄然成为中国特色国际关系学理论学派。该学派不仅以和合共生理念为标识，而且认为和合共生是当代国际关系的基因，引导国际关系跨越险滩暗礁，凝心聚力成就了当代国际关系的变化发展，出现了一个个国家如雨后春笋般崛起的景象。当然也使霸权大国焦灼不安，面临继续玩弄不同标准、横行霸道还是选择实事求是、和合共生的严峻挑战。用国际关系和合共生的成就推动霸权大国选择与世界各国和合共生，这本身也是和合共生的过程。当然，这样的努力对任何国家的稳定发展都有利，因为任何国家都要在和合共生中获得存在和发展。

（一）和合共生不仅调节国家间相关各方兴衰安危的关系，而且逻辑演绎相关各方关系的脉络

国家之间关系会呈现多种多样状态，其中引人注目的是和平状态与战争状态。这两种状态各具有自己的特点、调节规律和演变脉络，然而这两种状态之间也有共同点，即：都具有联系性；都要寻求获得生存和发展的共生条件；都要找到如何和合与如何共生的途径。因而这两种状态可以相互转换。和平状态会转换成战争状态，而战争状态也可以转换成和平状态。

当然，对“野蛮的征服者民族”来说，尽管与他者也具有共生性，但是未必会想到如何和合、如何共生，而是“只识弯弓射大雕”，因此与他者战争不断。马克思和恩格斯说：“对野蛮的征服者民族说来……战争本身还是一种经常的交往形式；在

传统的、对该民族来说唯一可能的原始生产方式下，人口的增长需要有愈来愈多的生产资料，因而这种形式也就被愈来愈广泛地利用着。”[1]直到今天还可以看到马克思主义经典作家所描述的这种现象在延续。

对具有数千年悠久历史的东方文明而言，习近平总书记说：“和衷共济、和合共生是中华民族的历史基因，也是东方文明的精髓。”[2]自觉地考虑如何与其他民族和合共生，不仅用于防止战争的爆发，而且用于制止战争的延续，在维护自己的生存和发展的同时带动周边国家的发展，因此在历史上形成了著名的东亚和合共生体系。在这个体系中，国家之间既不存在谁支配谁却又如私人探亲访友一般，不定期地互相往来、互派使节、互赠礼品，相互尊为贵宾。这种习俗在中国民间社会至今还是极普通的现象。有人将这种现象加上“朝贡关系”符号，而且说其具有等级性、支配型，未免有点夸张。

在历史赓续的过程中，在和平与战争问题上国家之间逐渐形成了文明与野蛮两个概念之间的相同点与不同点。对文明民族来说有一个基本逻辑，即认为无论处于和平状态还是处于战争状态都应关注两者之间的共同点，要依据这个共同点尽力避免和平状态转换成战争状态，尽力引导战争状态返回和平状态。这个共同点是什么？如果说在和平状态下有共生需求、有相互依存需求、有共同利益存在，那么在战争状态下同样也有共生需求、有相互依存需求、有共同利益存在。正因为如此，在此基础上可能出现相互转换：和平状态可能会转换成战争状态；而战争状态也可以转换成和平状态，求同存异、聚同化异，寻求和合与共生。对野蛮国家来说，则否认战争状态与和平状态之间存在共同点；这类国家“只识弯弓射大雕”，只知道我的就是我的、你的也是我的。

按照共生逻辑是万物互联、万物共生，前者是后者的逻辑前提，然而联系与共生都是多侧面的，因而万物和合共生地存在与发展具有多元多样形态。为什么说即使在战争状态下还存在共生性？因为客观地说，如果相关国家之间谁对谁都没有丝毫价值、谁与谁都没有丝毫联系，便很难形成发生矛盾、冲突、战争的直接原因，当然也无所谓和平状态与战争状态之分。然而，相关国家之间不可否认地具有共生性；相关国家之所以会进入战争状态，则是由于多元多样性原因造成未能妥善处理各自的利益和权力之间关系，未能建立起和合共生状态，并且未能阻止任意诉诸武力。所以当代国际社会倡导用和平方式解决国际争端，反对任意诉诸武力解决国际争端。

（二）和合共生不仅为国际社会发展排除障碍，而且引领当代世界和平发展的基本方向

古人说万物“和而不同”的存在状态在本质上是不同万物的“和合共生”状态。古人说“和实生物”的变化发展，在事实上也是不同事物在“相反相成”“相异相合”的和合共生过程中实现的。而什么是国际社会发展的障碍？国际社会发展的障碍确实多元，既有自然发生的，又有人为造成的，不仅出现在和合共生过程中，而且确实显示了只有和合才能共生的必要性。不管障碍有多大，都显示了相互关系的不匹配、不契合、不均衡。所谓障碍就是相互关系的不匹配、不契合、不均衡。而社会无论有多么大的不同、多少大的区别，任何社会都只能在寻求相互匹配、相互契合、相互均衡中发展前进。

（三）和合共生学派并不创造国家间变化发展规律

当今世界上的许多国际关系理论都以为自己可以“创造”“发明”国际关系理论，然而中国特色国际关系学和合共生学派仅认为自己只是在揭示客观存在的国际关系和合共生运行规律的同时，为当代国际关系趋向和平发展提供了释疑解惑的科学范式。当代世界上，为国际关系释疑解惑的范式很多，但是许多范式带有主观色彩，各人按照自己的观察所获、经验所知乃至设置“假设”性议题来预设场景，例如“人性本恶”“社会是无序状态”“国际社会是一个残忍的角斗场”等。如此先入为主地做研究，即使“伪命题”似乎也能成为“真命题”，即使社会发展规律也变成了可以“创造”、可以“发明”的，社会存在也变成了可以按照人的主观意愿“建构”的。社会历史进入 21 世纪前后的一个时期里，有人竟然“成功”地论证出“国家主权过时论”“国家主权分割论”“国家主权让渡论”，说什么当代国际社会发展已经超越威斯特伐利亚体系。如此胡言乱语还能大行其道，以至于国际关系学术界很少有人依然坚持“国家主权论”。有些人还将此说成是“当代国际关系理论创新”成就。可见国际问题研究领域唯心主义的猖獗。

国际关系是人类社会历史运动的组成部分，从属于人类社会整体的发展规律。因此，我们对国际关系发展规律的认识，有关的理论、原理、原则等，一定从属于我们对人类社会历史运动规律的认识，体现对其认知的最普遍、最基本、最抽象、最原始的道理。从认识论和历史观的角度看，我们对国际关系发展规律的研究，也一定基于最一般的哲学思考和历史思考，具有坚实的哲学基础和历史底蕴，由此提出的理论、原理、原则等，最终为其所左右。由于事物发展规律是客观存在的，不以人的主观意志而转移，而人的认识、认知是主观的东西，不仅受时代的局限，而且受人的认识、认知能力的局限，受人们最一般的哲学思考和历史思考能力的局限，因而不能完整地反映客观存在的事物发展规律，甚至出现偏离、违背的情况都是有可能的。人类不能改进时代的局限性，一蹴而就地创造一个完美的时代，但是必须改进自己的认识能力，改进自己最一般的哲学思考能力和历史思考能力，否则难以获得对国际关系发展规律科学的认识。在国际关系研究中以为人类可以左右国际社会发展历史趋势的唯心主义、主观主义、实用主义、本本主义、存在主义和唯意志论，不仅为人们科学地认识国际关系发展规律设置了重重障碍，而且也存在引人误入歧途的危险。

（四）中国特色国际关系学和合共生学派的中国气派、中国风格

中国特色国际关系学和合共生学派是中国特色社会主义理论体系的一个组成部分，是马克思主义中国化在当代的一项伟大成就，其根本点是逻辑演绎具有中华优秀文化的一脉相承性。中华优秀传统文化讲万物和合共生有一个内在逻辑。这个逻辑是：第一，万物相关的各方尽管相互有差异甚至矛盾，但是客观上原本就具有共生性，不是人们创造了共生性。不管人们承认不承认，“万物负阴抱阳”的共生状态具有客观性，不是臆想的。第二，人的主观能动性，在于为不同的各方客观上原本就存在的共生性创造实现的可能，亦即不同的相关各方获得能够和、能够和合的基本条件。第三，万物的“生”原本具有内在动力，人的主观能动性是要在和、和

合过程中（如黑格尔所述在“实现最外在、最偶然的东西与最内在的东西的直接结合”过程中），激发内在“生”的动力。第四，不同万物既以个体形式出现于世人面前，又在相互之间以相生相克、互联互通、环环相扣构成系统性、体系性结构状态。换言之，任何个体（不管人们是否意识到）不仅存在于群体之中，而且存在于系统性、体系性结构状态之中。第五，中华优秀传统文化内在地具有学理性逻辑体系，客观上植根于万物和合共生存在与变化发展结构的系统性、体系性，是主观对客观的表达。

欧洲人讲究思维的形式逻辑，注重内容与形式的统一，为此制定了一系列规则。中国人传统上讲究思维的学理性逻辑，注重逻辑的合情合理性，既具有自己的特质、特色，又同辩证唯物主义和历史唯物主义相通，也有一系列规则。例如："近取譬"、"执两用中"、均（平）衡、统筹（兼顾）、包容性、和合、"和必中节"、"和而不流"、"两点论"思维、忧患意识、底线思维、顶层思维、整体性思维、体系性思维……都是思维的学理性逻辑规则。这些规则不仅帮助思维避免呆板、僵化，而且都是思想逻辑必须遵循的一般性、普遍性规则。如果说思维逻辑不能违背形式逻辑规则，那么思维逻辑同样不能违背学理性规则。

中国特色国际关系学和合共生学派赓续中华优秀文化的一脉相承性，是显示中国气派、中国风格的重要依据。中华优秀文化内涵丰富，既有五千多年文明历史孕育的优秀传统文化，又有中国共产党领导人民在革命、建设、改革中创造的革命文化和社会主义先进文化，以及根植于中国特色社会主义伟大实践的中国特色社会主义文化；这些优秀文化与马克思主义相结合，是中华民族伟大复兴文化自信的支柱。

二、上海共生学派的基本概念及其理念

上海共生学派的任务是要将中国的外交实践抽象为具有中国学理性的理论；首先要做的事，是要将我们党、我们国家 70 多年来发展对外关系、处理对外事务长期采用的各种各样基本政策、基本理论、基本理念、基本原理、基本概念、重要概念，

以和合共生理念为基础性核心理念来解析和定义，赋予这些政策、理论、理念、原理、概念的相互关系具有系统性、体系性的和合共生性，变成中国理论能够与中国的伟大实践、伟大斗争相结合的理论，变成能够思行统一、言行统一的理论。

上海共生学派研究中国外交政策不是就政策言政策，而是以中国特色外交政策、外交思想为基础，以和合共生理念为基础性核心理念系统地、体系地诠释我们党和国家外交政策、外交思想的学术体系、理论体系、话语体系。

上海共生学派不忘中国国际问题学术界老一辈的初心，承载着老一辈国际问题学者的历史使命。因此上海共生学派所做的工作是中国国际问题学术界老一辈国际问题专家曾经作出过努力的继续，相信只要根植于祖国大地，自己的学术发展不仅能获得肥沃的土壤，而且能够成就举世瞩目的成果。中国特色国际关系学建设是中国式现代化的一部分。中国式现代化新道路彰显着自立自强、创新创造的鲜明特质，映照着人民至上、为民造福的价值底色，蕴含着全面发展、全面进步的方向目标，昭示着和平发展、包容互鉴的理念追求。因此我们不仅有责任把握历史大势、掌握历史主动，持续关注中国发展、研究中国问题，坚定不移走自己的路，加强交流互鉴，赋予中国特色国际关系学更加鲜明的实践特色、理论特色、民族特色、时代特色，努力以中国特色国际关系学建设新成果为世界作出更大贡献，而且有可能在坚持和发展自己主体性的同时博采世界众长、汲取世界精华，创造具有中国特色、中国风格、中国气派的学术体系，在服务于伟大祖国的同时观照全球、有益世界，使自己的学术成果既是中国的又是世界的，光照人类进步的方向。

上海共生学派要以和合共生理念为基础性核心理念来解析和定义中国特色社会主义国际关系学相关的基本概念，相关概念的内涵既是中国的又是世界的，这些要素之间的和合共生逻辑关系同样既是中国的又是世界的。所谓是中国的，是指以马克思主义为指导，结合中华民族优秀传统文化，结合当代中国特色社会主义文化，结合世界优秀文化，是当代中国化的先进理念。

（一）关于“人民”概念及相关理念——以人民为中心

“人民”概念在世界各国国际关系理论中是没有的，更没有以人民为中心的理念。这个概念是否要进入中国特色国际关系学？如果说中国特色国际关系学是中国特色社会主义理论的组成部分，那么进入中国特色国际关系学是理所当然的。不仅要进中国特色国际关系学，而且不能只当作一个口号、当作一个标签，而是要成为一个基本逻辑，成为全部逻辑的原初性。问题是这个基本逻辑如何建立。

美欧国家的国际关系学理论尽管不以“人民”为基本概念，但是也都是或明或暗地以“人性本恶”为逻辑原点。换言之，逻辑原初性都是“人性本恶”论。美国学者抓住“人性本恶”似乎也基于“人本身”视角，但确切地说是基于“人本身”行为的现象描述，仅仅是基于关于人之间关系的现象学。善与恶不是人的基本属性而是人的基本属性的表征。因此必须追溯造成“善”与“恶”现象的逻辑原初性、人之间关系的逻辑原初性，亦即要研究真实的人的基本属性是什么。

要回答“人民”在中国特色国际关系学中的逻辑是什么，首先要回答什么是真实的人的基本属性？马克思曾经这样描述人之间的关系。他说：“人是最名副其实的社会动物，不仅是一种合群的动物，而且是只有在社会中才能独立的动物。”[3]马克思这个关于合群、社会与独立之间关系的判断，为人们提供了人的个体性与合群性、独立性与共生性相对应的基本属性关系，亦即人的个体性不能离开合群性，人的独立性只能存在于社会共生性之中；人的自我实现的独立自主性只能在相互适应、满足他者自我实现需要的过程中才能获得，由此构成了人之间的社会共生性。马克思主义经典作家尽管没有使用过共生性概念，但是相似的表述却是大量的。他们相信“只有在集体中，个人才能获得全面发展其才能的手段，也就是说，只有在集体中才可能有个人自由”[4]。马克思主义经典作家对人的个体性与合群性关系、独立性与共生性关系，前后两者都没有轻视，都没有孰重孰轻的偏颇，而且认为未来的社会“将是这样一个联合体，在那里，每个人的自由发展是一切人的自由发展的条件”[5]。

中华民族古代先贤早就发现人的个体性与合群性、独立性与共生性的相伴相生性，可见人的这种基本属性古已有之。荀子在《王制》中曾说：“(人)力不若牛，行不若马，而牛马为用，何也？曰：人能群，彼不能群也。”他主张人应该“善群”，亦即要善于处理个人与他者的关系，要善于处理群体与群体之间的关系、个体独立性与他者的共生性之间关系。人能否“善群”、能否妥善处理个体性与合群性的关系、能否妥善处理独立性与共生性的关系，也就带来了现象上的人的行为“善”与“恶”之分，亦即能者为“善”，不能者带来的则是“恶”甚至恶贯满盈。

（二）关于“和合共生”逻辑的理念——允执厥中

“以人民为中心”在中国特色国际关系学中的逻辑演绎是人的个体性与合群性之间关系的和合共生逻辑演绎，是人的独立性与共生性之间关系的和合共生逻辑演绎。由于人的个体性、合群性、独立性、共生性具有多侧面、多层次的多元多样性，因此可以和合共生地逻辑演绎出无以计数的、多元多样关系，如分工与合作的关系、冲突与融合的关系、悲欢离合的关系……所有这些关系又交织叠加，同样形成无以计数、多元多样的关系，构建起纵横交织的共生关系网络体系。因此马克思和恩格斯不仅发现了国际社会相互依赖的发展趋势，而且已经发现了“世界联系的体系”。列宁也发现“世界一切国家牢牢地结成一个体系”，因此即使局部战争也会演变成世界大战。

有人说和合共生逻辑似乎只适合和平年代，只适合与世无争的场合。肯定不是的，和合共生逻辑同样适用于动荡不安的年代。这与马克思、恩格斯、列宁发现世界的体系性相类似。当年他们发现世界的体系性确实是在自由资本主义走向帝国主义的时代，殖民帝国主义由分割世界走向重新瓜分世界的时代，殖民帝国主义重新瓜分世界而由局部战争走向世界大战的时代。尽管国际社会高度动荡不安，但是马克思恩格斯列宁告诉世界无产阶级要用体系性观念认识世界的变化，这不是基于他们的理想而是基于世界体系性发展的现实。和合共生逻辑演绎适合矛盾转化为对立统一、对抗转化为协商、冲突转化为合作、战争转化为和平的需要，同样是基于社会现实的选择。如习近平总书记所说：“人类应该和衷共济、和合共生。推动构建人类命运共同体，不是以一种制度代替另一种制度，不是以一种文明代替另一种文明，而是不同社会制度、不同意识形态、不同历史文化、不同发展水平的国家在国际事务中利益共生、权利共享、责任共担，形成共建美好世界的最大公约数。”[6]

国际社会由和合共生逻辑演绎所形成的各种各样关系，按照中华民族优秀传统文化来解读是构成了相生相克、相异相合、相反相成、相辅相成、分分合合、矛盾冲突与相互依存、危险与机遇同在的休戚与共、命运与共的变化发展逻辑。这就是为什么矛盾冲突会呈现时起时伏的过程特点和生生息息的变化特征。

（三）关于“利益”概念的理念——“利益共生”

利益是中国特色国际关系学学术体系、理论体系、话语体系必须坚持的基本概念，信仰“利益共生”理念是中国特色国际关系学关于利益概念的逻辑原点。

世界各国对外关系都讲利益，但是中国特色国际关系学的利益概念的理念是“利益共生”理念；无论是核心利益、关键利益、重要利益，一般利益，都是在共生关系中形成的，任何利益都是在共生关系中产生的。这个理念首先符合事实、符合客观实际。任何国家、任何行为体利益的自我实现都是在相互适应、满足他者自我实现的过程中获得相互实现的。换句话说，所谓利益是由于人们发现了自己与对方（这个对方无论是物还是人）的共生性才发现了利益，是人们在共生关系中实现利益、创造利益的过程。

利益是共生的，不是只讲共同利益，不讲个体利益。利益是共生的，既讲个体利益又讲共同利益，根本上是为了维护和发展个体利益。发展为了人民也是这个逻辑。之所以说利益是共生的，是因为个体利益与共同利益是共生的。卖与买双方尽可能满足相关的必要条件显示了共同利益的存在，否则就无法获得个体利益。换言之，个体利益只有在追求、维护、发展共同利益的过程中才能实现。

利益是共生的，意味着利益的本质意义是矛盾对立统一的，利益的矛盾对立统一性存在于利益存在发生发展过程的始终。按照中华民族优秀传统文化逻辑，万物之间的相生相克、相异相合、相反相成、相辅相成都是在和合共生过程中实现的，用现代的话来说都是在矛盾对立统一的过程中实现的。换言之，中华民族先民研究和合共生的社会，不仅不回避社会的矛盾对抗冲突，而且认为社会是在和合矛盾对抗冲突中实现共生、融合的。至今许多人并不认为和合的功能如此厉害。然而，要知道远在六、七千年前，河姆渡先民已经知道采用榫卯结构和合共生的原理建造“干栏式房屋”。山西应县木塔全部采用榫卯结构和合共生原理，建于公元1056年，至今依然屹立。问题是什么叫“和合”？怎么“和合”？

先说什么叫和合。通俗地说，和合就是要发现相关各方之间对利益要求的相互匹配性、相互契合性、相互适应性、相互满意度，要发现哪一个钥匙能开锁，要发现怎么能门当户对，要发现如何过河的办法。因此和合共生逻辑的核心理念是“允执厥中”。通俗地说是坚守中道。

怎么“和合”？当然首先要有“利益共生”、互利共赢的意识。如果没有这种意识就会面临各种挑战和困难。在这种情况下最理想的选择是各行其道、道并行而不相悖。但是这种可能性几乎根本不存在，因为利益只能在共生中产生，所以一定要有利益的交汇聚合；而利益交汇聚合一定会产生矛盾对抗冲突。因此面对多种多样的情况产生了多种多样的应对办法。中华民族先人总结了如何“和合”的长期实践经验，发明了“和衷共济”“刚柔相济”八字方针，针对利益共生面对的不同矛盾，或者和衷共济，或者刚柔相济。换句话说，有的矛盾可以在和衷共济过程中解决，有的则需要刚柔相济来解决。道家倡导以柔克刚，有点类似于当代人关于争端不任意诉诸武力原则，但是前提必须是刚柔并举，敢于斗争、善于斗争。什么是刚？用现代话说就是采用强制性手段。如果说和衷共济有温文尔雅的味道，那么刚柔相济可能意味着雷霆万钧。当然要尽可能避免出现雷霆万钧的场景。

利益共生逻辑的自然延伸是相互尊重、贯彻正确的义利观、合作共赢。因此中国主张要坚定不移发展开放型世界经济，在开放中分享机会和利益、实现互利共赢。各国人民要同心协力，变压力为动力，化危机为生机，以合作取代对抗，以共赢取代独占，让共同利益变成共同行动。

如果说随“大航海时代”到来而开启国际社会后，几乎所有大国乃至崛起中的大国首先关注的是如何分配世界财富以及如何为此抢占有利地位，因而发生了抢占世界市场的争夺，那么到第二次世界大战后这种大国关系的模式就逐渐发生了变化。尽管原因是多方面的，但事实上逐渐变成一国财富的增值不仅并不需要剥夺他国财富，不意味着他国财富的减少，而且事实上给他国带来了更多财富增值的机会。不仅大国有财富增值的机会，而且即便是中小国家也有财富增值的机会。传统的新兴大国崛起必定会从抢占世界市场变成为全世界创造市场，从瓜分世界财富变成为全世界贡献财富，从导致传统大国的衰落变成为传统大国继续兴盛创造条件。中国自改革开放以来，财富固然获得了巨额增长，然而世界各国，尤其是美国、日本、欧洲国家却也因此获得了巨额财富，不仅在向中国的巨额出口中获利，而且在向中国投资中获利。波音、空客等众多大公司大企业不仅都是获利的大户，而且也因此为相关国家提供了大量的就业机会。境外许多昔日的中小企业也因与中国的经济贸易交往变成了大公司大企业。因此确切地说，中国坚持和平发展不仅为世界创造了市场而且为世界贡献了财富。所以在当代世界的大国关系中，用世界财富增值论取代传统的世界财富分配论是有依据的。对各大国而言，面临的挑战不是如何缩小他国财富增值的空间，而是如何管控与他国的矛盾与分歧、借助他国财富增值的机遇实现自我财富更大增值。

（四）关于“权力”概念的理念——权力共享

传统的权力概念是“支配他者的能力”。但是历史上一直存在支配者与被支配者之间的对抗冲突，一直存在对权力真实性的质疑。对方不接受被支配，权力的真实性何在？

中国特色国际关系学基于人的独立性与共生性对立统一原理，基于和合共生原理，认为权力是共生的，只有共生的权力才具有真实性、有效性。同样，权力要共享，共享的权力才具有可持续性。行人在按照交通警察的指挥获得行路安全性的过程中实现了与交通警察权力的共享，因而交通警察的权力得以有效持续。

权力是共生的，因此权力有专属性。殖民帝国主义的权力不仅性质同一而且价值取向、目标同一，由权力的主体性与共生性特征所规定。殖民帝国主义权力专属性是同一的，所以殖民帝国主义之间有权力转移的可能，但是不可能向社会主义中国发生权力转移，除非社会主义中国的主体性与共生性特征变得与殖民帝国主义国家相同。

权力是共生的，因此权力可以创造。尽管一些国家依然企图使政治权力成为谋求、控制资源的工具，但是现代科学技术的进步同样在削弱这种必要性。科学技术日新月异的发展，不仅扩大了获取原生性资源的可能，而且提高了合理利用资源、充分发掘原生性资源利用潜能的可能，更重要的是出现了集成创新、开发创造新资源的可能。如果说这也能带来权力，那么这种权力是通过创造权力增量实现的，而不是从权力的存量中转移获得的，而且可能获得的巨大权力增量也是史无前例的。我们只要想一想美国创造了互联网，不用一枪一炮就创造了多么巨大的权力，构成了世界霸权新的支柱，就可以明白这个道理。权力不是叫出来的，而是干出来的，也是这个道理。但是这种权力自我实现的前提条件同样是要获得他者的承认和需要，与他者有自愿合作的可能。人类社会的共生关系是以资源为纽带的。如果说曾经的纽带是原生性资源，在带来共生关系的同时曾经也带来对抗与争斗，那么今天正在进入由创新资源为纽带的共生关系时代，需要的不仅是智慧和创新能力，而且是相关各方的合作共赢。美国如果不放弃利用互联网作为攻击他国或监视他国的工具，必然会迫使他国不得不另辟蹊径，不可避免地削弱美国在该领域的权力和财富。显然，共同维护网络安全在根本上对美国是有益的。

（五）关于“相互依存”概念的理念——和合共生

1848年诞生的《共产党宣言》就已经发现，随着世界市场的拓展，各民族之间出现了“各方面的互相往来和各方面的互相依赖”。然而这个马克思主义基本判断不仅没有得到欧美国家学术界的响应，而且“十月革命”胜利后的苏联学术界也对其“熟视无睹”。

随着第二次世界大战后殖民主义体系的崩溃，世界经济产业链、供应链、物流链、价值链的全球拓展，全球不仅相互依赖而且相互依存，相关的广度和深度出现了令人注目的发展，这成为全球化浪潮的核心内容。当历史进入20世纪60—70年代，国际社会的相互依赖、相互依存不仅进入美欧国际问题专家的视野，而且逐渐成为一门显学。人们不断创造“你中有我，我中有你”“一荣俱荣，一损俱损”“地球村”“全球村落”“没有国界的世界”“大家庭”“全球化”“全球主义”“跨国主义”等诸如此类新概念来描述全球相互依赖、相互依存、全球化的发展。

然而，美国学术界对相互依赖、相互依存研究鲜明地具有工具主义倾向。或者作为权力的工具，受传统的现实主义支配。约瑟夫·奈和罗伯特·基欧汉合著的《权力与相互依存》(1977 年)不仅是重要的代表作，而且对美欧学术界产生了重大影响。他们据此在相互依存中发现了获取权力、运作权力的奥秘，相互依存的定义也变成了“有赖于强制力的相互影响和相互联系”。或有学者借机鼓吹国家主权过时论、国家主权取消论，甚至主张利用相互依存对其他国家搞颜色革命。

面对美欧国家学术界的这种研究趋向，中国应该如何坚持马克思主义基本原理、中国要不要融入国际社会相互依赖、相互依存之中？20 世纪 70 年代后半期开始，这个问题严峻地摆在准备迈入改革开放和社会主义现代化建设新时期的中国学术界面前。客观地说，当代国际社会的相互依赖性、相互依存性、命运与共性发展根本上是马克思和恩格斯在 100 多年前已经看到的历史进程发展的继续，而且比他们在《共产党宣言》中所做的表述更加波澜壮阔。

如果说，历史地实事求是、完整系统地认识相互依赖和相互依存发展所带来的命运与共本质上为认识当代人类命运共同体奠定了逻辑起点，那么改革开放和社会主义现代化建设新时期所取得的成就证明了这个选择是正确的：只有把对内改革与对外开放结合起来，把坚持独立自主，把国家发展的基点和重心放在将国内与参与经济全球化结合起来，把国际国内两个市场、两种资源结合起来，把坚持自主发展与有效地参与国际分工结合起来，坚持自身利益与人类共同利益的一致性，才不仅能使自己的发展取得显著成就，而且能为世界各国的共同繁荣与稳定发展作出重要贡献。因此中国学术界不仅接受了国际社会相互依赖、相互依存、“地球村”之类的概念，而且要研究与世界各国如何和合共生。

(六) 关于命运共同体概念的理念——命脉相连

命运共同体的基础性理念是“生命共同体”。什么是生命共同体？简单地说，

"生命共同体"是指具有类似人的生命有机体特征的共同体。

按照中华传统文化,人作为生命有机体之所以具有生命体征是因为生命有机体的所有组成部分,既有血管相通又有脉络(经络)相连,使生命有机体的所有组成部分具有整体性、统一性。血管里流淌的是血液,脉络(经络)传递的是生命的信息;血管和脉络合称为血脉,其互联互通性构成了人的生命有机体的生命体征。中华传统文化将此血脉又称为命脉。中华传统医学的医生用"望闻问切"来观察人的生命体征,以了解人的病情。

在现实生活的长期历史沉积中,血脉、命脉成了中华文化的一部分,用来表达具有类似人的生命有机体特征的生命共同体,包括由人组合而成的所有行为体,以及人与自然、人与环境的关系等。所谓具有类似人的生命有机体特征首先是指具有命脉相连性。家庭、家族、氏族、宗族、部落、民族、国家,及现代的公司企业、社会组织、国际组织等,乃至国内社会、国际社会,以及自然界本身、人与自然、人与环境都有命脉相连性,因而都可以称为生命共同体,生命共同体的基本理念就是命脉相连性。

人的命脉在于血管、脉络的互联、相通性,由双要素构成。但是其他所谓具有人的生命有机体特征的生命共同体却未必如此。有的只有单要素,有的却需要多种要素的综合功能作用。作为生命共同体,不管命脉由几个要素组合,其所有构成部分及器官相互之间都是在命脉的整合之中有机构成、有机契合匹配、有机互联互通、有机新陈代谢,既具有机免疫系统又具自我修复系统而成为一个互联互通的统一体。血脉(命脉)"不通则痛,通则不痛"成了中医学说的一个重要基本理念。这个理念也适用于任何生命共同体。换言之,改善、完善生命共同体的互联互通性是提升生命共同体生命活力的重要努力方向。

生命共同体是充满活力、朝气蓬勃的,因此在此基础上形成的命运共同体不仅具有生命共同体的活力、朝气蓬勃而且具有未来的发展前景。

(七) 关于人类命运共同体概念的理念——命运与共

中华民族对国际社会认识历来有整体意识。尤其自 1840 年鸦片战争以后,无数中华民族子孙、志士仁人投身于中华民族复兴的伟大事业，与世界各国、各民族人民联系在一起。而人类命运共同体定位不仅具有适应全球化时代需要的理论原创性，而且与中华民族历史追求具有一脉相承性。

人类命运共同体意识以生命共同体意识为基础。人类命运共同体概念首先是就当代人类社会共生性现实而言的。马克思主义经典作家认为："任何人类历史的第一个前提无疑是有生命的个人的存在。"[7]人首先要解决吃饭、穿衣、住宿问题，才能创造历史。人的这些问题都需要在分工合作的共生关系中实现，没有人可以例外，自古至今都是如此。当代人类面对的现实是分工合作规模不仅史无前例，而且谁都无法回避。不仅遍布全球的产业链、供应链、物流链、价值链使所有企业的命运息息相关而且产品生产也日益国际化。即便是个人的生活起居也变得越来越与世界难分难解。当代世界几乎所有国家之间的生产与供应以及文化发展等，都是"你中有我，我中有你""你依赖我、我依赖你"，相互之间错综复杂地纠缠在一起、融合在一起，形成了一个庞大的世界性的纵横交汇联接的共生关系结构体系。

人类命运共同体是就当代人类命运与共的现实而言的。果然不错，各人有各人的命，各人有各人的运。各人寻求好的命、好的运都是各自自我实现在社会共生关系中所追求的目标，而且首先要靠各人自己在社会共生关系中的努力，这是不可否认的事实。人是如此，任何社会行为体、任何社会力量更是如此，即使资本力量也是如此，都涉及各自在社会共生关系中抱着什么信念，信守什么文化，相信何种制度，走什么道路，因此各自所做的努力会带来不同的命运。

但是人的个体性与合群性、独立性与共生性之间和合共生地逻辑演绎，由此带来的是生产力与生产关系之间、经济基础与上层建筑之间和合共生地逻辑演绎，在国内社会中形成的是人类的命运共同体。换言之，国内社会人类的命运共同体是人的基本属性之间和合共生地逻辑演绎的产物。

"大航海时代"到来所成就的伟业在《共产党宣言》中着墨颇多，有多种表述，如"使一切国家的生产和消费都成为世界性的了"，新的工业"所加工的，已经不是本地的原料，而是来自极其遥远的地区的原料；它们的产品不仅供本国消费，而且同时供世界各地消费。……过去那种地方的和民族的自给自足和闭关自守状态，被各民族的各方面的互相往来和各方面的互相依赖所代替了。物质的生产是如此，精神的生产也是如此”。[8]这种趋向使国家社会内部的人类的命运共同体越出国境，演变为人类命运共同体的生长，用恩格斯的话来说，是“把世界各国人民互相联系起来”[9]，日益变得命运与共。换言之，人类命运共同体是经济全球化发展所形成的物质基础的产物，是以经济全球化为驱动力的全球体系所形成的物质基础的产物。

（八）关于全球伙伴关系体系概念的理念——增值世界财富

与人类命运共同体相匹配的概念是全球伙伴关系体系，其核心理念是合作共生，在共同增值世界财富的过程实现互利共赢。

现在美欧国家都在使用伙伴关系概念，然而这些实践往往背离了伙伴关系的原初性意涵。全球伙伴关系体系概念的真实含义是基于人、国家及其他行为体各自的合群性、共生性属性具有外在的必然性，各自的生存与发展首先取决于各自的基本属性如何对立统一、能否对立统一。各自的兴衰荣辱、成败均系于此。尽管个体利益之间存在竞争、矛盾、对抗、冲突，但是任何个体只有在群体之中才能获得自我实现，这迫使相关各方自我拘束，并为协商解决矛盾提供必要性。换言之，任何个体都具有对他者的依赖性、与他者的共存、共生性，必然的逻辑是在相互产生矛盾对立对抗的同时又要在各个方面与他者形成各种各样的共生关系，带来了竞争与合作对立统一、建立伙伴关系的必要性。而人类命运共同体的出现则带来了建设全球伙伴关系体系的可能性与必要性。客观上，全球伙伴关系体系以增值世界财富为目标的发展不仅为所有个体带来更多财富，而且将为人类命运共同体奠定更坚实的物质基础。

建设全球伙伴关系体系的基本原则是：

第一，按照“伙伴”的本来意义来评判当今伙伴关系的是非，界定新型全球伙伴关系的合理内核。在当代国际关系中，“伙伴”是一个常见词语，出现了各种各样的“伙伴关系”，然而其中却有新与旧之别、优与劣之分：有的相关各方都有舒适度，有的却不是；有的对相关各方的发展与安全利益均具有可靠性，有的却并不如此；有的是患难与共、同舟共济的真朋友，有的则未必。

至于以结盟为前提的伙伴关系，有明确对付第三方的针对性，给其他国家发展与安全利益带来威胁，是当代世界不稳定因素，并不是人们乐见的，至于能否给结盟的相关各方发展与安全利益提供有益的能力增量，同样是冷暖自知，例如美国对其盟国几乎都不放心，口惠而实不至，甚至将对方国民的电话、手机都作为监听对象、长年累月不息。又例如日本对美国在自己国土上长期驻军未必心甘情愿；在经济发展上，日本对经常受到美国的卡压也是有苦难言。

因此对伙伴关系的研究首先必须回归到“伙伴”的本来意义。“伙伴”在中文语境中是由古代的“火伴”一词演绎过来的，原意指古代战场上同吃一锅饭的士兵间关系；因为朝夕相处、利益相依、生死与共而成为“伙伴”，具有利益共同体、责任共同体、命运共同体的意涵。在英语中，partner 的语义中也有“合伙人”“合股人”的涵义，似乎在一定程度上与中文“伙伴”的意涵相通。所以我们只能用“伙伴”的本来意义来评判当今国际关系中各种伙伴关系的是非，界定新型全球伙伴关系的合理内核。新型全球伙伴关系的合理内核与经济全球化伙伴时代的根本特征具有关联性，是我国“在坚持不结盟原则的前提下广交朋友，形成遍布全球的伙伴关系网络”的理论依据之所在。

经济全球化时代是共生性全球体系居主导地位的时代，所有行为体均处在各种各样共生性网络关系的体系之中，其根本特征是：一方面各国要坚持独立自主发展，各有自己的梦想与追求，各自都珍惜自己的历史文化传统或者对自己的现实各有偏好，而另一方面是经济全球化造就的“你中有我，我中有你”的利益交融性发展，尽管相互之间依然存在各种矛盾冲突，但是事实上已经在各国之间形成了兴衰相伴、安危与共的命运共同体。

各国在与他国的利益交融性发展过程中既要坚持独立自主，又要与他国合作发展，不仅为他国发展作出自己的贡献，而且也承担自己的责任、分享他国的利益；由此形成的命运共同体发展趋向既要求有利益共同体的发展，又要求有责任共同体的发展，具有“三位一体性”要求；而正是这种“三位一体性”要求才转化为国家之间克服、缓解相互之间矛盾冲突的动力，由此带来的是“和实生物”，和谐共生，共同发展。

第二，坚持利益共同体、责任共同体、命运共同体的意涵。全球伙伴关系与利益共同体、责任共同体、命运共同体“三位一体性”之间的关系是表里关系、外壳与内核关系；后者是前者的内核，前者是后者的外壳，或后者的存在形式；前者的是非曲直是依据后者是否具有合理的“三位一体性”来判断的。

在合作发展过程中，发展与安全均是相关国家首先关注的两件大事，不会偏废，同样可以依赖后者合理的“三位一体性”来实现。因此全球伙伴关系研究的核心问题是后者的“三位一体性”建构。不仅要思考建立什么样的利益共同体、什么样的责任共同体，而且要思考如何使利益共同体、责任共同体、命运共同体三者之间的结构体系具有协调性、合理性、和合共生性，使相关各方既能独立自主发展又能合作发展，使伙伴关系既有舒适性又有可靠性。

但是在当代国际关系中的许多伙伴关系事实上并不具有合理的“三位一体性”，三者之间的结构关系既不协调又不合理，使伙伴关系既没有舒适度又没有可靠性。因此必须寻求包容性，塑造新型伙伴关系、新型国际关系。

就关系与观念的逻辑而言，中国古人云“和实生物”，决不是就关系论关系的结果；关系的理性逻辑是由观念引领的。国家之间建立什么样的利益共同体、什么样的责任共同体，以及利益共同体、责任共同体、命运共同体能否具有合理的“三位一体性”，伙伴关系内核的三者结构性体系是否协调、合理，能否得到有序安排、和合共生，不只是如何操作、如何建构的技术性问题，而且涉及以何种观念来引领的问题。因此必须强调先进观念的引领作用。

然而先进观念同样只能源自我们所处时代的根本特征。经济全球化时代的根本特征规定了国家之间的合作发展必须倡导亲诚惠容的理念，必须倡导和衷共济、和合共生的理念，追求互利互惠、合作共赢的目标，而这正是所有国家不得不为此做出努力的方向，具有普遍主义特征。

第三，坚持在不结盟原则前提下广交朋友。中国“要在坚持不结盟原则的前提下广交朋友，形成遍布全球的伙伴关系网络”。换言之，要坚持“结伴而不结盟”。

是否结盟，区别在于是否针对第三方，是否围追堵截第三方，是否要对第三方发动“群狼式”攻击。即使口头上说不针对第三方，那又为什么要结盟？抵赖犹如纸包不住火，没有用。

结盟是传统国家间司空见惯的现象。“没有永久的朋友，只有永久的利益”是能够不断变换结盟关系的一个重要依据。但是当今世界是相互依存的世界，建设全球伙伴关系体系背靠的是一个人类命运共同体的社会。即使当代的美国同样也是独立性、主体性属性与合群性、共生性属性双重基本属性的对立统一体，这种属性的规定性使其处理大国关系的动力同样具有双重性：尽管依然具有引发与其他大国结盟分裂对抗的内生性竞争冲动，在美国主导下的传统大国关系基本特征依然具有历史惯性，在第二次世界大战后建立的政治军事联盟并不因“冷战”结束而解体，甚至还在继续拉帮结伙拼凑新的联盟，以面对新兴大国群体性崛起。于是中国等新兴崛起大国成了美国高度警惕的对象。尽管中国反复表明不威胁美国，但美国依然很难完全听得进去。美国甚至对其盟国、盟友同样具有相当高的警惕心理，不仅从未停止过对他们的监视，而且不断塑造共同的敌人，以便将它们如蚱蜢一样拴在一起，这或许与美国对当代世界统一性的认识相关联，似乎只有按美国的意志将世界统一起来，世界才有前途。但是美国处理大国关系还有另一面，即美国必须也只能在共生性全球体系中才能寻求自我合群性、共生性的自我实现，因而即使美国具有强烈的利己动机，也必须为结构性矛盾转化为合作共生创造条件，显示了共生性全球体系结构性力量的不可抗拒性。这就是说，尽管美国依然维系着传统大国关系的历史惯性，但是仅依靠这种历史惯性已不能达到完全的自我实现，不能不更多地关注国际政治经济秩序与当代世界政治经济发展现实的匹配性。对于美国的这种状况，我们不仅要看到其利己的动机和面临的困难，更要研究其与世界政治经济发展趋势的吻合性，以及冷静观察、沉着应对的客观理性。

结伴秉承的是亲诚惠容的理念，追求的是合作共赢、互利共赢目标，不仅在观念引领上具有先进性和史无前例的创新性，而且更易于广交朋友，包容性塑造利益共同体、责任共同体、命运共同体的合理“三位一体性”，由此形成的伙伴关系也能既有舒适度又有可靠性。显然,包容性塑造新型全球伙伴关系网络是包容性塑造新型国际关系的具体实践。

在经济全球化运动过程中,国家之间利益共同体、责任共同体、命运共同体“三位一体性”包容性塑造要求是一直客观存在的,体现在国家之间政治、经济、安全、文化等各种关系的方方面面,包括利益共同体的包容性塑造,注重责任、以总体安全观为导向的责任共同体包容性塑造,目标是实现和而不同、和合共生、共同发展。因此社会发挥主观能动性,是使利益共同体、责任共同体、命运共同体“三位一体性”适应经济全球化运动的合理选择。

就此而言,责任共同体也不是简单地分摊各国的责任,而是要在政治、经济、安全、文化等利益共同体的方方面面关系上追求发展与安全的整体谋划,按照合理需求原则、底线原则、规制性原则来包容性塑造,实现总体安全性。这就是说,责任共同体首先是基于相关各方对责任的相互性合理需求的心灵相通,具有自愿拘束性,同时又基于相关各方共同认可的底线,例如主权原则、和平共处五项原则、“搁置争议”原则等,使自愿拘束性具有平等互惠和公平正义性,并最终以制度、规则、机制得到规范,具有可操作性与实践性。由于利益共同体和责任共同体是刚柔融合、互补互济的统一体,因而命运共同体具有活力和生命力,能适应同舟共济的需要。这也告诉我们包容性塑造新型全球伙伴关系网络不只是外交部门的事,而是所有涉外部门及单位共同的事业,需要齐心合力、同舟共济。

第四,拓展遍布全球的伙伴关系网络。国家涉外关系是一个分层次的体系,是一个由理念层面、原则层面、规则层面、操作层面所组成的复合体;既要用理念、原则层面来引领规则、操作层面,又要用规则、操作层面的“对症处方”来确保目标与手段的统一。不同国家有不同的国情文化、社会制度、发展需求,所以必须使亲诚惠容理念、使全球伙伴关系内核的“三位一体性”要求在不同的对象国本土化、制度化、机制化,才能使全球伙伴关系扎根于对象国的土壤之中,扎根于对象国的民心民情之中,即使发生地动山摇也能岿然不动,经得起国际风云变幻的考验。

形成遍布全球的伙伴关系网络,是在与一个个对象国家形成新型伙伴关系的基础上实现的；扎根于一个个对象国家土壤之中、遍布全球的伙伴关系网络因此也一定是“全天候”的，值得我们为此共同努力，我们的事业也一定能成功，为实现中华民族伟大复兴作出贡献。

注释

1.《马克思恩格斯选集》第一卷，人民出版社1966年版，第26页。

2. 习近平:《中国发展新起点，全球增长新蓝图》，2016年9月3日在G20（杭州）工商峰会开幕式上的讲话。

3.《马克思恩格斯选集》第二卷，人民出版社1995年版，第199页。

4.《马克思恩格斯选集》第一卷，第78页。

5. 同上书，第260页。

6.《习近平出席中华人民共和国恢复联合国合法席位50周年纪念会议并发表重要讲话》，求是网，2021年10月25日，http://www.qstheory.cn/yaowen/2021-10/25/c_1127992910.htm。

7.《马克思恩格斯选集》第一卷，第24页。

8. 同上书，第242—243页。

9. 同上书，第204页。

国际社会的共生论

——和平发展时代的国际关系理论*

翻开报纸，打开电视，点击因特网，人们看到的世界是：灾难、对抗、冲突、杀戮甚至炮火连天，陈尸街头荒野，令人毛骨悚然的景象几乎天天在世界某些地方发生。人类社会有此"共生"，谁能欣赏，国际社会如此"共生"，谁会赞同，在"共生"过程中终将解决这些问题而又不是理想主义，谁会相信？这就是本文所要讨论的主旨。

一、"共生"是国际社会的基本存在方式，不以人的主观意志为转移

在国际社会巨大机体中，单个的人是国际社会活动着的主体中最小的单元，以至于在相当长的时期中，国际关系、国际问题学术界不认同其主体身份。尽管"人生而平等"，但人是共生的。人从母体中形成胚胎的那刻起，不仅是其父亲、母亲共生的结晶，而且与母亲形成共生性、共同安全性。人离开共生性不仅不可能来到世界，不可能健康成长，无法生活，即使过世了怎么安排也成问题。

人必须与他人共生，与自然共生，否则就不可能存在。人、社会、自然是一个共生网络。人的共生性塑造了社会，社会是共生的。人的共生性存在于社会生活的方方面面，纵向的，横向的，无处不在，无时不有，结成社会共生网络，无所不包。由人的共生性衍生出来的所有行为主体，无论其活跃于国内社会还是纵横于国际社

---

* 本文所述"共生"观念受复旦大学胡守钧教授《社会共生论》启蒙（复旦大学出版社，2010 年 1 月版），并吸纳了其中众多论述，在此不一一注明，谨向胡守钧教授致谢。

会，无论其内部关系还是其外部关系，无论是对抗性还是非对抗性的，都存在于共生网络之中。

国际社会建立在人、社会、自然的共生性基础之上，同样是一个共生社会。从历史发展进程来看，尽管国际社会是人类社会大航海时代到来的产物，是生产关系从国内社会越出国境发展的产物，但根本上是人、社会、自然共生性历史发展的产物，说到底是人的共生性历史发展的产物。

在国际社会里，由人的共生性衍生出来的各类型行为主体之间存在各种共生关系，贸易关系、金融关系、投资关系、产权关系、政治关系、安全关系、军事关系、文化关系、宗教关系、政党关系、生态环境关系等等，构成各种纵向与横向、非对抗性与对抗性的共生网络。与国内社会共生网络的显著区别是，国家是国际社会的基本行为主体，在国际社会共生网络中居于核心地位，由国家对外关系构成的共生网络在国际社会共生网络中发挥主导作用。

二、人类社会经济生活的共生性是孕育、形成、强化国际社会共生网络的巨大动力

马克思、恩格斯在《共产党宣言》中说："资产阶级，由于开拓了世界市场，使一切国家的生产和消费都成为世界性的了。"[1]这个观点不仅肯定了人的作用，而且其提出比当今人们使用经济全球化概念差不多早了一个半世纪，显示了当年国际社会经济领域的共生性已经达到的程度。至今已经 160 多年过去了，当年的情景也是与当今国际社会经济领域的共生度无法比及的。至今国际社会经济领域的共生度不仅已经遍及世界绝大多数国家，细化到生产和消费的几乎所有环节，而且产生了实体经济与虚拟经济的共生，深入人类日常生活的方方面面。

在《共产党宣言》中，经典作家将资产阶级与世界市场视为共生关系，说"不断扩大产品销路的需要，驱使资产阶级奔走于全球各地。它必须到处落户，到处创业，到处建立联系"[2]。经典作家也将原料、生产和消费视为共生关系，在国际社会构建起一种全新的共生链条，说现代大工业"所加工的，已经不是本地的原料，而是

来自极其遥远的地区的原料，它的产品不仅供本国消费，而且同时供世界各地消费。旧的、靠本国产品来满足的消费，被新的、要靠极其遥远的国家和地带的产品来满足的需要所代替了”[3]。而这种经济领域、经济生活的共生性所建构的共生链，同时也促成了其他领域、其他生活方面更为广泛、更为普遍、更为深入细微的共生关系和共生链的建构与延伸，形成了各民族各方面的互相往来和各方面的互相依赖。相应地，国际社会也出现了被人们称为“公共财产”“公共产品”“公共平台”之类的东西，供人们受用。

人类社会经济领域、经济生活的共生性需要，推动了国际社会的孕育、生长、形成和发展，反过来又强化了国际社会的共生性。“共生”不仅是国际社会的一种客观存在，而且是国际社会发展的基本途径，是在“共生”过程中实现的。

三、国际社会共生性的实现

人具有共生性，国内社会具有共生性，国际社会也具有共生性，国际社会的国家及所有行为主体都具有共生性。国际社会的共生性是在国家及其他行为主体寻求“自我实现”的过程中实现的，因而发生了主体性与共生性如何统一的问题，给人们带来了无穷无尽的困惑与烦恼。然而正是国家及其他行为主体的主体性与共生性统一的实现带来了国际社会共生性的实现。国际社会共生性的实现涉及四个基本因素（或要素）。

（一）共生关系的主体性

人有人权，民族有民族权利，国家有主权，国际社会的国家及其他行为者都有自己的主体性，都要求“自我实现”。什么叫“自我实现”？抽象地说就是要维持自己的主体性，发展并显示自己的主体性。现实地说就是要保护自己，增强自己生存的权利，就是如何发展自己，显示自己的智慧和能力，展示自己的实力，追求自己的目标，因而均有自强不息的动力，包括构建自我防卫体系。

然而国际社会的国家和其他行为主体“自我实现”所追求的目标、实现的途径、方法和手段不一样，各自的能力和实力不一样，各自的文化、社会、历史背景不一样，显示了不同主体性的特殊性，但都在国际社会共生网络中展开。按差异就是矛盾的观点，国际社会的国家及其他行为主体之间，在共生过程中存在矛盾是不可避免的。

人具有共生性，但按现代社会理念，人生而平等。国家是人的集合体，按主权在民原则，主权是国家主体性的本质属性，各国的主权是平等的，国际社会应尊重主权国家的平等权。即使主权国家有大小、强弱、贫富、先进与落后的区别，但作为主权国家都是平等的。尊从主权国家的平等权，就是尊从主权国家的主体性，承认其有保护自己、发展自己的权利，“自我实现”的权利，说到底就是承认国家的人民的主体性，具有保护自己、发展自己、“自我实现”的人权。然而主权国家的平等权是在国际社会共生过程中实现的，由于诸种历史和现实的原因，主权国家的平等权存在着理论上的平等与事实上的不平等的矛盾性，而这种矛盾性也只能在国际社会共生过程中不断得到改变。因而国家的人民在关注人权时首先关注的是国家的主体性实现。

（二）资源——共生关系的纽带

国际社会的国家及其他行为主体要寻求“自我实现”，都需要依赖、利用、开发资源。而资源是一个广义的概念，多种多样，涉及物质的和非物质的，不可再生的和可再生的，原生性和原生性集成的，实体性的和虚拟性的等等。国际社会的国家及其他行为主体需要依赖、利用、开发的资源有的来自国内社会，也有的来自国际社会。其中对来自国际社会的资源的需要，使这些所需要的资源成为国际社会的国家及其他行为主体共生关系的纽带，各种各样所需要的资源构建起各种各样共生关系的纽带。人们对共生关系的纽带习惯于作宏观的分类，实际上可以细分到无以计数，而正是无以计数的共生关系纽带的生成、拓展、延伸、发展，带来了国际共生性的生长、形成和强化，带来了国际社会变革的需要。

国际社会共生关系的纽带多种多样，构成了国际社会共生网络系统，纵向的与横向的、非对抗性与对抗性的共生链都存在于国际社会的共生网络系统中，都有自己的存在、运转、发展变化规律，都需要作为专门的对象来研究和应对。随着国际社会共生网络的发展，各种各样的共生链的强化，国家及其他行为主体融入国际社会共生网络的深化，某个共生链上发生的问题、风险、危机都会通过共生网络传导机制对所有行为主体和其他共生链产生不同程度的影响，因而带来各种各样共同问题的增加和国内社会风险因素的增多。

当资源成为国际社会国家及其他行为主体的必需品和转化成某种形式的成果时，就构成国家及其他行为主体各自的利益，而利益又可以作不同的分类。就此而言，国家及其他行为主体寻求“自我实现”依赖“利益”作支撑，以追求“利益”为目标，而国际社会共生网络系统也可视为利益共生网络系统。随着国家及其他行为主体融入国际社会共生网络的深化，利益的共生性也不断地得到强化和泛化。对于国家而言，主权独立和领土完整统一是寻求在国际社会中“自我实现”的基础，构成国家的核心利益。然而由于国家融入国际社会共生网络的深化，也出现了关键利益、重要利益、一般利益之类的概念。

在国际社会中，国家及其他行为主体均有各自的资源必需品，同时又提供给其他行为主体资源必需品，因而对共生链的关注点不一样，在国际社会共生网络系统中所显示的影响也不一样。国家不论大小，关键是如何合理地利用资源，充分发掘原生性资源的利用潜能，积极地将原生性资源予以集成，不断创新，开发新资源，不仅为自己所用而且为世界所享，这不仅指物质产品而且涉及精神产品及其他非物质产品，这方面的创新对自我保护、自我发展、自我实现的意义尤为重大，小国、小地方而在世界上具有某种很大影响力的情况也因此产生。

（三）共生关系的共生性底线

在相对确定的地域内，在一定的时期里国家和其他行为主体可供利用的资源均具有稀缺性特征。

资源的稀缺性有不同的显示：资源具有相对有限性，是一种稀缺性；资源需要极其珍惜、珍重，也是一种稀缺性。不同的资源会显示不同的稀缺性特征和内涵，不同时期也会显示不同资源的稀缺性。资源的稀缺性形成也会有不同原因，有的是客观原因造成的，有的是人为造成的，都要具体情况具体判断。大气环境由于人类大量地排放二氧化碳，从欧美国家工业革命以来不断累积而持续遭到破坏，因此带来的灾难越来越明显，越来越严重，良好的大气环境成为当今世界共同的稀缺性资源，需要共同珍惜，减排成了共同目标。不同的文化传统、宗教信仰对不同的民族、国家的凝聚力、稳定性有不同的意义，显示了不同的稀缺性，然而对不同民族、国家而言，增进凝聚力、提高稳定性都是不可缺少的，否定了、破坏了就会给凝聚力、稳定性带来问题，必须珍重、相互尊从、相互包容。

在国际社会共生网络中，对国家及其他行为主体而言，资源的稀缺性可能相同，也可能不同，但对同类资源需要的行为主体则具有相似的稀缺性，例如国家对大陆领土和海洋领土的需要，商品生产者对原料和市场及劳动力的需要，国家对创新型人才的需要等等，不一一枚举。在此状况下，国家及其他行为主体是选择独占原则还是选择共享原则，是选择挥霍、破坏原则还是选择珍惜、呵护原则，自从人类社会出现以来一直拷问着人类的理智和良知，自从国际社会形成以来一直拷问着国家决策者。任何国家的生存和发展都需要资源。一个国家的生存和发展可以通过剥夺其他国家的资源得到需要的满足，是殖民主义时代宗主国家的逻辑，持续不断地将其他国家占为己有，其中的英国成了历史上显赫的“日不落”帝国。然而被作为殖民地的民族、国家的主体性不可能因殖民主义统治而泯灭，即使被殖民主义统治百年以上也不会泯灭，因而这些民族先后走上了寻求独立的道路。宗主国建立殖民地、瓜分世界的行动，不仅导致了列强之间的争夺战争，而且阻隔了世界市场的流动性，给宗主国家发展带来了不断发生的危机。当然，宗主国要失去殖民地是非常痛苦的，有的被迫撤出，有的不得不选择退出，到 20 世纪 60 年代，殖民主义体系终于瓦解了。殖民主义体系瓦解后，不仅诞生了一大批新兴独立国家，而且带来了世界经济的大发展，曾经的宗主国也因此获利。在国际社会共生网络中，国家及其他行为主体对资源选择什么原则，或许经济学家、历史学家可以作各种解读，但从国际社会共生网络系统发展看，最终都要归结到主体性与共生性如何统一的问题。寻求主体性与共生性的统一，寻求主体性发展的同时必须包容共生性发展，寻求共生性发展为主体性发展提供更宽广的前景，这既不是利他主义又不是理想主义，而是国际社会共生网络系统所现实要求的。

历史已反复证明，国际社会共生网络系统中，主体性与共生性是一组对立统一的矛盾，人们不得不寻求主体性与共生性的统一，因为尽管涉及利益的矛盾、冲突、对抗一直存在，尽管涉及权力的分配，但是谁都无法否认国家及其他行为主体在共生过程中，相互之间事实上存在却又看不见的无以计数的、相互必须容忍的利益毗邻线或临界点，而使自己获得持续不断、经久不衰的利益，谁都无法避免引发问题，激化矛盾，面临风险，甚至共同毁灭的风险。因此这些相互之间事实存在却又看不见的无以计数、相互必须容忍的利益毗邻线或临界点又可称为国际社会共生网络系统中的共生性底线，即必须相互包容的底线。这些底线无处不有，无时不在，问题是人们是否感觉到认识到，是否承认，能否容忍。在国内社会中，过去的奴隶主要榨取奴隶，必须容忍让奴隶能活下去，必须容忍让奴隶生育后代。现代的资产阶级要发展自己，必须容忍使社会能发展，必须容忍使社会有不断增长的购买、消费能力，原因盖出于有共生性底线存在且不断提升的趋向。国际共生网络系统中存在的无以计数的共生性底线，事实上已越来越多地被人们所容忍、所采纳。欧洲历史上 1618 年至 1648 年发生的“三十年战争”，无数的灾难、人员伤亡、财产损失，终于使人们悟出国家主权是国家之间共存共生的底线，因而在 1648 年的威斯特伐利亚和会上确认了国家主权原则，这是各国不得不承认的。当然这是一个划时代的历史性进步。然而直至今天，美欧国家依然只承认自己对国家主权的解释权，不承认广大发展中国家的容忍权，依然有一部分国家认为自己可以践踏别国主权而使自己获利，构成了当今世界依然不太平的一个重要原因，但是这种局面是终有一天要改变的，因为这是国际社会共生的底线，不得不相互容忍。过去美国与苏联争夺世界霸权，双方各有将对方毁灭数十次的毁灭性武器，但是都不敢使用，因为双方事实上存在共生性底线，不得不相互忍耐。尽管苏联已经解体，但直至今天，核威慑依然是威胁人类生存的一个大问题。

在当今国际社会中，共生网络系统中的共生性底线，有的已被认识，得到承认，成为相关各方拘束自己行为和利益的依据；有的虽被认识，但一些国家和其他行为主体就是不承认，恣意超越，对别国和其他行为主体的生存和发展构成威胁；有的虽被认识了，被承认了，但是仍找不到应对的办法，各种情况都有。当然，人们不得不注意到一些共生性底线存在着不断变化、提升的趋向，也有多种情况。过去的共生性底线只存在于实体性世界，现在却发现虚拟性世界也存在着共生性底线，对人类生存的威胁可能来自实体性世界和虚拟世界的联动，也可能完全来自虚拟性世界，例如纯粹是一个事实上不知道来自何方的互联网“黑客”攻击行为，可以伪装成来自某个国家，结果这个国家受到了报复，甚至触发一场大战。如何避免这种悲剧的发生，无疑必须探讨相关的共生性底线。2008年爆发的金融危机表明美元的特定地位事实上给全球金融体系带来了潜伏着的危机，要避免这个祸根引爆，人们必须探究相关的共生性底线。诸如此类，不胜枚举。总之新的情况、新的变化的出现，使人们必须关注共生性底线定位在哪里。

(四) 共生性关系的拘束性

国际社会共生网络系统中各个共生关系的链条上都存在共生性底线，存在必须相互包容的底线，在此底线上国家及其他行为主体相互包容，相互忍让克制，照顾彼此的关切，照顾到各自的利益，照顾大局，才能互利共赢，共同发展。中国传统文化相信中庸之道，和而不同，己所不欲勿施于人，是数千年漫长的岁月中悟出共生关系中存在着必须相互包容的共生性底线而得出的结论，是建立在无以计数的经验教训基础上得出的结论，以此寻求社会的和谐发展，构建社会关系的稳定性。因而尽管中国历史发展艰难曲折，但是中华民族依然传承延伸数千年而不散，是世界民族发展史上不多见的。当今世界，人类社会共生关系的历史发展所达到的程度，既给人们展示了美好的前景，又面临各种风险和挑战，需要人们相信和而不同，在不同共生关系的共生性底线上构建共生关系的和谐性，共同构建和谐世界，以便共同应对，争取世界美好的前景。而要人们相信和而不同，在不同共生关系的共生性底线上构建共生关系的和谐性，就必须研究共生关系的拘束性。无论是人、社会、自然的共生性还是国际社会的共生性，所有共生关系的拘束性的本身都具有天然的因果性，即谁不受拘束谁终将受到报复。然而这种天然的因果性对人类的伤害会较大，因而需要用相关的资源来减少伤害。这些资源包括：

第一，物质性资源。在任何共生关系中，物质性资源都是基础性资源，不仅现实世界是如此，而且虚拟世界也是如此。所以研究共生关系的拘束性不得不首先考虑物质性资源是什么。人在生长发育期间，体内的每个细胞都显示旺盛的活力和较长的生长周期，因而使整个人体都展现出青春气息。人到老年，细胞活力减弱，生长周期变短，因而出现衰老迹象。显然，细胞的生长状况是一个重要的拘束性资源。当今世界经济依然呈现总体增长的势头，一批发展中国家经济依然保持较强的发展势头，这是拘束 2008 年全球金融危机所带来的系列性风险能量的重要资源。在国际共生网络系统中，各种各样的共生链上，无论存在于现实世界，还是存在于虚拟世界，要维系共生关系的拘束性，没有足够的物质性资源作支撑是不行的，要人们相信和而不同，在不同共生关系的共生性底线上构建共生关系的和谐性也是困难的。

第二，公共文化性资源。从一定意义上说，文化是人类认识共生关系拘束性的智慧结晶。中国传统文化信奉君子之道、中庸之道、礼仪之道，是中国人数千年中认识共生关系拘束性的智慧结晶。要在国际社会共生网络系统的共生关系链条的共生性底线上，构建共生的和谐性，需要有相关各方认可的公共文化资源，以确认国际社会究竟是什么，因而相关各方需要在不同问题领域、不同负责人层次、不同公众范围，在不同平台上，不断地开展交流、对话、沟通，形成共识，增进共识，以建构相关的公共文化资源，作为各自的决策资源。

当今世界在公共文化资源建构方面，存在着两大问题。一个问题是适应当代国际共生网络系统发展需要、构建共生关系和谐性的公共文化资源存在大量供应短缺的状况，是显著的稀缺性资源，不是流动性过剩而是流动性供应不足。另一个问题是具有明显片面性、局限性的公共文化资源依然在当代国际社会流通，被人们视为自己的信条。例如美国国际关系理论，尽管含有相当多的合理成分，但片面性和局限性也相当明显，这一点美国不少著名学者也看到了，并不认为这是圣经，一个字也不能动，因而在美国国内出现了一场又一场大辩论。一方面是美国人自己在争论不休，以寻求更适应当代国际社会共生关系的理论，另一方面是世界各地都有人把美国人的理论当作圣经在传道，这种奇怪现象的存在，严重地阻碍适应当代国际共生关系发展需要的公共文化资源的产出。

第三，制度性资源。有人将制度性资源称为制度文化。一定的制度以一定的文化为背景，并在一定的制度基础上将文化推上一个新的历程，说制度文化有一定道理。不同文化构建不同的制度，使人们对共生关系拘束性认识以制度形式得到强化，所以制度还有不同于文化的意义，具有自己的独立性。要在国际社会共生网络系统的共生关系链条的共生性底线上，建构共生关系的和谐性，不仅需要公共文化资源，而且还需要使用作为强化工具的公共制度性资源。公共制度性资源是指，国际条约、协议、公约等国际法规及多边性、双边的相关规范，联合国为代表的各种国际组织，以论坛、对话为特征的各种非正式的国际机制，协商、讨论成果对相关各国具有拘束性的正式国际机制，乃至联合国维和部队等等。

当今世界在构建公共制度性资源方面，存在三大问题。一是一些传统性的集团政治、条约组织、联盟制度已经明显行不通了，但依然受到一些国家的青睐。二是一些国际制度、规则、秩序明显极不公正、极不合理，有待完善、调整。三是面对当今世界的大发展、大变化、大调整所出现的新问题、新情况，人们提供的新的公共制度性资源同样也面临供应不足的困惑和烦恼。当然，确实也存在一些行为主体对新的公共制度性资源并不感兴趣，甚至非常反感，认为是对自己“领导地位”的挑战的情况。究其原因，说到底是因为影响共生关系拘束性的物质性资源变化还未达到相当足够的程度。如果达到相当足够程度了，对公共制度性资源的变革不愿接受也得接受。

四、和平发展时代的国际社会共生性

如果对第二次世界大战前后的国际社会状况作比较，尽管如上所述二战后依然问题多多，然而毕竟比战前成熟得多，文明得多，至少已有70来年看不到世界大战了。其原因是多方面的：(1)主体意识的增强。其中过去的殖民地附属国已经成了主权国家，这些新独立的主权国家为维护国家主权、领土完整作出了不懈的努力，具有重要意义。(2)如何预防灾难越来越受到人们的重视。避免世界大战的重演，避免引发核大战，避免20世纪30年代大危机的重演，几乎已成为国际社会的共识。(3)国际互助意识得到加强。一方有难，八方支援。各种形式的援助，联合国维和部队的频频动作，已成为国际社会共生的常态。(4)由于上述因素的作用，规范各行为主体相互包容共生底线的国际制度、规则越来越多，逐步细化到国际社会生活的方方面面。当相互包容共生底线的国际制度、规则一旦构建起来，就会转化成国际行为主体的公共资源，改善行为主体间共生关系纽带的分享原则，改善共生关系，在维护国际社会和平、稳定的同时，给众多国家发展带来机会，将国际社会共生性推至历史从未有过的高度，将世界带进和平发展的时代。

世界进入和平发展时代，并不表明国际社会共生性已经成熟，已经文明，相反依然有大量不成熟的地方，大量不文明的表现。邓小平提出和平、发展概念是作为当代世界依然存在而且需要解决的两个主要问题提出来的，涉及人类社会如何共同生存、共同发展，认为“这两个问题关系全局，带有全局性、战略性的意义”[4]。然而这两大问题的前景涉及下列四大问题的发展进程：

（一）传统共生观的改变与新的共生观、安全观建立的进程

邓小平说“应当把发展问题提到全人类的高度来认识，要从这个高度去观察问题和解决问题”[5]，以建立新的共生观和安全观。为此在整个20世纪80年代，他一直不断地从不同角度与外国政要讨论这个观念。至今我国领导人和学者也一直在不同场合、从不同角度与国际社会反复讨论这个观念，国际社会许多政要和学者也都在强调这个观念，以改变传统的共生观、安全观。传统共生观，是强者主导弱者、凌驾弱者的共生观，或弱肉强食，或欺诈霸凌，或以削弱对方为己任，反映在国家对外关系上则是霸权主义、强权政治，零和博弈，导致世界不得安宁，最终在二十世纪上半叶连续爆发了两次世界大战。然而直至今天，传统的共生观念依然支配着一些国家的国内政策和对外政策，威胁着别国的生存与安全。因此，启迪人们面对经济全球化带来的国际社会高度共生性，“把发展问题提到全人类的高度来认识”，以建立新的共生观、安全观的任务依然艰巨，至于以新的共生观、安全观来提高处理各类矛盾、冲突的认识，任务更加庞杂、繁重。

（二）经济全球化与多极化的发展进程

从根本上说，行为主体的共生观、安全观源自客观存在，当客观存在从根本上改变时，共生观、安全观不得不发生改变。美国“罗斯福新政”时期的刺激消费政策，二次大战后欧美国家的种种福利政策，都是被人、社会、自然的共生度乃至国际社会的共生度已经发生的重大变化逼出来的；无论是被迫变还是自觉变，不得不变，都使共生关系得到改善，使人民的生活环境和状况得到改善。回顾人类社会历史，无论是国内社会还是国际社会，共生观、安全观就是这样变过来的。尽管传统的共生观、安全观并未发生根本改变，然而其内涵事实上已发生变化。由于和平发展时代的到来，无论是国内社会还是国际社会，人们的共生观和安全观已经出现了发生根本改变的必要性和可能性。

首先是经济全球化发展。从根本上说，在经济全球化进程中，国际社会共生性在增进的同时也给所有行为主体发展带来机会，同舟共济、互利共赢是这种共生性与主体性相互统一的必然逻辑结论，传统共生观因此改变也是自然的事。然而经济全球化是一个漫长的进程，所有行为主体对此进程的感受并不一样，这既涉及人们认识的局限性、片面性，也涉及各自利益增减的判断。你认为对他的发展是一个机遇，他却认为这是对自己的挑战，事实上也可能确实给他带来某些问题和困难，对此他也许认为如何避开这些问题和困难对自己更现实，因此会设置各种保护主义措施、政治障碍、人为壁垒、从而阻碍经济全球化的进程，引发或加剧国际社会的矛盾、冲突和对抗，当然也可能使他失去发展的机遇，带来更大的困难，面临更大的挑战。然而经济全球化和多极化不可抗拒的趋向，将在给人们带来欢乐与痛苦的过程中，逐步实现共生性与主体性的有机统一，改变人们认识的片面性、局限性，并最终改变人们传统的共生观念，选择在相互尊重，平等合作中寻求互利共赢。

其次是国际力量对比的多极化发展。国际社会传统的共生观是以少数列强争夺世界霸权为主要表现形式的。第二次世界大战后出现了两个超级大国争夺世界霸权，冷战结束后仅留下了一个超级大国，但由这个超级大国主导建立的世界秩序、游戏规则，从根本上不仅有利于这个超级大国而且也有利于其他西方大国，它们因此具有各种凌驾于别国的优势，具有继续维持传统共生观的资源，即使横行霸道仍可自得其乐。然而随着经济全球化发展，国际力量对比多极化趋势日趋显现，这种局面有可能逐渐改变。尽管人们对多极化利弊有争论，但当代的多极化是建立在国际社会共生性当代高度基础上，并融入其中的，构成了当代多极化历史上从未有过的基础，这不仅有可能减少历史上的多极化的弊病，而且有可能使多极化发展趋向相对均衡状态和新的制约状态，为国际社会共生网络发展提供新的资源，并相对地削弱传统共生观、安全观的诱发资源。邓小平曾经预期，如果到21世纪50年代前后，多极化有一个“可喜的发展”，能形成相对均衡状态和制约状态，到“那个时候可以真正消除战争的危险”。[6]当然他主要是指世界大战，然而也足见多极化发展对提升当代国际社会共生度的意义，以及对改变传统共生观、安全观的意义。不过，我们也不能不注意到世界多极化发展依然具有相当多的不确定性因素，要获得邓小平想象中的“可喜发展”还要经历曲折、复杂、艰巨的努力。

（三）国内社会共生性发展进程

国际社会并不是国内社会发展的简单的延伸或放大，但是从根本上说，国际社会的共生性是国内社会人、社会、自然共生性历史发展的产物，国内社会共生性发展为国际社会共生性发展不断地提供新的动力和新的观念。国内社会共生发展的动力、观念、内部持久的稳定性都在相当大程度上影响着国际社会共生性发展，引导着国际社会治理的动力和观念的变革。当代国际社会大变革的前景如何，能否构建一个和谐世界，根本上取决于有哪一个有影响力的大国能提供一整套足以行之有效、有说服力的构建和谐社会的理念，提供一个持久稳定发展、令人羡慕并有吸引力的富强民主文明和谐社会的榜样。一个大国对国际社会的重大变革具有多大的影响力，说到底取决于这个国家在世界上具有多大的公认性榜样意义。如今，美国在国际社会的榜样力在减弱，然而有哪国能取代仍需拭目以待。在一个比美国更具榜样影响力的国家没有屹立于世界之前，国际社会大变革的前景依然是模糊的，传统的共生观依然会有存在的基础。

（四）国际制度和规则创新的进程

马克思恩格斯在《共产党宣言》中说："资产阶级除非使生产工具、从而使生产关系，从而使全部社会关系不断革命化，否则就不能生存下去。"至今，由资产阶级开创的这个历史进程依然在继续，不断地使世界发生日新月异的变化。面对当今国际社会经济全球化和多极化的发展势头，对于国际社会具有重要稳定性功能作用的国际制度和规则的不断创新是必须的，即使对旧的制度和规则作适当调整也需要创新，更何况人类面对着如此众多曾经面对过但从未感到如今天这样严重的全球性问题，以及如此多从未面对过的全球性问题。这些问题不仅发生在现实世界而且发生在虚拟世界，其中虚拟世界中面对的全球性问题对现实世界或许更具挑战性，更具摧毁性。然而，尽管国际制度和规则的创新已经如此迫切地提上人类社会的议程，需要调整或制定界定相互间利益毗邻线或临界点的文本规定，需要更新和构建共生规范，但是利益的博弈也同样严峻，因而使国际制度和规则的创新步履维艰。

五、和平发展时代，国家走出现实困惑之路

自从人类社会出现以来，行为主体的共生性与主体性一直存在着对立统一关系，并在对立统一中得到发展，因而创造了今天世界的共生关系。社会的进步是人的共生关系的进步，既是共生关系改善的结果又是新的、更高共生关系生长的起点，因而当人们在获得共生关系改善的愉悦时又面临如何处理共生性与主体性相互关系的困惑与烦恼，在不同时期有不同的困惑与烦恼，几乎没有不面临两难选择的时刻，核心问题是如何处理共生关系，对其他不同的行为主体采取何种立场、何种政策，以寻求对自己有利的地位，获取更大资源。然而不同的立场、不同的政策因此会有不同的结果，有的甚至会事与愿违，使自己进入更不利的地位。因此家庭兴衰、公司企业兴衰、民族兴衰、国家兴衰之类的现象，司空见惯，近乎是一种历史常态，即使曾经的兴者也免不了衰败的结局。自 1648 年威斯特伐利亚和会确立主权原则、出现国际体系以后，在一个相当长的历史时期里，国际体系的变革一直主

导着国际社会的发展趋向，然而国际体系的变革却以大国的兴衰为前提。新的国际体系取代旧的国际体系是建立在传统大国衰败基础上的。因此传统大国最大的困惑和烦恼是如何应对新兴大国崛起，如何占有、削弱新兴大国的资源，以及面对来自新兴大国的任何挑战。

然而随着经济全球化的发展，国际社会出现了另外一个以经济全球化为驱动力的全球体系，形成了国际体系与全球体系相互并存而又联系互动的局面，亦即是说国际社会共生网络是以此局面为存在形式的，其发展的基本途径是在国际体系与全球体系的变革、发展过程中实现的；无论是国际体系还是全球体系都是共生网络，同样都是在共生的过程中实现的。尽管众多行为主体在国际体系与全球体系中扮演双重角色，但不得不遵循这两个体系各自的发展、运行规律，许多国家的政要都不得不用两副面孔说话，因为这是两个本质上不同的体系。然而由于全球体系的出现不仅改变了传统的国际体系在国际社会中一家独大的局面，而且为国际社会共生性发展提供了新的发展前景，为人类社会提供了新的发展前景，出现了邓小平所说的"应当把发展问题提到全人类的高度来认识，要从这个高度去观察问题和解决问题"的必要性。

（一）全球体系具有不同于国际体系的动力系统

全球体系是一个由各种各样的新技术新产品的研发关系、产品制造加工关系、物流关系、贸易关系、投资关系、矿物资源能源关系、产权关系、金融关系、环境生态关系等实体性和虚拟性关系构建起来的纵向与横向的共生网络系统。在这个庞大的共生网络系统中，尽管国家具有其他任何行为主体不可替代的作用，但是共生网络的运转却是由无以计数的公司企业的活动来实现的。无以计数的公司企业各自按自己的目标、战略策略展开活动，以寻求保护自己、发展自己，各自有自己的动力，都在庞大的全球体系网络中某个节点上发挥作用，或活跃于国内社会，或纵横于世界，造就了大量驰骋全球的跨国公司，成就了众多富可敌国的跨国巨头，许多原来贫困落后的国家在这个全球体系网络中也获得发展的机会。正是因为面对这个动力系统，所以邓小平反复坚持说"改革开放不能变"，要在"改革开放"中求得中国大发展。

（二）全球体系是一个国家必须共同发展的体系

在当今世界上，尽管几乎每天都有大量的公司企业在全球体系网络上败下阵来，销声匿迹，但是国家在全球体系中共同发展。国家必须共同发展，至今这依然是一个沉重的观念。启迪人们认识这个观念的首先不是共同发展的收获，而是不共同发展导致的巨大灾难，是从众多的世界性经济危机中感受到的，因为众多的世界性经济危机几乎都有相似路径：首先在一国爆发，尔后通过全球体系共生网络的传导机制，演变成世界性危机。1997 年爆发的亚洲金融危机是如此，2008 年爆发的全球金融危机同样是如此。许多人曾经认为资本主义国家间尔虞我诈，不可能选择共同发展，只可能共同灭亡，而且已经奄奄一息。为了避免共同灭亡，欧美发达国家不得不选择共同发展，尽管矛盾、冲突依然不断发生，权力之外溢依然存在，但是已走上了共同发展的道路。和平发展是以共同发展为基础的，现在面临的主要困难是如何解决发达国家和发展中国家共同发展的问题。所以邓小平不断地敦促发达国家要关注发展中国家，因为没有发展中国家的发展，发达国家要获得更大发展是困难的。

（三）发展中国家要获得与发达国家共同发展的机会，必须依靠更新和完善全球体系共生网络中共生的制度和规范来实现

在全球体系共生网络中，实现发展中国家包容性发展同时也是发达国家发展的需要，然而现存的全球体系共生网络中的共生制度和规范在根本上是有利于发达国家的，其中的金融制度和规范根本上是有利于美国的。这些共生制度和规范下对广大发展中国家的种种不公正、不合理的待遇给发展中国家发展带来了许许多多人为的困难和挑战，以及各种可能面临的风险，根本上对发达国家发展也是不利的。因此更新和完善全球体系共生网络中共生制度和规范是包容性发展、共同发展的需要。自 2008 年金融危机发展以来，这种需要正得到人们的重视，其中一个典型事例是 1999 年底出现的、由不少发展中大国参与的 G20 机制正在成为全球经济治理的“核心机制”，展示出国际经济合作主要平台的有效性。

如果说国际体系共生网络中人们首先关注点是权力的制衡，霸权大国首先关注点是自己的霸权地位或者说“领导地位”，因而对权力具有高度的敏感性，那么在全球体系共生网络中每个国家首先都不得不关注国内居民就业率和工资增长率、居民社会福利保障水平、物价指数变动的稳定率等直接关乎民生福祉的因素，因为这直接关乎社会稳定。然而这些因素的良好状态不仅依赖国内的发展，而且与全球体系共生网络发展变化联系着，或者说需要借助与其他国家的包容性发展、共同发展来增进国内直接关乎民生福祉诸因素的良好性，因而国家在更新和完善全球体系共生网络的共生制度和规范方面，相对地更易采取现实态度，说白了就是不得不现实。

综上所述，和平发展时代里，由于存在国际体系与全球体系两个体系并存而又互动联系的局面，国家有可能先搁置国际体系共生网络权力争议的困惑，优先解决当今面临的诸多经济、金融、气候变化等迫切需要全球共同治理的问题，优先求得全球体系共生网络的和平发展，从而带动国际体系共生网络的和平发展，这不仅是国家走出现实困惑之路，而且是当今世界和平发展应有之路。为此邓小平特别关照中国人民，“我们要利用机遇，把中国发展起来，少管别人的事，也不怕制裁”[7]。

注释

1. 马克思、恩格斯：《共产党宣言》，人民出版社 1966 年版，第 242 页。
2. 同上书，第 242—243 页。
3. 同上。
4. 引自颜声毅等：《邓小平国际战略思想概论》，长征出版社 2002 年版，第 62 页。
5. 同上书，第 63 页。
6. 同上书，第 48 页。
7. 《邓小平文选》第 3 卷，人民出版社 1993 年版，第 358 页。

（原载《社会科学》2011 年第 10 期。）

为什么要研究“国际社会共生性”

——兼议和平发展时代国际关系理论

一、国际社会共生性是普遍有效的理论命题，具有无可辩驳性

国际关系理论的基础性理论命题、逻辑演绎起始点应该具有普遍有效性品质，不仅能解释国际社会的普遍性问题，而且能为应对各种挑战提供有效的应对之道，建设和谐世界，维护世界和平，促进共同繁荣。而国际社会共生性命题基于下列三大特征，正是由于具有这种品质，因此值得推崇作为和平发展时代国际关系研究的中心问题和国际关系理论思考的基本出发点。

国际社会共生性命题的首要特征是普遍感知性。

人的认识过程首先是从感知开始的，而感知是在人的实践过程中发生的，是在人的日常生活过程中发生的，而国际社会共生性源自于人的共生性，因此人们可以直接感知。

人有“自我实现”的欲望，但又是共生的，社会是共生的，人、社会、自然是共生的，都是一种普遍存在，无处不有，无时不在，过去是如此，现在是如此，将来也是如此。任何行为主体的“自我实现”只能在其他行为主体“自我实现”的过程中才能实现，只能在恰当处理与其他行为主体“自我实现”的矛盾过程中才能实现。因此人们对共生性的感知具有普遍性，没有一个特例可以排除在对共生性的感知之外。尽管人们不易知道任何行为主体有何计划企图，动机意图何在，然而其行为趋向也是可以感知的。

尽管不是任何人都有走出国门的机会，能走遍世界的人也在少数，但是国际社会共生性是人类社会共生关系历史发展的产物，是特定历史发展阶段的产物，当然

也是人的共生性历史沿革的产物，因而在国际社会共生性已经明朗化的今天被人们广泛接受。

随着世界开放性发展，人们对国际社会共生性的感知越来越直接，越来越广泛，越来越深入，促使人们不断提升对国际社会共生关系的关切。当今国际社会让人看到不仅任何行为主体的“自我实现”是在其他行为主体“自我实现”过程中得到实现的，而且必须在恰当处理与其他行为主体“自我实现”的矛盾的过程中才能实现，因此人们普遍期待建设和谐世界，维护世界和平，促进共同繁荣。由于国际社会共生性命题具有普遍感知性，因而具有广泛的认同性。

国际社会共生性命题的第二个特征是普遍的经验性。

经验是由历史证明了的结论。人的感知的提升会成为人的经验，教训也可以成为人的经验，对人的影响甚至会更深刻、更强烈，会促使人们改变自己的选择，作出更恰当的抉择。人们从经验和教训中不断地深化对国际社会共生性以及特质性的认识。

国际社会共生性作为一种社会存在，是一个历史范畴，具有自己的特质性，是在人类社会共生性历史过程的特定阶段上形成、变化、演进、发展过来的，其自身在不同的历史时期也会有不同的存在形式、内涵与面临的问题，因此必须历史地看待国际社会的共生性，既要看到历史延续性的一面，又要看到已经发生历史性变革的一面。亦即是说人们的经验性具有历史变迁性，不会也不应停留在一个水平上。人们对国际社会的认识不能至今依然停留在三四百年前出现的国际社会无政府这个观念的水平上，必须看到国际社会共生性已高度明朗化的现实。当今国际社会任何国家及其他行为主体的“自我实现”只能在其他国家及其他行为主体“自我实现”的过程中才能实现，即使有矛盾有冲突，也必须各自寻求妥协、让步，在寻求相互包容中寻求各自的“自我实现”。任何国家及其他行为主体不仅只能在分享各自“自我实现”的发展成果中促进各自的“自我实现”，而且即使各自的危机、风险对其他国家和行为主体具有传导性、外溢性，因此面临越来越多的共同危机、风险和挑战，也只能在风雨同舟、共同应对中才能促进各自的“自我实现”。国际社会无政府状态观念已经无法解释当今国际社会的现实。

一方面，由于人们不断克服自己认识的片面性、局限性，另一方面，由于国际社会内源性发展规律存在有待人们逐步认识的过程性，因此即使是曾经被人们视为经验的知识，对其也应持历史批判的态度，不断更新、纠正自己的知识。何况人们曾经获得的关于国际社会的知识，是在国际社会无政府状态命题下从与国内社会的对照、比较中认识的，而不是从国际社会自身发展的规律性变化中获得的。

国际社会共生性命题的普遍经验性特征告诉人们，国际社会确实没有至高无上的政府，但所有关系都是共生关系，都存在内源性发展变化规律，并具有历史变迁性，这有助于人们摆脱历史的局限性，认识的片面性，从国际社会自身发展变化中认识国际社会。事实上，人们已据此积累了丰富的经验和教训。

国际社会共生性命题的第三个特征是普遍有效性。

国际社会共生性命题的普遍感知性和普遍经验性，因其对国际社会所有行为主体的全部关系整体性、全局性的认识，不仅有助于提高对这些关系变化趋向认识的前瞻性，更重要的是有助于认识各种共生关系的联系度、关联度、互动性是如何得到不断改变与强化的。这些认识都是从自身的本来面貌认识国际社会所需要的，都是统筹应对面临的各种问题挑战、立足现实而又高瞻远瞩、统筹兼顾而又标本兼治所需要的。

国际社会共生性命题对统筹应对面临的各种问题挑战的普遍有效性，同时也是基于对国际社会全部共生关系的矛盾性的认识。国际社会中任何行为主体都有“自我实现”的欲望，都要展示自己的主体性，而且只能在其他行为主体展示各自的主体性的过程中才能实现，因此存在矛盾、竞争甚至冲突都是不可避免的。肯定国际社会的共生性必须肯定国际社会的矛盾性、竞争性，反之亦然，亦即是说所谓“共生性”就是共生中存在矛盾、竞争，在矛盾、竞争中造就共生关系新的平衡，而矛盾、竞争必须顾及共生关系，因为在共生关系中不存在绝对的、完全的矛盾、竞争的胜利方。从这个意义上说国际社会共生性是在主体性与共生性、矛盾性与共生性的对立统一过程中实现的。

当然，主体性与共生性、矛盾性与共生性的对立统一过程是非常复杂的，受到各种各样内部与外部因素的影响。不管国际社会的共生关系如何多种多样，共生性的实现就其内部影响因素而言，也是由多种因素决定的，包括天灾人祸，然而在多种因素中有些因素是基本的，可以被视为基本要素：一是行为主体的主体性；二是行为主体间相互联系、关联的纽带；三是行为主体间的联系度、关联度、互动度；四是行为主体间的联系、关联的相互容忍度；五是相互容忍度的拘束性。这些基本要素中的某个要素的变动都关联着国际社会共生性的实现，都关联着国际社会共生关系中主体性与共生性、矛盾性与共生性的对立统一的过程。

就国际社会的现实而言，行为主体的主体性发展是不平衡的，各种共生关系的联系度、关联度、互动度也都不一样，都会随着行为主体的主体性变化而变化，都会随着环境的变化而变化，因此矛盾、竞争的度也不一样，各自的利益（权力）得失都不一样。这就产生了各种主体间的相互容忍度问题，产生了能否接受某种相互可以包容、容忍、承受、忍让、克制的利益（权力）分享、分配的底线的问题，而容忍度底线问题不仅与主体性的变化关联着，而且与容忍度的拘束性关联着，与容忍度拘束性的构成因素及其强度关联着。这就是说国际社会共生关系中主体性与共生性、矛盾性与共生性的对立统一实现的现实过程，远比理论解析能表达的复杂程度还要复杂，可以说是极其复杂，然而也同样表明国际社会全部共生关系的实现过程是可以被认识的，从而有可能使建设和谐世界的努力置于整个过程的各个环节上，在各个环节上为和谐发展累积条件，包括行为主体的主体性的自我完善等等，从而也凸显了国际社会共生性命题的普遍有效性。

二、上世纪前半期发生的两次世界大战和大危机表明，国际关系理论变革已处于历史的转折点上，用国际社会共生性命题取代国际社会无政府状态命题势在必然，可惜至今没有实现

约翰·米尔斯海默在表达国际关系理论基础命题重要性时说过这样一段话："尽管我赞同估价理论的最终标准是看它的解释力，但我同时也相信，一个建立在非现实或错误命题上的理论，不可能充分解释世界的运作情况。健全的理论是建

立在有效的命题上。”[1]这显示他判断理论命题的标准是：有现实性，是正确的，有解释力。这无疑是正确的，然而不完整。例如估价理论命题的最终标准除了有效解释力，还必须具有作了解释以后的有效应对力，以及因此必须关注的时效性，因为即使曾经有解释力和应对力的理论命题，也有可能随着时间推移出现解释力、应对力的衰退。当然我们也应注意到，他采用国际社会无政府状态命题作为《大国政治的悲剧》的立论依据其实并不符合他的标准。

国际社会无政府状态命题源自于马基雅维利的“人性本恶论”和霍布斯的“自然状态论”。意大利人尼科洛·马基雅维利（Niccolo Machiavelli，1469—1526年）是欧洲中世纪崩溃与文艺复兴到来时的第一位有影响的政治现实主义者。他认为人是有着无限情欲和奢望的生物，都是以自我利益为中心，因此“任何人要建立国家并制定法律，必先假定所有的人天生都是恶的，一有机会就会表现出他们邪恶的本性”。[2]英国人托马斯·霍布斯（Thomas Hobbes，1588—1679年）同样相信人性本恶，断言国内社会由于建立了政府而走出了“自然状态”，然而国际社会没有一个至高无上的政府，仍处于“自然状态”，而“自然状态”就是战争状态。[3]

自霍布斯开始，国际问题学术界对国际社会、国际体系的认识几乎都是从与国内社会的对照、比较中获得的，由此产生了“霍布斯主义”概念，其核心关注点是国际社会没有至高无上的政府，权力、利益分配只能靠争斗来实现，所有行为主体自由竞争，优胜劣汰是自然趋向，弱肉强食的“丛林法则”是基本法则，国家及其他行为主体的安全、发展只能相信“自助”“自保”原则。这种观念在一个相当长的历史时期中，影响着或支配着大国列强对外关系的方方面面。在经济领域，古典经济学历来主张对公司企业自由放任、展开自由竞争，即使发生经济失衡也会有“看不见的手”自动调节，实现经济的均衡增长和有序发展。在国家间关系上，传统的政治现实主义则主张用权力来平衡国家间的竞争关系，所有规则和道义都应为权力服务，相信权力是改造无政府状态、维持和平的唯一有效工具，包括由大国列强建立霸权、由离岸平衡手操纵国家间的势力均衡、由若干个国家组成联盟共同遏制新兴大国崛起等。甚至今天现存国际体系依然显示出传统政治现实主义的理论特征，[4]约翰·米尔斯海默断言，这种特征将永远延续下去，因为“国际体系是一个险恶而残忍的角斗场，要想在其中生存，国家别无选择，只能为权力而相互竞争。”[5]

对国际社会的认识，与霍布斯生活在同一时代的荷兰人格劳秀斯（Hugo Grotius，1583—1645年）则提出了与霍布斯不同的观念。他信奉自然法，被誉为“国际法之父”。自然法观念认为，自然法源自宇宙间的自然存在，普遍适用，是永恒不变的行为规则，如果不信守，就会受到自然法则的惩罚或报复。格劳秀斯虽然也同样看到了自1618年爆发的欧洲“三十年战争”的肆虐，然而他按自然法原则得出的结论是国家拥有主权，这是自然存在的属性，欧洲国家应该承认各自的“主权”，应相互尊从主权平等、领土完整原则，否则国家之间的和平不会到来。他在《论战争与和平的法律》等著作中对此作了充分论述。尽管格劳秀斯去世时没有看到这场战争的结束，然而他的国家主权原则却在1648年威斯特伐利亚和会上作为一个重要原则得到确认。接受国家主权原则或许是当时的相关国家基于绝对的无奈不得不作出的选择，事实上此后也很少有大国列强将此当回事，然而国家主权原则确实是适应国际社会、国际体系中自我存在、自我组织、自我发展的所有国家共生关系的实现所需要的，在理论上也是各自可以承受、应该容忍的底线，是国家间避免战争、缔造和平的底线。如果各自都不能相互尊重此条底线，共生关系就会出现故障。然而如何拘束相关国家不冲撞这个底线，构建强而有效的拘束性系统，不仅当时没有解决，而且至今也没有解决好，仅在客观上为定义构成对别国侵略、干涉别国内政等提供了一个国际公认的、可资参考的依据。

国际社会、国际体系是由各自自我存在、自我组织、自我发展的所有行为者构建起来的，与国内社会有着密切联系、互动的关系，各自均要显示自己的主体性。然而不仅显示主体性所需要的资源面临共同的稀缺性，潜伏着产生竞争、矛盾、冲突的可能，而且受各自共生关系内源性发展规律支配。当人们不认识这些规律或者漠视这些规律，放任内源性发展规律自然演变，那么这两方面因素形成的叠加效应，就会给国际社会带来危机，造成破坏。显然，漠视格劳秀斯的观念是有害的。

到19世纪中期，国际社会各种问题的挑战变得越来越明显，越来越严重，不仅战争绵延不断，殖民战争、争霸战争几乎遍及世界，而且自1825年经济危机在英国首次爆发后日益趋向成为世界性危机，表明随着世界市场的拓展、体系性的增强，共生性越来越明显，一个全球体系正在孕育，国际体系与全球体系并行而又互动发展的趋向正在孕育。而这两方面问题形成的叠加效应，终于在1914年导致第一次世界大战爆发。这场大战从反面向人们表明国际社会、国际体系的共生关系已经达到的程度，任何行为主体已生活在一个共生性系统之中，任何一方在矛盾、竞争中如果只是寻求自己绝对的、完全的胜利而不顾及共生关系并寻求共生关系的平衡、均衡，那么必然会出现共同的问题、挑战、风险、危机，世界大战也就不可避免。然而当时相关国家的主政者不仅不知道如何应对，而且更不知共生性体系已经孕育发展，到20世纪30年代终于爆发了世界性大危机，紧接着又终于爆发了第二次世界大战。[6]摆在人们面前的现实问题，不是如何应对国际社会的无政府状态，而是如何应对国际社会的共生性，如何寻求国际社会共生关系的和谐性。

在20世纪前半期的50年内，人类社会蒙受了一系列的惨重灾难，不仅发生在国际社会而且发生在国内社会，这证明如何避免危机、灾难，首先不是有没有政府的问题，而是如何认识、处理人类社会共生关系的问题。即使国内社会中有至高无上的政府存在，如果不能科学地认识、有效地处理国内社会的共生关系，危机照样会发生，灾难照样会降临。这也从反面证明，无论是国际社会的持久和平还是国内社会的国泰民安，都只能建立在科学地认识、有效地处理全部共生关系和谐性的基础上。从国际社会共生性认识国际社会并应对相关问题，实际上已是历史地摆在世人面前的要求。用国际社会共生性命题取代国际社会无政府状态命题势在必行，国际关系理论发展已处于历史的转折点上，可惜至今没有实现。

三、确立国际社会共生性命题，为创立和平发展时代国际关系理论建立科学的逻辑起点，国际社会已为此造就了丰富的资源，有待人们据此作出努力

国际社会无政府状态命题不仅缺乏最终解释力和应对力，而且也抹杀了战争力量与和平力量的区别。《大国政治的悲剧》一书作者也承认，在国际社会无政府状态命题下，确实存在"即便满足于和平生活的国家也会被指责参与了无情的权力

竞争”[7]的情况。“中国威胁论”就是一例。该书的译者王义桅、唐小松非常正确地指出，在书中，“‘中国威胁论’是全书各章基于无政府状态与权力分配的实际效果两条线得出的必然结论”。[8]显然，如果不走出对国际社会无政府状态命题的迷恋，不仅无法摆脱“大国政治的悲剧”，无法摆脱“国际关系理论的悲剧”，而且还给霸权国家遏制中国、遏制和平力量上升提供了“理论”依据，要推动建设持久和平、共同繁荣的和谐世界也只会被视为理想主义，因为在国际社会无政府状态命题下不可能推导出这一逻辑结论。同样在此命题下也不可能推导出“中国坚持和平发展道路”的逻辑结论。

要走出对国际社会无政府状态命题的迷恋，按国际社会自身本来面貌科学认识国际社会的共生性，对我们来说的客观有利条件是国际社会共生性已经相当充分地展示在我们面前。我们所处的时代是和平发展的时代，与“霍布斯主义”产生、盛行的时代不可同日而语。托马斯·霍布斯当年根本看不清国际社会究竟是什么。第一次世界大战结束时，学术界也不清楚国际社会已经发生了什么变化。直到20世纪30年代大危机发生和第二次世界大战爆发后，人们似乎朦胧地看到了世界的整体性及国际社会相关各方的联系性、关联性、互动性，朦胧地感知为所有行为主体设置共生关系的共生性底线以及为共生性底线构建拘束性系统的必要性。战后国际货币基金组织和世界银行的建立，联合国宪章的确认和联合国的成立，关税及贸易总协定(即后来的世界贸易组织)的设立，在本质上都在相当大的程度上反映了当时人们对国际社会认识的这种变化。当然，也或许美国基于利己主义动机利用了这种认识的变化，使当今国际社会面临一大堆问题。1953年由中国和印度倡议的、包括相互尊重主权和领土完整、互不侵犯、互不干涉内政、平等互利、和平共处在内的“和平共处五项原则”政治主张，以及其被越来越多国家和国际组织所接受的事实，也反映了人们对国际社会认识的这种变化。国际社会的实践走在国际关系理论变革的前面，表明按客观存在的国际社会共生性的历史趋向，重新定义国际社会，重塑国际关系理论，重新思考如何应对国际社会面临的问题，已是不得不作出的选择。而今显示国际社会的共生性的现实存在几乎已到了俯首可拾、不胜枚举的程度。国际体系与全球体系并行而又互动的发展趋向，正在孕育国际社会的伟大变革，客观上已为作出这方面的努力提供了更多史无前例的条件。

第二次世界大战后，不仅在我国出现了研究国内社会共生性的趋向，[9]在国际问题研究中也出现了实际上按国际社会共生性认识当代世界的趋向，寻求在建设和谐社会的同时建设和谐世界。即使在美国国际关系理论著作中同样也出现了接近国际社会共生性认识的趋向，“霍布斯主义”面临挑战。尽管“霍布斯主义”经由汉斯·摩根索（Hans J. Morgenthau）的《国家间政治：权力斗争与和平》达到登峰造极的地步，确立了政治现实主义在美国的主导地位，为美国在世界范围内推行霸权主义、强权政治提供了理论依据，也为该理论在世界范围赢得了众多的信徒和追随者。但是随着美国霸权不断衰落、国际力量结构持续变化、国际社会的共生性日趋明朗，在美国学术界发生了一次又一次的国际关系理论的大论战。如果说第一次大论战以现实主义对理想主义的胜利而告一段落，那么第二、第三次大论战则明显地展示了对现实主义的质疑和挑战。尽管这两场大论战的争论双方都在国际社会无政府状态命题下展开，甚至被认为各自的观念具有互补性，但是考察争辩双方的内容，尤其是被称为科学行为主义和新自由主义的理论思维，我们也确实可以感受到它们对国际社会共生关系感知、认知的踪迹。既然国际社会共生关系的共生性日趋明朗化是一种客观存在的事实，不被人们感知、认知是不可能的。例如关于国际社会相互依存发展趋向问题、全球化发展趋向问题，马克思和恩格斯早在《共产党宣言》中就已经揭示了这种国际社会共生性发展的必然趋向，而在美国发生的大论战中则形成了相互依存理论、一体化理论、全球化理论。又例如马克思、恩格斯关于政治与经济关系的论述，揭示了国际社会共生性中政治、经济两大人类社会活动基本的联系、关联、互动的趋向，在大论战中也被发展成国际政治经济学。此外还有沟通理论、结构功能主义理论、制度主义理论、建构主义理论等等，尽管这些理论、流派的缺陷非常明显，但都无不让人感受到接近国际社会共生性认识的气息，都无不隐藏着当代人类智慧对国际社会共生性认识的瑰宝。可惜这些智慧瑰宝不仅被国际社会无政府状态命题罩住而扭曲，而且被边缘化了。因此如何科学地汲取其中合理的内核，对我们科学认识国际社会共生性也是不可或缺的，对我们从不同视角、不同层面认识国际社会共生性都具有重要价值。

四、弘扬中华民族传统文化和谐哲学的智慧，科学认识国际社会共生性，实现国际关系理论的历史性飞跃

中华文明博大精深，是在中华大地上历经五千多年孕育、锤炼而成的，有完整的知识系统，其中关于维系社会稳定性的知识系统，对中国社会的发展、延续意义尤为巨大。中华民族传统文化关于维系社会稳定性的知识系统，虽然有权力因子，但不是唯一的因子，与对其他因子重视度相比较，甚至可以说并不居于至高无上的地位。例如夏曾佑所著《中国古代史》认为，中国先人自"殷商以来，乃至于周，都是血族统治"。[10]所谓"血族统治"，就是说至少近千年的社会统治是靠血缘关系维系的，是以对先祖的共同崇拜来维系的。杨国荣认为殷人对先祖的崇拜不仅与图腾崇拜并列，甚至优于图腾崇拜，不仅"极为重视，极为频繁"，而且"特别是对于先妣还举行特祭，更可知是如何地尊重母系的血族"[11]。中国先人对先祖的崇拜一直延续到现在，饮水思源，慎终追远，建构了中国社会共生关系的一个中华民族特有的因子。当然中华民族传统文化关于维系社会稳定性的知识系统中，许多知识并不是中华民族所特有的，然而都融合在同一个知识系统内，因此也必须作为该知识系统的一部分来认识。中国先人作出的努力包括：

(1) 致力于对社会、对客观世界的整体性认识。关于人类文明起源的"创世说"，世界各民族有各自的传说，显示了各自对世界起源认识的启蒙性本原，大体上可以分为两大类；一类是一件事接一件事的"创世"说，一类是整体性"创世"说。中国古代有"盘古开天地"的"创世"说，说盘古氏出生时世界处于混沌之中，是他耗时一万八千岁开天辟地，其死后身体的各部分瞬间化作日月、星辰、风云、山川、田地、草木、金石，造福子孙后代。尽管这是传说，却显示了中华民族传统文化启蒙于世界万物源自一体而又一次性开启的整体本原性，启蒙于人与世界万物源自共生性的本原性认识。

中国先人不仅认为世界是一个整体，而且认为世界的发展变化也是在整体的共生中实现的。《郑语》说"以土与金木水火杂，以成百物"。《鲁语》说"地之五行，

所以生殖也”。中国先人将金、木、水、火、土这五个元素称为“五行”，认为这“五行”组成一个共生系统，衍生了世界万物。《尚书大传》说这“五行”与人也是一个共生系统，“水火者，百姓之所饮食也；金木者，百姓之所兴生也；土者，万物之所资生，是为人用”。中国先人这类说法很多。尽管这些说法在今人看来是如此原始，近乎匪夷所思，然而却实实在在地显示了中国先人试图从事物的共生关系中，从人与事物的共生关系中，从天、地、人的共生关系中认识人、社会、自然共生关系所作出的努力。即使汉字的造字也一定程度上显示了这种努力的足迹。这些努力在今人看来似乎微不足道，却实实在在地闪烁着中国先人认识世界整体性、联系性、互动性、发展性的智慧光芒。

(2) 致力于共生关系和谐性的认识。既然世界万物、人与世界万物都是一个整体，是在联系、互动中发展的，那么人也是共生的，人是在共生中实现人的发展。中国先人曾思考人的能力是从哪里来的问题。《荀子·王制》说人“力不若牛，走不若马，而牛马为用，何也？曰：人能群，彼不能群也”。问题是为什么“人能群”。暂且不论“人性本善”与“人性本恶”的是非，人与人的矛盾、冲突是一个客观存在，不可否认，那么“人能群”又是如何实现的？这就涉及对共生关系本质的认识，对共生关系如何实现和谐性的认识。对此中国先人作了持久不懈的努力，形成了两类基本的观念，一类是阴阳有序、阴阳相济的观念，一类是和而不同、致中和的观念。

按阴阳有序、阴阳相济的观念，中国先人从实物的阴阳共生性中抽象出人、社会、自然共生关系中存在着阴阳两种势力的共生性。如男女、雌雄、牝牡等都显示阴阳实物的共生性，由于这种共生性而实现了生命的繁衍。中国先人由此引申出、抽象出一个普遍性的观念，认为人、社会、自然共生关系是由阴阳两种势力在共生关系中既矛盾、对抗又同一(统一)的运动推移过程中滋生着、变化着、发展着。这就是《易经》对世界发展变化的基本认识。按《易经》的观念，阴阳不仅各自自强不息共生在一起，而且会相互交感，共生而又相互交感构建起共生性实现的过程，就会推动世界万物的发展变化，从而使世界万事万物生生息息，人们也因此可以从阴阳共生关系、相互交感的程度及所带来的变化察觉世界万事万物的发展趋向，诸如人的发展趋向、社会发展趋向、自然环境的发展趋向以及这些趋向的关联、互动所带来的趋向。因此人们必须知微察远、防微杜渐,因为所有这些趋向并不一定是正面的、积极的、进取的,同时存在负面的、消极的、衰退的趋向,包括出现“物极必反”的可能趋向,所以“人无远虑,必有近忧”。《易经》也告诉人们如何从阴阳相济、阴阳有序中审时度势、寻求祛邪扶正,寻求提升出现正面、积极结果的可能性,削弱出现负面、消极结果的可能性,避凶化吉,争取风调雨顺、政通人和、国运昌盛。如何评价《易经》,至今依然是学术界热门话题,尽管有对立的不同说法,然而一个不可否认的事实是,中国先人为从矛盾、对立的世界中寻求和谐、稳定发展的世界而作出的努力,依然给后人提供了许多有益的启示,包括诸如人与国家都应知道“祸福相依”的道理,都应知道自强不息、厚德载物、不卑不亢的道理。

按和而不同、致中和的观念,中国先人认为世界是在“和而不同”中构建共生关系的,“和而不同”既是世界万物共生关系的本质,又是寻求和谐共生之道。《郑语》说“和实生物,同则不继。以他平他谓之和”,“若以同裨同,尽乃弃矣”。此语之意是不同事物的调和与统一才能使万物生生不息,继往开来。以静制动则静,以善制恶则善,都是人们的常识。而单一性事物即使叠加也无法存续延伸。这种观念似乎与上述阴阳交感生物的观念相一致,都认为世界的多样性、差异性是世界发展变化的前提,世界是在多样性、差异性所带来的矛盾性的对立统一中发展变化的。阴阳交感生物是一种对立统一的过程,“和实生物”也是一种对立统一的过程,都是事物发展变化的规律。《中庸》断言“和也者,天下之达道也。致中和,天地位焉,万物育焉”,意思是“和”是天下的普遍规律,必然之路,尽管世界万物千差万别,只要共生关系达到中和,实现和谐共生,对立统一,就可能实现正天地,育万物,因此“致中和”是必须作出的选择。

《荀子·天地》肯定“万物各得其和以生,各得其养以成”。基于这种认识,中国先人赋予“和”以广泛的涵义,诸如调和、包容、和谐、不偏不倚、执两用中、无过无不及、中节、中庸等。从这些涵义中我们可以看到,中国先人对“致中和”的实践,是作为各种共生关系中寻求相互可以容忍的共生性底线来使用的,所谓“和谐”也仅意味着在共生性底线上能实现相互容忍,可以相互承受,可以相互包容。而这种目标对处理人际关系的意义似乎更为重要,所以,《孟子·公孙丑》说“天时不如地利,地利不如人和”，将“人和”置于优先的地位，足见中国先人对社会和谐的重视程度。

中国先人关于和而不同、致中和的观念，不仅用于认识自然环境，而且用于认识社会，用于认识人际关系，作为不得不作出的选择来使用，这或许与中国先人的生活方式相联系。早在五千年前，中国先人就已经处于农耕时代（据河姆渡遗址考证）。完全不同于游牧时代，在一个相对固定的区域内休养生息、代代相传是农耕生活的需要，因此先人不仅要寻求社会稳定、国泰民安，而且要祈求风调雨顺、五谷丰登。处于天、地、自然、社会、人的生活圈内，只有让一切均在“各得其和”“各得其养”之中才能实现，否则什么也不会有。由此形成的这些被视为普遍有效性的观念不仅为中国先人所用，而且深深地影响了他们的子孙后代。

综上所述，为了探求人、社会、自然的共生之道，为了探求社会稳定发展之道，中国先人作出了持久的努力，无论在认识世界的整体性还是在认识人、社会、自然相互关系和谐性以及本文没有述及的其他更多方面，都显示了自己的智慧和才华。其中有关寻求社会和谐的努力，在数千年的长期社会实践中，为中华民族传统文化构建了一整套修身、齐家、治国、平天下的知识系统，在个人、家庭（族）、国家、天下各个不同层面上，在礼仪之交、道德伦理、治国理政、协和万邦等各个方面，提出了一系列主张，组成了如何构建和谐社会的知识宝库，在知识层面上构筑了社会稳固之基。当然，中国历史确实存在朝代不断更迭的事实，但是也确实存在能从这个知识宝库中汲取智慧相对较好的朝代，例如汉朝的西汉时期延续达 229 年，即使东汉时期也延续达 195 年，前后有 424 年，唐朝延续达 289 年，明朝延续达 276 年，清朝也延续达 267 年。尽管中国历史上曾经多次出现过“合久必分”的情况，但“分久必合”是一个趋势也是事实，因而使中华民族整体地延续数千年至今依然屹立于世界民族之林，显示了中华民族传统文化的凝聚力。古代犹太人有十二个支族，自耶路撒冷“圣殿”被毁后被迫流散到世界各地，其中有一个支族沿着古丝绸之路来到中国开封定居下来，结果不仅没有遭到排斥迫害而且被“汉化”了，在世界各地犹太人中没有发生的事情在中国却发生了，同样也显示了中华民族传统文化的凝聚力。中华民族传统文化的凝聚力从何而来？源自于中华民族传统文化的和谐哲学，这似乎是应有的结论。

国内社会是共生的，全部共生关系必须是和谐的；国际社会是共生的，全部共生关系也必须是和谐的；这一切都是共生关系的本质属性所规定的。按共生关系的本质属性，构建和谐社会需要和谐哲学，建设持久和平、共同繁荣的和谐世界也需要和谐哲学。因此弘扬中华民族传统文化和谐哲学的智慧，科学认识国际社会共生性，重塑国际关系理论逻辑演绎起始点，是创立和平发展时代国际关系理论的需要，是中国坚持和平发展道路的需要，也是为科学认识如何建设持久和平、共同繁荣的和谐世界而作出的贡献。这是历史赋予我们的责任，我们应当为担当这个历史责任而自豪。

注释

1. [美]约翰·米尔斯海默：《大国政治的悲剧》，上海世纪出版集团 2003 年版，第 43 页。
2. [意大利]尼科洛·马基雅维利：《论文集》（第 1 卷），伦敦，1950 年，第 245、364 页。
3. 参阅王逸舟：《西方国际政治学：历史与理论》，上海人民出版社 1998 年版，第 15—16 页。
4. 参见金应忠：《空间与轨迹：两个体系中的中美关系——中美关系战略定位历史变迁新解》，《社会科学》2009 年第 12 期，第 5 页。
5. [美]约翰·米尔斯海默：《大国政治的悲剧》，上海世纪出版集团 2003 年版，“中文版前言”。
6. 参阅金应忠：《论两个体系世界的发生和发展与全球问题》，《国际展望》2010 年第 1 期，第 5—9 页。
7. [美]约翰·米尔斯海默：《大国政治的悲剧》，上海世纪出版集团 2003 年版，第 38 页。
8. 同上书，第 29 页。
9. 参阅胡守钧：《社会共生论》，复旦大学出版社 2010 年版。
10. 杨国荣：《中国古代思想史》，人民出版社 1973 年版，第 5 页注释 2。
11. 同上书，第 2 页。

（原载《国际展望》2011 年第 5 期。）

再论共生理论

——关于当代国际关系的哲学思维

一、缘　起

当代世界是多元共生的世界，既具有多元多样性又具有和合共生性。同时，自欧洲开启“大航海时代”以来，尤其是第二次世界大战后，世界积淀形成了一系列新状态、新特征，而在今天又面临一系列新问题、新挑战，尤其是全球性问题日益增多，可谓史无前例。关注新时代的新状态、新特征与新问题、新挑战，任何国家都不能掉以轻心。

（一）如何对待当代世界的多元多样性

对当代世界的多元多样性，包括文明和文化多样性，各国的态度不仅不一样，而且有的国家还不允许别国有自己的特殊性和特色；不允许别的国家比自己更先进、更发展；有的国家还动辄搞“长臂管辖”。当今美国对中国就是这样。中华民族有五千多年文明，有自己的历史、传承和血脉，美国的历史仅与中国一个朝代差不多，中美怎么会一样呢？中国对美国归根到底只有“相互尊重”的要求，承认中国与美国的特殊性，这个要求却被美国视为对其的“威胁”。

（二）如何对待当代世界的和合共生性

对当代世界和合共生性的存在形式，还缺乏广泛共识。在国际学术界，许多学者至今只承认马基雅维利关于“人性本恶”带来社会互争互斗的存在形式，只承认霍布斯关于国际社会的“自然状态”存在形式，却漠视社会还有“和合共生”存在形式。其实，社会“和合共生”存在形式在历史上早就有了，不是新现象、新事物、新创造。社会的最小单元是家庭，古已有之。男女组建家庭就是组建一个和合共生存在形式的载体，就是组建一个命运共同体的载体。因为有了这个载体，所以能够共存共荣、繁衍后代、子孙绵延不绝。就此而言，“和合共生”是关于共生体的概念。在中国历史上家族也是一个和合共生存在形式的载体，是一个人类命运共同体的载体。家族还有族规、乡约以保证其利益共同体、责任共同体、安全共同体的价值。人类早就建立了国家，它也是人类的一种和合共生存在形式的载体，是一种人类的命运共同体存在形式的载体。近年来中国提出要建设人类命运共同体，也是要建设一种和合共生存在形式的载体。

“和合共生”作为人类的基本存在形式，首先是要“和合”。何谓“和合”？“和合”就是要努力使具有独立主体性的相关各方的“共生”都有舒适度、满意度；就是要努力使相关各方都有显示自己智慧、能力、实力的机会，都有自己发展的空间，互相不感到他者的存在与发展对自己是一种妨碍、一种挑战、一种威胁；就是要使各方都能感觉到他者的存在与发展对自己的存在发展是一种机遇、一种运气。如果经过“和合”的努力，为“共生”营造了如此众多条件，相关各方都满意、都舒适了，就表明已经“和合”了。如果相关各方对“共生”的条件，并不完全满意，还需要持续“和合”、直到满意为止，这种努力的过程就是“和合”的行动过程。“互相尊重主权和领土完整、互不侵犯、互不干涉内政、平等互利、和平共处”这五项原则，就是需要国家间不断“和合”的“共生”条件。然而，霸权国家、国际强权至今对这些条件依然不承认，总要找各种理由来否定，这就给和合共生增添了难度。

尽管自20世纪60年代以来以美国国际关系学术界一批学者为代表，对与当代多元共生世界相关联的问题，如体系性、相互依赖性、秩序性、合作性等做了很多有益的研究，但是依然没有为认识当代世界的多元共生性铺平道路，以至于对当代世界和合共生性，许多人还根本不承认，认为不同、对立个体之间怎么可能和合共生？中国主张大国关系应“不对抗、不冲突、相互尊重”，也被一些美国人认为是对美国的挑战。美国学术界尽管使用了“认同”概念，但它是否“认同”文明、文化、观念的多元多样性？是否“认同”当代世界的多元多样性？都是疑问。如果依然以一方否定另一方为目标，这就使“认同”意味着否定对方，那么谁“认同”谁？不可能如此“认同”又怎么办？在当代世界，用否定其他方文明、文化、社会政治制度、社会发展道路的办法来获得“认同”不仅行不通而且办不到，也在根本上否定了当今世界多元多样性的意义和价值。这些使“认同”深陷困境的难题导致体系论、相互依赖论、秩序论、合作论等研究处于停滞状态，难有大的进展。

当今社会看不到当代世界和合共生性特征的原因主要有两方面：一方面是来自对当今世界的直观感受。当人们翻开报纸、打开电视机、点击互联网，看到的尽是对抗、争斗、冲突，以及霸权大国的耀武扬威、颐指气使、出尔反尔；看到的是2016年开始蔓延的“特朗普现象”：国际协议可以任意撕毁，对他国作出的承诺可以翻脸不认，本国有了贸易逆差可以逼迫其他国家为其承担责任，“制裁”的大棒可以任意满天飞；看到的是一些曾经好端端的国家被某些西方国家折腾得乱七八糟、民不聊生，甚至枪击杀戮、炮火连天、陈尸街头。这些令人毛骨悚然的事实几乎天天在世界不同的地方发生。当今世界，不仅“热点”地区的“高烧”持续不退，而且对某个国家任意以某个“莫须有”罪名发起“群狼式攻击”的现象也时有发生，而跟着那些“莫须有”罪名起哄的学者也不在少数。谁会相信人类社会有此“共生”？国际社会如此“共生”谁会赞同？当然还涉及各国之间层出不穷的悲欢离合故事。据此，有些学者不仅否定当代世界的共生性，而且还觉得当代与两千多年前古希腊伯罗奔尼撒战争时代没有根本区别，以强凌弱或以弱欺强、弱肉强食、“丛林法则”似乎都是理所当然。而超级大国中的某些人还自以为可以“美国优先”而横行霸道。

另一方面是理论上没有说清楚“和合共生”在当代世界的必要性、表现形式和推进方式。长期以来人们习惯于讲国家间争斗的故事，觉得诸如“国强必霸”“权力最大化”“领导权争夺”“权力分配”“权力转移”“影响力争夺”“利益至上”等概念似乎对任何国家都能适用，以至于当今世界一桩国际事件发生，人们便会不由自主地热炒力量的对比、输赢落到谁家，甚至常常对博弈技巧的运用津津乐道，却往往不太注意人类究竟是斗兽场上的困兽，还是需要命脉相连、和衷共济的共同体？即使像美国这样的超级大国是否同样与世界各国存在命脉相连性？我们还需要面对下述这些问题：当代世界在关注矛盾对抗冲突、警惕风险陷阱危机的同时为什么还要强调和合共生，妥善处理共生关系？当代多元共生世界是否具有共生性与矛盾对立的“一物两体性”？和合共生究竟是现实还是理想，抑或是需要两者兼容、持续调整与追求的过程？它们都需要人们给予系统性学理解释，使人们对和合共生的认识加深，自觉地为建设人类命运共同体作出贡献。

二、当代世界和合共生的必要性

（一）和合共生是万事万物、人类社会的基本存在形式

考察有文字记载的中国历史，可以发现中国先贤曾孜孜不倦、代代相传地探索万物和合共生的逻辑性和必然性，以便为社会求和平、为人类开太平、为人民谋福祉。人们或许未必能在中国古代文献中找到“共生”两字，然而“共生”作为万事万物、人类社会的存在形式具有结构、形态的多元多样性，相关的描述则在中国古代文献中并不少见。例如，老子在《道德经》中说：“万物负阴而抱阳。”老子把万物和合共生说得非常形象，他以高度的哲学抽象揭示了万事万物自身都是和合共生的共生体的事实。先贤以此告诉我们，万事万物都是多元多样“一物两体”性共生体，而人类社会是由多元多样的共生体构成的。在和合共生的世界中，和合共生作为万事万物、人类社会的存在形式，由于构成因素、结构、特征的千差万别，不仅带来了千差万别的分类，而且显示万紫千红的形态。而人以及由人组合而成的所有行为体，均作为共生体有着一个共同的“一物两体”性特征，即均具有多元多样的主体性与共生性、独立性与群体性双重属性，从而为人类社会以“和合共生”为存在形式提供了结构逻辑的原生性因素。《荀子·礼论篇》说：“天地合而万物生，阴阳接而变化起。”荀子同样以高度的哲学抽象为我们揭示了天地万物如何建构起和合共生世界的奥秘。按照荀子的理念，天地万物之间由于存在结构性原生因素，因此不仅具有互联性而且具有互通性，不仅由“合”而联而且由“接”而通；天地万物之间是一个和合共生统一体，不仅具有整体性而且具有系统性；整个世界万物、人类社会均因“合”而“生”，因而使世界生生不息、绵延不绝；整个世界万物、人类社会，均因

"接"而"变",因而使世界变化万千、千姿百态。所谓"接",所谓"合",就人类社会而言,均是指人以及由人派生出来的所有行为体之间的共生性交汇连接、互联互通,均是指行为体之间共生性需求的交合、和合,各尽所能、各得其所。当然,如何"交合"?如何"和合"?还需要多元多样条件,也需要通过多元多样途径、方法,因此中国先贤提供了各种不同的词汇,诸如匹配、契合、耦合、交合、和合、配合等。用现代语言来说就是坚持平等、公正立场,坚持公平、正义原则,通过对话协商,通过互谅互让,通过求同存异,寻求合作互利共赢。

(二) 和合共生是推动矛盾对立发生革命转化的理念

中国先贤早就知道和合、交合能够为走出矛盾对立的困扰提供公平正义合理的解决方案。翻开中国历史,确实是矛盾不断、冲突此起彼伏,战争烽火时有燃烧,然而中华民族在推动万事万物、人类社会的矛盾对立在和合、交合过程中却能够实现和合共生,维护了中华民族的团结和统一,不仅走向"多元一体"而且走向"一体多元"。中国与其他东亚国家一起共建了曾经延续数千年的东亚共生体系,和衷共济、和合共生不仅构成了中华民族的历史基因,而且也成为了东方文明的精髓。历史经验教训告诉人们,囿于矛盾对立做文章无法使人跳出泥淖,无法使人走出黑暗,而以和合共生理念来引领才能奔向光明!

(三) 坚持和合共生理念是"后相互依赖时代"的最佳选择

不管人们是否意识到人类历史是在和合共生中走过来的,事实是世界并没有因为社会对抗冲突的存在而停止前进,历史也并未因此被中断;事实是在当代各国之间形成了"你中有我、我中有你"、"一荣俱荣、一损俱损"的共生存在形态,变得命脉相连、命运与共,使当代国际社会进入了多元共生世界,为建设人类命运共同体提供了条件。面对这种现实,当今的国际关系理论研究不能继续围绕着"国强必霸""大国世界权力转移"之类的议题转来转去,而要在研究对立、对抗的同时,还要研究如何将对立对抗转化为和合共生,以便为当代世界应对相互间的矛盾对抗冲突和实现全球共同治理提供解决方案,也为命脉相连、命运与共的人类找到一条永久免除“同归于尽”悲剧的光明大道。为此,需要有深层次学理性、系统性思考。当今世界,“和合共生”正在成为时代的强音,并且在2016年二十国集团杭州峰会上获得广泛认同。习近平在2016年9月3日的二十国集团工商峰会上向世界庄严宣示:“和衷共济、和合共生是中华民族的历史基因,也是东方文明的精髓。中国坚定不移走和平发展道路。”[1]由于中华民族具有“和合共生”的历史基因,因此使中华民族曾经如天上璀璨群星分布在祖国大地上的“多元一体”性,随着历史的推移逐渐内聚为“一体多元”性;由于东方文明具有“和合共生”的精髓,因此滋养东亚国家共建起曾经在历史上延续数千年的东亚共生体系。这个宣示表明“和合共生”之路是当今时代的光明之路、康庄大道。

三、当代多元共生世界实现和衷共济、和合共生的现实性

(一)和合共生是关于个体需求与共生需求对立统一的理念

和合共生不是产生于观念、文化,也不是形成于规范、认同,而是源自于人的共生性需求,亦即人的自我实现对相对稀缺性资源的互相依赖性,即需求不是一方依赖另一方而是互为依赖方。共生性需求对应的是个体性需求。人的生存、发展都依赖各种各样的资源,诸如不可再生资源与可再生性资源,实体资源与虚拟资源,物质资源与精神资源等;而具有相对稀缺性的共生性需求资源,即使纯粹基于个体自私自利动机的个体性需求,也得依赖他者自觉或不自觉地通过合作、协作来创造,共生性需求会推动这种创造、创新并吸引众多人的参与,即使参与其中的人的个体性需求各不相同,并没有自觉的共同目的。个体为适应个体性需求而作出的创造、创新同样会多元多样,包括客观上能使他者获益能够满足共生性需求的共同利益、公共产品。

世界上是否存在纯粹囿于个体性需求的资源?从理论上说似乎应该存在,但事实上并不单独存在,而是存在于共生性需求资源之中。共生性需求资源既面向个体又自觉或不自觉地适应共生性需求,既需要个体作出努力,又需要个体间自觉或不自觉地合作、协作。就此而言,近代发展起来的商品经济、市场经济就是供应

或创造共生性需求的经济。当代世界经济不仅要满足共生性需求，而且出现了供应链、物流链、产品链、服务链、价值链，显示了人类合作、协作的深化与扩大，并且具有了日益严密的系统性。共生性需求变成了既泛指所有人的共生体需求、社会普遍性需求，又适应了任何个人的需求。人的共生性需求是人的多元多样共生体形成、存在、变化发展的命脉性要素，有名而无形，因之而生、失之而灭。看到共生性需求的存在，是人类走出野蛮、走向文明的开端。也因此，中国先贤早在尧、舜、禹时代就知道“允执厥中”对治国理政的重要性。

（二）社会和合共生的内在动力机制是人类的共生性需求

两千年前欧亚大陆东西两端的先民不畏山高路险、不惧天寒地冻或烈日炎炎，在漫长的历史岁月中用自己的双脚走出了持续传承的“丝绸之路”，又搏击惊涛骇浪、狂风暴雨而持续航海，拓展出“海上丝绸之路”，都足以表明人的共生性需求造就历史的能量何等壮观！在当代，这种共生性需求的日益旺盛正在使传统的“一带一路”焕发出朝气蓬勃的青春，书写着更加辉煌的历史新篇章。之所以说所有这一切都是人的共生性需求造就的，是因为一方对美好生活的追求需要增添来自其他方的生产成果方能实现。共生性需求具有不可或缺性、不可替代性。人之间有什么样的共生性需求，就规定了有什么样的共生体。换句话说，人的共生性需求具有多元多样性，而人的共生体含有多元多样共生性需求。历史上奴隶主与奴隶之间的共生性规定了奴隶制度的寄生性，地主与农民之间的共生性规定了封建制度的寄生性，宗主国与殖民地之间的共生性同样也决定了殖民体系的寄生性。这类共生性都是“矛盾共生”，都具有“两极相联”[2]的特征。之所以这样说，是因为教师与学生、上级与下级、发达国家与发展中国家虽然是对立的“两极”，但是还有“互联”性，相互之间不仅存在作用力与反作用力的关系，还具有相互抗衡、竞争与相互结合依存、相互影响的两重性，而且一方的存在还以另一方存在为依据。所以研究“两极互联”共生性，不仅要关注两极抗衡的特殊性、条件性而且还要关注两极互联、互依及相互影响的特殊性，对两极抗衡的制约性。

（三）社会共生性内在变革是人类共生性需求的产物

近代以来，人类的共生性需求带来了一轮又一轮产业革命，推动国内市场经济持续越出国境，持续开放发展，不仅创立了世界市场而且推动形成了世界经济。人类的共生性需求不断推进生产力与生产关系、经济基础与上层建筑之间关系的变化发展，在此基础上发展起来的社会制度同样也必然要依据共生性需求的变化而变革。进入 19 世纪以后，共生性需求扭曲发展，使欧美列强的经济危机日益严重，伴生性的金融危机、社会危机日益凸显，相互间的战争不断发生，并在 20 世纪到来后演变成第一次世界大战。当年欧美国家都不知道自己的生路在哪里、都不知道如何变革。列宁当年指出帝国主义是垂死的资本主义，不仅有当时的现实依据，而且也被紧接着爆发的第二次世界大战所佐证。社会主义制度要在不断自我变革、完善、发展中，在不断满足人的共生性需求的过程中，不断显示自己的优越性和旺盛的生命力，静止不变的观点、“顶峰论”的观点显然是不适用的。第二次世界大战结束后，欧美国家由于战后的变革而使自己重新焕发出蓬勃的活力，然而今天又面临需要变革的挑战。2008 年，奥巴马第一次竞选美国总统时，就喊出了要对美国进行“变革”的竞选口号。“特朗普现象”的出现，是要把“变革”的任务“外包”给世界，企图由各国为美国缓解国内结构性矛盾付出代价。社会制度的调整、变革说到底是为了适应人的新的共生性需求，以便让更多人获得自我实现的机会和条件。自“大航海时代”到来后，人类的共生性发展不仅孕育、产生、形成了国际社会，而且共生性需求的巨大动力又带来了国际社会持续变革和经济、科技、社会、文明的巨大进步，显示了共生性需求的澎湃气势，如滚滚潮水、势不可挡。

四、当代国际社会和合共生性的根本依据是人、社会、自然界的命脉相连性

（一）当代国际社会和合共生性的物质基础是所有行为体的命脉相连性

当代多元共生世界的理论研究，不以观念、文化、偏好、认同为基础，也不以“某

种特定的关系现实”为依据，而是以面对当代多元共生世界普遍存在与变化发展的现实为基础。即：在国际社会巨大有机体中，当今世界74亿人中的每一个个体不仅是国际社会活动着的主体中的最小单位，而且都具有主体性与共生性、独立性与群体性双重属性的“一物两体”性，相互之间都以和合共生为基本存在形式，都有不可抑制的共生性需求。任何个体的自我实现都建立在与他者的合作、协作与生产的基础上。而合作、协作、生产又以个体之间的交往为前提，交往的形式又是由生产决定的，而生产的多元多样延伸性、关联性所带来的是参与交往联系的人之间的命脉相联性。人类社会进入近代以来，“大工业把世界各国人民互相联系起来，把所有地方性的小市场联合成为一个世界市场”[3]。大工业使当代多元共生世界成为命脉相连的生命共同体，使和合共生具有既广且深的物质基础。任何个人、行为体、国家和合共生的存在与变化发展，都离不开这个基础。当今世界，不仅人类有共生性，而且人、社会、自然界之间都具有共生性，都以和合共生为存在形式。国际社会所有行为体都是人的共生性派生出来的和合共生、有机联系共生体，存在着命脉相连、命运与共的共生性，增进人之间的心灵相通因此成为未来和平的必由之路。

(二) 当代国际社会和合共生性由于相互依赖性上升为命脉相连性而被赋予新的含义

从现象学视角来看，自人类历史开启以后，无论是帝王将相还是普通百姓，从母体中形成胚胎的那一刻起，任何人不仅是其父母共生性的结晶而且与其母亲在胎盘里形成共生性、共同安全性，具有命脉相连性。人类的共生性需求演绎成当代社会。人类社会自进入近代以来，“历史中的资产阶级时期负有为新世界创造物质基础的使命：一方面要造成以全人类互相依赖为基础的世界交往，以及进行这种交往的工具；另一方面要发展人的生产力，把物质生产变成在科学的帮助下对自然力的统治”[4]。这使越来越多国家中的每一个人的需要的满足，不仅依靠身边的人，而且要依赖整个世界，世界因此成了“世界联系的体系”[5]，而越来越多国家中的每一个人“不仅生活在一个国家里，而且生活在许多国家组成的体系中”[6]。人类的共生性需求不仅将世界各国演绎成和合共生的国际社会，而且将国际社会演绎成人的共生需求纵横交织构建而成的网络结构共生体系，建设人类命运共同体也便提上议事日程。

（三）从命脉相连性来认识和合共生性是中国传统的经典思维逻辑

人、社会的共生性需求演绎成一个命脉相连的共生性有机体，而自远古时代开启的中华文明，在和合共生的命脉传承中所形成的中国社会，也最终形成了“多元一体”的社会。中国古代历来相信“天人合一”“民胞物与”。习近平说：“我们要认识到，山水林田湖是一个生命共同体，人的命脉在田，田的命脉在水，水的命脉在山，山的命脉在土，土的命脉在树。”[7]因此人与自然构成了生命共同体，人应该与自然和合共生、和谐发展。当代多元共生世界也是人、社会、自然界命脉相连的共生性有机体逻辑演绎的产物，也需要和合共生、和谐发展，所以需要从学理上系统地讲清楚“共生”是怎么一回事。

五、人类对和合共生性认识是在认识万物互联性基础上一步步走过来的

（一）人类对和合共生性认识的阶段性

迄今为止，人类对人、社会、自然界共生存在性认识大体上经历了既有区别又有交叉重叠的四个阶段，并且正在开启新的认识阶段：

第一个阶段，约在“轴心时代”（公元前800年左右至公元前200年左右），当时分散在世界各地、几乎很少有交往联系的人们，不约而同地开始探讨“万物联系性”，逐渐形成联系理性。随着文明的开启，人类睁眼看世界首先的研究对象是认识自己，包括自己从哪儿来，自己为何处于特定周边环境之中，自己与周边的万事万物有何关系，“我为什么是我？”尔后才延伸到思考周边的日月星辰天地、草木虫鸟从何而来，天体宇宙的中心是太阳还是地球，地球是圆的还是一望无际的大地，天空是一个罩盖还是其他什么，为此而争论不休。诸如此类的疑问，都是从认识万

物联系性开始的。而就万物联系性认识而言，无论是古代中国的阴阳学说、五行学说等还是古希腊的水、火、气等物质的演化说，都企图寻求解析万物之间的联系性是怎么发生的，万物之间是如何构成联系的，从而逐渐形成联系理性。中国先贤早就认为自己与自然界有命脉相连性。孔子说："天何言哉？四时行焉，百物生焉。"他的意思是说上天管着一年四季的运行、百物的生长。所以他主张人人要"畏天命"，要敬畏自然。而关于"创世说"的各种神话传说和宗教故事在世界各地的流传及对创世过程的不同解读，或许在不同程度上体现了不同的人们对联系性认识的不同特色。中华民族历史上广为流传的"盘古开天地"故事认为，万物联系性的形成是因为万物都是巨人盘古化身的产物。宇宙天地曾经一片混沌，是力大无比的巨人盘古开天辟地，从此既有了天又有了地。盘古开天地后，自己便化为天地万物、日月星辰，从此生生息息、绵延不绝。

这个故事与中国先贤认为宇宙天地万物有机结合、互相联系的认识具有相通性，从一个侧面表明中国先贤的世界观是整体联系观、统一世界观。

第二个阶段是重在认识"万物的关系性"，经历了关系理性逐渐形成与变革的过程。这个阶段的开始时间在世界各地并不一致。按照有文字记载的历史来看，先人们早就关注奴隶社会的关系性。例如3 700多年前"两河文明"的古巴比伦时代所产生的"汉谟拉比法典"，讲的就是对奴隶的关系性，显示了极端的残忍。中国古代社会，在《史记·五帝本纪》中有关于尧命舜摄政、"修五礼"的记载，而《尚书·周官》中涉及政治、经济、文化、风俗、礼法等诸种制度的记载则更详细，显示由于中国先贤一代接一代的对关系性认识的不断推进，成就了泱泱大国礼仪之邦的史实。欧洲先贤对人类社会关系性的关注，是从古希腊文明后期开始的，苏格拉底(Socrates)、柏拉图(Plato)、亚里士多德(Aristotle)"古希腊三贤"的努力，为此奠定了基础。欧洲文艺复兴运动关注人的价值和权利，因此产生了西方的人权、自由概念。然而人之间，无论是人的人权还是人的自由都具有相互性，不仅各有自己的边界，而且还存在相互间的交汇连结，都需要考虑他者同样具有相应的空间、相应的舒适性。从文艺复兴到启蒙运动，平等、民主、公平、正义逐渐成为社会的主流观念，至少在理论上为人权、自由提供了边界意识，提供了相互性的要求，显示了启蒙的价值。如果说个人的人权、自由为人与人的相互尊重提供了依据，那么平等、民主、公平、正义则为相互尊重提供了可供参照的要求，使相互尊重变为现实有了理论上实现的可能。

平等、民主、公平、正义在理论上为人之间的相互尊重设定了参照系，但这不是唯一的参照系，在世界各地各民族文明中还有类似的参照系，这显示人们对人的关系性认识具有相通性、同理性，即使相异也能相合，而不是互不相容。从理论上说，人能否相互尊重，关键在于能否适当处理人之间的相互性。就此而言，中国文化传统向来主张“贵和尚中”，讲的都是如何处理人之间的相互性，与追求平等、民主、公平、正义在学理上不仅相通，而且可以交互使用。例如中国先贤主张“己欲立而立人、己欲达而达人”“己所不欲、勿施于人”，比“平等、民主、公平、正义”的表述更透彻、明白、直截了当，争议的空间更少。中国先贤早就发现任何关系的建构，首先不是社会规范结构的建构，而是经济物质结构的建构；尽管观念、规范、认同、文化在国家行为和利益形成过程中具有建构性作用，但并不具有归根到底的决定性作用。为了实现关系理性的相互性，建立关系理性的自主性、主动性，中国先贤在《易经》中一开头便名正言顺地主张“自强不息”与“厚德载物”的结合与统一的原则，倡导运用“刚柔相济”的建构艺术。换句话说，对建立人之间关系理性的合理性，中国先贤有一个相当完美的知识系统，并没有玩弄语意不清的概念游戏。中国先贤的这种关系理性认识，即使在当代相互依赖高度发展的历史条件下，即使在“产业链”“供应链”“价值链”遍布全球的历史条件下，仍不仅没有过时，而且其思想价值更加凸显。

第三阶段从 18 世纪开始，人们对社会相互依赖性认识的关注，促进了行为体之间合作理性的增长。第二次世界大战结束后建立的以《联合国宪章》宗旨和原则为核心的联合国秩序、国际贸易秩序、国际金融秩序，从制度设计上大体能适应国际社会的需要。尽管这些制度设计存在诸多不公正、不公平、不合理之处，尽管对这些制度、秩序的解释常常受超级大国、发达国家利益的掣肘，它们仍至少对二战后国际经济的发展客观上是有益的：一是一定程度上维护了主权国家体系的合法、合理性；二是维护了全球流动性，无论是国际贸易、金融还是人员等都有了流动的可能;三是相关纠纷有了一定协调机制;四是相关国家有了一定的发展空间;五是对大多数国家具有拘束力,约束了贸易保护主义,逐渐为越来越多国家培育了合作理性。在全球相互依赖日益增强的情况下,如何认识合作理性同样也面临严峻挑战,包括:一是如何消除某些传统理念的束缚。例如以"人性本恶"为核心的马基雅维利学说,以"自然状态"论为依据的霍布斯学说,都是合作理论研究需要逾越的"魔咒"。二是如何建立一体化发展与国家独立自主发展的平衡性。关于一体化发展有多样定义,但是最终都要落实到相关主权国家的发展,并以此为检验标准。在可预见的未来,任何全局性、战略性、前瞻性思考,核心主体依然是主权国家,它们不可能轻易退出历史舞台,"主权过时论""利益边界论""超越威斯特伐利亚体系论"等都言过其实。三是如何对待各种思潮的挑战。在当代国际思潮中,单边主义与多边主义、单极化与多极化、反全球化与全球化、国家至上与多元共生等的对立与抗争,都是客观存在。自特朗普上台后,美国坚持单边主义、反全球化、"美国优先"政策,肆虐全球,患害各国发展安全性、稳定性。如何提升相互依赖日益增强条件下的合作理性,依然是有待继续努力的重要领域。

第四阶段,随着各民族的各方面相互依赖而逐渐生成的命脉相连性,在新的时代正在开启。随着世界市场的拓展、形成和发展,到"两极格局"解体,全球性相互依赖已经初具规模,它的物质基础是国际分工的深度发展。国际分工所带来的全球资源配置的最优化和成本最低化,已渐进极致状态,各国都成了不同类型"产业链""供应链""价值链"的成员国,也成了"风险传导链"的成员国。国际分工在各国之间造就的关系不仅"你中有我,我中有你",而且处于"一荣俱荣,一损俱损"的共生状态,在各国之间逐渐生成出日益增多的命脉相连性和成为命运共同体之时,迫切需要命运与共理性,既要有共同体的相互责任意识又要有共同体的相互风险意识,在共同做大利益"蛋糕"的过程中分享更大的利益。当今世界,各种主体之间的命脉相连日益具有多元多样性,小至一个产品,大至一个企业、一个民族、一个国家,都能发现命脉相连的情况。因此,建设人类命运共同体,不是该不该的问题,而是该如何建设的问题。随着命脉相连性的全球延伸、全球增强,人类命运共同体作为人类和合共生存在形式的载体,已经是一种客观存在。我们既实实在在地分享着其带来的诸多实惠，同时又需要应对诸多全球性问题的挑战，我们既正在持久地努力编织全球伙伴关系网络结构体系，又不得不与单边主义、单极化倾向、国家利益至上等反全球化行为不断抗争。由于人类命运共同体作为人类和合共生存在形式的载体的客观实在，人们不得不认识利益、权力的相互性，不得不选择平等合作、互利互惠、和合共赢。

（二）人类对和合共生认识阶段性的特征

1. 阶段的纠缠性

人类对社会和合共生性的认识过程是逐渐递进的，在不同的历史时期显示出各自的阶段性特征，可以分为：重在认识联系性的阶段，重在认识关系性的阶段，重在认识相互依赖性的阶段，而在今天则已进入重在认识命脉相连性的阶段。当然，这些不同阶段不是可以截然分开的，其中不仅有交叉，而且有纠缠、重叠，而交叉、重叠则表明了认识过程不同阶段的相互增益和互补，一个阶段的出现或许经历了以往阶段的长期孕育，是在历史累积中产生的，进入新的阶段后仍不能排斥以往阶段的成果。

2. 对和合共生认识的多重理性没有相互取代要求

与人类对和合共生认识的过程阶段性相适应的是，不同阶段有不同的理性，如在联系性阶段是联系理性，在关系性阶段是关系理性，在相互依赖性阶段是合作理性，而在当代则要倡导命运与共理性。当代的命脉相连性已经渗入国际社会生活的方方面面，甚至渗透到个人生活的方方面面。认识当代多元共生世界不仅需要深化对联系理性、关系理性、合作理性的认识，而且随着命脉相连性日益显现，还需要倡导命运与共理性，要推进当代意识与历史意识的融会贯通。

3. 东西方对和合共生性认识过程的“同—异—同”特征

在德国思想家卡尔·雅斯贝尔斯(Karl Theodor Jaspers)所说的“轴心时代”这段时期里，中国、西方、印度、西亚等地区的先贤们尽管不太可能互相往来，却几乎不约而同地思考着类似的问题，诸如宇宙的本源、世界的构成，万物的联系性等等，并为此提供各种各样的答案。回顾历史还可以发现，他们的答案竟是如此地相似。毫无疑问,社会分工产生于人类的联系之中,并拓展了人类的联系。所以柏拉图认为社会分工的发展不仅产生了国家,而且带来了市场经济的孕育和发展。他发现个人需要的多样性、个人能力的片面性、个人能力的差异性,带来了社会分工的形成和发展。而社会分工必然会带来商人的出现、商业的展开,市场的兴起带来商品的流通、货币的流动和高利贷的出现。由此形成的分工与交换关系、市场与货币关系、商业与商人关系都需要国家制订法律来管理。柏拉图因此也给后人留下了一个至今仍然争论不休的话题:到底是应该建设以规则为基础的秩序还是以道德为基础的秩序?如果说"轴心时代"是世界多元文明不约而同、不谋而合地创造"共识"的时代,显示了"轴心"的力量,那么随着"轴心时代"的结束,由于受到多种多样因素的影响,世界进入了几乎没有"共识"的时代。即使是曾经辉煌的古希腊城邦国家,经过伯罗奔尼撒战争后也由盛而衰,欧洲几乎成了罗马帝国的天下。而当罗马帝国衰亡后,欧洲又进入了近千年"黑暗"的中世纪,曾经辉煌于世的"两河流域文明""古印度文明""古埃及文明"也先后不复存在。关系理性的确立过程,对欧洲、西亚、南亚等广大区域而言,意味着更为复杂、更为巨大的地缘关系的变革、历史的变革、经济社会的变革。欧洲先后出现的文艺复兴运动、启蒙运动,尽管显示了具有自己特色的关系理性发展之路,然而直到第二次世界大战为止,在欧洲内部也没有形成"共识"。

六、中国先贤对"和合共生"的思想与实践的贡献

西周末年的史伯第一次发现多元多样性事物之间"和实生物,同则不继"的变化发展规律,在他过世差不多200年后,孔子第一次发现多元多样性事物"和而不同"的存在状态特征。"和而不同"与"和实生物"表达了事物和合共生存在的两类形态:如果说前者表达了不同事物共存、共处、共生的相对稳定和静止状态,那么后者则更倾向于表达事物变化发展的趋势,显示的是相对不稳定和变动的状态。当然,这两种状态难以截然分开,是静中有动、动中有静,是不变中有变、变中有不变,它们具有共时性、统一性,都显示事物处于"致中和"的过程中,包含着由量变到质

变的演进性和否定之否定的过程性。在《周易·系辞下》中有一段关于3 000多年前的“市场”表述，它或许有助于我们理解关于和合共生存在的两种状态。该段话说：“日中为市，致天下之民，聚天下之货，交易而退，各得其所。”这是人类历史上对商品经济、市场经济状态的较早记载，它形象地展示了“天下之民”被吸引到市场上来的背景，其惟妙惟肖的描述使人感受到了具体真实性：中午时分，市场吸引了众多的各地民众，他们不仅带来了各自的生产成果，而且怀揣着各自的需求，相关各方通过物物交换或买卖的交易活动，在“致中和”过程中实现了共生性需求的相互分享，各得其所后才散去。这种共生性需求在市场上的分享过程既是各自价值实现的过程，又是各得其所的过程；既显示了市场上的“和而不同”，又开辟了各人“和实生物”的发展前景；社会的商品经济、市场经济在这种和合共生机制中就如此这般地发展起来了。中国先贤依据“和而不同”与“和实生物”的内在逻辑关系，对“和合共生”机制开展了艰苦的求索。

（一）致力于对人、社会、自然界“和合共生”过程的哲学抽象

人、社会、自然界之间不仅存在显著不同，而且还存在多元多样性矛盾的对立对抗，但是中国先贤认为，“不同”之间不仅有联系而且还能和合共生、“天人合一”，原因何在？从史伯所提出的“和实生物，同则不继”理论命题可以发现，中国先贤认为关键在于客观存在的事实是万物“不同”、具有多元多样性，由此构成了万物变化发展的逻辑起点，对此任何人都没有选择的权利。万物不同、具有多元多样性可能会产生矛盾对立，但是却需要“和”、也能够“和”，即经过和合或者消解矛盾对立，或者除旧布新，“和实”后能够“生物”，出现新变化、产生新事物。因此人们必须摆脱线性思维，不能就矛盾说矛盾、就对立说对立，更不能夸大其词、故弄玄虚，而要研究矛盾对立的转化，研究如何“和实生物”。孔子说万物存在的“和而不同”，其逻辑性与“和实生物”是一样的，不仅逻辑起点是万物不同，具有多元多样性，而且同样是在“和合”中存在的，从而能够显示某种程度的稳定性、相对静止状态。没有和合的努力就没有事物存在的稳定性、可持续性。“和合共生”逻辑关键在于：一是诸多“不同”事物，即使相互之间存在矛盾对立，也存在“和合共生”性；二是诸多“不同”

事物之间的共生性不仅源于需要，而且能够经历“和合”的努力达到“和合共生”状态。据此，中国先贤为我们提供的“和合”路径是：一是“不同”事物的配置都要恰当。包括首先要承认“不同”，承认多元多样性，相互尊重各自的主体性。二是努力使“不同”事物之间能够相互契合、耦合、融合、会通、匹配、合拍，犹如木匠处理榫卯结构那样尽心尽力尽责。三是“不同”事物之间的“和合”不是轻而易举达成的，需要“刚柔并济”。四是“不同”事物之间相互和合、交合、契合、匹配都有度的要求，这就是先贤说的“和必中节”，亦即要求“和合”要有度的规定，正是度的规定性构成了“和合”是否恰当的依据。“和合共生”概念由此而来。3 000 多年前的中国甲骨文中就有“和”字，表明中国当时就关注“和”的功能与价值。自那时以来，中国古代赋予“和”丰富的内涵，并与其他字组合构成各种名词，例如和谐、和平、中和、和合、和解、和缓、平和这些词汇，从不同角度显示“和”在和合共生存在形式中的价值，展示相对稳定的不同和合共生存在状态。

(二) 致力于“贵和尚中”的和合共生认同机制的发现

什么是“认同”？认同社会的多元多样性还是认同所谓的社会“终极性”？中国古代先贤似乎也讲究“认同”，不过不是讲某个具体标的物，而是以“贵和尚中”“允执厥中”为核心的和合共生认同机制，认同的是万物的多元多样性，强调的是多元多样性之间相互关系的标准要统一到“贵和尚中”。“贵和尚中”与“允执厥中”的意思相似，都相信“中”是万事万物相处的根本。

中国先贤认为万物能够“和而不同”地和合共生存在，在“和实生物”中变化发展，靠的是“贵和尚中”的和合共生认同机制。客观地说，和合共生的万事万物在共存、共处的过程中不是固定不变的。虽然万物不同，在发展演变中还会出现不充分、不平衡的状况，甚至会产生矛盾和对立，然而物与物之间不仅需要“和”，而且能够“和”，因此形成了贵和尚中的和合共生认同机制，以便辨别方向、把握力度。万物在和合共生过程中，既有“无形之手”的推动，类似亚当・斯密所言的“市场调节”，也有人的主观能动性“有形之手”的作用，类似凯恩斯的“政府宏观调控经济”，都需要“贵和尚中”的和合共生认同机制发挥作用。万事万物的存在和发展都存在两种发展趋势:一种是出现、形成矛盾对立对抗的趋势;另一种是出现、形成和平、和合、和谐的发展趋势。“贵和尚中”的和合共生认同机制,就是要为这两种发展趋势找到统一的可能性,由于这种机制的客观存在,使可能性能够转化为必然性。在现实主义框架下,强调“强权有理”“霸权有理”“国家利益最大化”“国家权力最大化”“丛林法则”是天经地义的,但是国际社会发展一定会否定这种国际关系思维与发展趋势。国际社会发展谁在把舵?谁来纠正?就是“贵和尚中”的和合共生认同机制。当然,社会一定会因此付出代价,历史也会显示自己的曲折性,但是“贵和尚中”的和合共生认同机制,一定会变成一种社会力量,为正确发展选择方向。

(三)致力于“和实生物”的和合共生变化发展趋势探究

人与自然是在和合共生中变化发展的。中国古代一直关注世上万物生生不息的原因解读,相信这是不同事物之间“和实”的结果。史伯当年得出这些结论:一是相同事物是不可能带来事物发展变化的,不具有生生不息的可持续性,用史伯的话是“同则不继”;二是事物的多元多样性会带来矛盾,却也提供了变化发展多元多样性的逻辑原初性;三是事物在比较中发现的差异又使发展成为可能。事物之间即使有矛盾,也不难发现有契合、匹配、协调、和合的途径。中国古代将“致中和”视为“天下之大本”“天下之大道”,认为只有“致中和”才能正天地、育万物,实现“天地位焉,万物育焉”。

(四)致力于不同事物之间交感联系互动的和合共生变化机制的研究

中国古代认为不同事物之间趋“中”致“和”的过程是由不同事物之间交感联系互动的机制来促进、推动的,因此不同事物之间交感联系互动的和合共生变化机制成了中国先贤的研究对象,由此产生了阴阳说、五行说,最值得关注的是将所有人、社会、自然界共生状态抽象为“一物两体”交互感应联系的动态关系,为“和而不同”状态的形成、“和实生物”的变化发展趋向的出现提供了逻辑演绎的纽带,将万事万物“一物两体”、交互感应联系的动态关系规范化、条理化,经历了一个持续探索的过程。《周易》用八种自然物（天、地、雷、风、水、火、山、泽）来表达八个卦名（乾、坤、震、巽、坎、离、艮、兑），而且每个卦两两相对组合成六十四卦，每个卦又含六个爻，构成三百八十四爻，用简单的图形和数字表达复杂的社会现象联系互动关系，具有以少示多、以简驭繁、充满变化的特征，显示出了事物复杂多变的运行规律。八卦之象可用来解释卦名爻辞，作出某种推断。例如《泰·象》就是用象释泰，说"天地交而万物通，上下交而其志同也"，其意是说自然界的交感可带来万物通达生长，社会君臣的交感能带来志向相通、天下太平和谐。这种哲学抽象终成《周易》，流传千古，其间经历了漫长求索，足见中国先人对和合共生变化机制孜孜以求的探索精神。

（五）致力于刚柔相济的和合共生结构原理的揭示

中国古代认为是刚柔相济带来了"势"的消长互动性、互补性、互济性趋势。对势的关注、研究、实践是中国自古以来的传统。"天时地利人和"这三者结合与统一所带来的势被历代政治家奉为圭臬。刚柔相济所形成的和合共生性结构原理，中国古代不仅将其用于政治斗争，而且广泛地用于各种建筑设计，如建造圆弧形石拱桥、屋宇庙堂、亭台楼阁之类的榫卯结构建筑。这些建筑尽管不使用任何黏合剂、紧固件，但却创造了无数的世界建筑奇迹。在中国古人看来，刚与柔实际上代表着不同"势"的趋向，不同的"势"既有各自的质与量，又处于不同的变化状态，具有多元多样性含义，诸如屈与伸，强与弱，昼与夜，太阳与月亮，男与女，雄与雌，实与虚，热与寒，勇与怯，都是讲质的不同层面，不同质的层面都是两两相对，显示"势"可能出现的趋向，例如强与弱，既可能由强变弱又可能由弱变强，因此各自还有不同的量度变化。中国古代相信福兮祸所伏、祸兮福所倚，讲的就是祸福之间可能出现的变化趋势。在《易·系辞下》中就说到"刚柔者，昼夜之象也"。对此孔颖达解释说："昼则阳日照临，万物生而坚刚，是昼之象也。夜则阴润浸被，万物皆柔弱，是夜之象。"这就是说刚与柔是两种不同的态势，分别可以在居主导地位时带来相反的趋势。"刚柔相济"就是阴阳交互感应联系互动、相互推挤，由此带来"势"的各种消涨趋向，事物的变化也就在此过程中发生。中国古代在对阴阳交互感应、联系互动的和合共生变化机制的研究中，发现了刚柔相济的和合共生结构性原理，不仅用于社会、政治实践，而且用于社会建设的广泛实践，是古代社会科学和合共生研究的卓越成果。

（六）致力于“自强不息”与“厚德载物”的和合共生辩证关系的发掘

事物的和合共生性结构是依靠刚柔相济来强本固基的。问题是刚柔相济，甚至是以柔克刚，各自的能量从何而来？中国古代认为均来自行为体各自自强不息与厚德载物的辩证关系和合力比较优势消长，这决定事物的和合共生性结构是否稳固、是否会发生转化。“自强不息”取自《周易》中的“天行健，君子以自强不息”，其意是说人应该如天那样刚健不已，与“刚柔相济”的“刚”具有相通性、同理性，亦即唯有日益刚健才能不断增大刚柔相济中“刚”的分量。一个民族，一个国家，要有自立于世界民族之林的能力，首先得靠自强不息，否则不仅没有人会大发慈悲来帮助，而且还会有人拆台、搞破坏，以阻止你自强不息的努力、削弱你在世界民族之林中的地位和发挥作用。“厚德载物”取自《周易》中的“地势坤，君子以厚德载物”，其意是说人应该如大地那样具有宽广胸怀，包容人类社会的多元多样性，让他者有各尽其能、各得其所的机会和空间。如佛学所倡导的要“中道圆融”，凝聚善良的力量、共创和平发展环境。中共十九大报告中的一些表述，亦反映了这种思想：坚持“互相尊重主权和领土完整、互不侵犯、互不干涉内政、平等互利、和平共处”五项原则；共创相互尊重、公平正义、合作共赢的新型国际关系；发展全球伙伴关系、扩大同各国的利益交汇点，推动经济全球化朝着更加开放、包容、普惠、平衡、共赢的方向发展；坚持尊重世界文明多样性，以文明交流超越文明隔阂，以文明互鉴超越文明冲突，以文明共存超越文明优越。当代国际社会的和合共生、和平发展仅靠善良是远远不够的，根本上要靠“自强不息”与“厚德载物”的结合和统一，尤其要靠自强不息的努力奋斗，从而才能增强刚柔相济的结构性力量。

（七）致力于事物“一物两体”性对立统一、和合共生的研究

中国古代恒久地探索不同事物矛盾生成的原因与处理方式，由此形成的理念，

是世上万事万物均具有“一物两体”性及“一物两体”的联系互动、对立统一性，即使相信“人性本恶”的荀子也不否认“和合共生”的必然性，断言“万物各得其和以生”。老子对万物的“一物两体”性直接用阴阳关系来表达，说“万物负阴抱阳”，不仅肯定了阴阳矛盾对立的普遍性，而且肯定了对立统一、和合共生存在状态的普遍性，相信阴阳作为对立面能够在“负阴抱阳”的联系互动中实现对立统一、和合共生。宋朝思想家张载认为任何事物都是“一物两体”的统一体，其意是说事物如果没有对立面就不可能形成统一体，而如果没有形成统一体，那么对立面也将无法发挥作用，达到相反相成。他说“两在故不测”，意思是由于统一体内存在对立面之间的联系互动，所以其运行变化就神秘莫测，带来多元多样化和合共生世界的“苟日新、日日新、又日新”。中国古代尽管以阴与阳来表达事物的“一物两体”性，但是“一物两体”性对万事万物而言，既具有广泛的多元多样性又具有各自的特殊性；既存在于事物各自的内部又存在于事物外部的纵横之间；既具有矛盾对立性又具有统一性、同一性，因此“致中和”具有普遍适用性、恒久的持续性。如果说中国古代用对立面交感联系互动性告诉人们和合共生的本质是“致中和”，那么不论对立面交感互动温柔得如微波荡漾，还是刚柔相济带来如地动山摇的震荡，均应将其视为处于“致中和”的实现过程，因此都需要“贵和尚中”来引领。换句话说，虽然有多种多样引领“和合”过程，且均不应轻视，然而就一般情况而言，在多种多样因素中居于首位的是“贵和尚中”“致中和”理念。由此构成的逻辑是，万物对立面交感互动所显示的“和合共生”基本价值取向是致中致和，相信只有致中才能致和，只有走在“中正之道”上，坚持“公允厥中”才能致和，才能取得“万物各得其和以生”的成果。对事物“一物两体”性的对立统一、和合共生的研究从根本上回答了“和而不同”条件下如何共存、共处又能和合共生的问题。

（八）致力于“穷变通久”的和合共生修复机制的研究

为什么要全球治理？为什么不使用“解决问题”这个说法？根本原因是国家、全球都是一个体系，解决某个问题都与整个体系关联着，会给众多的子体系以及体系内的方方面面带来影响，因此不仅有“治”的任务，还有大量“理顺关系”“补短板”

"填空白""立规矩"的工作要做，是"破"与"立"的统一结合的过程。无论是治理国家还是治理全球，都必须要有整体观、系统观、辩证观，以便统筹全局、协调四方、辩证施策，而不能只顾"头痛医头，脚痛医脚"。从历史经验教训来看，"允执厥中"的治国理政秘诀在中国历代当政者中几乎很少有人不知道，但是国家往往经过若干年便会发生危机，甚至出现改朝换代、江山易帜的情况，这又是何原因？自从世界历史进入近代以来，市场经济的全球拓展高歌猛进，殖民主义的全球蔓延大潮席卷。而位于欧洲大陆之外的岛国英国将自己的势力伸展到世界各地，建立起"日不落"的殖民帝国，创造了维多利亚时代的辉煌。但是到 19 世纪中期，大英帝国便进入了危机频发、日趋恶化的时期。到 19 世纪末，甚至几乎所有欧美列强都进入了危机频发时期。危机的世界性转化成战争的世界性，终于使人类遭受了两次世界大战的浩劫。原因何在？中国先贤早就注意到了危机的形成与处理问题，逐渐形成了创造"穷变通久"的和合共生修复机制的思路，它也构成了和合共生理念的重要组成部分。"穷"，意为到了极点、进入危机状态；"变"，意为变革，即通过变革而走出危机；"通"，意为联通、贯通，变革的任务就是要解决"通"。第二次世界大战期间，美国流行着这样一句话，说商品无法在国界之间流通时，"士兵就要跨过去"，主张用对别国的武力征服来解决贸易自由问题。然而，中国先贤在几千年前就提出用变革办法使"不通"变"联通"，实现交而通、变而通。"久"，意为可持续性，经过变革，实现流动性恢复，从危机状态进入可持续发展状态，实现和合共生存在形式的修复，以及和合共生机制的修复。

和衷共济、和合共生是中华民族的历史文化基因，中国先贤为此作出了持久不懈的探索，这种理念契合了世界文明发展的必然趋向，也是当代多元共生世界所需要倡导的精神，具有当代国际社会攻坚克难、解危渡困所需要的一系列基本要素。如今我们将其发扬光大，是中国对当代世界和平发展的重要理论贡献。

注释

1.《习近平在二十国集团工商峰会开幕式上的主旨演讲》，中国政府网，2016 年 9 月 3 日，http://www.gov.cn/xinwen/2016-09/03/content_5105135.htm。

2. 参见胡键：《文明的"两个进程""两极相联""双重使命"——关于马克思、恩格斯资本主义与殖民地关系理论的研究》,《上海师范大学学报》(哲学社会科学版)2015 年第 1 期。

3.《马克思恩格斯选集》(第一卷),人民出版社 1966 年版,第 204 页。

4.《马克思恩格斯选集》(第二卷),第 185 页。

5.《马克思恩格斯选集》(第二卷),第 137 页。

6.《列宁全集》(第二十卷),人民出版社 1963 年版,第 128 页。

7.《关于“中共中央关于全面深化改革若干重大问题的决定”的说明》,《人民日报》2013 年 11 月 9 日,第 1 版。

(原载《国际观察》2019 年第 1 期。)

为什么要倡导共生型国际体系

——与熊李力先生对共生性学说理论批判的商榷

熊李力先生的《共生型国际体系还是竞合型国际体系——兼议亚太国际体系的历史与现实》一文（以下简称“熊文”，见《探索与争鸣》2014 年第 4 期）首先是针对共生型国际体系而言的，而此概念的首先倡导者是苏长和先生，正式见诸文字是在《“共生型”国际体系的可能》一文，并载于《世界经济与政治》2013 年第 9 期。按笔者愚见，对此概念的相关商榷似乎首先应出现在苏文所载杂志上，然而却想不到发生了“南飘”，来到苏先生的家门口，对共生性学说理论提出了一系列责疑。据此，笔者愿为共生性学说理论作点辩护，与熊李力先生展开讨论。

一、在国际体系内个体利益与共同利益、“私道”与“公道”是矛盾对立统一关系

“熊文”断言共生性学说理论“存在重大的理论缺陷，并导致其立论难以成立”。“熊文”为证此说，提出了一系列相关责问，说“无论是以个人为基本单元的国内社会还是以国家为基本单元的国际体系，人与人之间、国家与国家之间能否存在相互区别甚至相互冲突的个体利益？个体利益对国内社会和国际社会是否只有负面影响？各国的个体利益是否只是从属于国际体系的共同利益？相互冲突的个体利益与统一的共同利益能否并存？这种并存会对国际体系产生何种影响？显然只是一味强调国际体系内的共同利益，将无法就上述问题给出令人满意的答案”。“熊文”的这些责问不知缘自何处，至少在“熊文”中找不到一点引文为自己的责问提供佐证，颇有点自说自话、无的放矢，显然这不是学术争论的办法。用自己的主观臆断

而向对方棍打刀劈，不仅无助于学术创新而且不利于学术发展。其实，如果认真读一下自进入21世纪以来由胡守钧先生倡导的有关社会共生性与国际社会共生性的所有研究成果，共生性学说理论正是在辩证地解读诸如此类问题的逻辑演绎过程中显示自身学理的合理性。辩证地解读个体利益与共同利益的关系、辩证地解读“私道”与“公道”的关系是科学的国际关系理论的哲学辩护，是我国坚持和平发展，促进世界各国和平共处、和平共生、和谐共生发展，构建持久和平、共同繁荣和谐世界的立论依据。共生性学说理论研究为此作出的努力具有创新性和实践性。

“熊文”几乎用了三分之一篇幅批判“儒家传统文明对追求个人物质利益的过分压制”，赞美“文艺复兴以降的西方文明更多地注重追求人的个性解放和自由，其中也包括追求个人财富的自由”。对这种批判和赞美，笔者暂不评判自文艺复兴以降欧洲文明发展趋向究竟如何，暂不评判“美国的政治自由制度实现了个人权利与社会公益的协调发展”能否作为肯定的结论，或许涉及更为复杂的问题，然而国际问题学术界都知道欧洲国家自文艺复兴以降给欧洲以外的地区带去的不是让这些地区原居民享受“追求个性解放和自由，其中也包括追求个人财富的自由”，甚至即使作为殖民者来到这些地区的新移民也没有这种感受，例如乘着“五月花”号来到北美大陆的英伦三岛居民就没有这种感受，不得不开展“独立战争”、建立美国。而美国建国后对其他国家同样是己所不欲且施于人。笔者也暂且不论儒家传统文明的是非，因为这同样是一个更为复杂的问题，但是作为中国人都知道主张任何人均应“自强不息”是中国传统文化的基本因子，与“和”文化一起源远流长，构成了天人合一的宇宙观，协和万邦的国际观，和而不同的社会观，人心和善的道德观。而此正是共生性学说理论的文化渊源。

透过历史、现实、理论是非的争议，如何看待人、国家及其他行为体的个体性是人文科学的一个基本问题，因此共生性学说理论认为首先应该肯定：无论是国内社会基本单元的人还是国际体系基本单元的国家均具有独立性、主体性属性，各自均具有寻求自我实现的欲望、均追求各自的利益和权力。个中道理很简单，没有个体的存在，何来共生的现实；没有个体利益的生成，何来共同利益的增长；没有个体的发展，何来社会的进步。人、国家及其他行为体的个体活动构建了国内社会和国际社会，造就了人类历史。马克思主义认为“任何人类历史的第一个前提无疑是由有生命的个人的存在”[1]，认为“历史并不是把人当作达到自己目的的工具来利用的某种特殊的人格。历史不过是追求着自己目的的人的活动而已”[2]。人民群众是历史的创造者，因此马克思主义追求“人的解放”“人类解放”。而当下的“中国梦”首先也是每个中国人追求与实现自己梦想的“中国梦”，依赖每个中国人为实现自己梦想展示自己的聪明才智而勤奋劳动，依赖每个中国人的自强不息，要使每个娃娃都相信“我有一双勤劳的手，样样事情都能做”，可以创造自我、改造世界。因此马克思认为“努力做到使私人关系间应该遵循的那种简单的道德和正义的准则，成为各民族之间的关系中的至高无上的准则[3]。因而当代中国认为世界各国无论大小、贫富、强弱均应一律平等，均应相互尊重；对各自的文明均应相互欣赏、包容互鉴；在国际事务中均应分享公平、公正的权力，承担合理的义务。

共生性学说理论不仅无意否认人的独立性、主体性，无意否认人对物质生活、精神生活自我感觉良好的追求而展开竞争，而且认为国际体系研究同样不能否认国家的独立性、主体性，不能否认国家对利益和权力的追求、对自我发展的追求所带来的竞争。美国、日本等西方国家不应该因中国和平崛起而不舒服，不应该因中国增强自我防卫能力而视其为对自己的威胁，更不应该遏制中国和平发展，不断地在中国家门口挑衅闹事。共生性学说理论认为国际社会倡导相互尊重就是倡导对人、国家及其他行为体的独立性、主体性的相互尊重，从根本上而言是对历史的尊重。如果在竞争、对抗冲突中恣意否定人、国家的独立性、主体性，恣意否定他者发展的权利、安全的权利，那么必然要被历史否定。第二次世界大战前，欧美国家由于广大人民的独立性、主体性的“社会公益性”无法得到保障，个人物质利益没有保障，因而国内革命浪潮风起云涌，这是历史事实。以殖民主义为特征的寄生型国际体系遭到历史否定也是由于宗主国否定殖民地的民族与国家的独立性、主体性，否定“社会公益性”，这也是历史事实。至今依然存在的以强权政治、霸权统治为特征的霸权型国际体系根本不尊重甚至否认其他国家的独立性、主体性，否认“社会公益”性，终将被历史所否认也应该没有疑问。

但是，共生性学说理论在肯定人、国家及其他行为体均具有独立性、主体性属性的同时又强调他们各自均具有合群性、共生性属性。他们各自均是这双重属性的矛盾对立统一体，构成了共生性逻辑的原初性。他们即使基于完全的利己主义也必然要面对自我的合群性、共生性属性的自我实现，必然要面对与他者如何合群、如何共生，必然要面对如何尊重"社会公益性"的问题，显示了人、国家必须妥善处理与他者的共生关系、优化与他者的共生关系的内生性。人、国家及其他行为体各自的合群性、共生性属性具有外在的必然性，各自的生存与发展首先均取决于各自自我的双重属性如何对立统一、能否对立统一，各自的兴衰、荣辱、成败均系于此。尽管"熊文"关注行为体的个体性，强调个体利益之间的竞争与矛盾冲突，似乎都没有错，但是"熊文"却没有注意到行为体的个体性是自我双重属性的矛盾对立统一性，存在自我的独立性、主体性的自我实现对他者的共生性、依赖性，显示了自我利益、权力追求对他者自我实现成果的共生性、依赖性，必然要在各个方面与他者形成各种各样的共生关系，带来了竞争与合作的统一性的必要性。

"熊文"也似乎并没有明白共生性逻辑原初性首先是就行为体个体的存在形式而言的，因此一看到"共生性"，就马上要问"国家与国家之间能否存在相互区别甚至相互冲突的个体利益"。就行为体个体的存在形式，马克思说："人是最名副其实的社会动物，不仅是一种合群的动物，而且是只有在社会中才能独立的动物。"[4]这就是说人的社会性、共生性就是人的独立性、主体性与合群性、共生性双重属性对立统一的存在性；共生关系是人、国家及其他行为体的存在形式，不以任何意志为转移，都只能在社会共生关系中寻求自我实现。人是在与他者的关系中认识自我的，人的社会认同就是对社会共生关系的认同。因此，人、国家及其他行为体为了寻求自我实现、追求各自的利益和权力，尽管相互之间存在竞争与矛盾冲突，但是既要面对与他者的合群性，共生性如何实现矛盾对立统一，又要反思自我的双重属性如何实现矛盾对立统一，犹如两个"太极图"都需要相反相成，实现"公"与"私"的对立统一。就共生作为人、国家的存在形式而言，共生不是否认共生关系中存在矛盾、竞争，甚至存在对抗、冲突，及国家之间会发生战争，但是却告诉人们即使存在这些事实也依然不能否认共生性，即使人类社会发生了两次世界大战血流成河、尸横遍野的惨烈状况，人们依然不得不考虑如何共生，所以必须唤起人类的理性，对自己的行为作出理性选择。就此而言，人类社会的共生性不是人类理想的追求而是社会现实的规定性。中国传统观念承认这种规定性，因此认为世界是“和而不同”，主张人在“自强不息”的同时要“吾日三省吾身”，要“前半夜想想自己、后半夜想想别人”，要善于“换位思考”，主张“己所不欲，勿施于人”，强调人既要自己“自强不息”又要对他者“厚德载物”，诸如此类的观念都是要促使人们适应必然要面对的自我与他者的两个“矛盾对立统一”的理性选择需要。

共生性学说理论没有否认个体利益和权力，但是却告诉人们个体利益、权力的寻求与实现离不开共生关系，离不开他者自我实现的发展与安全，即自己要好必须使他者也能好，自己好与他者好存在共同利益，都面临如何选择公与私关系的挑战，谁要否认这个事实，无异于要肯定人可以拉着自己头发离开地球。既然共生性、共生关系是人、国家及其他行为体的存在形式，世界上就不存在不含有共同利益的个体利益，也不存在可以绝对孤立的个体利益，如果要寻求绝对孤立的个体利益，只会最终导致个体利益的丧失。共同利益存在于个体利益之中，各个个体利益是以共同利益相联结的，各自的自我实现只能发生于共生关系的联结之中，这就是他们相互关系的逻辑。所以为了实现个体利益，人们就不得不努力发现与承认相互之间存在利益、权力的交汇点、汇合点，不得不努力发现与承认在各自的个体利益之间存在共同利益。就共生关系原初性而言是相关各方各自的合群性、共生性交汇连结起来的，之所以会发生交汇连结不是因为权力、利益的相互一致性，而是因为各自的利益、权力的自我实现存在共生性、相互依赖性，存在共同利益或互补利益，或者说存在合作的好处。就此而言，对任何个体而言，个体利益与共同利益之间是有相辅相成性、相反相成性，具有兼容性，至少在理论上不存在“熊文”所说的究竟谁从属谁、能否并存的疑虑。

共生关系的相关各方具有追求不同利益、权力的欲望，这是客观事实，然而存在共同利益也是客观事实，这种事实被恩格斯称为“共同协作的好处”，是人们在实践中不断得到发现和深化认识的。他说“劳动创造了人本身”，接下去他又说“劳动的发展必然促使成员更紧密地互相结合起来，因而互相帮助和共同协作的场合多了，并且使每个人都清楚地意识到这种共同协作的好处”。[5]马克思恩格斯都认为人是有意识的，人由于“意识到必须和周围的人们交往，也就意识到人一般地是生活在社会中的”[6]。这就是说人们在劳动的过程中、在生产分工发展过程中、在对资源的相互依赖过程中以及对人的后代繁衍延续期待的过程中，不断地发现和认识共同利益的存在，促使人们互相结合成各种各样共生关系，结合成各种各样利益共同体、责任共同体、命运共同体，形成“社会结合的各种形式”，构建起社会，在构建国内社会的基础上构建了国际社会，产生各种社会文化观念，孕育起各种社会文明，显示了历史发展的过程性。

欧洲文明发展同样表明了文明、观念演进的历史过程性。如果说16世纪开始的文艺复兴运动的历史功勋是重塑了人的尊严，那么从18世纪中期开始的启蒙运动则是倡导平等、公平、正义，显示了从认识人的个体性到认识人的共生性的思维理性发展进程。如果说强调个人的人权、个性解放与自由必须以对人的相互尊重为前提，那么倡导平等、公平、正义则在人的社会共生性层面上直接表达了人与人必须相互尊重的理性要求。因此就启蒙运动的观念演进所实现的高度来看，中西观念追求具有相似性、相通性，不存在孰优孰劣的重大区别。如果说从文艺复兴强调个体性到启蒙运动强调共生性的理性要求的观念演进过程长达两个半世纪，那么观念文明要转化为政治文明、社会文明，甚至要转化为国际社会文明之路漫漫兮的演进过程也便可想而知。看一下殖民主义存在的历史，霸权主义存在的事实，以及当下一些国家任意地“狼群”式围劫某个国家，“虐囚”般地对付不服从统治、支配的某个国家的现实，足见“文明观念”与野蛮现实之间的巨大差异。

尽管观念与现实之间存在差异，观念的文明转化为现实的文明存在历史演进的过程性，但是共生关系作为人类社会存在形式依然走着自己必然之路。共生关系的逻辑原初性是以具有不同利益的相关各方默然、认可、接受共同利益存在性为前提的。由于共同利益既存在于个体利益之中又存在于共生关系之间，因此共生关系能使具有不同利益的相关各方在相互依赖的共同利益基础上既可以寻求各自不同利益，又可以给相关各方带来新的共同利益，并使共生关系有可能持续延伸和发展。马克思认为“社会关系含义是指许多个人合作，至于这种合作是在什么条件下、用什么方式和为了什么目的进行的，则是无关紧要的”[7]。人们在合作中构成的共生关系基本逻辑延伸既造就了分散于世界各地的人类的命运共同体，又历史地造就了当代世界人类命运共同体。共生性学说理论不仅不否认个体利益而且认为为了个体利益的扩张与竞争必须善于发现与他者的共同利益，必须包容他者个体利益的扩张。如果说就为了自我个体利益而言是“私道”，那么承认与尊重与他者的共同利益、尊重他者具有个体利益发展的机会和空间既是“公道”，又是为实现“私道”创造条件、提供空间，因此即便是为了“私道”也必须实现与“公道”的矛盾对立统一，避免恶性竞争，对抗冲突需要寻求妥协，要和平不要战争，要共同发展不要使其他国家落后，要共同富裕不要使其他国家贫困，根本上都源自这种对立统一性的规范性，否则共生关系不可能有持续性。“私道”与“公道”不是谁从属谁的关系而是矛盾对立统一关系，是由人的独立性、主体性与合群性、共生性双重属性矛盾对立统一性派生出来的。当然，由于人的合群性、共生性是多侧面的，因此带来了人与人之间多种多样共生关系，而多种多样共生关系各自均存在“私道”与“公道”的矛盾对立统一性，其中某方面的共生关系不能实现矛盾对立统一，不等于其他方面共生关系也发生同样的困境。冷战期间美苏严重冲突对抗，但是核武器的毁灭性使双方都不敢迎头相撞，尽管美苏共生关系极端脆弱，然而依然能维持，相互之间依然能保持交流沟通。而奴隶主否认与奴隶存在共同利益、否认奴隶有自我发展的机会与空间，陷入全面的、多重性共生困境，所以奴隶制度死亡了。同样原因，殖民主义也被历史所终结。同样道理，霸权型国际体系不可能具有稳定性和可持续性。就当代亚太地区发展而言，“熊文”说“倘若完全忽视亚太地区各国的共同利益以及与之相关的共同观念认同，也将滑入另一个极端的误区”。对此笔者赞同，但是要强调这不是假设性的“倘若”，而是事实。而这种误区也必将被亚太地区发展的历史所否定。

二、国际体系的内在本质属性是共生性

“熊文”说“‘共生性’学说的既有解读强调国家主权原则是国际体系共生性得

以实现的基本条件。然而，国家主权原则恰恰反映了对各国个体利益的高度尊重与保障”。这前后两句话按笔者愚见都没有错，并不矛盾，但是“然而”这两个字却将它们对立起来，似乎共生性国际体系是以否定国家主权原则为前提。这种“既生瑜何生亮”的判断根本不符合当今世界和平发展对“公道”与“私道”、个体利益与共同利益两者之间的辩证统一需要，而共生性学说理论关注点却旨在科学解读这种辩证关系。

我们知道，以 1648 年《威斯特伐利亚和约》为标志而建立的国际体系，自被确认以来尽管一直以寄生型、霸权型为特征，似乎人人都只是为自己，而且事实上国家之间的竞争与合作并未能为国际体系带来“熊文”所说的持久和平与稳定，但是必须承认国际体系内在的本质属性是共生性，这是自“大航海时代”到来后出现的两个历史发展趋向所规定的。其中一个是以经济全球化为驱动力的国家之间相互联系、相互影响、互相依存关系的历史发展趋向所规定的共生关系发展历史趋向，使国家间关系逐渐成为结构性体系，逐渐造就了“你中有我，我中有你”“一荣俱荣，一损俱损”的利益共同体、责任共同体、命运共同体。与此同时发生的另一个历史发展趋向是民族独立、建立与发展民族国家的趋向。这“两大历史发展趋向”亦可以简称为共生性发展趋向与个体性发展趋向，但是必须强调指出后者是存在于前者之中发展的，而前者也只能依赖后者的活动来实现；尽管两者各有自己的价值取向，各有自己的张力但是却具有共生性、需要统一，因而发生两者之间如何矛盾对立统一的问题。如何应对这个问题则显示了“大航海时代”到来后国家间关系出现与以往时代所不同的历史特质性。这种特质性规定了威斯特伐利亚和会所确认的国际体系在本质上具有内在的共生性，不仅提出了合作的需要而且使竞争乃至矛盾对抗冲突甚至战争都必然要受共生性规范。马克思曾经用“世界联系的体系”[8]来表达这种趋向，而列宁则更明确地指出“我们不仅生活在一个国家里，而且生活在许多国家组成的体系”[9]中。显然如果孤立地看待国家间的竞争与合作，那么脱离国际体系内在的本质上的共生性是不可避免的。尽管国家之间确实存在竞争与合作关系，但是认识这种关系不能脱离国际体系的体系性、共生性大背景。

尽管从现象上看，在为结束欧洲“三十年战争”而召开的威斯特伐利亚和会上，相关国家不堪承受战争苦难才不得不采纳格劳秀斯的国家主权原则、放弃霍布斯自然状态理念，但这恰恰表明了格劳秀斯的主张既符合各自维护国家主权的利益又表达了相互需要和平共处的共同利益。从理论上看，一是表明了共同利益存在于个体利益之中，而个体利益必然受到共同利益规范，两者具有兼容性；二是国家个体利益之间是有边界、有底线的，而边界、底线是由国家本质属性国家主权原则来界定的，既符合双方共同利益又不妨碍个体利益的追求；三是这些规范性能由于相关各方的认可得以用和约、条约形式固定下来而变成必须共同尊重的行为规范，又使所有个体的行为获得合法性。自威斯特伐利亚和约签订之日以降，国家间基于共同利益而又必须共同尊重的行为规范日益增多，所有个体行为合法性的依据愈来愈多，成了国家间关系体系性、共生性发展的基本趋势。当代世界国际竞争与合作逐渐变得有序性同样是这种趋势发展的结果。就此而言，威斯特伐利亚和约的历史意义不仅在于为国际体系确认了国家主权原则，而且在客观上为国家发展、国际关系发展，面对共生性与个体性两个历史发展趋向，如何寻求两者辩证统一提供了既能和平共处又能和平共生的利益交汇点、汇合点的经典范例，开了历史先河。

自“大航海时代”到来直至今日，国家发展、国际关系发展一直面临着共生性与个体性两大历史发展趋向在共生性国际体系中如何辩证统一的挑战，如何寻求适应性的挑战，不仅殖民主义、霸权主义、国家间冲突对抗面临这种挑战，而且国家间竞争与合作也面临这种挑战。“熊文”说“由人的个体属性推断国内社会竞争性，进而由国内社会的竞争性推断国际体系的竞争性”。这似乎也有道理，但是在理论上存在两个问题：第一，必须明白人的主体性与人的社会性是不能分割的，不是如同西瓜可任意地切成两半，而且一半可以今天吃，一半可以明天吃，甚至可以任意扔掉。世界上既不存在只具有主体性属性的人也不存在只具有社会属性的人。第二，按“熊文”的这种推理无法解读竞争的相关问题。人们都知道竞争必须有“度”、必须有序，能否把握好“度”、如何建立有序性是理性竞争与野蛮竞争的重要区别。那么“度”的规定性从何而来？谁来规定有序性？按“熊文”说法在国内社会是由一定的道德、法律来界定，在国际体系是由一定的国际法来界定。请问一定的道德、法律又源自何处？凭什么具有拘束力？“熊文”说国家主权原则“是竞合型国际体系持久和平与稳定的基本保障”。请问是什么因素而能“是”？尽管国际体系中所有行为体的自我实现需要国家主权原则、需要相互之间的合作，但是单凭存在于主观意志当中的所谓行为体主体性属性不仅不可能自动生成对他国国家主权原则的尊重、无法实现基于道德与法律的合作，而且竞争不可能自动生成相关各方可承受的“度”与有序性，只会使竞争陷入野蛮竞争，甚至冲突对抗与战争，这就是霍布斯“自然状态论”逻辑的必然恶果。当霍布斯还活着时的威斯特伐利亚和会都没有人秉承他的主张，可见由此带来的恶果是人们无法接受的。尽管威斯特伐利亚和会召开的当年，人们并未意识到自己确认国家主权原则所作选择在根本上是由自“大航海时代”到来后出现的两大“历史发展趋向”之间的矛盾对立统一性所规范的，是由所有行为体之间的共生性所规范的，但是客观上却表明基于由国家主权原则界定的道德与国际法的合作、理性的国际竞争能够适应所有行为体在国际体系中共生性存在的需要。当然，自威斯特伐利亚和会以后人们认识这种规范性依然经历了并且正在经历痛苦的过程，为此曾经付出并且至今依然在付出巨大的代价，包括为否认殖民主义、霸权主义所付出的代价，但是不得不接受国际体系内在的本质上的共生性的规范性是必然的取向；尽管共生犹如“蜀道难，难于上青天”，但是没有回头路；犹如黄河之水九道湾，但是终要奔腾向海洋。如果说 1618—1648 年的欧洲“三十年战争”的灾难迫使相关国家不得不接受国家主权原则以适应共生的需要而寻求和平共处，开启了威斯特伐利亚体系，那么经历两次世界大战血的洗礼、“三十年代大危机”的劫难、“战争与革命时代”的挑战，包括殖民主义的终结和核武器的出现，人们对基于“和平共处五项原则”的道德与国际法拘束的态度不得不更加认真，不得不在不同程度上约束自己，以减少野蛮竞争、对抗冲突给自己带来的伤害。曾经发动两次世界大战的德国在二战后也终于明白自我个体属性与自我社会属性必须辩证统一，不得不接受“欧洲的德国”发展观，为自己开辟和平发展道路。

三、国际体系内在的本质上的共生性外化为共生型国际体系具有必然性

当今世界，“随着世界多极化、经济全球化、信息化不断发展，各国利益交融、兴衰相伴、安危与共，形成了你中有我、我中有你的命运共同体”[10]。这个事实不管人们承认与否，都表明自威斯特伐利亚和会确认国际体系以来，国际体系正在发生根本性的转型，其内在的本质上的共生性在经历外化的历史曲折过程以后，正在演进为共生型国际体系，显示了自“大航海时代”到来后出现的以经济全球化为驱动力的共生性全球体系发展历史趋向与建立和建设民族国家的发展历史趋向之间的辩证统一性，体现了国际体系的历史演进、变革具有内在的必然性。这种必然性表明：

第一，曾经在历史上由一个或数个强权大国主导国际体系的局面，由于多极化趋向的发展而走向终结具有不可避免性，取而代之的将是共商、共治的国际体系。21 世纪是发达经济体、新兴经济体在世界各地群星灿烂、争奇斗艳、众擎易举的世纪，尽管相互之间存在矛盾、竞争，但与历史上曾经出现过的多极化根本区别在于，当代世界多极化是在以经济全球化为驱动力的共生性全球体系发展历史趋向中成长起来的，至今各国之间不仅具有“你中有我，我中有你”的利益交融，而且兴衰相依、安危与共，亦即是说当代世界的多极化相互之间具有共生性、体系性，这不仅是一种存在形式，而且具有理性逻辑选择的行为规范性。尽管至今一些强权大国对与其他发达经济体、新兴经济体在国际体系中实现共商、共治还不习惯，美国奥巴马总统甚至说美国至少还要领导世界一百年，显示了美国对第二次世界大战后习惯于当老大的留恋，但是当代世界多极化的共生性、体系性内在的理性逻辑选择的价值规范性，终将使强权大国不得不适应共商、共治的需要。

第二，曾经在历史上存在并至今依然存在的国际体系内结盟分裂、对抗冲突的局面，由于世界多极化、经济全球化、信息化不断发展而走向终结具有不可避免性，取而代之的将是和平、合作、互利、共赢的国际体系。人类社会的共生关系是由于

人们发现合作、协作的好处而发展起来的，由于相互之间存在共同利益而结合起来的，当然也由于利益的不一致而带来对抗冲突，使共生关系中不仅存在合作而且存在对抗冲突，即使竞争也是恶性竞争，根本特点是无序性。在人类社会发展的相当长的历史时期里，确实存在对抗冲突中胜者可以全得或者多得的事实，也存在碰得头破血流、一无所得的事实，但相关各方依然致力于对抗冲突而乐此不疲。尽管有数千上万年的文明发展史的中国早就悟出了“国虽大，好战必亡”的道理，然而至今确实有相当多国家似乎依然有点“初生牛犊不怕虎”，依然对用“榔头”敲打别人恋恋不舍。但是以经济全球化为驱动力的共生性全球体系发展历史趋向所已经形成的“你中有我，我中有你”的命运共同体的发展取向，使依赖结盟分裂、对抗冲突来实现胜者全得已变得不可能，即使要胜者多得也困难，因此具有不可持续性。这就是说共生性全球体系发展历史趋向不仅是一个存在形式，而且具有使行为体理性逻辑选择的价值导向性。这种价值导向性终将迫使强权大国不得不放弃恣意用“榔头”敲打别人的坏习惯。

第三，历史上曾经有大国依赖在国际体系中的主导地位使国际体系变成“朝贡体系”的局面，当今由于世界多极化发展而走向终结也具有不可避免性，取而代之的将是共商、共建、共享的国际体系。自从“大航海时代”到来后，欧洲列强分别在世界各地建立殖民地和势力范围，不仅瓜分了世界而且在殖民地、势力范围建立“朝贡体系”，以恣意地掠夺殖民地、势力范围上的资源为己任。凭借这种“朝贡体系”，英国创造了“维多利亚时代”的辉煌。这种“朝贡体系”不仅殖民地、势力范围上的原居民不满意，即使作为殖民者来到这些地区和国家的新移民也不满意，所以最终被历史所否定了。第二次世界大战后，美国凭借其在国际体系中的霸权地位同样使国际体系存在“朝贡体系”的制度建构。尽管美国至今对势力范围依然情有独钟，其所依赖的不再是殖民地而是美元对世界的支配地位，使美元无论升值或贬值都可以使全世界财富源源不断地流入美国国库。美国所构建的“朝贡体系”除了依然要维持美元对世界的支配地位，还创造了互联网这个工具，为大量的知识产权流入美国、安全信息流入美国提供了史无前例的通道。但是这种以掠夺占有为目标的“朝贡体系”制度的建构，在以经济全球化为驱动力的共生性全球体系发展为主导的世界多极化发展面前，同样具有不可持续性。尽管当代世界多极化发展依然要经历曲折复杂的历史过程，但是这个历史过程不仅是一种存在形式，而且对国际体系的制度建构会不断提供创意的引领性，迫使人们不得不接受更为公平合理的公共产品。复旦大学国际关系与公共事务学院发布的 2014 年全球治理报告主张，用“增量改进”来解决全球治理体系的改进与升级问题，或许是重要的理性选择。

综上所述，国际体系内在的本质上的共生性外化为共生型国际体系具有必然性，是因为当代国际关系本质上是共生关系，而共生关系对任何国家都具有行为的规范性、价值的导向性以及对制度建构提供创意的引领性。因此倡导共生型国际体系是适应国际体系历史性变革的需要，倡导“私道”与“公道”必须辩证统一是基于这个趋向的规范性。相互尊重国家主权原则的必要性，行为体的国际竞争和合作必须受“和平共处五项原则”所界定的道德与国际法的拘束，中国与世界各国都必须走和平发展道路都是基于这个趋向的规范性。共生型国际体系建构的这种规范性是在尊重个体利益基础上寻求个体利益与共同利益的统一性，寻求“私道”与“公道”的统一性，不仅规范国家行为而且规范国际关系，推动世界和平发展。当今世界的霸权大国、强权国家至今还不肯自愿接受这种规范性，或者是因为这种规范性力量还没有达到足够强大，或者是因为背离这种规范性所带来的伤痛还未达到无法承受的程度。但是自“大航海时代”到来后出现的“两大历史发展趋向”的不可阻挡性及其相互之间统一性的要求，终将改变霸权大国、强权国家的选择，终结国际体系现存的霸权型特征。因此从根本上而言，构建共生型国际体系是适应国际体系内在的本质上的共生性具有外在必然性的历史趋向，是实现国际体系自威斯特伐利亚和会开创以来不断变革的历史追求，不仅具有现实性、实践性而且具有前瞻性。“竞合型国际体系”的说法尽管具有某种程度的现实性，但是既没有合理的社会实践意义，也没有前瞻性。

注释

1.《马克思恩格斯全集》第 3 卷，人民出版社 1960 年版，第 23 页。

2.《马克思恩格斯全集》第2卷,人民出版社1957年版,第118—119页。

3.《马克思恩格斯选集》第二卷,人民出版社1972年版,第244页。

4. 同上书,第199页。

5.《马克思恩格斯全集》第3卷,第554页。

6.《马克思恩格斯选集》第一卷,人民出版社1972年版,第34页。

7.《马克思恩格斯全集》第3卷,第32页。

8.《马克思恩格斯选集》第二卷,第137页。

9.《列宁全集》第29卷,人民出版社1956年版,第128页。

10.《习近平在"中国国际友好大会"暨中国人民对外友好协会成立60周年纪念活动上的讲话》,新华社2014年5月15日电。

(原载《社会科学》2014年第9期。)

社会和合共生研究

生物“共生”相对地具有直观性、简约性。人们比较容易从认识生物“共生”论的路径来理解认识社会“共生”，结果往往会碰壁，感觉似乎说不通。

社会共生与生物共生有相似之处，也有根本性区别：一是人有意识，二是人有主观能动性。用社会和合共生论来研究和诠释社会和合共生现象，即便是类似俄乌冲突这类国际现象也不难解释。俄乌冲突不仅符合万物共生原理而且只有通过和合共生才能解决。从学理上说，万物之间的矛盾性冲突性源于万物之间的互联性共生性。反言之，万物之间因为存在互联性共生性必然存在矛盾性冲突性，这符合和合共生的相生相克逻辑。乌克兰独立后，叶利钦承认乌克兰的独立性，北约向叶利钦当面保证不会东扩到乌克兰，因此俄乌之间有可能维持在互联共生的同时矛盾冲突不凸显的状态，维持在相生相克的相对均衡状态。乌克兰作为俄罗斯邻国在两国之间存在的互联共生性，是俄罗斯传统的安全边界地带理论的基础。因为乌克兰是俄罗斯邻国，所以北约东扩到乌克兰不仅是对俄罗斯传统安全边界地带理论的挑战，而且是对俄乌之间边界相接所形成的互联共生性的挑战。北约在乌克兰一次次东扩的努力，直接威胁俄罗斯安全，加剧俄乌间矛盾冲突。

中华民族优秀传统文化虽然没有使用过共生概念，但是浙江义乌“桥头文化遗存”证明，对社会和合共生现象已经经历了数千上万年研究，全部智慧结晶的累积成了《易经》文本不断变化的动力；《易经》所凝结的智慧是人类社会如何实现和合共生的智慧。马克思主义著作中虽然没有共生概念，但是凝结着人类社会如何和合共生的智慧。在人类社会和合共生问题上，中华优秀传统文化与马克思主义是相通的。《矛盾论》本质上是研究人类社会和合共生现象的，是马克思主义与中华优秀传统文化相结合的典范。

生物共生性可以用形式逻辑来推论，但社会和合共生性就无法完全能依靠形式逻辑来推论，需要社会学理性逻辑来支撑，以适应社会和合共生的复杂交织的结构性。这个逻辑今天被我们称为和合共生逻辑。中华民族先民在数千年的社会交往联系中发现了社会和合共生学理性逻辑，并且用八卦图文表达出来，表明社会和合共生学理性逻辑是一种世上独一无二的艺术，是中华优秀传统文化自主知识体系的逻辑根据，是中华优秀传统文化主体性的基本标识。当然，今天我们研究社会和合共生未必再拘泥于古人的八卦图文。社会和合共生逻辑是通过相生相克逻辑、相反相成逻辑、相异相合逻辑、相辅相成逻辑……来实现的。中华民族先人能发现社会和合共生复杂交织的结构性，并且用和合共生学理性逻辑表达出来，因此能在社会治理上推动中华民族世代相传、赓续不息。在学理性根本层次上解决了社会如何和合共生的问题，是中华民族先人对人类社会无与伦比的贡献。

欧美人吃饭用刀用叉是一种技术，人人都能学会。中国人吃饭凭三个手指握筷子享受美食是一种艺术，是一种和合共生的艺术。因此不是人人都能掌握这门艺术。许多人确实穷尽一生都学不会。社会和合共生不是一门技术而是一种艺术；既然是一种艺术，在运用上就讲究艺术性，“文武之道，一张一弛”，“刚柔相济，刚柔相宜”……都是讲和合共生之道的艺术性。“自强不息，厚德载物”则是人生自强自立的艺术。……这一切都表明社会和合共生之道是人生在对立冲突中的生存发展之道。由于人们对社会如何和合共生的艺术感悟不一样，因此不仅社会政治有“王道”“霸道”之分，而且社会状态也有“治”“乱”和“兴”“衰”之别。中俄关系发展到今天，一是由美国在逼，迫使俄罗斯不得不发展与中国关系；二是中国灵活运用和合共生艺术，包括有耐心、沉得住气、不急不躁、不卑不亢，善于等待时机、抓住时机，以雄才大略应对斤斤计较。社会和合共生之道是一门艺术；中华民族凭此艺术世世代代安身立命，因此如巍巍昆仑屹立永不倒，如滔滔黄河长江奔腾向前！

对和合共生理念，当今国内学术界果然有多种多样不同意见，然而撇开细节分歧，根本性分歧是中华民族是动态发展的还是一种静态存在？中华民族优秀传统文化有没有和合共生学理性逻辑系统？有没有和合共生学理性逻辑体系？中华优秀传统文化有没有一脉相承性动态因素？如果有，纽带又是什么？这涉及中华优秀传统文化有没有主体性？是以什么为主体的？中华优秀传统文化有没有文化轴心？是以什么为轴心的？在如此根本的问题上，目前整个国内学术界基本上都在“揣着糊涂装明白”！这些根本性问题不立起来，自主性的出发点、起始点就糊涂。主体性是什么不知道，自主性会变成如同墙头草。做学问，在大问题上一定是不立（主体性）不破，小问题上可以不破不立。中外学界、中外学术不要对立，要兼听则明，取长补短，但是这有一个逻辑前提：首先是自己的“大道要立”，自己的主体性要旗帜鲜明。否则何以自立于世界民族之林?！“本立而道生”，首先要知道自己的根在哪里，首先要把自己的本讲明白。

（此文提到了俄乌冲突，推测起来，当是撰于2022年。——编者注）

社会的共生体与共同体

一、社会的共生体与共同体现象

社会的共生体现象与共同体现象是既有区别又有联系的两类社会现象。

中华民族先贤早在长期社会生活中，逐渐发现了“共生体”现象与“共同体”现象的存在。尽管在古代文献中至今还没有发现使用“共生体”与“共同体”概念的情况，但是古代先贤早就着手按照自己的感悟用不同词汇、短语、话语来表达这两类现象的相关含义。例如老子(约公元前 571 年—约公元前 471 年)说“万物负阴而抱阳”，明显是对共生体现象的一种表述，认为万物是阴与阳的共生体。这个判断表明共生体现象具有内在的相互联系有机性，内在地需要选择共生的必然性。这种选择，潜在的逻辑意味着万事万物是将“负阴而抱阳”作为自己的存在形式并开拓变化发展的路径。荀子(公元前 313 年—公元前 238 年)在《荀子·礼运篇》断言“天地合而万物生，阴阳接而变化起”，认为阴阳交汇、和合共生是万事万物生生不息、变化多端的逻辑起点。由此也告诉人们，万事万物均是因交汇连接、互联互通而变化，因“和合”而生生不息、变化多端。这也是人们通常所言“和则两利”“通则不痛”之意。由此而言，中华民族先贤对万事万物的共生体现象认识是一个完整的知识系统，是任何简单的语录汇编难以表达的。

人们都知道中华传统文化中的阴与阳传统上具有双重指向：一是指万事万物内部均含有不断变化消长的阴与阳两个侧面，从而带来万事万物自身的变化发展。北宋思想家张载(1020 年—1077 年)将这种现象抽象为万事万物的“一物两体”性。二是可以泛指相对应的不同万事万物，而相对应的万事万物既可以相反相成又可以相异相合，从而生化出更多事物，这同样符合“一物两体”性逻辑。这种观念显然是与矛盾论、唯物辩证法相通的。此外还有西周末年的史伯说万物“和实生物，同则不继”，孔子说“君子和而不同，小人同而不和”……诸如此类说法都从不同视角表述了世界万事万物的共生性现象，并在逻辑演绎上为人类社会何以能走向共同体提供了逻辑原初性。例如由于男女两性分工的共生性带来了建立家庭的必要性、必然性，并使家庭成了人类社会最小的共生体、最基本的共同体，成了国家与社会的基础。尽管古今家庭的社会地位与作用有很大区别，但是这些基本点并没有改变。“家和万事兴”至今仍是国家与社会不可否认的因素。当然，这也意味着共生体要转化成共同体是有条件的，其中的首要条件是社会相关各方具有良好的和合共生性。社会的相关各方如果“鸡犬之声相闻，老死不相往来”，或者如果所有国家都“自给自足，闭关自守”，或是尔虞我诈、以霸凌对方为己任，那么不仅延续共生性很艰难，要成为共同体更困难。

万事万物中任何个体都会与他者形成多元多样的共生体。而人是群体性的生命体，不可能离群索居，必须与他者形成各种各样的共生性。因此荀子说“人能群”。为此，社会必然会打破人与人之间“鸡犬之声相闻，老死不相往来”的局面而趋向互联互通、相互融合发展的局面，国家之间必然会改变“自给自足、闭关自守”局面而走向相互开放、合作共赢的局面，当然也一定能为强化制约尔虞我诈、以霸凌对方为己任的现象作出持续努力。因此就根本上而言，“人能群”就是在相反相成或者相异相合的刚柔相济、和衷共济中存在、变化发展的。

那么，万事万物的相反相成或者相异相合，在刚柔相济、和衷共济地走向融合发展、开放发展、合作共赢的过程中有没有某种规律？从共生体走向共同体过程中有没有某种规律？夏朝的先贤著《连山》，殷朝的先贤著《归藏》，周公著《周易》，老子著《道德经》，孔子创立儒家学说……都是中华民族先贤一代接着一代研究万事万物相反相成或者相异相合规律的辉煌成果，显示古代先贤一直致力于解释矛盾对立的世界以及人类如何因“负阴而抱阳”实现“和合”状态，如何因“和合共生”而存在，因“和合共生”而发展。中华民族先贤用阴阳相克、相济、相生开展了多层次、多侧面、多维度的解读，为刚柔互存、互用、互济，为和衷共济提供了寻求多元多样性和合共生应对之法，因此形成了寻求社会从共生体走向共同体的变化发展根本之道。

中华民族刚柔相济、和衷共济的“和合共生”文化源远流长。早在4 000多年前的尧舜禹时代，先贤就开始从理念层次上思考世界及人类如何存在、如何发展，试图用阴阳太极解释如何协和社会、“协和万邦”。据《左传》记载，“禹会诸侯于涂山，执玉帛者万国”，足见当年“协和万邦”实绩卓著。或许中华民族先贤早就认为协和社会与“协和万邦”在逻辑演绎结构体系上具有相通性、同理性。因此殷周时期的甲骨文中就有“和”的记载，足见古人对“和合共生”的认同与重视。

从文化史、思想史角度看，文化发展有源与流的区别。水有源，树有根，世界各国文化都有自己的源与根。“和合共生”文化是中华民族文化的源与根，是中华民族文化的原初性基因，中华民族基础性信仰。中华传统文化在漫长的历史岁月中有无穷的变化发展，有丰富多样的创造，但其中有一脉相承性的东西。这种一脉相承性是“和合共生”文化原初性基因的一脉相承性，是中华民族基础性信仰的一脉相承性。

二、社会共同体概念的出现

社会共生体肯定任何个体的生存、变化发展与他者的相互联系性、相互依赖性。这种肯定性首先是就万事万物的存在形态、发展形态而言的，即万物不仅互联而且共生，共生而需要互利合作、共同发展。例如一个水桶能够装多少水，是由构成水桶的木板在何处一样高所规定的。尔虞我诈、胜者全得的结果只会损伤共生的基础条件，降低共生的水准。在共生过程中，固然存在不同方面、不同侧面、不同层次的矛盾甚至冲突，但是在和合共生过程中能走向和谐共生，包括制约野蛮、弘扬文明，鄙视尔虞我诈、崇尚互利共赢。而社会共同体是在社会和合共生性基础上生长起来的，或许依然有矛盾甚至冲突，然而不仅具有和合共生发展趋向的客观性而且不以人的主观意志为转移；如果这种客观性受到人为的伤害破坏，那么不仅会使共同体生长受阻而且同样会使人遭受因共生性伤害破坏所造成后果的惩罚；社会共同体是社会任何个体存在与变化发展的需要，因而具有多元多样存在、变化、矫正、修复机制来维护社会共生性的可持续性。人类社会共同体在生长过程中，虽然有一个从小范围到逐渐放大的范围、从局部到整体逐渐演进的过程，具有割不断、丝相连的韧性，能够代代传承、绵延不断、日益兴旺。中华民族共同体也经历了“多元一体”到“一体多元”的漫长演化过程，是多元多样存在、变化、矫正、修复机制维护了漫长演化过程中共生性的可持续性。当然，许多古老的民族也由于多种多样原因使共生性条件被破坏而消亡了，这些古老民族创造的文明史也相应中断了，至今仍令世人惋惜。犹太民族自公元70年“第二圣殿”被罗马摧毁后被迫流散到世界各地，然而一直恪守对犹太教的信仰，因此使犹太民族持续绵延。在希特勒法西斯主义者疯狂屠杀犹太人时，当时位于波兰的犹太人神学院师生在群体存亡之际逃亡上海、受到上海人民收留。一位犹太教拉比当面告诉笔者：“中国人不仅拯救了一个个犹太人，而且拯救了犹太民族。”

社会共同体是在社会共生体成长的基础上生长发展起来的，是人们为适应共同生活和共同劳动需要而形成某种团体、集体或组织，其中不仅存在某种相互协调、配合、合作的规则的需要而且存在相互默契的机制的需要，因而涌现类似“首领”角色的人物；在历史上出现了以捕捞、狩猎为目标的共同体向以血缘关系为纽带的共同体过渡的原始共同体的变革。而当两性关系摆脱杂交状态，形成以两性共同生活和婚姻关系为特征的家庭关系，随着私人所有制伴随家庭形成而出现，家庭共同体首先便成了社会最原始的生活单位、生产单位及教育单位，因此我们的先人有“养不教，父之过”及“孟母三迁”之说。人类对家庭的选择、私有制起源、阶级产生、国家的出现，都成了社会共同体前进逻辑演绎的不同自然环节。而社会共生体由此也相应地规定了对社会共同体的基础性要求，包括相关各方相互尊重和共同维护共生性，否则同样会因在共同体内部关系的共生性受到伤害而带来诸种麻烦，甚至于使共同体不得不发生变革甚至瓦解。换言之，社会共同体客观上存在两种历史性发展趋向，既可以由于社会共生体发展需要而进一步演化并生成与成长发展为社会共同体，又可以因为作为社会共生体而受到内部相互关系的伤害趋向而变革或解体。检视社会历史发展过程，这两种历史变化发展趋向不仅使社会共生性发展曲折复杂、需要持续不断的磨合、弥合，也使得社会共同体的兴衰存亡屡见不鲜。

自“大航海时代”到来后，由于所有行为个体的生存、变化发展与他者的相互联系性、相互依赖性不同程度地日益升高，于是出现了社会共同体概念日益普遍地被人们所关注并采用的趋向。资本虽然无比贪婪地以攫取利润为目标，带来了无数令人生厌的罪恶，然而资本却只能在社会共生中才能实现。资本的共生性规定了资本的全球扩张、生产分工的全球拓展、生产消费的全球性互相往来与依赖，在取代“自给自足”自然经济的同时不断推进国家间的相互开放，促进经济的、行政的、政治的、军事的……多元多样性集体与组织机构在不同侧面、不同层次上不断涌现，因此需要有特定词汇用来表达具有某种共同特征或某种共同意愿、目标、价值取向的共生性现象；这种具有某种共同特征或某种共同意愿，目标、价值取向的共生性现象，无论其是一个集体还是一个组织，是一个实体还是一种机制，人们都将其称为共同体。这种对共同体认定的特殊性不仅规定了不可以任意地将所有社会共生体都视为共同体，而且规定了应对社会共同体做不同的分类认识。

三、社会共生体与共同体的自然延伸性

社会的共生体与共同体如何区别？相关的知识是在历史演进过程中逐渐累积的。例如随着生产劳动分工的发展，随着“自由人”的出现和壮大，商品交换也就逐渐兴盛起来，市场便首先成了商品实现交换的“共生体”。这个过程在中国古代是被“开阡陌，废井田”所促进的。当然，市场作为商品实现交换的场所，商品持有者在市场上各得其所、和合共生的“共生体”现象，在中华民族古代文献《周易·系辞下》中就有记载，相关文字是“日中为市，致天下之民，聚天下之货，交易而退，各得其所。”然而，我们却无法将这句话理解成市场共同体古已有之。因为当时社会经济基本上是自给自足、自食其力，生产力水平极其低下，仅具极为有限的联系必然性，更不具有联系的有机性。换言之，如果说共生体的相关事物之间需要具有联系性，那么共同体内的相关事物联系则需要具有联系的必然性、有机性、可持续性。

产品之间联系的这种规定性产生于生产劳动过程、生产与消费过程的有机性，是商品生产建构了过程的必然性、有机性。然而在主要是自给自足生产产品的背景下，人们生产的主要是产品而不是商品，产品自享有结余部分才有可能成为商品，这种可能性或许更多地意味着个别性、偶然性。

不仅共生体现象古已有之，而且共同体现象在古代也不少见。春秋战国时期诸侯列国兵戎相见，纷纷采取“合纵连横”之术，各自吸引有共同意愿、目标的国家“歃血为盟”来对付其他国家，由此形成的盟国关系有点类似当代的军事联盟，将其说成是“共同体”似乎不为过。这种现象在古希腊历史上也屡见不鲜。但是认真地说，将这些军事联盟称为“共同体”依然有点勉强。因为相关国家间即使具有某种共生性，依然缺少构成共生有机性、必然性的物质因素。国家间共生的有机联系必然性是由某种物质性因素规定的，只能是生产力、生产关系越出国境发展的自然结果。国家之间联系的必然性、有机性才有可能使共生体自然延伸为共同体。何况，当年的这些军事联盟也是相当脆弱的。

直到第一次世界大战结束后的 20 年代开始，“共同体”才逐渐成为社会学的一个重要概念，并逐渐延伸到人类不同的社会生活领域，“共同体”的定义也变得越来越五花八门。对“共同体”定义的多元多样性从一个侧面反映了社会“共同体”的多元多样性，包括形成原因、构成要素、结构特征、社会功能等要素的多元多样性。尤其是从 20 世纪 50 年代开始，社会共同体纷纷涌现，有经济的、社会的、文化的、政治的、军事的，如雨后春笋般出现在国内、国际的不同层面上，涉及人类社会生活的方方面面。当然，这也并不意味着我们可以否定社会的“共同体”现象在“大航海时代”到来前就出现的事实。例如，家庭、家族、种族、民族、宗教团体、阶级、国家这类社会共同体都是历史上早就存在的，无非是是否被人们用“共同体”概念来表述而已。这就是说从“共同体”实际形成年代来观察至少有两类：一类是历史上形成并经历了长期的历史磨合、历炼，各自具有持久的有机联系性，既有物质的因素又有精神的因素，包括信仰的因素等做纽带的共同体。例如对家庭观念的重视，由此带来的血脉相连性对中华民族、犹太民族的凝聚力具有重大意义。这类共同体或许曾经发生过各种各样的曲折与磨难。例如中华民族在历史上也曾出现过分裂局面，犹太民族曾经有长期离散的历史，这种情况固然容易成为历史虚无主义者攻击的靶子，但是也表明这类共同体存在的可持续性自然地具有即使历史也无法否认的客观性依据，凭历史虚无主义者之力要否定也是徒劳的。中华民族由于守正创新而能在复杂曲折发展中不断前进，作为一个开放性、内旋性体系[1]在和合共生、兼容并蓄中世代传承、未曾中断过。另一类共同体则是在新的历史条件下建构产生的，不仅具有各种人为的因素，而且被赋予新的历史使命，或许在某种程度上具有共生性的自然延伸，然而在许多情况下又并非如此，因此务必对个案具体分析。在当代的历史条件下，这类共同体大量涌现，客观地说是为了适应多元多样的现实需要，即使出现某种泡沫也在所难免。这就是说从"共同体"建构视角来看，同样可以分为两类：一类是在长期历史演进过程中演变而成的共同体。例如部落、民族等的形成。如果说中华民族的形成与传承经历了五千多年的历炼，那么欧洲的许多民族则是世界历史进入近代后，在反抗异族统治的斗争中形成的，而民族主义则是引领这些民族取得胜利的旗帜！当这些被压迫民族获得建立民族国家权利后，这些民族的意识形态自然地升华为爱国主义。相对地，中华民族的意识形态则一直是爱国主义，所以中华民族没有欧洲那类典型的排外主义传统。而另一类是直接由人类活动的某种特殊需要建构起来的。

四、如何认识共生性对任何共同体都安危攸关

直接由人类活动的某种共生的特殊需要建构起来的共同体，其前途和命运均与如何认识自己的共生性息息相关。英国著名社会学家齐格蒙·鲍曼(Zygmunt Bauman，1925—2017年)的专著《共同体——在一个不确定的世界中寻求安全》，讲的似乎就是当代历史条件下涌现的具有某种共生性使命的共同体。他指出尽管共同体实现了安全，但是为了安全又同时剥夺了我们自由；尽管确定性和自由同样珍贵和令人渴望，但是确定性与自由、共同体与个体之间的冲突永远不可能解决。他的这种说法或许有点绝对，但是却直率地道出了对社会共同体具有挑战性的基本问题：即共同体如何获得自己的发展动力？如何凝聚自己的力量？在共同体"确

定性”前提下如何使所有个体都能享受自由？各自拥有自由的个体如何处理相互间关系？如何处理共同体的稳定、目标、使命及面临的环境挑战与个体的需求获得实现之间关系的平衡？如何实现共同体的安全与共同体之外他者的安全之间的平衡？……所有对这些问题的回答均与如何认识自己的共生性相关联。就理性角度而言，共生性是共同体自身存在和发展的基础，共同体成员的全部自由只能是在此基础上的自由，而共同体的发展与使命的实现又需要有其成员的高度自由；共同体成员对共同体既有权利又有义务，需要成员在共同体内权利与义务的相对平衡，各自拥有的权利和义务在成员之间应该有相对的平等。这就是说，共同体内不仅个体的自由要有个度，个体的自我实现相互之间有个度（例如关系底线），而且共同体对其成员的要求或拘束也得有个度。度的规定性不仅是共生性可持续发展的基础，而且还是共同体显示力量成长的源泉。如何处理好共同体内成员相互间关系度的规定性，处理好共同体与他者关系的共生性，都涉及共同体自身存在的合理性、合法性、稳定性问题。因此我们对被视为“共同体”的共生体很难简单地赋予褒扬意义。共同体是否值得褒扬取决于这些基本问题如何处理，在持续的和合共生过程中如何改善。共同体的前途和命运也取决于如何处理共生性和共生关系。今天人们讨论的欧盟的前途和命运，同样只能取决于这一问题的解答。

如果说共生体的含义具有普遍性，是指万事万物依赖相互间的共生来维系自己的存在和发展，是仅就客观存在性而言的，那么共同体或许则更多地显示各自的特殊性、特定性，而且呈现的更多是某些行为体的主观性。例如上述鲍曼所言，构建共同体是为了寻求不确定世界中的安全，而事实上能否寻求到安全则要另当别论。例如英国对欧盟的态度就从未停止过反复计算得失。在欧盟建立时，英国曾一度游离在外，直到发现不加入欧盟对己不利时才加入进去。当欧盟建立欧元货币体系时，英国又拒绝加入这个体系。现在的英国又陷入了是否会出现与欧盟在无任何协议的情况下退出欧盟的困境。英国如此反复无常，一直在为自己的利益盘算。美国对“共同体”的利益不仅精打细算、从未让自己吃亏，而且还有如何控制他国的战略安排。在2017年开始执政的特朗普政府在“美国优先”目标下，对自身利益的追求更是明目张胆、毫不掩饰，为此演出了一场场“退群”闹剧，退出了一个个美国曾经热衷参与的国际组织(机构)。所以对共同体的判断不能一概而论。

“共同体”这个词给人的感觉似乎很美妙,或许还会带来众多遐想,被赋予其多种多样的期待,然而它未必总是能让人们如心顺意。多元多样的共同体,目标、使命并不相同,不同的共同体在社会上也有不同的作用。有的共同体不仅相互间对立,甚至还与社会对立,不断危害社会的稳定与安全,所以必须具体地区别对待。当今美国的特朗普政府也是一个共同体,从2018年初开始在世界到处制造挑衅,诸如对中国、欧洲国家、日本等国的贸易战,对中国的科技战,退出2015年签署的伊朗核问题协议《共同全面行动计划》并对伊朗实施制裁……成了世界不稳定、不安全的最主要因素。德国社会学家斐迪南·滕尼斯(Ferdinand Tonnies)在1887年出版的《共同体与社会》中说,共同体是一种共同的精神意识和价值观念所产生的团体归属与认同。问题是暂且不说“精神意识”“价值观念”是否都一样崇高、文明,即使是被一部分人、一部分实体甚至一部分国家视为归属或认同的共同体,不仅不一定与社会有等同性,而且未必会被另一部分人、另一部分实体、另一部分国家视为自己的归属或者被认同。这种情况或许会被人认为是分裂的社会。在当代国内或国际社会,在还存在阶级区别、利益集团出没的世界里,出现类似如此的分裂是可以理解的,也正因为类似的分裂情况存在,所以要努力寻求“和而不同”、和合共生。

五、人类命运共同体意识是以共生体意识为基础的

(一)什么是人类命运共同体?

人类命运共同体以人类“命运与共”性为纽带,既具有共生性又是共同体,既关乎每个人的祸福安危又牵涉着每个人的心灵。这是当代人类命运共同体的基本特征。这个基本特征超越了当代所有其他共同体的基本涵义,既具有当代世界最基础的现实性又立足于人类道义的制高点,并没有任何道义可以与此比肩;其似乎是虚却是实,似乎无形却有形;似乎玄妙莫测却又“大道至简”。由于当代人类社会已经被“命运与共”相连、已经互联互通,因此人们需要时时刻刻关注世界形势的变

化。而世界形势变化动态也成了当代世界几乎所有传统媒体和新媒体的热门话题，迫使人们追踪世界形势变化动态可能带来的灾难，犹如需要寻觅南美洲亚马逊河流域热带雨林中蝴蝶偶尔扇动几下翅膀，会在什么地方引起一场风暴那样。当然，人们也企图在变化中发现自己的机遇。与人类曾经经历的任何历史时代不同，在当代，人们都要时时、事事想到自己不仅是人类其中的一员，而且与人类需要同呼吸、共命运，需要用人类命运共同体意识来规范自己的自我实现。当今世界总人口日益接近80亿，不仅分布在世界各地，而且各有自己的特殊性和追求，“命运与共”的事实又使人类个体间息息相关，由此带来了人类命运共同体的生长、发展。

（二）人类命运共同体概念首先是就当代人类社会共生性现实而言的

人们都说人的存在和发展是在关系中发生的，因此有了“关系转向”的说法。问题是“关系”从何而来？是人按自己的主观意志建构的吗？马克思主义经典作家认为“任何人类历史的第一个前提无疑是有生命的个人的存在”[2]。人首先要解决吃饭、穿衣、住宿问题，才能创造历史。人要解决这些问题就需要分工共生，没有人可以例外，从古至今都是如此。我们的先人荀子说“人能群”，是因为人在合群、共生中不仅获得了驾驭自然力的力量，获得了凝聚人力资源的可能，而且获得了人与自然和谐共生的可能。我们的先人大禹不仅“协和万邦”而且亲率众人治理水患，走南闯北，最后病故在会稽，奉献了自己的一生，就是其中的一个神圣故事。

伴随私有制的出现和变革带来的阶级出现与阶级关系变革，也都是在共生、共生关系中实现的，共生、共生关系进步的需要推动了阶级关系的变革。奴隶社会解体而被封建社会取代，意味着社会已经无法容纳奴隶主与奴隶的共生性、共生关系。封建社会被资本主义社会取代，是因为社会发展需要有新的共生性、共生关系来取代。人类的共生关系需要有不断演进的理念、文化、制度、道路来完善、变革。欧洲历史上先后出现的文艺复兴运动、启蒙运动，在重塑人的尊严的同时逐渐使人权、自由、民主、平等及公平与正义成为社会的主流观念。如果说个人的人权、民主、自由是以人与人的相互尊重为前提，那么平等、博爱、公平、正义则直接表达了对人的尊严的相互尊重的要求。这类主张从一个侧面表达了商品经济、市场经济发展对新型社会共生关系的自然要求。当然，这些要求在资本主义条件下能否做到是另外一回事，但要求是明确的。既然正是这些明确的要求吸引人民群众为实现这些要求而奋斗，那么这些要求同样会在人民群众奋斗中不断得以实现。从运动形式角度言，商品经济、市场经济都具有共生性基本属性；所有行为体都是在商品经济、市场经济的共生关系中寻求自我实现的；商品经济、市场经济的显著特征是资本力量的作用，然而资本不仅具有共生性、在共生关系中获得活力，而且任何资本力量都需要在社会共生关系中寻求自我实现，都需要在妥善处理社会共生关系过程中寻求自我实现。

文艺复兴运动、启蒙运动唤醒了调整社会共生关系的意识、促进了欧洲中世纪的终结，欧洲社会也随之演变成资本主义。但是欧美国家至今依然问题多多，显示了资本力量在共生关系中寻求自我实现需要有科学的理念与先进的文化、制度、道路来引导；换言之，要建立一个具有共生关系体系结构的社会治理体系，单靠民主、自由是不够的。事实也是如此。走上资本主义发展道路的欧美国家资本力量，“它把宗教的虔诚、骑士的热忱、小市民的伤感这些情感的神圣激发，淹没在利己主义打算的冰水之中。它把人的尊严变成了交换价值，用一种没有良心的贸易自由代替了无数特许的和自力挣得的自由。总而言之，它用公开的、无耻的、直接的、露骨的剥削代替了由宗教幻想和政治幻想掩盖着的剥削”[3]。欧美国家如果不能改变这种状况，那么不仅国内社会保持稳定性与可持续性是困难的，而且国家对外关系的和平发展也困难。这就是我们在 19 世纪后期到 20 世纪中期所看到的国际社会现实，包括两次惨绝人寰的世界大战。两次世界大战的灾难性破坏，社会主义国家的不断出现，以及为了防止资本主义国家垮台出现“多米诺骨牌效应”，欧洲的资本拥有者被逼调整处理社会共生关系的政策，并不同程度地采用各种各样的福利措施，在国际社会里不仅有了“福利国家”的说法，并且一些国家也被人贴上了“社会主义”标签，仿佛社会主义就是如此。这些说法似乎也反证了只有社会主义才能为拯救资本主义弊病提供社会解决方案。当然，欧美国家在战前做过的事有许多在战后仍在延续。例如美国是 1776 年脱离母体英国而独立建国的，至 2018 年才有

242 年历史，然而据美国前总统吉米·卡特对特朗普总统的说辞，其中只有 16 年没有对外用兵。美国从表面看起来，似乎一直满嘴人权与自由民主，但从来都是相信船坚炮利。

当然，在承认和尊重这一系列客观事实的同时，也应该承认在经历了漫漫历史长河的沿革才有了当代人类社会共生性现实。当代人类出现的这种现实不仅史无前例而且谁都无法回避，不仅遍布全球的产业链、供应链、物流链、价值链使所有企业的命运息息相关，而且产品生产也日益国际化。即便是个人的生活起居也变得越来越与世界难分难解。当代世界几乎所有国家之间的生产与供应以及文化发展等等，都是“你中有我，我中有你”“你依赖我、我依赖你”，相互之间错综复杂地纠缠在一起、融合在一起，形成了一个庞大的世界性的纵横交汇联接的共生关系结构体系。

（三）人类命运共同体是就当代人类命运与共的现实而言的

人，各人有各人的命，各人有各人的运，不可能千人一面、全部相同。各人寻求好的命、好的运都是各自自我实现在社会共生关系中所追求的目标，而且首先要靠各人自己在社会共生关系中的努力，这也是不可否认的事实。人是如此，任何社会行为体、任何社会力量都是如此，即使资本力量也是如此，都涉及各自在社会共生关系中抱着什么信念，信守什么文化，相信何种制度，走什么道路，因此各自所做的努力会带来不同的命运。有人认为中国民营企业华为公司之所以在全球 5G 通信开发中拔得头筹原因是多方面的，其中一个原因是固然使用了资本力量，但是拒绝使用投机资本，坚守了社会主义中国使用资本力量为中华民族伟大复兴奋斗的崇高信念，从而避免了投机资本、敌对势力资本干扰所带来的风险。任何资本力量都是在社会共生关系中寻求自我实现的，因此一定会归结为是谁，以什么信念和文化、制度、道路来引领、规范资本力量寻求自我实现。华为公司作出了正确选择，因此取得了举世瞩目的成就。

或许人们曾经蒙眬地认为个人的命运似乎与外部世界的某种超自然、超人类的力量联系在一起、并受其支配，因此出现了多元多样的信仰与崇拜，祈求能为自己命运的升腾助力，至少也能减少自己的风险。按宗教的解释，某种超自然、超人类的力量是神，不同的神便成了不同宗教的图腾。即便如此，宗教依然是人类多元多样的信仰与崇拜之一而不是全部，包括信仰宗教的人同样会接受马克思主义等各种人类社会的先进思想。当代世界尽管产生了世界性宗教，然而仍无法让世界上许多人放弃其他各种各样的信仰与崇拜，包括依然存在大量不信任何宗教的无神论者，包括依然存在信仰马克思主义而不信仰宗教，其中原委与人们会相信不同宗教的道理是一样的，说通俗一点是基于“萝卜青菜各有所爱”的生活常识。这种状况至今没有改变。

当然，人们也曾经发现在某个群体之中，例如在家庭、家族、氏族、民族、宗教、阶级、国家等之中存在着与自己的命运相连与共性，因而各自在不同的场域、地域、空域范围内，在不同的结合程度上，按照不同的机制、制度形成自己特定的多元多样性共同体。然而，在世界范围内发现人类之间存在命运与共性则是“大航海时代”到来之后的事。

“大航海时代”到来所成就的伟业在《共产党宣言》中着墨颇多、有多处描述：一是说新兴资产阶级有了新的日益广阔的全球性活动空间，使商业、航海业和工业空前高涨。二是说随着市场在世界范围的扩大，工业生产革命开始，从而使“大工业建立了由美洲的发现所准备好的世界市场”。三是世界市场与“工业的扩展”、商业、航海业和陆路交通出现了互动发展的趋向。“不断扩大产品销路的需要，驱使资产阶级奔走于全球各地。它必须到处落户，到处创业，到处建立联系。”[4]四是“使一切国家的生产和消费都成为世界性”，新的工业“所加工的，已经不是本地的原料，而是来自极其遥远的地区的原料；它们的产品不仅供本国消费，而且同时供世界各地消费。……过去那种地方的和民族的自给自足和闭关自守状态，被各民族的各方面的互相往来和各方面的互相依赖所代替了。物质的生产是如此，精神的生产也是如此”[5]。这种趋向使得国家社会内部的人类的命运共同体越出国境，演变为人类命运共同体的生长，用恩格斯的话来说就是“把世界各国人民互相联系起来”[6]。

注释

1.“中华文明是一个开放的、内旋性体系”这一观点，是复旦大学历史系顾晓鸣教授在20世纪80年代中期提出来的。

2.《马克思恩格斯选集》第一卷，人民出版社1972年版，第24页。

3. 同上书，第241页。

4. 同上书，第242页。

5. 同上书，第242—243页。

6. 同上书，第204页。

为什么要倡导“共生机遇论”？

国际问题研究做战略分析、战略定位和战略判断（以下统称“国际战略判断”）时必须遵循如下两项基本原则：一是要实事求是，不能主观浮夸；二是要与时俱进，不能因循守旧。国际战略判断既属政治范畴，又属历史范畴。作为政治范畴，不同的战略力量在做战略判断时，虽然不一定都会无视现实，但都始终受到某种特定政治原则的引领和节制，例如坚持所谓“政治正确”就会使战略决策者们在面对现实和处理危机时受到人为的种种不恰当因素的掣肘，不仅妨碍其看清楚、看透彻环境与问题的真实面貌，而且还妨碍其看明白、看准确世界各种力量（诸如社会力量、金融力量、经济力量、科技力量等）真实的发展趋向，乃至看不到当代世界发展的大趋势。尽管当代的中国正面临如何认识世界的挑战，但是当代的世界各国也正面临着如何认识中国的挑战，诸如中国的发展对自己的发展究竟是挑战还是机遇，究竟是对手还是伙伴，究竟是要处处与中国作对，还是共同携手合作发展，以便在合作发展过程中“和合”可能发生的问题。许多人都在说中国与美国如何相互认识是当今世界的头号课题，然而或许中美双方首先还得共同研究如何认识当代世界，以便超越中美、用全球发展的“第三只眼睛”来观察和看待中美关系。诸如此类的课题只有通过深入调查研究才能作出实事求是的判断。作为历史范畴，国际战略判断的依据会随着历史的变迁而显示出不同的历史局限性，这就要求战略决策者们在做国际战略判断时，必须在坚持实事求是原则的同时还要必须坚持与时俱进的原则，例如分析国际形势现状时必须实事求是，而关注国际形势的新变化和新动态则必须与时俱进。

此外，国际战略判断还属于哲学范畴，因为战略决策者在做国际战略判断时，无论是从政治的角度看问题还是从历史的视角思考问题，都必须坚持辩证唯物主义的方法论和历史唯物主义的世界观，都必须相信世界万物的“一物两体性”，世界万物之间的互联性以及“和合共生性”，都必须善于在复杂的矛盾中发现机遇和塑造机遇，从而及时获得和充分利用适合本国人民和世界人民共同发展的机遇，进而建立战略优势和战略自信。天安门城楼上高悬着两条横幅：一条是“中华人民共和国万岁”；一条是“世界人民大团结万岁”。这两条横幅洋溢着中华民族的哲学睿智，既表达了中华人民共和国的意志，又彰显了中国共产党领导中国人民胜利前进并与世界各民族和合共生的战略自信。

从思维逻辑视角看，国际战略判断也属于哲学范畴，因为它包括国家对外政策和国家对外战略的制定，前者涉及国内因素，后者涉及国际因素，需要依据国情和世情作出反应，都需要用辩证唯物主义的方法论进行分析，用历史唯物主义的世界观进行思考。换言之，战略决策者们务必要坚信“一物两体性”，既不能搞“一点论”，也不能搞“二元对立论”，而要在坚持和合共生中建设全球伙伴关系网络，并借此做实人类命运共同体。只有这样，我们在全球体系中才能一步步获取战略主动权，进而逐渐取得国际体系中的战略主动地位。因此，战略决策者作出的战略反应是否坚持实事求是，是否坚持与时俱进，是否顺应时代的潮流，是否具有科学性，是否具有与国际社会客观现实相匹配的逻辑适应性，都必须最后在实践上接受严峻的考验。从这一意义上看，国家对外关系战略必须以问题为导向：一是要看国际形势发生了什么新的变化；二是要看它出现了什么新的动态。这就是说，战略决策者们在做战略判断时都必须要首先搞清楚其判断的依据。同理，研究国家对外战略调整时，研究者也必须首先要讲清楚其调整的依据，即凭什么依据要做这样调整而不是做那样调整，否则，其研究成果将面临挑战。

一、“力量对比论”的是与非

“力量对比论”的理论家谱通常被认为与战争理论的家谱存在因缘关系。一般来说，战场对垒双方的阵线非常清晰，各自力量结构容易搞明白，目标管理也十分明确，所以，我们可以依据双方力量的对比与配置来考虑战争样式，并通过设计、规划力量如何投入使用以及战术与战法如何展开等研究方法，大体上得出最终谁胜谁负的结果。查清对方的力量构成与用兵套路，历来被军人认为是知彼知己、百战不殆的基本前提条件。用类似战争理论的“力量对比论”来研究国家对外关系战略，也因此受到许多国际战略家的推崇。中国春秋战国时代的“合纵连横”，以及古希腊城邦国家之间的“力量平衡”和它们奉行的“均势战略”，都是依据“力量对比论”的逻辑而演绎或衍生出来的产物。

（一）中华民族古代战略家早已关注“软实力”的重要性

然而，“力量对比论”的运用即使在战场上也会碰到诸多困难，尤其是对现在被称为软实力的力量该如何衡量、如何确认更是如此，因为从古至今的许多战争设计师一直都对此捉摸不定。即使如此，在中华民族历史上，古代军事家们对其价值的高度重视却是不可否认的事实。

1. 关注战场上的士气变化

孔子说“春秋无义战”，认为当时的战争是“礼崩乐坏”带来的灾难。所以，在春秋战国时代，军事家认为一定要关注战场上作战士兵的士气，用兵交战一定要抓住士气的最佳时机，特别强调在作战时要“一鼓作气”。众所周知，古代用兵打仗的人通常都使用击鼓的方式来激励士气、冲锋陷阵。但是，他们同时也发现了一条规律，即除非第一次击鼓就击败对手，否则退下阵来以后再组织冲锋，特别是一次次反复冲锋无果，士气便会出现不断衰减的现象。《左传・庄公十年・曹刿论战》上说“一鼓作气，再而衰，三而竭”就是这条规律发挥作用的表现。按此逻辑，开战即是决战应该是一种必然的选择，战场指战员不仅要有开战速胜的决心，更应该将此设定为一个基于充分准备之上的自然而然的作战目标。

进入近代以来，中国人更加重视士气在战争中的作用。在抗日战争时期，面对日本军国主义者企图尽早灭亡中国的野心，中华民族用血战到底的决心来争取抗战胜利。但是，面对蒋介石国民党政权对共产党人采取的“攘外必先安内”的战略决策和日寇的野心，毛泽东在他的《论持久战》里提出了以弱胜强的战略对策，认为抗日战争是世界反法西斯战争的重要组成部分，是正义的战争，但是“速决战”不具备条件，因为双方之间的力量悬殊；“速胜论”更不可能。因此，抗日战争在战略上只能是一场持久战，在此过程中，中国人民必然要在经历了一个极端艰辛的“战略防御”阶段后，才能进入势均力敌的“战略相持”阶段，最后才能进入“战略反攻”阶段，彻底打败日本侵略者。毛泽东这个战略判断的主要依据尽管同样是敌我力量变化的对比，却侧重于如何增强我方战胜困难的决心、维护人民武装力量士气的可持续性。当年的现实是人民抗日武装力量不仅有一个聚合、积蓄、壮大的过程，而且还面临蒋介石国民党政权不断武装围剿的严峻挑战，这使得人民抗日队伍的壮大更加艰难。鉴于此，避免采取“速决”和“速胜”的战略在根本上有利于人民抗日武装力量与世界反法西斯战争进步力量的发展壮大，有利于它们在全面牵制、消灭日寇有生力量的持续战斗中以弱胜强！毛泽东的《论持久战》让当时正处于极端艰难条件下的人民武装力量看到了方向和光明，极大地鼓舞了全国人民战胜艰难困苦的勇气，有利于推动抗日战争从“战略防御”阶段转入“战略相持”阶段。

2. 关注国家安危的根本性因素及战争的民心向背

人们耳熟能详的《六韬》（又名《太公六韬》）据说是中国先秦时期黄老道家典籍，历来被认为是集当年军事思想之大成的著作。《六韬》不仅将治国、治军、指导战争的理论原则放在一起讲而且还把“文韬”放在第一卷，成为《六韬》之首，同时还提供了文韬武略如何相匹配的解决方案。文韬讲究如何治国安民、如何动员国家的一切积极因素壮大自己的力量；武略则强调如何治军、如何用不同的奇正战法迷惑敌人和战胜敌人。但是，文韬与武略一定要匹配、统一，才能彰显战略决策者的智慧和艺术，才能最大限度发挥自身力量的战略威力，才能达到国家战略的目标，其所展示的是中华民族历经磨难的智慧结晶。

如果说《六韬》是要解决战争的民心向背问题，那么管子的主张则认为应该关注国家安危的根本性因素。在管子看来，国家安危有着自身的原因，认为礼、义、廉、耻为国家的“四维”，这“四维”构成了安邦兴国的四个根基，同时也是国家安危的根本性因素。他断言，如果国家“四维不张”，为官为民者不知礼、义、廉、耻为何事，上行下效、沆瀣一气，那么“国乃灭亡”。因此，“四维不张，国乃灭亡”就成了警告后人的名言，同时还为确保国家持久兴旺发达提供了如何避免出现“祸起于萧墙之内"的一个解决方案。[1]这个警语虽然没有包括治国理政的全部方略,但在文明高度发达的今天依然具有重要意义。

(二) 战略研究中最难以估量的是人的因素

中国古代最著名的军事家孙子早在两千多年前就指出:"夫未战而庙算胜者,得算多也;未战而庙算不胜者,得算少也。多算胜,少算不胜,而况于无算乎!吾以此观也,胜负见矣。"[2]这表明,中国古代军事家非常重视"谋略"等人的因素,以求达到"不战而胜"的最高境界。

1. 战后美国当局从来就没有搞懂过中国共产党治国理政的软实力

历史反复证明,无论是战场上的士气还是国家安危的根本性因素及战争本身的民心向背,诸如此类在当代被称为软实力的东西都是"力量对比论"中难以计量、难以驾驭的因素。1990 年美国学者约瑟夫·奈(Joseph Nye)首先提出了软实力概念,2004 年又撰著《软实力:世界政治中的成功之道》,从而使软实力概念名声大噪。但是,在实际操作中,美国的软实力不仅没有给美国外交加分,而且还被美国的新自由主义者折腾成了面目丑陋的怪物,致使不少发展中国家一次又一次地被推入"颜色革命"的泥淖而难以自拔,形成地区热点,例如中东地区的利比亚、伊拉克等国。正因为如此,在当今的世界里,很少有人会否认美国对外政策的错误就是当代国际社会混乱的重要根源。

本文认为,多元多样的软实力本身也具有多元多样的一物两体性,关键在于如何认识、如何把握和如何使用它。这就意味着使用软实力存在一个变数,它未必一定是世界政治中的成功之道。事实上,中国共产党的治国理政能力作为软实力因素,在美国人的眼中也一直是个变数,他们似乎从来就没有看懂过,因此更谈不上明白过。1949 年中华人民共和国成立后,美国国内政界在"谁丢掉了中国"问题上发生过一场轰轰烈烈的争吵,其结果是,许多曾经与中国因公有过往来的美国人在"麦卡锡主义"的淫威下受到迫害,即使在毛泽东撰写的《别了,司徒雷登》一文中提到过的那位美国驻华大使,回到美国后在"麦卡锡主义"白色恐怖下依然受到了打压,日子也不好过。[3]当然,美国政界当时抛出"谁丢掉了中国"这个争吵题目本身就挺滑稽，似乎在中国大地上不可能、也不应该出现人民革命胜利的结果，这说明当年的美国政府根本没有软实力意识。尽管美国政府现在已经了解并不断使用软实力概念，但实际上并没有搞明白新中国成立才70年就能够实现迅速崛起的软实力根源。众所周知，在2015年前后，美国政界和智库界还有不少人在炒作“中国崩溃论”，但同时又有不少人宣扬“中国威胁论”，显然，他们对中国的战略判断出现了两极化，彼此间相互矛盾。这说明，尽管有不少美国人在研究中国，其规模可谓庞大，研究成果汗牛充栋，但是他们一直摸不清中国共产党治国理政的软实力。

软实力看似无形却有形，如果对其认识科学合理、在操作过程中又把握得好，就可以显示巨大威力、发挥决定性作用。为何能如此？原因其实非常简单，因为软实力最根本的因素是人的因素，世界上最宝贵的因素首先是人而不是物，古今中外都是如此。在某些特定情况下，相关各方拼搏的不只是实力，更大程度上拼搏的是意志力以及意志力的持久性，拼的是各种力量之间的协调和协同能力，拼的是“一不怕苦，二不怕死”的精神。而这些按传统的“力量对比论”来衡量都是难以计量、难以驾驭的因素，因为它们都与人的因素关联着，而人本身又具有多元多样的一物两体性。由于美国人在此方面的认识不清，导致其对中国共产党治国理政的软实力因素理解不深，从而造成其国际战略判断依据的模糊，最后产生国际战略判断上的失误。

2. 软实力与如何确认人的主体意识及表达主体意识的意愿相关联

人本身具有的软实力首先与人的主体意识及表达主体意识的意愿关联着。许多人在研究力量对比时往往将此忽略掉，例如许多人都会说世界上的人都是一个个的个体。这种看法似乎没有错误，但是要知道，人不仅具有个体性，而且还都具有主体性，他们都是社会中的一个个主体。把人仅仅视为个体还是同时视为社会主体，不仅规定着不同意识形态的不同逻辑起点，而且还直接影响着如何评估人的软实力价值。究竟谁是社会的主人？这历来是一个有争议的话题，或许今后还要继续争论下去，例如人工智能所带来的人的地位和作用问题。如果说人仅是社会中的一个个个体，那么就有可能认为人是从属于社会当政者的个体，甚至认为人是从属于物的个体，而社会当政者就可能被认为是社会的主人，甚至物也可能成为主宰个人的主体，从而出现见物不见人的奇怪现象。

其实，人之所以区别于动物，是因为人具有自主意识。人由于具有意识而具有主体性。即使本能性行为也是由意识引领的行为，这也是人不同于动物而成为理性之人的主要因素所在。一方面，人不仅时刻受到意识的引领，而且还具有自己的信仰、理想、追求和理念，并对意识的引领作用产生直接影响；另一方面，每个人都不愿受人支配，都坚持做自己的主人，都寻求自我实现，从而形成自己的独立意志，借此显示自己的独立性和独立地位。所以，人具有的主体性和独立性构成了人的基本属性，而人的特殊性和特色性则构成了其参与社会生活和劳动分工的基本依据。我们每个人通常都会通过彰显自己的主体性来表达自己独立性的意愿，通过坚持自己的独立性来夯实自己主体性的基础，这样就可以不断积聚自己独立性的能量，从而最大限度地获得持续存在和发展的机会。

当然，不同的人具有不同的主体意识，包括在质与量上都存在着诸多不同之处。例如，认为自己是社会的主体并且还同时具有表达旺盛主体意识意愿的人，与什么意愿和要求都没有的人之间根本没有可比性，或者说根本无法进行比较。中国抗日战争胜利后，蒋介石国民党政权之所以敢于发动内战，主要是认为自己兵多将广，不仅拥有 430 万军队，而且还拥有从投降日军那里接收的大批武器装备，加上美国提供的军舰、飞机、大炮、坦克、运输汽车等军事装备，其军事实力远远超过了由中国共产党领导的 127 万人民武装力量。在此基础上，蒋介石得出了这样一个战略判断，即在 3—6 个月内即可消灭中国共产党及其领导的人民军队。然而，最后的结果恰恰相反，不仅蒋介石国民党政权在三年之内就倒台了，而且中国人民在世界上从此站起来了，中华民族从此屹立在世界的东方，成为世界民族之林的一员。为什么会出现如此戏剧性的结局？本文认为，原因主要有四：一是中国共产党领导的人民群众不仅是社会的主体，而且是社会的主人和历史创造者；二是这些人民群众不仅具有显明的主体意识，而且具有强烈的表达主体意识的意志以及为了民族复兴而奋斗的坚强意志；三是中国共产党相信自己不仅来自人民，而且其一切努力也都是为了人民；四是中国共产党领导的人民武装力量不仅具有血战到底的信念和决心，而且还拥有广大民众的大力支持和鼎力帮助。

3. 软实力与当政者"善群"的意愿和能力相关联

人所具有的软实力同时与当政者的"善群"意愿和能力关联着，但是许多人在研究力量对比时往往将此忽略掉。众所周知，人民群众中隐藏着巨大的自强不息的积极性和创造性，但问题是，战略决策者们如何才能将这些潜能凝聚成一股战无不胜、攻无不克的力量？中华民族的先辈早就提出了这个问题。例如，荀子(公元前 313 年—公元前 238 年)主张当政者要"善群"，即要尊重所有人，善于使所有人都能够各得其所、各显其才、各尽其能，为此，要善于发现、善于引导、善于协调。《荀子・王制》断言：如果当政者能够实现"群道当，则万物皆得其宜"这一目标，即按照合乎事物发展变化法则来组织群众、协调群众的共生关系，能够使人民群众的积极性、创造性充分地发挥出来并且能够在最适合发挥作用的场域显示威力，那么社会就会和谐，万物就会和谐，天人就会和谐。[4]

至于能否实现这种状态，能在多大程度上达到这种状态，则考验着所有当政者及其"善群"的意愿和能力。在这个根本性问题上，曾经一度统治中国大陆的蒋介石国民党政权即使逃到台湾岛上以后也没有想清楚。事实表明：蒋介石国民党政权实际上既没有"善群"的意愿也没有"善群"的能力，从而导致其治理下的民众始终都处于一盘散沙的状态。显然，任何政权在这种状态下都不会长久。

本文认为，当政者凝聚社会力量的主要方法有三：一是要有"善群"的意愿；二是要有"善群"的能力；三是要看准"善群"的基本路径。在此问题上，不同的当政者看法不一。有的当政者认为"善群"很难，这其实表明了他们的意愿不强和能力不足，实际上是立场问题。如果搞清楚自己的立场，坚定自己的信念，始终与人民群众站在一起，"善群"问题对于当政者们自然就不难了。接下来，当政者要做的事情就是找准"善群"的基本路径。我们知道，人民群众中隐藏着巨大的自强不息的积极性和创造性都是通过生产劳动显示出来的，生产劳动让人民群众成为了历史的创造者。然而，无论是人自身的生产还是生活资料、生产资料的生产都是从构建社会分工与合作的共生关系开始的。在人的意识代替本能的同时，社会分工也就发展起来了。"分工起初只是性行为方面的分工，后来是由于天赋(例如体力)、需要、偶然性等等而自发地或'自然地产生的'分工。分工只是从物质劳动和精神劳动分离的时候起才开始成为真实的分工。”[5]而后的社会分工与合作共生关系的持续延伸和拓展才创造了今天多元多样性纵横交织共生关系网络结构体系的世界，为未来创造命脉相连和命运与共的人类命运共同体奠定了基础。这就是当今世界的当政者们为实现“善群”目标而必须首先要看准的基本路径。

当然，“善群”下的社会关系本身具有自身特有的逻辑和必须遵循的基本路径，它们都存在于社会生产劳动过程之中。在生产劳动过程中，与社会分工发展相伴随的是社会合作的发展，由此带来的共生关系除了产生物质与非物质性成果之外还产生了个体（个人）“与所有互相交往的人们的共同利益之间的矛盾”[6]。如果说社会分工的出现显示了人的主体性、独立性等基本属性，并且直接表现为人的个人利益之间的差异，相互之间因此会发生矛盾，那么社会合作的出现不仅显示了人的共生性、群体性等基本属性的存在，而且还直接表现为共生性需要和共同利益的存在。人人均有共生性、群体性等基本属性，相互之间共生性、群体性的交汇连接转化成相互之间的社会合作，因此使人能引领万物、驾驭万物。先贤荀子在《王制》一文中在谈论人时指出：“力不若牛，行不若马，而牛马为用，何也？曰：人能群，彼不能群。”[7]荀子现实地揭示了人的共生性、群体性带来相互合作的价值。两千多年之后，马克思也肯定了这种价值。他说：“人是最名副其实的社会动物，不仅是一种合群的动物，而且是只有在社会中才能独立的动物。”[8]换言之，人是在社会分工与合作共生关系中，实现自己的主体性、独立性与共生性、群体性这两重基本属性的对立统一性的。因此，世界上任何人都不能轻视“善群”下的社会关系本身所特有的逻辑，更不能超越实现“善群”目标的基本路径。

4. 软实力与如何评估社会分工与合作的巨大潜力相关联

人具有的巨大软实力通常都与社会分工与合作的适当性关联着，这也是人们研究力量对比时所不能忽视的主要原因。为什么人能群？为什么人各自的共生性、群体性需要交汇连接而形成共生关系？这是因为人天生就是社会动物，每个人都只有通过实现他者需要才能获得自我实现的需要。[9]这种每个人都具有的源自各自共生性、群体性等基本属性的需要，可以简称为“共生性需要”。每个人各自的共生性需要之间交汇连接不仅形成人之间的共生性需要，而且还塑造了共同利益的存在。因此,是否承认承载着各自共生性需要的相互之间共生性需要的存在,是否承认共同利益的存在,直接决定着每个人对他者的立场和态度:既可能是友善的,也可能是敌对的。是把分工的对方视为伙伴还是视为异己的力量、应该尊重的力量还是应该否定的力量、可以合作的力量还是应该排斥的力量、应该壮大的力量还是应该削弱的力量,直接决定着相关社会群体关系的状态:既可能是相关各方之间的矛盾对立,也可能是相关各方之间的和衷共济。这就是人们所见到的社会多元多样性生态。但是,按照中华民族优秀传统文化的理念和选择,这种多元多样性理所当然属于一种和衷共济、和合共生的和谐状态。

马克思主义经典作家肯定分工相关各方之间存在共生性需要、存在共同利益,不仅反对把分工的对方视为异己力量,也反对把分工的对方视为排斥的力量,认为分工相关各方之间的"共同的利益不是仅仅作为一种'普遍的东西'存在于观念之中,而且首先是作为彼此分工的个人之间的相互依存关系存在于现实之中"[10]。马克思主义经典作家认为,人不仅只有在社会合作中才能实现个体利益,而且"只有在集体中,个人才能获得全面发展其才能的手段,也就是说,只有在集体中才可能有个人自由"[11]。因此,人与人之间必须选择合作,只有在合作中才能寻求自我实现,也只有在合作中才能完善自我并获得个人才能的全面发展。个人是如此,由个人组合而成的国家及其他行为体也都是如此。

从逻辑上说,社会分工需要相互合作,相互合作则以社会分工为基础;从实践上看,人们会逐步发现相互合作的好处,尤其是在创造 1+1>2 的成果后,会进一步鼓励人们参与更多的社会分工,从而不断扩大相互合作的范围。当代世界社会分工与相互合作的发展已经在全球范围内形成了无数的产业链、供应链、价值链,例如在全球货物贸易中,非最终制成品的国际贸易额已经达到六成以上。早在 20 世纪 80 年代,人们就发现国家之间已经出现了"你中有我,我中有你"的相互依赖状况,国家之间因而开始面临"一荣俱荣,一损俱损"的局面,为发展中国家或地区出现群体性崛起提供了可能和机会。这表明,在当代多元共生的世界上,如何"善群"已经变成了如何适应和满足世界各族人民渴望形成"命脉相连,命运与共"的人类命运共同体的客观需要。在这种背景下,所有国家、所有行为体只能选择合作而不能用通过采取“脱钩”“壁垒”“新麦卡锡主义”等贸易保护主义和孤立主义措施来遏制合作的可能性;只能选择共担“共同但有区别的责任”而不能用“退群”方式来逃避合理的责任承担;只能选择平等合作来实现互利共赢而不能处处以“某个国家至上或优先”的“超群”标准来谋取私利;只能选择共同发展而不能动辄对别国“制裁”或者将他国列入受制裁名单的“霸群”行为来阻止其发展。否则的话,上述种种霸权主义和霸凌主义行为势必给世界带来混乱和冲突,导致世界秩序的失序,而失序状态发展的结果只能是危机和灾难。20 世纪 30 年代的大危机就是历史给我们人类留下的一个惨痛教训。当时,世界上以美国为首的主要资本主义国家频频发动关税战、汇率战,其结果是促成了国际矛盾和冲突的不断升级,最终导致世界大战的爆发,即使是远离欧亚战争策源地而且还受到两洋屏障保护的美国也不能幸免于难。

当然,人与人之间的合作不会自然而然地走向和衷共济,人类只有通过充分利用自己“人能群”的机理,同时不断强化当政者“善群”的意愿和能力,才能实现这一目标。中华民族世世代代都在追求“各尽其能、各得其所、各美其美”这一“天下为公”和“世界大同”的崇高目标。当代中国共产党领导中国人民在实践这种崇高追求的过程中,经历了一次次挫折和失败,也换来了一次次的伟大胜利,新中国因而不断茁壮成长和壮大起来。现在的中国比历史上任何时期都更加接近、更有信心和更有能力实现中华民族伟大复兴的中国梦。

(三) 美国现实主义的“实力—权力论”为何受到责疑

第二次世界大战后兴起的美国现实主义学派“实力论”在本质上也是“力量对比论”,其基本特征是强调增强实力、显示实力和使用实力,并以此谋求权力、拓展权力和巩固权力。因此,美国现实主义学派的“实力论”又被称为“实力—权力论”。尽管追随者趋之若鹜,但是“实力—权力论”经常碰壁,主要原因就是它难以逾越如下两大挑战。

1. 如何界定权力?

按照欧美国家的传统观念,权力是一种人支配他人的力量,涵盖所有的社会关系。按照美国学者汉斯·摩根索(Hans Morgenthau)的说法,现实主义相信"人性本恶",信守"人有原罪"的学说,主张对"本恶"之人必须使用权力。因此,现实主义认为:权力是政治的目的,利益是政治的实质,实力是权力的基础。在此基础上,现实主义构建起了"权力—利益—实力"的理论逻辑。[12]英国学者爱德华·卡尔(Edward Carr)认为,是否重视实力因素是区别现实主义与理想主义的重要标志。他在《二十年危机》一书中指出,在英语国家中,曾经一度"理想主义比较有市场,对1919—1939年间的国际政治分析,几乎都否认实力的因素"[13]。因此,强调以实力为基础的权力及其对象成了现实主义的标配特色,而之后出现的形形色色的现实主义流派均是这种标配特色的逻辑延伸,概莫能外,因为失去这种标配特色就不能成为现实主义。

尽管美欧学者对权力概念的界定多种多样,但都包含了权力对人的支配性以及人对权力的服从性的内容。由此可见,现实主义不仅肯定人性本恶、人有原罪,而且还认为只有权力拥有者才是社会的主体,而权力的服从者不仅不是社会主体,而且也不具有自己的主体性、独立性。依照这种逻辑,权力的被支配者就没有权利享受"平等、自由、民主和人权"!这样一来,文艺复兴时代所倡导的"自由、平等、民主和人权"就变成了少数权力拥有者手中的专利。有人说美欧国家中人人享有"平等、自由、民主和人权",其实这种权利仅仅是权力拥有者支配下的权利,是他们准许并赐予权力服从者的权利。即使西方国家宪法上规定了人人享有选举权与被选举权,但那也是好几年才能用得上一次的权利,而且特朗普在争议中当选美国总统非常自然地让人们联想到了选民的选举行为有可能受到外部力量的干扰,其选举结果有可能不是多数选民意愿的真实表达。这意味着,西方国家中权力服从者的权利均是少数权力拥有者支配下的玩物。现实主义及其各种衍生品就是如此对待人与人之间的关系、国家与国家之间的关系,例如,今天的联合国是国际公认的世界上最具权威性的政府间国际组织,但是美国承认联合国的主体性和独立性吗?美国一方面常年拖欠会费,要么少缴,要么不缴,因而欠下巨额会费,借此牵制联合国;另一方面根本不尊重联合国的成员国平等地位和权利,经常利用联合国总部地处美国的优势,通过拒签方式阻止它不喜欢的成员国代表来纽约总部开会。上述行为等于美国完全把自己凌驾于联合国之上了，完全把国家主权原则抛在一边了。今天的美国在现实主义及其各种衍生品的指导下，就是这样在世界各地玩“平等、自由、民主和人权”的。例如，乌克兰自独立以来已经近30年了，但一直处于美国的干涉之下，美国打着“自由、民主和人权”的幌子，把乌克兰折腾得几乎没有一天太平过。又例如，曾经是和平稳定的叙利亚，先是由美国策动一批人起来闹“自由、民主和人权”，然后又推动其转化为国内武装冲突，最后导致诸多外部势力介入其中，美国也亲自出兵加以干涉，造成叙利亚动荡不已、民不聊生。十多年过去了，叙利亚人至今依然看不到战争结束的尽头。此外，美国当局在诸多重大问题上采取双重标准。例如，为了维持自己国内的社会稳定，美国可以从全国各地调动警力对付街头暴力行为，但与此同时，美国打着支持“自由、民主和人权”的旗帜公开支持甚至直接派人指挥国外的街头暴乱行为，美国当局在中国香港暴乱问题上的做法就是典型的例证。总之，美国当局玩弄“自由、民主和人权”，想干涉哪个国家，那个国家就可能会倒霉，那个国家的人民就可能会遭殃，这就是美国现实主义的真实面目。

那么，今天美国当局如此玩弄权力的“原始基因”到底是什么？从学理上说，它源自权力概念的古典性。视权力为对他者的支配性是奴隶主对付奴隶的主观性理念，是欧洲中世纪贵族的主观性理念。尽管奴隶制度早已不存在了，欧洲中世纪也成了历史，但是当年被奴隶主和贵族信奉的主观性权力理念被一部分人继承了下来，这些所谓社会精英人物把主观性权力理念变成了判断社会关系的逻辑原点，在本质上取代了社会关系的客观性逻辑原点。众所周知，社会关系逻辑原点的客观性是以人的主体性、独立性与共生性、群体性这两重基本属性为依据的，因此，人与人之间“生而平等”。鉴于人与人之间社会关系的平等性，那么其相应的权力关系在学理上也理所当然是平等的。人与人之间不是因为存在社会关系而形成权力关系，而是在各自主体性、独立性基础上因各自的共生性、群体性而形成权力关系；权力关系与利益关系一样源自相关各方的共生性需要和共同利益的存在，否则权力关系就没有存在的必要性或者基础。在市场上，买卖双方之间的交易及其实现是各自共生性需要的交换或交易，是共同利益的实现，本质上是相互权力的交换和交易。如果是物物交换，那么我们就可以亲眼看到交易双方各自所拥有的权力是如何进行交换的，从而可以搞清楚双方权力的相互性是如何实现的。权力具有相互性，因而需要相互承认、相互尊重。在政治上，尽管存在为政者与非为政者的区别，而且在表面上看似乎是为政者一直在对非为政者行使权力，这种表面现象也往往使为政者忘乎所以，以至于经常对后者过度使用权力甚至滥用权力。本文认为，当代美国当局在此方面似乎很有必要重温"五月花号"先辈们为何要逃离英伦三岛的原因，华盛顿(George Washington)为何要领导美国人民进行"独立战争"，以及林肯(Abraham Lincoln)否定美国奴隶制度的历史原因，认真地想一想古典的支配性权力为何总是导致权力服从者的反抗！原因非常简单，因为当代美国总是利用国内法对世界各地进行"长臂管辖"，不仅动辄对别国颐指气使，而且经常肆意干涉别国内政甚至武装入侵，这些行为表现实际上都是古典性权力在美国当政者内心深处作祟的结果，这说明美国的对外行为始终都处在古典性权力指使的状态之下。

2. 如何判断自我与他者之间的实力对比？

美国现实主义者将权力界定为对他者的支配，显然是以实力为基础的。然而，美国自身硬实力的有效性正在不断面临他者软实力与硬实力的双重挑战。形成这种局面的主要原因就是美国喜欢"高估自身实力"，同时常常蔑视其他国家的实力，甚至不把其他国家当回事。尽管美国学者在评估国家实力方面做了大量研究，也产生了不少成果，对衡量国家实力也有相对科学的计算公式，但是美国当权者的高傲自大阻断了这些研究成果的转化，在对外决策过程中并不十分重视这些研究成果，而主要是依靠自己头脑里的印象或者自己的胃口来评估国家实力对比。

尽管美国自身具有相当大的纠错能力，尤其是在碰壁之后总会总结一些基本经验教训，例如越南战争失败后，美国当局就越战问题进行了反思，但遗憾的是，美国当局在总结经验后，并没有真正吸取失败教训，而是进一步坚定了自己的现实主义实力观，在对外关系上更加重视实力的运用，特别是武力的运用。这一点我们可以从越战后美国的对外关系中的霸权主义行为看得清清楚楚。

首先，除了继续使用传统的暗杀他国领导人、策划政变等手法外，对于那些不听命于自己的国家，美国逐渐转向“颜色革命”手段。众所周知，“颜色革命”起源于美国对社会主义国家推行的“和平演变”政策，但其对象已经不仅仅局限于社会主义国家，已经扩大到了整个世界。一个在希特勒法西斯主义德国疯狂侵略面前不屈不挠、敢于血战到底的苏联，一个在数十年冷战煎熬中依然挺立的苏联，最后竟然在没有任何外敌侵犯的情况下，一群群共产党员自动放弃了自己的中央党部大楼，一个个政府机构自动降下了自己的国旗，一个庞大的“加盟共和国联盟”就这样自动解体了，这种状况绝对是史无前例的。苏联的自动解体标志着美国“和平演变”政策的成功，这也使得美国“颜色革命”的设计者和策划者大受鼓舞，并且还非常乐观地认为这套相当系统、丰富、有效的经验可以继续推广下去。

其次，专门选择那些缺乏有效反击手段和能力的国家作“靶子”来使用武力，借此显示实力和威慑他国。在此方面，最典型的例子就是1999年科索沃战争期间美军对南联盟持续73天的轰炸以及2003年美军入侵伊拉克。我们知道，在攻打伊拉克之前，美国首先编造了为其入侵伊拉克提供依据的两个“谎言”：一是认定伊拉克拥有“大规模杀伤性武器”；二是怀疑萨达姆政府与“基地”组织有勾结。为此，美国多次借用联合国名义对伊拉克进行“抄家”，通过搜索伊拉克有没有“大规模杀伤性武器”来搜集伊拉克的军事情报，以便为其军事打击做好情报保障工作。当摸清了伊拉克的家底后，美国绕开联合国纠集了一批国家悍然发动了对伊拉克的武装侵略。然而，最后的结果是，美国既没有在伊拉克找到任何“大规模杀伤性武器”，也没有发现萨达姆政府与“基地”组织的任何勾结证据。但是，伊拉克作为一个统一的国家被打乱了，中东地区的战略平衡被打破了，不仅伊拉克现在处于国无宁日的困境之中，而且整个中东地区都处于激烈的动荡之中。

毫无疑问，诸如此类穷兵黩武的做法只会玷污美国的国家形象，只会让美国自毁前程。尽管人们希望看到一个持久不衰、稳定而繁荣富强的美国，因为一个衰落的美国对世界和平稳定发展并非好事，因为当代世界需要和合共生，但是，美国首先需要自重，需要好自为之，因为能使美国衰落的只有美国自己。本文认为，如果美国一味奉行现实主义，继续突出自身实力优势，继续无视他国实力的合理存在，最后必然导致自身衰落的结局。

(四)“力量对比论”在中国外交中的实践和运用

中华人民共和国成立前后的相当长一段时间里,中国共产党人做战略判断的基本依据是“力量对比论”,但是这种依据区别于美国现实主义学派的“实力—权力论”。

1. 作为国际战略判断依据的“力量对比论”:特征与作用

“力量对比论”作为中国共产党人战略决策的主要依据与后者所处的内外环境紧密相连:在内部环境上,中国共产党人长期面临严峻的生死挑战,力量对比长期处于敌强我弱的态势,如不重视力量对比就难以生存下去;在外部环境上,东西方冷战使得国际社会里的敌我友界限非常明显,如果不重视力量对比就不可能扩大统一战线,就难以战胜敌人。

“力量对比论”的基本特征主要表现在以下几个方面:(1)强调时代的历史发展趋势性;(2)区别力量的正义性与非正义性;(3)强调民心的背向;(4)强调统一战线的作用。就此而言,“力量对比论”在国际社会里明显地适用于敌人明确、敌我双方界线清楚的年代。正因为如此,中国共产党人直到改革开放前都始终把它作为战略决策的主要依据。用当年最典型的话语来诠释就是“东风压倒西风”和“敌人一天天烂下去,我们一天天好起来”。当然,这些话语未必代表了我国当年进行战略定位、做战略判断的全部依据。中国共产党人对二战后的世界局势判断,实际上在不同时期具有不同的依据,但都脱离不了力量对比的大框架。

例如在第二次世界大战结束前后,毛泽东同志不仅提出了“纸老虎”和“中间地带”概念[14],还提出了“和平民主阵线”的思想[15],都旨在用力量对比的分析告诉人们这样一个道理:一是战争贩子发动“第三次世界大战”具有很大的困难,民族民主革命获得胜利具有很大的可能性,胜利属于保卫和平、民主、正义的人民是最后的结果。这一判断为中国人民解放战争的胜利和抗美援朝的胜利提供了战略依据。

又例如中华人民共和国成立后立即倒向以苏联为首的社会主义阵营,但是到

1953—1954 年又与缅甸、印度共同倡议“和平共处五项原则”，用以处理与新兴国家之间的关系，根本上也是为了改善力量对比关系。随着时间的推移，人们越来越清晰地发现当年中国共产党人提出“和平共处五项原则”，既是对新兴国际战略力量崛起的一个重要战略判断，又是扩大国际统一战线的一项重大战略举措。它为处于重重包围之中的中国开辟了新的战略回旋空间，同时也为世界各国之间的关系立下了新的规矩，并成为联合国的一个重要造法根据。至今，“和平共处五项原则”依然在国际关系中发挥着重大的作用。

2. 作为国际战略判断依据的“力量对比论”：两面性及其表现

客观地说，以“力量对比论”为依据来做战略定位、进行战略分析和战略判断，特别是用来确定社会发展的战略和策略，无疑具有正确性和合理性。但是，任何事物都具有两面性。实践表明，这样做既有对的时候又有错的地方，既为中华人民共和国的建立和发展立下了丰功伟业，又确实造成过不必要的一些损失。一个比较明显的例证就是，我们在用“力量对比论”做战略定位和战略判断时，容易犯高估自己力量的错误，容易让人说一些大话和做一些无用功，其结果是给我们的事业带来了不必要的损失。

人们常说人最困难的是认识自己，或许有一定道理。从认识论视角看，“高估自己”是人类很容易发生的认识偏差，几乎极少有人能够避免。但是，“低估自己”也是人类最容易发生的认识偏差，同样极少有人能够避免。例如，明明跳一下就可以摘到的苹果，却以自己太矮为理由而不去努力尝试跳一下，从而失去了摘到苹果的机会。社会上因为低估自己而失去宝贵机会的故事可以说数不胜数。任何时代的进步，社会的任何一项成就，包括个人的成长和发展，几乎都伴随着“高估自己”与“低估自己”的争议。不可否认的事实是科学的、具有进取性的社会战略决策在展示辉煌前景的同时又一定会隐含着巨大的风险和挑战，需要开展伟大的斗争才能实现它所设定的目标，不仅包括考验全社会的勇气、智慧和意志，还包括需要全社会付出一定的代价。例如，我国在 20 世纪 50 年代初开展的抗美援朝伟大斗争，就是一个实例。

众所周知，1945 年日本投降后，以金日成为首的朝鲜劳动党在朝鲜半岛上的

“三八线”以北地区建立了自己的国家——朝鲜，由美国支持的李承晚集团则在“三八线”以南地区建立了自己的国家——韩国。一个曾经统一的国家变成了一族两国。1949 年中华人民共和国成立时，美苏冷战正酣。正是在这种冷战氛围下，朝鲜半岛南北方之间的摩擦在 1950 年 6 月 25 日突然升级为内战，为美国武装干涉朝鲜半岛事务提供了借口和机会。

美军在朝鲜仁川登陆时根本不把中国的军事力量放在眼中，对中国当时一再发出的警告充耳不闻。当时美国国内的政治气氛依然是“麦卡锡主义”大行其道下的反华、仇华言论占据主导地位，美国政界普遍对新中国抱有敌视甚至蔑视的态度，鹰派分子更是对新中国虎视眈眈。例如，在当年美国国会、国务院、白宫的全部档案里，我们根本找不到一句肯定中国共产党、中华人民共和国的话语。在此背景下，中国共产党人不得不严肃考虑美军在仁川登陆、越过“三八线”后将直接威胁新中国安全的严重后果。当朝鲜战争的战火已经烧到鸭绿江边、美国军机已经飞到东北地区的上空、炸弹已经落到东北大地上时，新中国政府毅然作出了派遣中国人民志愿军援助朝鲜的战略决策。

当然，要把美军挡在“三八线”以南，对于中国人民志愿军而言，的确存在巨大困难。一方面，当时的中国国内不仅有那么一批人盼着美国人打到中国来，还有那么一批人盼望盘踞在台湾的蒋介石国民党反动势力能够乘机“反攻大陆”；另一方面，更多的人是恐美，认为凭中国当时的武装力量根本不是拥有飞机大炮等机械化装备的美军的对手。但是，后来的事实证明这些人都错了！如上所述，中国共产党领导的人民军队是社会的主人，其主体性、独立性所凝聚起来的意志力是常人难以想象的！抗美援朝这一战是中华人民共和国的奠基之战，不仅打出了军威、国威，而且还对所有任何侵略者都起到了警示作用：犯我者，必诛之！

有人说“没有勇气只好做奴隶”，或许这是一种激励人们提升勇气、维护自我主体性、独立性而不得不作出的选择；也有人会认为“做奴隶未必一定痛苦”，但其结果只能是做奴隶。如果没有“高估自己”的勇气，“星星之火，可以燎原”便失去了其巨大的震撼性。原因很简单，因为正义的力量也需要“星星之火”的积累，也需要有勇气、有胆识、有智慧、有能力更有意志的人去实现人类正义必需的使命！

用民间流行的一句话来解释就是：成功者为解决困难而找办法；失败者会因存在困难而找理由。

二、“共生机遇论”的逻辑依据

俗话说“相反相成”“相异相合”“相异相补”，其中的原因都是由于双方存在“共生性需要”：不仅具有相互分享的可能，而且经过磨合、融合、包容、和合后还具有匹配性、契合性、和合共生性的可能；不仅存在相互分享生存的乐趣，而且还能使生存的延续得到自我实现。因此，世界万物才能够“和而不同”地存在，才能够在“和实生物”中发展变化。在社会存在与发展的范畴内，“共生性需要”具有多元多样性，它不是个别性概念而是普遍性概念，因而使整个人类形成共生性社会，也导致了当代多元多样和合共生世界的产生。

（一）“共生机遇论”的逻辑原点具有丰富的内涵

社会成员的生存和发展具有多元多样性需要。然而，个体的需要又怎么会变成个体之间的相互依赖、相互依存？怎么会使个体之间具有共生性？这是因为几乎任何需要只有通过直接的或者间接的相互分享才能使相关各方都具有生存的乐趣，才能使生存的延续得到自我实现，因而使需要不仅转化为相关各方的相互依赖、相互依存性，使相互之间具有共生性，而且这种需要又通过相互分享而使相关各方必然具有和合共生性的需要。简单地说，所有社会成员之间具有相互依赖、相互依存性，都是因为他们均有多元多样性“共生性需要”，也就是在适应他者需要的过程中才能获得自我实现的需要；所有社会成员之间都具有多元多样性“共生性需要”，也就是在相互适应他者需要的过程中才能相互获得自我实现的需要。任何“共生性需要”实现的首要条件都是具有相互匹配性、契合性、和合共生性，不仅是在相互来往、交流过程中发现的，而且也是在磨合、融合、包容、和合的过程中形成的。

成功的市场不仅存在“共生性需要”，而且一定是能够实现多元多样性和合共生的市场。“共生性需要”涉及的是多元多样性资源，而且是广义性概念的资源，是相对稀缺性资源。行为体在与他者的交往、交流的过程中发现自己所需要的资源，不仅是需要通过相互分享的资源，而且还是有可能转化为各自获得自我需要实现的资源，例如，市场上的买卖交换、交易实现过程都是双方“共生性需要”自我实现的过程，因此，这种发现对相关各方都是一种机遇，这就是共生机遇。如果相关各方抓住了共生机遇，就有可能建立起共生关系的纽带，各自就能够为自己的存在和发展创造条件。所以，“共生性需要”使当代社会成员之间不仅具有互联性，而且还具有共生性、互惠性，更使相关成员都具有相互吸引力。这就是“共生机遇论”的逻辑原点。

“共生机遇论”的逻辑原点向人们传达的信息非常丰富，但主要内容有以下几点：(1)共生机遇存在于交往、交流过程之中；(2)共生机遇是双向的、相互的，各自都具有发现和抓住共生机遇的内生动力；(3)共生机遇是一种资源的相互分享，即使报童与读者的关系也是一种资源相互分享关系，在本质上既是权力、利益的分配(转移)关系，又是相互认可对方的关系，从而使各自的权力、利益真正产生有效性，因为任何权力、利益都是因社会的认可、相关各方的认可而有效；(4)“共生机遇论”告诉人们，谁能够在社会中发现与他者之间具有契合、匹配、和合的共生机遇，谁就能够利用好这个共生机遇，谁就能够获得发展的先机，率先打开一片新的天地；(5)由于“共生性需要”是一种持续性的客观存在，因而使得共生机遇具有可持续性，即使存在讨价还价的矛盾和对立冲突，也不能阻断共生机遇的可持续性，即“共生性需要”是共生机遇可持续性的基本依据和前提条件；(6)“共生机遇”提供的是一种资源的相互分享、分配机会，而分享是在共创、共享的过程中将各自的需要变成现实的，这一机理适用于任何个体(个人)之间、集体之间和国家之间，即它适用于整个人类世界；(7)“共生机遇论”的目标就是要帮助人们在国际社会发现那些可以与自己相互分享的资源所在，在资源相互分享的过程中获得自己与他者都能获得自我需要实现的机遇、机会所在。正因为如此，“共生机遇论”不仅具有开放性、实践性，而且也具有互惠互利性，对相关各方而言，它还具有吸引力的内生性。40年前改革开放进程启动时，中国人倡导“让中国了解世界，让世界了解中国”，其目的就是要在相互了解过程中发现机遇、共创机遇、共享机遇。这实际上就是在倡导“共生机遇论”。

（二）“共生机遇论”为人们提供了无限发展空间

“共生机遇论”还告诉人们，世界上根本不缺乏科学技术创造发明的机会，根本不缺乏发展的空间，也不缺乏展示自己智慧和才能的广阔天地。即使身处偏远地区，也都存在着大有作为的无限可能，一切尽在能否发现自己与他者“共生性需要”的契合点、匹配处、和合场之中，这才是“大有作为”的本意。例如，中国的浙江义乌是一个历史上曾经以“鸡毛换糖”的穷乡僻壤小地方，但在改革开放过程中不断发现自己的“共生性需要”与社会的“共生性需要”如何相匹配、相契合、相和合的“共生机遇”过程中，不断地推动自己的“小商品市场”兴旺发达起来，走出了一条从“浙江省内的卖与买”到“全中国的卖与买”再到“全世界的卖与买”的康庄大道，在经济上创造了由小到大的历史奇迹。再例如，浙江诸暨大唐曾经是只有当地人才知道的小山村，村民们在一家一户用手摇机生产袜子起家的过程中，逐渐发现了袜子生产全流程的各个环节和各个要素，发现了各个环节和各个要素之间的“共生性相互依赖关系”，从而找到了多快好省地生产袜子的“技术诀窍”，并在此基础上建立起了各自的产业，逐渐形成了一个系统完整的产业链、供应链、价值链，最终将一双袜子做成了一个大产业，不仅实现了国内供应和全世界供应的目标，而且其产值居然占到世界袜子销售总额的六七成。这些都是顺应“大有作为”本意所创造的真实故事。从这个意义上说，“共生机遇论”并不关注你死我活的博弈论、你输我赢的冲突论、谁支配谁的权力论，而是讲究相互寻求匹配性、契合性与和合性，关注相互尊重、平等合作、互利共赢，而且它对所有国家都一视同仁，倡导的是“人人为我，我为人人”的共生关系，因为只有如此操作，才能和衷共济、和合共生，才能行稳致远。

（三）“战略机遇期论”就是“共生机遇论”

从学理上说，“共生机遇论”和“战略机遇期论”是同一个事物的两种不同表达方式而已，都是源自人类社会的共生性和群体性，因而具有客观性和实践性，都是源自对当代世界多元多样性、和合共生性的认识，因而具有普遍的可操作性。从哲理上讲，“和合共生论”是中国传统思想在当下中国发展的结晶。它否认“二元相互排斥论”，正如先贤老子所说“万物负阴而抱阳”[16]，强调万物中“阴”与“阳”的和合共生性，突出万事万物的对立统一性。尽管古人的话或许有些玄而又玄，但很少有人会否认当代社会的互联性。这种互联性是当代社会成员因为共生性需要的存在、共同利益的存在而彼此相互关联，具体体现在国际社会普遍的分工与合作之中，从而产生世界万物互联的结果。万物互联的基本特征就是相互依赖、相互依存，无论是直接的还是间接的，也无论是对称的还是非对称的，都是如此，概莫能外。

中国改革开放以后，我们开始采用“共生机遇论”来分析、判断我国的国家发展战略和国家对外关系战略。其中，诠释为什么要坚持和平与发展，实际上就是在倡导“共生机遇论”。用“共生机遇论”来分析和平发展的可能性，就是在强调抓住和维护“战略机遇”的必要性。改革开放之初，国内有不少人都相信当代世界依然处于“战争与革命”的时代，因此不相信当代中国拥有“和平与发展的机遇”。改革开放 20 年后，国内依然存在这种声音。例如，1999 年中国驻贝尔格莱德大使馆遭到美军机轰炸后，有人就公开发文称“和平发展的机遇已经消失”，“战争与革命的时代已经来临”。显然，这种观点认为我国在战争与革命的时代是不可能拥有和平发展的机遇的。其实，这两个概念虽然有一定联系性，但不属于同一个学术范畴，未必非要搅在一起做非此即彼的选择。

上海学者或许因更多受到市场因素的影响，似乎更容易接受“共生机遇论”。众所周知，一个国家要为自己寻找和平发展的前景，必须善于发现与他国发展的契合点在哪里，相互能够匹配的场域在何处，这与市场上买卖双方交易的相互实现过程具有同理性，而这种同理性就是共生机会或共生机遇，需要以和合共生为基础。2002 年黄仁伟撰写的《中国崛起的时间和空间》一书受到国内学术界广泛关注。其实，该书从头到尾所阐释的主要观点就是典型的“共生机遇论”。所谓“共生机遇论”，其基本特征主要有两个：一是集中关注我国的和平与发展有没有时间、有没有空间、有没有条件，与他国的发展有没有契合性、匹配性、志同道合性，有没有合作伙伴，与他国有没有共同利益，与他国的共同利益在增多还是在减少，等等；二是集中关注发现共生机遇，利用所发现的共生机遇，创造更多的共生机遇，维护现有的共生机遇。2009年笔者撰写的《空间与轨迹：两个体系中的中美关系》一文，从第二次世界大战后世界出现了两个体系、两种历史发展趋向的视角，全面阐释了中国有可能获得和平发展的战略机遇期。笔者在该文中指出，在第二次世界大战后出现了两大历史发展趋势：一个是以主权国家为主体的国际体系及其历史发展趋向；一个是以经济全球化为驱动力的全球体系及其历史发展趋向。这两个体系及其历史发展趋向既具平行性又有互动性。因此，国家应"统筹国内与国际、国际体系与全球体系两个大局，争取把在国际体系中的被动状态变为全球体系中的主动状态，把全球体系中谋发展的成果转化成在国际体系中谋发展的机会，从而争取我国对美关系逐步进入战略上、整体上的主动状态"[17]。中国共产党的十八大报告和十九大报告都高度重视中国和平发展的战略机遇期，"战略机遇期论"因而不仅成了许多人诠释我国战略决策的根本性依据，而且也成了国家坚持改革开放、凝聚中华民族伟大复兴意志的共识。

当前，作为世界第二大经济体的中国已经与世界上180个国家建交（截至2019年12月21日），其中与许多国家的关系，包括中国与美国的关系，都是由曾经的相互疏远而逐渐走近，由曾经的相互对立而逐渐变得相互亲近，直到建立正常的外交关系。尽管存在着意识形态、政治制度、发展道路是否相同、是否认同等因素的影响，但根本原因是各自从对方身上发现了可以满足自己发展需求的共生机遇。中美建交40年，可谓从风风雨雨中走过来的，也是在披荆斩棘中砥砺前行的，不仅是因为当代的中美关系处于多元和合共生的时代，而且双方都对对方具有"共生性需要"，需要相互自觉寻求契合、匹配、和合。因此，即使存在矛盾、对抗和冲突，两国也难舍难分。

美国特朗普政府现在要与中国打"贸易战""科技战""金融战"，但在美国国内依然存在诸多制约因素，不少人都反对特朗普的对华政策和做法，因为他们知道在当代多元共生的世界上，中美关系难以全面"脱钩"。首先，中国不想与美国对抗、冲突，不想与美国分道扬镳。这是因为中国懂得当代世界是和合共生的世界，不存在谁需要乞求谁、谁怕谁的问题。其次，建设不冲突、不对抗、相互尊重的中美关系符合双方的根本利益，因此也不需要谁乞求谁。最后，美国对中国闹对抗、制造冲突，受损失的不只是中国，还有美国自己，因此也不需要谁乞求谁。在此背景下，中国的选择只能是，在集中精力办好自己的事情的前提下，沉着应对外部挑战，基本原则是不乞求谁，也不怕谁，“朋友来了有好酒，豺狼来了有猎枪”。当美国人最后发现中国的发展对美国是不可丢失的共生机会、机遇时，中美关系自然会好起来。今天，越来越多的国家和国际组织纷纷响应中国的“一带一路”倡议，根本上也是因为它们都发现了对自己发展的共生机遇。

三、“权力转移论”的泡沫

我国学术界许多人或许是受美国理论的启发，在进行对我国的战略分析、战略判断的诠释时，更喜欢采用所谓“权力冲突论”，因而尤其关注中美之间的权力关系，关注中美各自对权力的追求，并且煞有介事地鼓吹所谓中美关系“权力转移论”，其基本依据就是因为美国正在走向衰落而中国正在崛起。这种观点实际上是美国现实主义“实力—权力论”的另一种表达方式。

（一）中国成为世界第二大经济体为西方国家的“权力转移论”在中国学术界逐渐流行开来提供了机会

进入 21 世纪 10 年代后，我国学术界一些人开始吹嘘美国的权力出现了向中国转移的趋向，因此引入了令人眩晕的“权力转移论”来诠释中美关系的现状与发展趋势，其结果是在我国学术界的一些学者中掀起了一股“权力转移论”和“修昔底德陷阱”讨论热潮。

本文认为，在市场上确实存在买卖过程中“权力转移”的现象，例如任何实物买卖都是卖方将自己对货物的支配权力转移给买方的过程；在国际关系史上也确实出现过“权力转移”的情况，例如一国对别国领土的占领就是获取被占领土支配权力的过程，殖民主义时代宗主国对殖民地的统治、宗主国之间对殖民地的争夺也都属于“权力转移”的过程。当然，如果是一个老霸权国家被一个新霸权国家所击败，那么也会自然发生霸权的“权力转移”现象，即霸权从老霸权国家的手中转移到了新霸权国家的手里。但必须明白的是，这种被转移的“权力”概念就其本源都是奴隶制时代奴隶主的主观性权力。

第二次世界大战后，大英帝国的世界霸权被美国所取代，普遍认为这是“权力转移论”的经典案例。就此而言，无论是“权力转移论”还是“中美分权论”，在当代都是“霸权取代论”的翻版。众所周知，当从大英帝国手中获取霸权后，美国对任何有可能、有潜力取代美国霸权的国家都始终保持高度警惕，甚至根本不容许任何国家的国内生产总值总量超过美国。在今天的世界上，美国从来不否认自己谋求和掌控世界霸权，也从来不允许别国与其争夺霸权。奥巴马执政时甚至扬言美国要再“领导”世界一百年。

（二）中国的和平发展的确不同于以往的崛起大国，但确实遭到了美国等西方国家的刻意污蔑

自 19 世纪末美国成为世界第一大工业国之后，就产生了称霸世界的权力欲望，这种欲望至今还保持着非常强盛的势头。但是，新中国成立以来，从来就没有产生过这种念头。首先，中国共产党人一再公告世界：中国无论发展到什么程度都不会称霸，而且是永远不称霸，永远不搞对外扩张；中国的发展不对任何国家构成威胁。中国政府还公开说过，如果中国谋求世界霸权，全世界人民就应该起来反对。当然，中国也决不会放弃自己的正当权益，任何人都不要幻想让中国吞下损害自身根本利益的苦果，为此，中国将始终奉行防御性的国防政策。其次，中华民族先人早就为后人树立了追求“天下为公”和“大同世界”的崇高理想。而近现代中国知识分子倡导的“各美其美、美美与共”“和合共生”以及“人人为我，我为人人”理念，也都显示了中华民族理想追求的一脉相承性。

在此背景下，中国的和平发展在以美国为首的西方国家的眼里怎么就变成了是中国在与美国争夺全球霸权权力呢？难道中国发展自己就不能有自己的崇高目

标吗？为什么中国不能设定自己国家发展的崇高目标呢？为什么中国一定要谋求美国手中的世界霸权呢？实际上，中国根本没有与美国争夺世界霸权的可能。既然如此，那么美国的霸权权力怎么会“转移”到中国身上？本文认为，西方国家特别是美国用所谓“美国的霸权权力向中国转移”或所谓“中美分权”来表达中国的和平崛起表面上看是在为中国“唱颂歌”，但实际上是一种“高级黑”：一“黑”中国的和平发展国际形象；二“黑”中美关系并不存在太多的相互信任；三“黑”中国与世界各国和衷共济、和合共生的发展前景。

（三）作为“实力—权力论”翻版的“权力转移论”对当前中美关系的阐释不能令人信服

“权力转移论”的实质是“权力冲突论”，具体表现为“修昔底德陷阱”，即守成大国与崛起大国必然产生争霸冲突，最后掉入“修昔底德陷阱”。显然，这种解释不符合中美关系现状，也不足以预测未来的中美关系发展趋势，更重要的是，它对两国关系的未来发展有害无益。

首先，中国作为主权独立的国家，毫无疑问有权高度关注自己在国际社会中的合法合理的权力、权利、利益，有权坚决维护《联合国宪章》的宗旨和基本原则所赋予的权力、权利、利益，有权坚决维护国际组织、国际法所赋予的各项基本权力、权利、利益。这类权力、权利、利益本来与美国无关，可是美国却要剥夺中国享受这些合法合理的权利，中国为此开展的斗争具有理所当然的正义性。难道这就是中美之间所谓的“权力冲突”吗？

其次，中美关系正常化40年来，彼此之间都是从对方身上寻找共生机遇，从而发现了越来越多对自己发展有利的机会，带来了两国在贸易、投资、科技合作研发、人才流动等诸多领域的合作，推动了共同利益的持续扩大，形成了权力和利益的相互交汇、交织局面，以及“你中有我，我中有你”的相互依赖格局。难道这种关系就是对美国权力和利益的否定吗？难道这种格局只是仅仅对中国一家有利吗？

如果说“实力对比论”可以作为分析国家间关系趋势的一种方法，尤其是在国家间关系泾渭分明的情况下更具有确切性，那么“权力转移论”或“实力—权力论”在现实中则面临诸多严峻挑战。在当代高度相互依赖的多元共生世界中，大国之间的“实力—权力—利益”很难做到精确衡量或计算。无论是“权力转移论”还是“实力—权力论”，都难以对大国的实力及其力量对比关系作出准确判断。尤其是，现在的特朗普政府不仅信奉“权力转移论”，而且还奉行“美国优先”原则，这其实就是要把美国的“实力—权力—利益”都要按“美国第一”的原则来计算，实际上不需要计算，因为无论计算结果如何，都必须把美国的“实力—权力—利益”放在第一位。这就使得世界各国政要和学者既看不懂也听不懂这种计算方式了，但是面对当代多元和合共生的世界，特朗普的“大国国力计算公式”根本行不通，主要原因如下：一是大国均拥有毁灭对方的核力量，即使其中一方存在侥幸生存的可能，但是生活在毁灭性灾难后的世界上是一种非常恐怖的事情；二是大国的发展都是在相互纵横交织、互联互通的共生关系网络系统之中实现的，各自的发展成果尽管在统计数字上属于本国，但是各自发展的支撑力并不完全属于自己，换言之，“本国的天是靠大家共同撑着的”；三是当今社会化大生产带来的是国家之间关系日益增长的相互依赖性、相互依存性，国家的独立自主性在同步减弱，即使国家拥有高度完整系统的产业体系、科学技术发展体系、始终领先的产品体系，也不足以取代最经济又最有效的全球社会分工产业链、产品生产链、供应链和价值链；四是尽管相互依赖的不对称性为大国获得和显示权力提供了机会，但是在高度相互依赖的链条上，权力的号召力取决于他国响应的积极性，如果他国不响应，权力就显示无用，例如美国特朗普政府对中国和其他国家发动贸易战，响应者寥寥无几，其结果是“杀敌一千，自损八百”；五是实力的使用意味着大国对他国的威慑并未得到对方的认可而无效，但现在的实力使用出现了“飞去来效应”，因而变成了相互伤害行为，最新的经典案例就是，特朗普政府因禁止美国数十家电信企业向中国华为供应产品而引起这些企业的强烈不满，因为特朗普的禁令首先对这些企业构成了威胁。这表明，即使特朗普政府用举国之力来对付中国一家民营企业华为，也具有很大的局限性，同时也显示了实力使用的困境和局限性。

(四) 中美关系需要用“共生机遇论”来界定和引导

从学理上说,许多人都将权力定义为对他者的支配力。这种定义或许在历史上曾经有一定的真实性、有效性,例如奴隶主对奴隶的权力,地主对农民的权力,压迫者对被压迫者的权力,统治者对被统治者的权力,等等,都是以支配对方为己任。但是,随着一顶顶皇冠落地,一根根“权杖”都进了历史博物馆,这类在历史上曾经一度存在的权力都被无情地否定掉了。为什么会出现这种结局?主要原因就是,权力不是抽象的而是具体的东西,是以“共生性需要”为纽带的人与人之间的关系,是在持续的相互分享资源的过程中显示出来的关系,是因为它只有在相互分享而各自能够获得自我需要实现时才能成为现实,这样的权力才具有真实性和有效性,也只有经历了如此过程后而形成的权力,才能确保双方各自发展的可持续性和持久性。

基于这种学理,本文认为,权力的确切含义应当包含以下主要内容:一是权力具有相互性。历史上传统的权力概念都强调单边性和单向性,而且是强者对弱者的单边性和单向性。但是,在当代多元和合共生的世界里,人们相信权力的相互性和互惠性,被联合国作为造法依据的“和平共处五项原则”就明确肯定了权力的相互性和互惠性。在“相互尊重主权和领土完整,互不侵犯,互不干涉内政,平等互利,和平共处”五项原则中,每一项原则都强调相互性和互惠性。这完全与《联合国宪章》的宗旨和基本原则相一致。二是权力是被相关各方认可后的有效权力。如果一方认为自己对另一方拥有权力而另一方拒不接受,那么这种权力即使被强制执行,其效果也会大打折扣。三是权力对相关各方而言都是平等的对待。这种权力的平等对待不仅包含主体的平等性,而且还包括人格的平等性,因而具有相关各方都能够相互尊重的基础。四是权力对相关各方都是公正的对待。权力因自身公正才能够具有正义的神圣性。显然,中国倡导的“共生机遇论”完全符合学理上的权力概念,不仅对于中国的战略决策具有重大意义,对于其他国家的战略决策也具有重要参考价值。在此方面,中国已经在“一带一路”建设中和推动构建人类命运共同体过程中大力践行“共生机遇论”,旨在推动在国际社会中形成更加平等和公正的国际关系。

四、结　语

总的看，“机遇”不会自动送上门，必须靠自己去争取。但是，靠自己争取必须坚持原则：一是不能丢掉原则而向别人乞讨；二是乞讨“机遇”是乞讨不来的，因为乞讨来的“机遇”不是“机遇”，而是乞来之食，不仅腰难直，而且食难消。因此，“机遇”问题不仅是一个实践问题，更是一个理论问题，同时也是一个政治问题，涉及国家的主权利益、安全利益和发展利益。我们必须从不同视角对其进行哲学思考，以便提高理论的自信性和行动的自觉性。正因为如此，本文认为，用“共生机遇论”分析研究当代中国的战略机遇更加现实和理想一些。

自改革开放以来，我们不仅抓住了和平发展的战略机遇，而且还享受到了因此而获得的巨大成果。但是，我们既不能否认、也不能忘记为此而开展的艰苦卓绝的斗争，例如，在争取加入世界贸易组织过程中，在维护中美关系健康发展问题上，我们都做了大量的工作，不少人为此而夜以继日地工作，付出了很大牺牲。我们之所以能够做到这一点，主要是因为我们始终秉持和合共生的理念，不仅在理论上相信中美关系始终都存在着“共生机遇”，而且在实践上还不断寻找、发现和利用每一个“共生机遇”。今天，中美关系面临着特朗普政府的严重干扰，我们和平发展的战略机遇期因而也面临着来自美国的严峻挑战。许多人都会关注中美贸易战会打多久？是否会由贸易战扩大到金融战、科技战等诸多领域的全面冲突？是否会打出一个世界经济危机？是否会演变成一场热战？但是，当今世界是高度相互依赖、命运与共的世界，是多元共生且需要和合共生的世界。在这个世界里，我们相信建立在“共生机遇”基础上的和平发展是不以人的意志为转移的硬道理；在这个世界里，我们也相信中国的机遇期就是世界各国的机遇期，同样也是美国的机遇期；在这个世界里，我们还相信全人类是一个命运共同体，因为“人们为了能够‘创造历史’，必须能够生活”[18]！这些硬道理一定会使未来的美国政府面对现实，我们相信，美国一定会与中国一起分享和平发展的“共生机遇”。对中国而言，尽管前进的道路与以往一样复杂曲折，但是没有任何力量能够阻挡中华民族向着实现伟大复兴的宏伟目标前进!

注释

1. 管子,又名管仲,生于公元前723年,卒于公元前645年。参见《管子·卷一·牧民第一》,中华书局2009年版。

2. 参见《孙子兵法·卷一·计篇》,上海古籍出版社2013年版。

3. 据说,司徒雷登回到美国后,生活非常凄凉,想想还是回中国好,于是他留下了去世后要把自己的骨灰葬于杭州的遗嘱。

4. 参见《荀子·王制》,中华书局2015年版。

5.《马克思恩格斯选集》第1卷,人民出版社1966年版,第35页。

6. 同上书,第36页。

7. 参见《荀子·王制》。

8.《马克思恩格斯选集》第2卷,人民出版社1966年版,第199页。

9. 这个问题其实在古希腊哲学家亚里士多德的《政治学》一书中就有所涉及和讨论。

10.《马克思恩格斯选集》第1卷,第36页。

11. 同上书,第78页。

12. 参见金应忠、倪世雄:《国际关系理论比较研究(修订本)》,中国社会科学出版社2003年版,第66—68页。

13. 同上书,第83页。

14. 参见《和美国记者安娜·路易斯·斯特朗的谈话》,载《毛泽东选集》第四卷,人民出版社1966年版。

15. 毛泽东:《为争取国家财政经济状况的基本好转而斗争》,1950年6月在中国共产党七届三中全会上的讲话。

16. 参见老子《道德经》第四十二章。

17. 金应忠:《空间与轨迹:两个体系中的中美关系——中美关系战略定位历史变迁新解》,《社会科学》2009年第12期,第3页。

18.《马克思恩格斯选集》第1卷,人民出版社1966年版,第31页。

(原载《国际观察》2020年第1期。)

中华优秀传统文化的学理性思维逻辑建设

——从和合共生理念谈起

2016年5月17日，习近平总书记主持召开哲学社会科学工作座谈会并发表重要讲话，提出"构建具有自身特质的学科体系、学术体系、话语体系"(以下简称"三大体系")的任务，认为只有这样，"我国哲学社会科学才能形成自己的特色和优势"。这个任务所强调的"具有自身特质""形成自己的特色和优势"，已经成为当代哲学社会科学学人前进的方向。这个任务史无前例，既要哲学社会科学各个学科齐头并进，又要有重点学科首先突破、领先垂范，取得全面胜利。五年来，在"5·17"重要讲话精神鼓舞和鞭策下，哲学社会科学界学人正振奋精神、迎着巨大的挑战奋勇向前，开创史无前例的业绩。

一、"体系"建设史无前例

(一) 历史上对传统文化的系统性、体系性研究几乎没有文本记录

回顾历史，从古代先贤编纂《尚书》《四书五经》算起，历朝历代编纂的文献不计其数，无论是官方还是民间，几乎找不到系统性、体系性研究的成果文本。编纂学发展的显著成就是为后人留下了丰富多样的学说理论，但是至今没有解决对中华优秀传统文化的系统性、体系性认识问题。即使是近现代发展起来的文化史、哲学史、学术史等研究成果，通常也只是对发展过程的研究，与编年史研究成果相类似。

中华优秀传统文化成果历来呈现一个百花齐放的景象。人们常言及"四书五经"，其实类似的典籍汇编多得很、不胜枚举，显示了中华优秀传统文化"学说""理论"的多元多样性以及对多元多样性的尊重。先秦时期百家争鸣、学派林立，呈现

学术发展的兴旺。不过，近现代学界首先关注的学说是儒释道三家，其中儒学与道学是纯本土性学说。受“独尊儒学”的熏陶，人们都以为儒学是中华优秀传统文化的源头活水，而且言必及孔子。现代许多人将儒学尊为“国学”，还有高等学府为儒学挂起了“国学院”牌子。这种认为儒学可以囊括全部中华优秀传统文化的倾向，不免有些粗糙、武断。对古代的每一位学人来说，“读万卷书”是一个崇高的奋斗目标，成为大学问家的标识。如果一生都在“皓首穷经”则可以成为学界的美谈，受人尊敬。然而，未能阅尽中华优秀传统文化全貌的人确实也多得是。在坊间曾经流传“知识多如牛毛，人们只知其一腿”的说法，足见当年要知“全貌”的难度。欲知“全貌”如何，看来对中华优秀传统文化成果开展系统性、体系性研究是不可或缺的。

（二）中华优秀传统文化内在地具有学理上的系统性、体系性

仅就中华优秀传统文化的源头而言，尽管许多人将“孔孟之道”视为中华优秀传统文化的源头，但是孔子并不这样认为。《论语·八佾》里孔子说“周监于二代，郁郁乎文哉！吾从周”。其意是周礼借鉴夏礼和殷礼，是在此基础上演变发展而建立起来的，相当丰富完备，所以孔子遵循周礼的学说理论。据此，“克己复礼”成了他的奋斗目标。换言之，他的学说理论源头在周朝，与周文化有内在系统性、体系性的联系。但是“孔孟之道”的信仰者似乎并不买孔子的账，或许认为这是孔子的自谦之言而不必当真。可见由于缺乏系统性、体系性研究，即使传承了两千多年的儒学源头仍是众说纷纭。

因而，对中华优秀传统文化学术思想是否具有系统性、体系性存在如何客观认识的问题，但至少不能否认内在学理性逻辑演绎体系的客观存在。周朝文化的典型代表是周文王“演周易”、周公定周礼。先秦时期，不仅孔子尊《周易》而且各派学说尽管各领风骚，但是都尊《易经》为“群经之首，大道之源”。可见《易经》在中华优秀传统文化中的“源头”地位及其学理性对各派学说的深刻影响，都足以让人感觉到中华优秀传统文化内涵中客观上存在一个逻辑系统，存在一个学理性体系；这个系统性、体系性就是中华优秀传统文化的“大道”。换言之，如果说各派学说思想都

是对“大道”的表达，那么学理的源头都认为来自《易经》，故谓之“大道之源”。这表明中华优秀传统文化内在地具有自己的逻辑系统、学理体系，不仅不能轻易否定，而且需要人们去感悟、去求索、去发现，同时，中华优秀传统文化内在的逻辑系统、学理体系也并非无踪迹可寻、不能顺藤摸瓜。

当然也有人认为“儒学”的创始者是周文王。即使如此，是否意味着周文王创立的学说就是中华文化的本源？恐怕也未必。因为《易经》还有自己的源头。对于《易经》的起源，人们通常认为是周文王（公元前1152—公元前1056年）84岁那年，被商纣王囚于羑里城期间所作，因而《史记》中有“文王拘而演周易”之说。然而，《易经》起源文本不仅有夏朝的《连山》、商朝的《归藏》说法，而且还有伏羲氏创八卦的说法。而田野考古调查提供的证据却是八九千年前就有这方面的研究成果。据位于浙江义乌桥头村的“桥头文化遗址”考古发现，一个9 000多年前的红衣陶瓷不仅造型几乎可以和唐宋时期的瓷器媲美，而且纹饰直接以阴阳爻的图形出现，与流传至今的八卦乃至六十四卦完全一致。这不仅足以说明《易经》文化源远流长，并且把中华民族的文明史至少向前上溯了两千至三千年。如果说伏羲创八卦至今仍然只能作为传说来看待，那么在“桥头文化遗址”发现的陶瓷器皿上的阴阳爻则是真实的，证明在上万年前远古先人的思维逻辑已经逐渐开创学理性规则。毫无疑问，这个发现对确认中华优秀传统文化内在地具有学理上系统性、体系性传承是有益的证据。

（三）当代学者曾经有过开展学术系统性、体系性研究的多种尝试

毛泽东说：“十月革命一声炮响，给中国送来了马克思列宁主义。”对马克思主义在学术上开展系统化、体系化研究在当年进步学者中蔚然成风，并取得一系列显著成果。这些优秀成果中，除了革命领袖的雄文高作之外，还有艾思奇在1934年出版的《大众哲学》。当年艾思奇的《大众哲学》不仅对马克思主义哲学作了系统叙述，而且内容通俗易懂，让人耳目一新，受到社会各界的普遍关注。自20世纪30年代出版后一版再版，影响和教育了几代人的成长历程。此外还有于光远的《政治经济学》（1952年）、艾思奇的《辩证唯物主义和历史唯物主义》（1960年）等著作在

学界都产生了很大的影响。这表明在马克思主义研究的历史上，前辈在自觉地坚持马克思主义中国化的同时还从学术上做过系统化、体系化的尝试和努力，对用马克思主义武装革命者头脑、自觉献身伟大的人民解放事业发挥了积极作用。再例如，人民出版社编辑部在20世纪60年代初曾组织力量编印的《马克思主义经典作家论历史科学》。该书尽管是语录汇编，但大体上尽可能按当年基本认可的学术体系、话语体系做安排，因此，看来似乎具有某种学术体系色彩，受到学界的广泛重视。

党的十八大以来，以习近平同志为核心的党中央顺应历史潮流，把握时代大势，以全新视野深化对共产党执政规律、社会主义建设规律、人类社会发展规律的认识，形成了习近平新时代中国特色社会主义思想。习近平新时代中国特色社会主义思想是全党全国人民为实现中华民族伟大复兴而奋斗的行动指南。正如谢伏瞻同志所说："习近平新时代中国特色社会主义思想是马克思主义中国化的最新成果，是当代中国马克思主义、21世纪马克思主义，既是我们的指导思想，也是我们的研究对象。多学科多维度、系统深入地研究阐释习近平新时代中国特色社会主义思想在马克思主义发展史、人类思想发展史上的原创性贡献，将政治话语转化为学术话语，书写研究阐释当代中国马克思主义、21世纪马克思主义的学术经典，彰显当代中国马克思主义的真理伟力，是新时代我国理论界的重大历史责任。"[1]以此为切入点，加快构建中国特色哲学社会科学学术体系、学科体系、话语体系的任务已经变成广大学人的行动。新成果犹如雨后春笋涌现的日子正在到来，具有新时代特征的哲学社会科学繁荣指日可待！

二、和合共生理念演绎的学理性逻辑体系

《易经》用特有的符号表达远古先民对变化中世界的理解。这种理解尽管非常抽象、玄乎，然而黑格尔在《哲学史演讲录》中却称赞《易经》是用一些具体的事物实现了最外在、最偶然的东西与最内在的东西的直接结合。暂且不论黑格尔对《易经》是否看明白了，中国先贤确实持续地从研读《易经》中逐渐感悟到了万事万物存

在和变化发展的和合共生逻辑，由此在守正创新的逻辑演绎中发现了一系列社会存在和变化发展的普遍性原理，形成了一系列观察社会、认识世界的基本概念，使用和合共生理念所演绎的学理性思维逻辑赋予了中华优秀文化内在的系统性、体系性，引领中华优秀文化内在地具有学理性逻辑体系。

任何社会都有特殊性，因而在人们的视野里出现社会的不同性、多元多样性；社会的多元多样性之间在矛盾、冲突与融合的过程中也能形成多元多样的社会结合形式。因而，中华民族先贤作出了两个基本判断：一个是万物“和而不同”地存在；另一个是万物在“和实生物”中变化发展。这两个基本判断归根结底就是和合共生。为什么这样说？首先，和而不同地存在意味着生存；其次，和实生物地变化发展，不仅意味着和合的必要性，而且形成了不同个体的群体性生的持续；再次，这两者合在一起相辅相成，构建了和合共生的社会与世界。

据此，知识界对中华优秀传统文化特征作出了不同表述：有的说是“和文化”，意即中华优秀传统文化注重不同万物之间结构状态对和的崇尚与追求；有的说是“和合文化”，意思是中华优秀传统文化在注重不同万物之间的结构状态以和合来实现途径的同时，突出了和合的重要性。据此有人致力于“和合”的专门研究，将“和合学”变成了一门学问；有的说是“和生文化”，意思是中华优秀传统文化不仅强调不同万物之间和合在一起的结构状态，而且强调追求生的持续、共同生生不息，因而更接近“和实生物”的判断。这一系列对中华优秀传统文化特征的表述，从不同侧面表达了万物之所以能够共存、共处、共生的基本条件，各有自己的合理性。然而对系统性、体系性的中华优秀传统文化而言，仅讲任何一个侧面都不全面，容易出现一些不必要的误解。

中华优秀传统文化讲万物和合共生有一个内在逻辑：第一，万物相关的各方尽管相互有差异甚至矛盾，但是客观上原本就具有共生性，不是人们创造了共生性。不管人们承认不承认，“万物负阴抱阳”的共生状态具有客观性，不是臆想的；第二，人的主观能动性，是为不同的各方客观上原本就存在的共生性创造实现的可能，亦即不同的相关各方获得能够和、能够和合的基本条件；第三，万物的“生”原本具有内在动力，人的主观能动性是要在和合过程中（如黑格尔所述在“实现最外在、最偶然的东西与最内在的东西的直接结合”过程中），激发内在“生”的动力；第四，不同万物既以个体形式出现于世人面前，又在相互之间以相生相克、互联互通、环环相扣构成系统性、体系性结构状态。换言之，任何个体（不管人们是否意识到）不仅存在于群体之中，而且存在于系统性、体系性结构状态之中；第五，中华优秀传统文化内在地具有学理性逻辑体系，客观上植根于万物和合共生存在与变化发展结构的系统性、体系性，是主观对客观的表达。

（一）万物“相生相克”，具有互联、共生的普遍性

在人类认识发展的历史上，“我为什么是我”曾经都是一个难题，由此推而广之，带来了对万物联系性的思考与认识的不断深入。欧洲学者是如此，中国学者也是如此。古代中国的阴阳学说、“五行”学说讲相反相成、相异相合，不仅与对万物联系性深入思考关联着，而且与转化成《易经》逻辑的守正创新成果关联着。无论是相反相成还是相异相合，其中的核心观点是相生相克；如果没有相生相克的联系性、共生性，那么既不可能相反相成也不可能相异相合。相生和相克，其实是万物变化发展的一体两面：有相生必有相克，既同时存在又同时发生，具有共生性。生物界的共生性有依附、攀附、寄生、宿居等现象存在，但是人之间具有意识的本能性会抗拒这类共生，也同样是由相生相克性所规定的，因为人具有主体性。

相生相克是指万物互联，谁也离不开谁，都存在于系统、体系之中。按照物理学原理，异性相吸、同性相斥，有作用力必有反作用力；按生物学原理，“相生”是万物有灵，均是生命有机体组成部分，有生长必有衰亡，都是在持续的新陈代谢共生过程中生生不息、绵延不绝。此外，还有化学等学科都能证明万物互联共生中相生相克的变化过程。习近平总书记说：“我们要认识到，山水林田湖是一个生命共同体，人的命脉在田，田的命脉在水，水的命脉在山，山的命脉在土，土的命脉在树。”[2]这种命脉相连性，显示山水林田湖之间在相生相克中构成联系与共生的结构性。

相生相克是指，万物共生均以他者为存在和变化发展的依据。万物共生显示在生命有机体方面是以命脉相连、休戚相关、命运与共来显示抗衡矛盾、对抗冲突的价值。因此，万物之间不仅有相生相克性，而且相生中有相克、相克中有相生，相

克不能否认相生，相生会形成新的相克可能，并在相生相克过程中构建了万物的系统、体系的结构性，使万物均以他者为存在与变化发展的依据。换言之，按照万物相生相克原理，共生并不意味着处处平安无事、时时诸事顺遂，而是需要为了实现如何持续“相生”而不断处理如何“相克”及“相克”带来的问题，要关注可能存在的危害与风险，要当心犯颠覆性错误。“相克”是一种客观存在，其价值取向是使新陈代谢、新旧交替成为万物变化发展的组成部分。因为万物共生，大到宇宙间的联系、小至微生物间的联系，无论是自然界的联系还是社会关系，都具有相生相克的系统性、体系性，因此，人们需要坚持系统性、体系性思维：人们要关注个体与整体、局部与全局的相生相克，既要防止认识的片面性又要防止整体性、全局性变化发展失衡，并且需要强长板来引导变化发展，需要补短板来建立发展的平衡性、提升发展的整体水平；人们需要关注安全性临界度，需要有底线思维；人们需要关注风险的传导性，需要有安全隐患意识，防止出现“黑天鹅”“灰犀牛”之类的事件，形成安全与发展的统一性。因此，考察世界万事万物的安全性并不在于有没有矛盾对抗冲突，而在于相生相克因素的存在是如何构成的，以及有无可能实现相生相克的系统性、体系性平衡。

相生相克是指万物和合共生的结构。人的多元多样性自我实现不仅存在于相互寻求适应、满足对方生存与发展的多元多样性需要的过程中，而且只有通过相互和合才能获得自我实现。和合是面对矛盾对抗冲突寻求匹配、契合、协调的相生相克的过程。放弃和合寻求自我实现，就意味着横行霸道。换言之，人的自我实现不仅是在共生中实现，而且是在和合中实现，因此，自然地带来分工与合作的出现和发展，以及彰显和合的必要性，并由“自然地产生的分工”演进到“真实的分工”，使社会分工与合作的和合共生结构成为社会系统性、体系性，成为社会和世界的重要结构性因素。

相生相克是指人人均存在于和合共生的结构性网络体系中。人的生生不息、绵延不绝都是以他者的生生不息、绵延不绝为依据。任何人为满足多元多样性生生不息的需要，不仅存在与他者多元多样线性连锁，在适应、满足他者自我实现的同时获得自我实现，在分工与合作过程中获得自我实现，而且会形成由多元多样线性连锁编结起来的纵横交织结构性网络，这客观上造成人人均存在于无数纵横交织的网络结构体系之中。就此而言，人的共生性不仅是普遍地与他者共生，而且是生存与发展存在于一个网络结构体系之中。这是人人可以感受得到的自身生存与发展的环境。马克思说："人是名副其实的社会动物，不仅是一种合群的动物，而且是只有在社会中才能独立的动物。"[3]这意味着人以及由人在冲突与融合结合而成的所有行为体，不仅均具有共生性而且生存与发展均普遍地存在于不同层次、不同侧面的网络结构体之中，这种网络结构体系的存在与变化发展趋向，就是万物存在与变化发展的系统性、体系性。这种系统性、体系性的各个构成部分运动变化不仅具有必然性，而且具有不以人们的意志为转移的客观性。因此所谓对系统、体系的研究不是为了发明系统、创造体系，而是揭示万事万物客观存在的系统、体系以及其内部结构，揭开内在变化发展规律性。

按相生相克原理，万物之间不仅互联、共生，而且"相克"。"相克"不仅意味着矛盾对抗冲突，而且意味着被逼需要相互和合、互变（你变我也变）以寻求相互适应、匹配、契合。天冷人要多穿衣，天热了要寻求凉快，都是对"相生相克"性引起的自然防御性互变反应。昆虫、动物都有适合环境的保护色，候鸟有适应气候变化的迁徙习惯，也都是对"相生相克"自然做出的保护性行为。如果不善于适应环境的变化，就会引起各种问题，包括曾经存在于世的庞然大物——恐龙之类都消失了。同样，今天中华民族要依靠自己努力摆脱贫困富起来、不再受人欺负强起来，实现中华民族伟大复兴，这是任何力量都不可抑制的。

（二）万物之所以能和合共生是因为具有内在的学理性逻辑

在中国古代文献中，"和""和合"多处可见。或许中华民族先贤早已感悟到"和"的含义，不仅三千年前就将其铭刻于甲骨之上，而且给予广泛使用。但是，在中华古代文献中却难觅"共生"概念。或许先贤觉得"和合共生"可以意会、难以言传，于是画了一个"太极图"来表达。据田野考古调查发现，在陕西永墨韵太极靖出土的双耳彩陶壶（现藏于瑞典远东博物馆）表面的双龙太极图案，与当代人们所见到的"太极图"相类似，而这是距今 6 500 年前的事。当然，这是否一定是"太极图"

的远古时期原型很难定论，但是也不能否定“太极图”有着一个长期演变的过程。而现在人们所见到的黑白相间、类似头尾相连两条鱼所呈现变化万端的“太极图”，据传是宋朝道士陈抟传出，由此表述的“和合共生”给人以无尽的遐想。

《道德经》断言，世界是由“万物负阴抱阳”所构成的。这意味着“太极图”的基本含义是与老子的这个判断相通的。按照老子的判断，世界万物的存在不是一个个孤立、简单的堆积、机械性的共存共处，是类似生物有机体的相互结合、相互依存、互为因果、互相帮衬的和合共生有机体。老子不仅用“万物负阴抱阳”回答了什么是共生，肯定了共生是共存共处的前提，而且在《道德经》中对和合共生作了具体的阐述。我们倡导的“和平共处五项原则”，就是以共生性为逻辑前提。如果说老子用“万物负阴抱阳”来解释万物共生的存在状态，那么万物变化发展状态又是如何引起的？中华民族先贤认为，万物在阴阳和合中共生、共变。

《荀子·礼论篇》讲到“天地合而万物生，阴阳接而变化起”，为人们展示了“合”而“生”、“接”而“变”的无限可能，以及为实现无限变化可能而“合”“接”创造无限条件的必要性。当人们接受荀子这类观念时，才会相信这种努力会使万物能够“和实生物”。亦即万物因和合而“和而不同”地共生存在，在“和实生物”过程中变化发展。

荀子的判断使万物和合共生成为推动矛盾对立冲突发生革命转化的理念。应对矛盾对立冲突，不仅要敢于斗争而且要善于斗争。这个说法说到底就是要敢于和合、善于和合。即使遇上最大的风浪都能顺势而为、破浪前进，这就是舰船舵手的本事。荀子的和合共生理念即使在面对矛盾冲突的当今世界也为“后相互依赖时代”如何相处提供了最佳选择。万物互联、万物共生之所以发生，既有直接因素又有间接因素，既有有形的因素又有无形的因素，不管人们是否意识到，人类历史就是在各种因素作用下的和合共生中走过来的；事实是世界并没有因为社会矛盾对抗冲突的存在而停止前进，历史也并未因此而中断。或许人们最初直接感受到的和合共生行为是物物交换，亦即双方都要将自己手中的东西卖出去来换取自己所需的物品。这种买卖的本质就是和合共生，在学理上就是双方的自我实现都是在相互适应、满足对方需要的过程中获得的。在物物交换过程中会发生讨价还价，最后达成一个双方都能接受的价格，这个过程就是和合。当代世界的和合共生的存在已经发展成“你中有我，我中有你”“一荣俱荣，一损俱损”的“后相互依赖时代”，所以，在研究相互矛盾、相互对立时务必要研究如何将矛盾对立转化为和合共生。

（三）和合共生的学理性逻辑原理

中华民族先贤在长期的社会实践中不仅积累了丰富的经验而且将经验科学地抽象，形成了一系列和合共生的学理性逻辑原理。这些原理包括：

1. 相异相合的普遍性逻辑

中华民族先贤认为社会“和而不同”地存在是正常现象，显示了社会的多元多样性、丰富多彩性。其实“不同”具有多元多样性：细微的差异是一种“不同”，完全不一样也是不同；形同实不同的是“不同”，形与实均不同的也是不同；能够平静相处的不同是“不同”，势不两立的不同也是“不同”，甚至闹得天翻地覆的仍是不同。万物之间不管如何“不同”都能经过和合实现共生，这就是相异相合的普遍性。作为普遍性逻辑强调的重点是“相合”的各方必须是“异”，相互之间有不同、有区别。为什么？因为相异相合的关注点在“生”，是经过“相合”达到“生”的目的，不是苟且偷生而是“和实生物”、生生不息。中华民族先贤认为“和实生物，同则不继”。因此，相异相合的普遍性逻辑路径是：相异—和衷共济地和合—相生。中华民族先贤相信一般性的“相异”是能够在相互和衷共济的和合过程中获得和合的。

2. 相反相成的普遍性逻辑

相反相成是相异相合极端状态的变化发展趋势。“万物负阴而抱阳”显示的就是相反相成趋势所带来的和合共生状态。由于如何“负阴”、如何“抱阳”各自具有多元多样性，以及由“负阴抱阳”的契合、匹配、和合综合效应所带来的多元多样性，因而世界万物、人类社会的存在形式具有结构、形式的多元多样性，是以结构形式的多元多样性来适应相反相成的多元多样性。如果说一般性相异相合能在和衷共济中获得和合共生，那么相反相成要实现和合共生则少不了刚柔相济，或许还要反复较量。如何将这种抽象的表述具体化，不妨看一下榫卯结构的山西应县佛宫寺释迦塔(俗称应县木塔),就可以发现“负阴抱阳”的效果如何。木结构榫卯营造技艺的特点在于将柱、梁、檩条、门楣和支架等通过榫头这种灵活、抗震的方式连接,在不用一钉一铆的情况下将木构件联锁在一起。因此,相反相成的普遍性逻辑是:相反—刚柔相济地和合—组合成某种形式的结构—和合相生。

3. 社会结合的各种形式在冲突与融合的过程中产生

万物的存在与变化发展不仅是“万物负阴而抱阳”而引起的,更是多元多样性结合的形式带来的。无论是按照《老子·道德经》“一生二,二生三,三生万物”的说法,还是按北宋学人张载认为万物存在与变化发展是因为均具有“一物两体”性,都表明无论是自然界的构成还是社会的多种多样形式的结合都不是自然而然发生的,既有冲突的洗礼又有融合的欢乐。就社会而言,“社会结合的各种形式,对个人说来,才只是达到他私人目的的手段,才是外在的必然性”[4]。个人为了私人目的而参与各种形式的社会结合具有必然性,因为个人的私人目的只有在参与各种各样社会结合的形式后才能达到,在社会结合的各种形式中才能显示自己的主体性和独立性,才能寻求自我实现。当然,不仅相互之间的冲突难免,相互之间的融合也自然会发生,国家政权的出现不可避免,而且生产的分工与合作的发展成了一个重要途径,由此形成了当今世界无比庞大、无比复杂交织的分工与合作体系,产业链、供应链、价值链把世界各国史无前例地结合成一个谁也离不开谁的相互依存体系。

三、中华优秀文化的学理性逻辑

中华优秀文化内涵丰富,既有五千多年文明历史孕育的优秀传统文化,又有中国共产党领导人民在革命、建设、改革中创造的革命文化和社会主义先进文化,以及根植于中国特色社会主义伟大实践的中国特色社会主义文化,是中华民族伟大复兴的文化自信支柱。因此,加快构建中国特色哲学社会科学“三大体系”是当务之需,从中华优秀文化中汲取学理性思维逻辑合理因素同样责无旁贷。

学界有人认为中华优秀文化即使就论述、表达层面的逻辑也没有,这种判断言过其实、有点虚无主义。这种失实言论往往依据欧洲的逻辑类型理论。其实逻辑类型多元多样，既可按照实际操作性、“工具”性来分类又可按照学理性来分类。欧洲学者更多地关注实际操作性逻辑、“工具”性逻辑，更多地关注思维的内容与形式关系的规则。以亚里士多德为代表的欧洲先贤与学者为此取得了很多有益的成果。例如“同一律”“矛盾律”“排中律”，都讲究思维内容与思维形式的统一，强调思维对象同一、概念同一、判断同一；强调在确定的时间内，一个思维对象只能占有一个确定的概念，不能既肯定又否定；强调对于事物的判断要有非此即彼的确定性。因而被称为形式逻辑。当然，这些成果也不是完美无缺的。例如亚里士多德“非此即彼”观肯定了判断确定性的重要，但是在很多情况下，例如人的个体性与人的群体性、人的主体性与人的共生性、个体利益之间、人的个体利益与人的集体利益、人的个体安全与人的公共安全等，“非此即彼”的思维规则显得呆板、僵化，不合情理，直接忽略了矛盾各方同时存在的必然性、必要性事实，相互协调、相互包容的必要性与可能性，排除了正确处理这种事实的可能。

如果认为思维逻辑仅此形式逻辑而已那就以偏概全了。思维逻辑还有另外一面，即思维的学理性规则，或者说是学理性思维逻辑，这同样具有一般性、普遍性，不但无法被形式逻辑所取代，反而能够合理弥补形式逻辑呆板、僵化的缺陷。例如按照“非此即彼”规则，国家重大决策按照欧美议会的议事规则只能用投票来决定，然而按照我国人大、政协的实践是用“协商＋投票”的办法做决定，坚持的是“全过程民主”而不是转瞬即逝的“投票民主”。

对人的个体性与人的群体性、人的主体性与人的共生性、个体利益之间、人的个体利益与集体利益、人的个体安全与共同安全等之类的矛盾性，按照“非此即彼”规则，两者不能兼得、不能兼顾，然而按照中华民族先贤的思维学理性规则却可以兼得、兼顾，可以相互包容、包涵。欧洲人讲究思维的形式逻辑，注重内容与形式的统一，为此制定了一系列规则。中国人传统上讲究思维的学理性逻辑，注重逻辑的合情合理性，既具有自己的特质、特色，又同辩证唯物主义和历史唯物主义相通，也有一系列规则。如：“近取譬”规则，“执两用中”规则，均（平）衡规则，统筹（兼顾）规则，包容性规则，和合规则，“和必中节”规则，“和而不流”规则，“两点论”思维规则，忧患意识规则，底线思维规则，“顶层思维”规则，整体性思维规则，体系性思维规则，等等，都是思维的学理性逻辑规则。这些规则不仅帮助思维避免呆板、僵化，而且都是思想逻辑必须遵循的一般性、普遍性规则。如果说思维逻辑不能违背形式逻辑规则那么思维逻辑同样不能违背学理性规则。

中华民族之所以能和合共生地持续存在和发展五千余年，其中不可否认的一个重要因素，是思维逻辑一直是遵循学理性规则演绎的。形式逻辑规则与学理性逻辑规则，各有千秋、互有长短，这两类逻辑是可以相互补充、相互完善的。

任何思维都有具体性，即使抽象思维也有具体性，而具体性就意味着特殊性。因此，思维还存在学理的规则性，亦即任何思维的具体性、特殊性都离不开学理性的逻辑规则。换言之，思维逻辑单靠形式逻辑是不够的，还需要有思维的学理性逻辑。尽管从学理上讲，规则来自客观存在的实际和实践，但是一个国家的人的习惯采用何种规则，这与一个国家的传统文化有关联，亦即每一个国家的人们都有受自己传统文化影响的一般性、普遍性思维学理性逻辑规则，即使反映在每一个学者身上也并不完全相同。因此，在各国之间也存在互学互鉴、相互取长补短的可能。

例如马克思（1818—1883 年）与黑格尔（1770—1831 年）、费尔巴哈（1804—1872 年）都是德国人，其中马克思是犹太人，黑格尔是德意志人，费尔巴哈是日耳曼人，他们各自都有自己的信念和理论主张，但是马克思并不认为他们之间是“非此即彼”。马克思从黑格尔的唯心主义哲学中发现“合理内核”，这就是辩证法。马克思说，黑格尔“一向认为，自然界的基本奥秘之一，就是他所说的对立统一（contact of extremes）规律。在他看来，‘两极相逢’这个习俗用语是伟大而不可移易的适用于生活一切方面的真理，是哲学家不能漠视的定理，就像天文学家不能漠视克卜勒定律或牛顿的伟大发现一样”。毫无疑问，黑格尔哲学思想明显地从德国传统文化、古代欧洲哲学思想汲取了营养物质，然而他也重视其他国家哲学思想的研究并从中汲取有益的学理。他的《哲学史讲演录》反映了在这方面的研究成果。在该书中，他称赞中国的《易经》是“中国人的智慧”，认为《道德经》的主要概念是“道”，类似于西方人所谓的理性，认为《道德经》是关于理性和道德的书。黑格尔研讨每个哲学命题，一般都有正题、反题与合题组成，类似于《易经》太极图的正、反、和的三维形式，采用三段式解读法，显示了典型的辩证思维特征。

马克思既从黑格尔唯心主义哲学中汲取了辩证法，又从费尔巴哈的机械唯物主义汲取了唯物主义，创建了辩证唯物主义和历史唯物主义。

如果说《易经》是中华优秀传统文化的重要成果，那么其在历史上对中华民族的思维学理性逻辑规则确实产生了巨大的影响。《易经》演变过程又是传承不息、不断守正创新的过程，逻辑地演绎出一系列重要发展趋势性判断。不仅表明中华民族有历史传统文化遗存下来的一般性、普遍性思维学理性逻辑规则，而且显示了思维学理性逻辑犹如生物基因也具有历史传承性。如果说承认形式逻辑引领正确思维的价值，那么同样也应该承认学理性思维逻辑引领正确思维的价值。

远古时代传承下来的《易经》为人们提供的既是历史上形成的世界观，又是历史上曾经延用不弃的方法论，其中不可否认地包含着思维的学理性逻辑规则。《易经》用阴、阳八卦来表达思维学理性逻辑规则似乎有点玄乎，在历史上还曾经是巫师的“卜筮”表达艺术，但是《易经》中有“合理内核”，因此可以科学地转化为对万事万物之间都具有对称性、相异相合性、相反相成性、相生相克性的认识。这也同时意味着思维过程对万事万物都要坚持两点论，要做正、反、和的三维思考，要名实相符、言行合一，并由此演绎出一系列思维的学理性逻辑规则。这些思维的学理性逻辑规则影响了一代又一代人的思维逻辑、思维方式，至今对人们作出合理判断依然产生积极影响。

注释

1. 谢伏瞻：《习近平新时代中国特色社会主义思想实现了马克思主义中国化新的飞跃》。
2. 习近平：《关于〈中共中央关于全面深化改革若干重大问题的决定〉的说明》，载《习近平谈治国理政》，外文出版社 2014 年版，第 85 页。
3. 《马克思恩格斯全集》第 23 卷，第 363 页。
4. 《马克思恩格斯选集》第二卷，人民出版社 1972 年版，第 87 页。

上海市国际关系学会五十年

一、五十年历程的简要回顾

1955年，上海市副市长、政协副主席金仲华先生邀集俞沛文同志（时任市政府外事处长）、刘思慕同志（时任《新闻日报》社长）、石啸冲同志（时任《学术月刊》副总编）和胡其安同志（时任复旦大学新闻系副教授），组织了一个国际问题研究小组，经常就国际形势变化交换意见。为了适应上海对外关系发展的需要，国际问题研究小组在1956年发起并筹备在上海成立研究国际问题的学术团体。从1956年3月19日至1957年2月21日，七次召开筹备会议，广泛听取国际问题学者专家的意见。当时的上海，还没有国际问题学术社团和专门的教育、研究机构，因此如何将在上海的国际问题学者专家组织起来，及时为他们提供中央发展对外关系的新精神，为他们解决研究资料缺少和成果发表、出版的困难，为他们提供相互交流探讨的平台，为上海对外关系发展做点事，成了大家共同的愿望。经过反复酝酿，最后确定：(1)该学术团体定名为“上海国际关系学会”（后为表明系市级社团，于1979年定名为“上海市国际关系学会”）；(2)其性质是群众性学术社团；(3)其任务是促进国际问题研究和国际知识普及。经中共上海市委批准，上海国际关系学会于1957年3月2日正式成立。出席成立大会的69名学者专家，一致通过了学会的第一个章程，选举产生了第一届理事会。金仲华先生连续被学会第一届、第二届、第三届和第四届理事会推选为会长，直至1968年在“文革”中被迫害致死。在金仲华会长领导下，学会团结了上海研究国际政治、外交关系、世界经济、国际金融、国际法和国际组织等方方面面的学者专家，使学会成为名副其实的国际问题学术研究团体。

当时，中共上海市委高度重视上海国际关系学会的发展，不仅学会领导成员由中共上海市委批准，而且学会的年会学术活动安排都经过中共上海市委专门研究。1958 年，根据中共上海市委的要求，成立中共上海国际关系学会分党组，直属中共上海市哲学社会科学学会联合会党组领导，分党组成员也须经中共上海市委批准。为培养大批“又红又专”的干部，中共上海市委号召从事外事、外经、外贸、国际旅游的第一线干部参加上海国际关系学会的学术活动。这就使学会会员迅速增加到四五百人，参加学会专业研究组活动的人数也大大增加，每年的学会年会，一般都开三四天，每天都有三四百人参加，成了上海一个盛大的学术节。

1958 年，由上海国际关系学会等八个当时已成立的学会联合组成上海市哲学社会科学学会联合会(以下简称上海市社联)，上海国际关系学会是上海市社联的直属学会(在 20 世纪 80 年代又被称为“内学会”)。上海市社联不仅为学会提供学术会议的场所，统支学会活动经费，而且委派专职干部直接参与学会工作，学会年会活动的具体工作都由上海市社联直接操办。上海市社联首先向学会委派的专职干部是许惠君同志，至 1960 年又增派张荣喜同志。直至“文革”迫使学会停止活动，这两位同志在学会里无职无位，默默地为学会发展作出了自己的贡献。1978 年，中共上海市委批准上海国际关系学会恢复活动，并决定由李储文、余开祥、刘星汉三位同志负责恢复活动的相关事宜。上海市社联继续委派张荣喜同志作为专职干部为学会恢复活动做了大量工作。1979 年，上海市社联又委派金应忠同志接替张荣喜同志担任学会专职工作人员，并继续为学会提供学术会议的活动场所和会议服务工作，统支学会的活动经费。

到 20 世纪 80 年代前期，上海市社联逐步减少了对学会的统支经费；90 年代初，上海市社联又取消向学会委派专职工作人员的制度。学会为了解决活动经费来源不得不面向社会，寻求企业资助，自己搞“创收”，学会的一些成员单位也以与学会联合召开讨论会的名义纷纷提供资金支持，从而使学会维持了生计。为了解决学会的活动经费问题，借着上海企业发展外向型经济的势头，学会于 1987 年 11 月成立“对外经济合作部”。张安友副会长同志在“文革”前长期担任学会秘书(长)，曾为学会做了大量工作，而在此时，他又以退休年龄亲自领导了这方面的工作，林辅华同志、沈若江同志、樊明荣同志先后为此不计报酬，作出了极大努力。在靠社会养学会的新阶段，学会一直在努力探索，但直至今日还没有找到一条能稳定地提供学会经费的制度性渠道。

1991年7月10日，上海市民政局核准上海市国际关系学会为非法人社团，准予注册登记。据此，学会自筹注册资金1万元，按规定迅速注册登记，并交纳注册登记费1 000元。1995年12月25日，上海市民政局沪民社登(1995)第63号文件，又核准上海市国际关系学会为法人社团。据此学会又自筹注册资金5万元，按规定注册登记。陈启懋会长担任学会第一任法定代表人。从此上海市国际关系学会进入依法办学会的新阶段。2000年10月，经中共上海市社会科学界联合会党组批准成立中共上海市国际关系学会党的工作小组。

上述变化表明，随着国家发展的巨大转折，学会发展也经历了重大转折，逐步走上了靠社会养学会、依法办学会、按章程开展学会工作的发展道路。尽管在新的发展道路上走得很艰难，还需要继续探索，但学会为学科建设的发展，为适应国家对外关系的需要，为在上海市民中普及国际知识，以及为上海国际问题学术界营造一个良好的学术氛围，为一代又一代青年学者的成长而作出的长期努力，依然得到了社会和上级部门的肯定。学会连续被评为1996—1997年、1998—1999年、2000—2002年和2003—2005年"上海市优秀学会"。

二、五十年持之以恒的创造性努力

学会自成立以来，会员一批一批地进来，领导一届一届地更换，但学会恒久不衰的精神是:齐心合力，不断创新。随着形势和环境的变化，学会根据学科发展和广大会员共同的迫切需要，不断地提出新的议题，开拓新的活动空间，创造新的活动形式，追求学会发展新的高度，建立学会新的业绩。

第一，积极促进国际知识和国际形势教育的普及，为上海提高市民的国际素质作出了积极贡献。

学会成立后，就面临上海广大干部群众对国际知识的迫切需求。为此，学会协助上海人民广播电台举办国际知识讲座，组织编写国际知识普及读物。而许多专家学者根据学会的安排，不断进入工人文化馆和俱乐部，下工厂赴农村，在车间、地头宣讲国际形势发展变化和我国对外关系发展的成就。学会通过这些努力也在上海广大干部群众中扩大了自己的影响。

随着改革开放新时期的到来，上海广大干部和市民更加要求了解国外情况，学会因此也加大了国际知识和国际形势教育的普及力度，在不同时期创造了不同形式。

(1) 与上海图书馆联合举办国际形势讲座。从 1980 年开始，学会每年都为上海图书馆开设讲座，分上下半年两个系列，每个系列有 4—5 个报告，很受上海市民的欢迎，每次报名听讲者都有四五百人。至今，学会仍有与上海图书馆联合举办国际形势报告会的合作计划。从社会反响看，由学会安排的国际形势报告是上海图书馆举办的报告会中最受群众欢迎的报告之一。

(2) 学会独立安排收费的国际知识和国际形势讲座。从 20 世纪 80 年代中期起至 90 年代，学会曾尝试独立举办国际知识和国际形势讲座。每个讲座都安排四五个报告，向听众收费，每人 10 元，很受市民欢迎，通常都有四五百人报名。在 1991 年海湾战争后和苏联发生“8・19 事件”后，学会抓住时机安排讲座，报名听讲者高达两三千人。这些讲座一度成了学会“创收”的重要渠道。许多学者专家也因此成了“明星”报告员，成了上海众多企业、学校、街道举办国际形势报告会的热邀对象，一些学者还受到周边城市的邀请。

(3) 与上海电视台《国际瞭望》栏目合作举办国际形势热点座谈会和国际知识大奖赛，《国际瞭望》一度成为上海电视台收视率最高的节目之一。当时上海电视台有关负责同志都非常重视这些活动，第一次为上海一批国际问题的专家学者提供了在电视上亮相的机会，提高了上海市民对国际问题的兴趣和关注度。1992 年的“晨光杯”和 1993 年的“明光杯”国际知识大奖赛更是吸引了成千上万的观众参加，盛况空前。1995 年，学会与上海电视台《国际瞭望》栏目组、上海国际问题研究所《国际展望》编辑部等单位合作，分期举办“纪念抗日战争和世界反法西斯战争胜利五十周年知识竞赛”和“纪念联合国成立五十周年知识竞赛”，后者还被列入国家纪念活动项目，在社会上引起很大反响，得到广泛好评。面向社会大众的国际知识电视竞赛，也使社会上的一些青年才俊得以展露才华。如今，国际问题学者在电视上发表评论，已属平常，但国际问题学者进入电视平台，上海市国际关系学会乃是开先河者。

(4) 与上海主流媒体合作。学会组织学者在国内媒体上开展国际时事述评始于《解放日报》，其后又与《文汇报》《新民晚报》展开了广泛合作，逐步在平面媒体上构筑了国际知识和国际形势教育普及的平台。从20世纪80年代后期开始，《解放日报》陆续组织国际问题专家发表国际问题时评文章，在当时全国所有报刊中该报是率先这样做的，当然客观上有很多困难，但是《解放日报》有关负责同志都热情支持这种努力。到90年代初，这种努力还得到了中央高层领导的充分肯定。1994年，《解放日报》又开辟"专家论坛"专栏，除了发表国际问题学者个人的文章外，还与学会合作不定期地就国际形势热点问题和国家重大外事活动联合召开座谈会，并对这些座谈会成果作专题报道。这种努力一直坚持至今。曾经由学会和《新民晚报》海外部联合组织的国际问题专家组，连续多年被评为《新民晚报》优秀专家组。《东方早报》创刊后，学会又陆续推荐不少专家，为该报写文章，作评论。

学会与报纸、电视台合作，普及国际知识和国际形势教育，既为上海国际问题学术界创造了良好的学术环境和氛围，又为青年国际问题专家崭露头角提供了重要通道，让人们看到了上海国际问题学术界人才辈出的兴旺景象。陈启懋同志在担任会长后，曾经多次讲过，学会要为造就一批又一批著名国际问题专家创造条件、开辟空间。这些专家不仅在上海要有知名度，在国内要有知名度，在国际上也要有知名度。学会已为此奋斗了近30年。

第二，学会曾一度为会员研究成果的发表积极创造条件，适应了当时的需要。

金仲华会长不仅多次强调要帮助学者发表和出版研究成果，而且组织专人帮助审改稿子，联系出版社，因而使一些学者的研究成果得以面世。在"文革"结束后学会恢复初期的一段时间里，学会会员成果的公开发表同样也面临着这样一个问题。1981年有几位学者写了一本现代国际关系史教材，尽管国内许多高校都需要这方面的教材，但出版社却不敢出版。学会国际关系史研究会立即组织人员编写

《战后国际关系史讲义》,与该教材配套印刷成册,一下子就被国内一些高校争购一空,而且供不应求。有的高校买不到这些讲义,就自己翻印,供本单位使用。有了这个先例,《现代国际关系史》不仅被出版社接受了,而且还获得了学术著作优秀成果奖。在整个80年代,凡学会会员向学会年会和学术讨论会提交的论文,学会总是千方百计自筹经费,或者印成论文集,或者委托出版社出版,帮助学会会员的优秀研究成果尽早面世。

从1981年到1992年,学会编印论文集20本,其中委托出版社出版6本,学会自己编印14本,总计收入论文350篇,总字数达376万。这一本本、一页页、一字字都体现了会员对学会的满腔热情,饱含着学会对会员需求的真切理解,这是学会与会员鱼水情深的真实写照,是社会对学会发展的殷切期望。

第三,积极促进国际关系学科建设的发展。

学会成立不久,上海就出现了国际问题研究发展的新势头。上海国际问题研究所在1960年成立,复旦大学国际政治系、资本主义国家经济研究所、拉丁美洲研究室在1964年成立,华东师范大学和上海社会科学院也相继成立了相关研究机构。学会以自己的学术讨论活动,为这些新建机构的研究人员提供了发表研究成果和施展才能的平台。金仲华会长常常亲自对这些成果提出修改意见,甚至亲自动手帮他们修改。

"文革"结束后,上海一些高校要开国际关系史课程,一些外事干部不熟悉国际关系历史。根据李储文会长的意见,学会国际关系史研究会在1981年举办"国际关系史讲座",在当时的国际俱乐部连续讲半个月,不仅使一批外事干部得到专业培训,而且使上海一批教师在十年"文革"业务荒废后迅速跟上了发展的需求。根据讲座编印的《现代国际关系史讲义》和《战后国际关系史讲义》及随后编印的五辑《战后国际关系史料》(近90万字),也促进了国际关系史的教育和研究。这些努力受到国内学术界一致肯定和赞扬,使国内学术界看到了上海国际关系学科建设的整体实力。

"文革"结束后,学会刚恢复活动就把促进马克思主义国际关系理论研究作为自己的重要任务。学会抓住1983年纪念马克思逝世100周年的机会,提前一年草拟34个研究题目供会员参考，在1982年不仅召开讨论会而且编印了论文集，为上海国际问题学术界兴起国际关系理论研究提供了良好开端。学会于1987年8月邀集上海外国语大学、上海国际问题研究中心等单位发起召开“上海国际关系理论讨论会”。这是我国有史以来专门研究国际关系理论的第一次全国性会议。近百位包括宦乡同志在内的国内一流学者赴会，从8月9日至13日连续开了5天，就如何建设有中国特色的国际关系理论体系、如何研究国外国际关系理论广泛地交换了意见。早在20世纪60年代就有同志提出建设马克思主义国际关系理论，但是由于人所共知的原因被耽搁了下来。这次讨论会的召开是国际关系理论研究在全国兴起的重要标志，受到国外的密切关注，苏联、美国、英国等国驻华大使馆纷纷专门派人南下打探这次讨论会的内容。1998年和2004年在俞正樑副会长的努力下，又组织了两次全国性国际关系理论讨论会。

为了推动冲破我国中东研究长期以来受传统观念的束缚，学会组织了一系列重大活动。1983年由学会亚非研究会牵头，邀集国内一批研究中东问题的资深专家，在无锡太湖饭店召开“阿拉伯国家和以色列冲突及由来学术讨论会”，按实事求是、解放思想的原则，探讨阿拉伯国家与以色列冲突的原因、犹太复国主义运动、阿以战争的特点和规律、中东地区战与和的前景等，就突破一些传统观念取得了共识。中央有关部门认为，讨论会成果对中央决策有重要参考价值。1988年8月，学会亚非研究会又发起在杭州刘庄召开“犹太历史文化讨论会”，邀集国内一批资深学者共同探讨以色列的历史文化传统背景和中犹两大民族的历史传统友谊。这在当时绝对是一个敏感的课题。学会以极大的理论勇气，在外交部有关部门的指导下，历史性地召开了我国有史以来首次这样的讨论会，填补了学科发展的空白。这次讨论会在国际上引起了很大反响，世界各地的犹太人社团纷纷来电来函，祝贺此次讨论会的召开。学会以自己科学研究的真知灼见，在理论上和思想上为以后的中以建交作了广泛的准备，为我国对外关系发展作出了积极贡献。

学会还积极促进对国际战略和国际格局变化的研究，为上海国际问题学术界把握世纪之交国际格局大变动趋势作出了努力。1984年，根据陈启懋会长的建议，学会与上海国际问题研究所等单位合作，召开“太平洋地区发展前景和中国现代化讨论会”，这是中国研究“太平洋崛起”的第一次学术会议。会议认为中国应以积极姿态参与亚太合作。20 世纪 80 年代中期，学会已经意识到国际格局面临大变化的趋势。在 1987—1988 年的学会工作计划中提出国际战略应作为一门独立的学科来研究。1990 年 8 月，学会与上海国际战略问题研究会等单位合作，召开“世纪之交的国际格局讨论会”，全面分析了战后国际关系格局的演变、现状及其发展趋势。1991 年苏联发生“8·19 事件”，学会根据陈会长的要求，对 10 天后召开的学会年会内容立即作出调整，就“8·19 事件”发生的原因和后果全面进行评估。如此快速反应，这在学会历史上是史无前例的。苏联解体后，学会立即组织上海国际问题学术界近 30 名学者奔赴杭州，与浙江省当代国际问题研究会合作，在春节前夕（1992 年 1 月底）召开“苏联解体后国际形势发展趋势讨论会”，一连开了三天，全面评估了国际格局变化趋势和我国面临的机遇与挑战，使上海国际问题学术界面对全球性大变动时，在一系列重大问题上取得了共识。

第四，积极为改革开放服务，做了一些有益的实事。

1986 年 11 月，学会亚非研究会与浙江省当代国际问题研究会合作，召开“亚非国家对外开放经验与教训”研讨会，来自国内的 50 余位亚非问题专家，分别就亚非国家对外开放的有关政策、开放对国内社会造成的政治、经济、文化及整个社会的影响等问题提出了各自的研究报告，会议通过深入的交流讨论，提出亚非国家对外开放要成功地发展，必须处理好十大关系。讨论会的这项成果，对我国对外开放的形势和坚持对外开放政策，有一定价值。新华总社内参发表了该讨论会的纪要。

学会为上海企业走改革开放之路做了一系列实实在在的事。学会对外经济合作部成立后，不仅组织研讨会，交流上海企业发展外向型经济的经验教训，组织编写苏联和东欧各国开办合资企业的经验教训，不断为企业提供最新的国际经贸动态，而且促成了上海跃龙化工厂走上了合资经营的道路，促成了 NEC 华虹电子落户上海浦东金桥开发区。

学会推动了对上海犹太难民遗址的调查。学会犹太学研究会组织对上海犹太难民遗址的深入调查。新中国成立前曾有大批犹太人来沪开展经商等活动，尤其在第二次世界大战期间，有近三万名犹太难民在走投无路的情况下来到上海，与上海市民结下了患难与共的情谊。留下的遗址不仅是犹太民族历史的见证，而且也是上海人民与犹太人友谊的见证。这些调查研究为有关单位保护、开发这些遗址提供了完整的依据。

学会组织了对“大韩民国临时政府旧址”的调查。日本侵占朝鲜半岛后，一批反抗日本侵占的朝鲜爱国人士来到上海，在上海成立“大韩民国临时政府”领导抗日复国斗争，写下了朝鲜民族历史的光辉篇章。尽管当时中国与韩国尚未建交，但韩国方面一直期盼尽早修复在马当路上的“大韩民国临时政府旧址”，朝鲜半岛南北方来此参观、瞻仰的人士络绎不绝。根据上海有关部门的建议，学会组织一批学者对“大韩民国临时政府”在中国的活动展开了详细的调查研究，包括：(1)该“临时政府”旧址所在地；(2)该“临时政府”的活动；(3)该“临时政府”与第二次世界大战后朝鲜半岛南北双方的关系；(4)该“临时政府”与中国共产党的关系；(5)该“临时政府”与李承晚在美国活动的关系；(6)该“临时政府”与国民党政府的关系等。在深入调查基础上，学会于1990年12月最终形成的报告为我国政府正式决定修复该“临时政府”旧址提供了科学的历史依据，并说服韩国方面同意由我方负责修复与管理。该旧址的修复与对外开放，成为中韩建交的前奏。

学会促成了在2005年全国隆重纪念郑和下西洋600周年，并在上海举办航海博览会。2000年根据台湾同胞的建议，学会专门向中央领导作了简报，建议在2005年隆重纪念郑和下西洋600周年和在沪举办航海博览会，得到中央高层领导的采纳。

第五，不断调整学会学术活动的组织形式，创设新的学术活动平台，以适应形势变化需要。

在学会成立后的最初十年时间里，学会学术活动主要有三大平台，一是以学会理事会为基础的学术讨论会，不仅讨论国际形势，而且学习毛泽东著作。二是专业研究组，学会会员参加的学术讨论活动主要在这个平台上开展。三是每年一次的年会。

自20世纪80年代以来，学术活动除了继续采用理事会、专业研究组(会)和学会年会这三个平台外，学会还不断地创立了一些新的平台，包括：(1)加强横向合作，与其他单位联合举办学术讨论会。在20世纪80年代至90年代初，得到当时方光明会长的慷慨支持，与浙江省当代国际问题研究会先后召开了四五个讨论会。至于学会与上海的有关单位联合召开学术讨论会，则更为频繁。这一方面是为了克服学会活动经费短缺的困难，另一方面也调动了各方面的积极因素。这些努力作为学会工作的重要经验，在1987年上海市社联学会工作会议上得到了专门介绍。(2)以媒体为载体的学术活动平台，即与媒体联合就重大国际形势热点或我国重大外交活动举行学术讨论会。自2004年4月开始，学会又与《解放日报》、复旦大学国际问题研究院在《解放日报》上联合开辟“复旦—解放国际问题论坛”，几乎每个月都按一个主题组织发表数篇专家的分析性文章。学会与媒体合作开展学术活动，作为学会工作经验，也曾在上海市社联学会工作会议上作过专门介绍。

从20世纪80年代以来，尽管学会的一些专业委员会不断独立出去成立新的学会，但是由于学会不断与时俱进、创设新的学术平台，学会的学术活动依然保持了发展的势头。

三、五十年的基本经验

至2007年3月2日，上海市国际关系学会已整整走过了五十个年头。在五十年的征程中，学会得到了社会方方面面的支持、关照和扶助，例如，上海市社联作为学会的业务主管单位一直给予指导和帮助，上海市政府外事办公室(20世纪50年代称“外事处”)曾多年派主要负责人直接参与学会领导，上海许多企业都曾经向学会提供过宝贵的资助，上海人民广播电台、上海电视台、《解放日报》《文汇报》《新民晚报》和《东方早报》为学会的专家学者不断提供施展才华的机会，还有中央有关部门的指导和支持，等等。这体现了整个社会对学会发展的殷切期望。上海市国际关系学会作为我国有史以来第一个群众性国际问题学术团体，因社会支持而诞生，也因社会期待而发展。学会五十年的历程表明，学会没有辜负社会的期待，学会广大会员也没有辜负社会的期待。从20世纪80年代以来，有近十名会员被评为上海市劳动模范或全国劳动模范，目前有十多位学者经常受中央外办、外交部、中联部及国台办的邀请参与决策咨询会议，或者受委派从事第二轨道的外事活动，发挥了重要的智囊作用。教育部设置的国际问题重点学科基地，全国才八个，上海占了三个。学会没有辜负社会的期望，基本经验如下。

(1) 创新。创新是学会具有活力的基本条件。也就是说，随着形势和环境条件的变化，学会只有不断思考学科发展中必须由学会来做的事，不断思考学会会员、各国际问题教育研究机构最需要由学会来做的事，方能显示自己的活力。如果学会做的事，会员认为自己可以独立办到，各国际问题教育研究机构认为也可以独立做，那么就会失去吸引力，就会失去活力，就没有今天的发展。学会必须善于提出新的议题，发现自己的独特性生长空间，善于抓住对整个学术界有吸引力的工作着力点，创造新的活动形式。从这个意义上说，学会本身就是因学术界当时的共同需要而诞生的。当时的共同需要是：能及时了解党的外交方针政策；能尽早尽快地获得国外的信息；能有与同仁们交流讨论国际形势的场所；研究成果能有发表和出版的机会。为了满足会员的共同需要，学会千方百计地创造了各种条件，从而吸引了广大会员。在当时，中央的对外方针政策、国际斗争的背景内幕，只有会员在学会会议上才能听到，会员对成为学会的一分子具有一种自豪感，因此会员对学会有很高的认同度。这是由当时的环境条件所决定的。但是当环境条件变化以后，会员的共同需要也随之变化了，学会的生长空间和工作着力点也必须跟进创新。从这个意义上说，自 20 世纪 80 年代以来，学会一直在思变中求发展。李储文同志担任学会会长 4 年，最关心的是会员需要什么。陈启懋同志担任学会会长 20 年，一直为满足会员的共同需求而殚精竭虑，一心一意在寻求变革中谋发展，使学会在学术界获得了较好的声誉，使学会在自身发展中为上海国际问题研究的发展作出了可圈可点的贡献。现在是俞新天同志担任会长的时期，学会进入了新一轮创新、发展时期，即在各个国际问题研究机构发展的基础上，共享信息和成果，共同举办学术活动，共同推进有中国特色的国际关系理论、战略和政策的研究。

回顾学会五十年的发展历程，如果问最重要的经验教训是什么，回答只能是：学会的发展与国家的命运、国家外交事业的发展密不可分，学会必须学习和领会中国的外交思想和战略，研究回答中国外交提出的问题，不断创新，与时俱进。学会因会员的共同需要而诞生,其存在价值和发展空间在于能在多大程度上满足会员的共同需要,能在多大程度上满足国际关系学科发展的需要。

(2) 团结。无论领导怎样更替,学会领导层的团结,以及上海所有国际问题教育研究机构之间的团结一致、群策群力和齐心合力,始终是学会持续稳定发展的条件,这是值得人人珍惜的。学会为了形成良好的团结氛围,在制度上的主要举措是:①学会理事会由上海各国际问题教育研究机构中的优秀骨干研究人员组成;②会长、副会长不仅都是这些教育研究机构中的领导,而且各自又是上海某个研究领域的领军人物,有的还在其他国际问题社团担任领导;③同时也适当保留一些优秀老专家,从而使学会领导集体在专家、单位分布结构上具有合理性、代表性和权威性;④学会的重大决定经过学会领导层的一致同意,同时又尊重和鼓励各自发挥自己的创造性和主动性,出主意,做事情,使学会工作既协调合作又生动活泼多样。学会对所有会员,对所有国际问题教育研究机构都是公开、公正、公平的,是没有自己特殊利益的公共平台,没有门户阻隔,没有小圈子,人人都可以在这个平台上和谐相处,施展才华,作出奉献。

(3) 奉献。学会办公的场所是由上海市社联提供的,学会的经费过去主要由企业资助,现在主要由上海的一些国际问题教育研究机构资助。上海市社联每年仍资助 3 000 元。学会的一切都是由社会奉献的;你奉献一点,他奉献一点,学会才获得存在的条件。从会长到会员,热情为学会工作都一直是一种无私的奉献。金仲华先生亲自创建了学会,长期担任学会会长,在百忙之中为学会做了大量工作,甚至自己的家也成了学会会议活动的场所,而在他的官方生平事迹中却没有这一项,甚至他的几个子女也不知道。自学会成立之日起,由于一代又一代关爱学会的学者专家以及社会上的热心支持者都想着为学会作一点奉献,出主意,做事情,学会才有了今天。近 30 年来,学会从社会争取的资金累计达一两百万元,无论是争取者还是捐赠者,既没有一个人拿一分钱“回扣”,也没有一个人索取一分钱“回报”。无论是党员还是非党员,为学会工作都只想着为学会作出自己的奉献,从而塑造了圣洁的学术殿堂。过去,学会需要这种奉献精神,今后,学会仍然要发扬这种奉献精神。学会是上海国际问题学术界的公共平台,是所有上海国际问题研究专家学者的公共平台，大家的事靠大家来办，学会更辉煌的未来靠大家努力来创造，学会应倡导这种奉献精神，鼓励人人为学会作一点奉献。

展望未来，上海市国际关系学会将依据天时、地利、人和的优势，走向更加成功的五十年。

（原载上海市国际关系学会编：《回顾与展望——庆祝上海市国际关系学会成立五十周年》，上海人民出版社 2007 年版。）

沐浴在改革开放春风里的国际问题研究发展

——记 20 世纪 80 年代上海学者为中国国际关系研究和外交所作的贡献

一、从 1982 年开始，为战后国际关系史研究提供系统的研究成果和资料，以解当时燃眉之急

“文革”喧嚣的年代里，或许有人不信，在复旦大学校园里竟然还存在学者自己开辟、坚守的一片静悄悄的绿地。

在这片绿地上，理科学者从未停息过为国防现代化奋发努力。在物理系有毛泽东说“一万年也要搞出来”的激光能研究，还有激光通信、红外通信的研究，图像识别研究，全息研究，声电转换研究。在化学系有毛泽东说“一万年也要搞出来”的第一艘核潜艇制冷机材料耐腐蚀研究。在生物系有人在做太空失重条件下生理功能研究，生物酶机制研究。这片绿地被当年国防科工委有关同志称为全国“万红丛中一点绿”，为国家强大作出了积极贡献。

在这片绿地上，从事国际问题研究的学者依然坚持使用毛泽东亲自批准的三万美元订购外国报纸杂志、资料的外汇额度，包括订购美国国会图书馆解密涉外档案资料这些资料不断“来到”复旦，在“文革”期间也没有停止过。当然这样做是需要勇气的，然而理由也非常光鲜：因为反帝反修的需要。这在当年国内大学中也是唯一仅存的绿地，凭着这个条件发展了战后国际关系历史研究。在上海几所大学众多学者努力下，出版了一套《世界历史长编》。这套书在“文革”结束后，获得上海市社会科学研究优秀成果一等奖。

然而，对全国设有国际关系教育研究、世界史教育研究的几乎所有大学、研究机构而言，“文革”结束后的现代史、战后史教育研究面临一无相关教材，二无相关

资料的困难。对此上海学者在刘同舜教授领导下立即施以援手，与阴巧云、竺培芬、姜琦、张月明、颜声毅等人一起，编印了现代国际关系史、战后国际关系史讲义资料，在1983—1985年间组织翻译编印了《战后国际关系史料》五辑，全部都是从美国国会图书馆解密外交档案中翻译过来，近百万字，以解东北、北京、天津、南京、武汉、广州等地高校的燃眉之急。这些讲义一下子被国内一些高校争购一空而且还供不应求。有的高校买不到这些讲义就自己翻印，供本单位使用。有了这个先例，《现代国际关系史》由于相对系统完整，不仅被出版社接受正式出版，而且还获得了上海市哲学社会科学著作类优秀成果奖。上海在学科建设方面迈出了艰难一步，这在全国是领先的。

二、正本清源，为改革开放积极提供科学的理论依据

"文革"结束后，如何纠正在国际关系理论方面的错误认识是一项巨大挑战，既要坚持科学性又要防止自由主义，为此上海国际关系学术界作出了多方面努力。1980年12月，中国国际关系史研究会（现在的中国国际关系学会）在广州中山大学召开成立大会暨学术讨论会。在会上，我提交了论文《试论国际关系学研究任务、对象和范围》，为国际关系学学术体系建设开了先河。1982年为了纪念马克思逝世100周年和毛泽东诞辰90周年，上海市国际关系学会在刘星汉教授的领导下提前一年草拟了34个研究题目供学会会员选择，为上海国际问题学术界兴起国际关系理论研究提供了良好开端。本着解放思想、实事求是原则，在深入研究马克思主义、毛泽东思想的基础上，形成了一大批有相当质量的学术论文，仅在1983年就编印了《国际关系论文选——纪念马克思逝世一百周年》《世界经济政治文集——纪念毛泽东诞辰九十周年》，为改革开放提供了科学的理论依据。现在许多人都说改革开放后，我国国际关系理论研究的发展是以从引进美国国际关系理论为开端的。这或许是不知历史如何的年轻人的判断。其实，改革开放后我国国际关系理论发展是以重新学习马克思主义、毛泽东思想为开端的，是正本清源的再出发。

直到20世纪90年代前期，随着一批高年资教师离开学术圈，以及一大批从美

欧学成陆续归国的学者走上讲台，不仅“权力论”“和平共处五项原则过时论”“利益至上论”“权力博弈论”之类开始满天飞起来，一些学者也纷纷戴上了一顶顶某个美国学术流派在中国代表人物的封号桂冠，什么“架构”之类的概念陆续出现在杂志报刊，不仅当时许多资深学者惊呼“看不懂”，而且到现在仍有人说“建构主义译著看不懂”，即使如此依然信仰者众多。因此可以说由改革开放带来的国际关系理论研究“再出发”是到 20 世纪 90 年代中期开始才改观的。从此出现了一些人颇为自鸣得意的所谓对美国国际关系理论“引进—吸收”时期。但是不可否认的事实是，至今仍在正式使用的一些重要概念定义基本上依然是重新学习马克思主义、毛泽东思想而“再出发”的成果，主要包括：关于“国家利益”、关于“国家主权原则”、关于“爱国主义”、关于“资本主义发展阶段性”、关于“时代”、关于“相互依存”性、关于“独立自主外交原则”、关于“不结盟政策”、关于“和平共处五项原则”的特色性（即权力、利益、安全的相互性）、关于对外关系中的“义利兼顾”性，等等。

三、在重要时刻，召开了一系列重大课题的学术讨论会，在国内学术界发挥了积极影响作用

（一）1983 年关于阿以冲突的无锡太湖饭店讨论会

20 世纪进入 80 年代后，中东局势出现了一系列重要变化，包括埃及与以色列媾和，成为第一个与以建交的阿拉伯国家；曾经多次与以色列交战的阿拉伯国家在 1982 年首脑会议上通过决议，首次含蓄地承认以色列的生存权。这些变化表明中东局势已经处于转折期，需要做深入研究以便考虑我国政策如何调整。1983 年 8 月下旬上海市国际关系学会邀请北京、南京、上海的高校和科研院所的研究人员 20 多人，在朱威烈教授、季国兴教授主持下假座无锡太湖饭店讨论“阿以冲突的由来和发展”。讨论会在如何看待第二次世界大战后阿拉伯国家与以色列冲突的原因、如何看待犹太民族复国主义运动等问题上，就突破几十年来坚持的传统观念取得了共识，会后就讨论会成果编印了《阿以冲突的由来和发展》文集。在某种意义上说，这些成果对政府的中东政策从反对犹太复国主义逐渐调整，至 1992 年 1 月

中国与以色列正式建交，在学理上具有重要的参考价值。

（二）1987年8月召开“上海国际关系理论讨论会”，是开启建设中国特色国际关系理论研究的重要标志

沐浴在改革开放春风中的国际关系理论研究，在马克思主义、毛泽东思想引领下再出发，经过5—6年的努力，成果斐然。即使到1985—1986年开始有对美国国际关系理论的介绍，也是经过作者自己严肃咀嚼品味过、消化过的东西。当年学者都有这种自觉性。倪世雄在“文革”前就是党员，担任学生工作政治指导员，懂党的规矩，所以对美国理论都是边介绍边评论。北京的学者像陈乐民、陈汉文等人也是如此。他们都主张研究、借鉴而不是“引进、吸收”。在这种背景下，国内学术界普遍地提出了如何建设中国特色国际关系理论体系的问题。于是宦乡和汪道涵亲自提出并自始至终参加讨论，在上海市国际关系学会、上海外国语大学、中国现代国际关系研究所、国际关系学院、外交学院等单位的共同努力下，在1987年8月9日至13日联合召开“上海国际关系理论讨论会”。在周纪荣教授（北京）、刘同舜教授（上海）的共同主持下，连续讨论五天，就如何建设中国特色国际关系理论、如何研究外国国际关系理论广泛而充分地交换了意见。

在“上海国际关系理论讨论会”上，当年老一辈许多著名学者，除了宦乡、汪道涵及周纪荣、刘同舜发言外，还有国际关系学院的张季良教授，北京大学的李石生教授，中国人民大学的冯特君教授，中国社会科学院世界政治经济研究所的卫林教授，外交学院的石磊教授、鲁毅教授，中国社会科学出版社的张明谦教授、复旦大学伍贻康教授、华东师范大学姜琦教授等都参加了相关工作，表达了他们对学科建设的主张和期待。讨论会所形成的一系列共识，在由赵玉梁、赵晓春、楚树龙执笔的《关于建立有中国特色的国际关系学体系——上海国际关系理论讨论会纪要》（简称《纪要》）和由上海市国际关系学会主编出版的《国际关系理论初探》（上海外语教育出版社出版）几乎都得到了相当充分的表达，或许可以说这是包括延安时代过来的老一辈学者制定的中国国际关系学建设大宪章。不错，学术要发展、要进步、要与时俱进，还要学习国外先进、优秀的成果，但是仍然要不忘初心、不忘传统，不能忘记自己的主体性。尽管这个讨论会已是30多年前的事，但是当年周纪荣等老一辈学者期待的目标至今还没有实现，今天依然面临建设国际关系学学科体系、学术体系、话语体系的任务。当年周纪荣教授等老一辈学者认定的这份《纪要》和《国际关系理论初探》所表达的宗旨、主张不仅表达了当年老一辈学者建设中国特色国际关系学的初心，而且至今依然具有重要学术价值，依然值得后辈们去奋斗实现。当年，《纪要》和《国际关系理论初探》的基本要点是：

(1) 学科名称：国际关系学。

(2) 学科性质：中国特色国际关系学体系。这种学术体系的定位、定性使学科建设自然地要求成为中国特色社会主义理论体系的组成部分。

(3) 学科的知识来源：一是马克思主义关于国际问题的丰富理论遗产。二是国外的国际关系理论可资借鉴。当年主张要立足于学术体系建设的主体性要求，对国外国际关系理论强调的是"可资借鉴"，而不是"引进，吸收"，照搬。三是新中国成立以来积累的丰富外交经验及对外开放过程中所创造的新经验、新理念。

(4) 学科任务：一是建立科学概念范畴，包括对国际上流行的概念范畴的重新定义，揭示国际关系运行演变的规律，能够在长时期内发挥指导作用；二是为国家对外政策的制定和实施提供理论基础，为此应鼓励不同学派、流派的生长、发展和形成，以便为国家对外政策的制定提供多种选择的可能；三是建立国际关系学体系。

(5) 学科研究对象：当年认为学科研究有两种思路，一种是从微观（主权国家）到宏观（国际社会），另一种是从宏观（国际社会）到微观（主权国家）。无论取何种思路，尽管逻辑起点不一样，逻辑演绎路径有差别，但根本上并不矛盾，也不存在优劣之分。

这次讨论会带来的重要学术成果是：国际关系学院张季良教授主编的《国际关系学概论》，在1989年由世界知识出版社出版。这是中国有史以来第一本正式的国际关系学教材。金应忠、倪世雄合著的《国际关系理论比较研究》，1992年由中国社会科学出版社出版，2003年则出版了《国际关系理论比较研究（修订本）》。

（三）1986 年 11 月召开“亚非国家对外开放经验与教训研讨会”，启迪改革开放道路行稳致远

随着国内改革开放的兴起，认真总结亚非国家改革开放经验教训的课题也浮出水面。上海市国际关系学会联合浙江省当代国际问题研究会，邀请 50 多位国内亚非问题专家在杭州花家山宾馆召开讨论会，在朱威烈教授和方光明教授的主持下，分别就亚非国家对外开放的有关政策、开放对国内社会造成的政治、经济、文化及整个社会的影响等问题形成了各自的研究报告，展开深入交流讨论。讨论会认为，亚非国家对外开放的发展有失败的，也有取得不同程度成功的；失败者，国家陷入了持续的动乱，而成功者，国家获得了迅速崛起的可能，由曾经的落后国家变成了欠发达国家或中等发达国家，包括亚洲出现的“小龙”现象。经过认真比较，会议提出亚非国家对外开放要成功地发展，必须处理好十大关系，并以此形成讨论会纪要。新华总社内参部编发了该讨论会的纪要。学者向讨论会提供的论文也汇总成一本论文集《亚非国家的对外开放》，1988 年底由上海外语教育出版社出版。后来国内形势的变化证明这项成果对我国如何坚持改革开放政策有一定参考价值。

（四）1988 年 8 月召开“犹太历史文化讨论会”，唤起中犹传统友谊的回忆

新中国成立后由于多种因素原因，犹太历史文化研究是一个边缘的领域，但是随着改革开放发展，中国日益广泛地走向世界，如何看待犹太民族，乃至如何对待以色列都需要认真研究。经潘光教授提议，上海市国际关系学会邀集国内一批资深学者假座杭州刘庄宾馆，于 1988 年 8 月 18 日召开“犹太历史文化讨论会”，并成立上海市国际关系学会犹太研究会。讨论会持续三天，由朱威烈教授主持，共同探讨以色列的历史文化传统背景和中犹两大民族的历史传统友谊。

这个题目在当时是一个极敏感的课题，一是国内有关部门的干部一时无法接受，事实上即使当时的上海市外办也接受不了；二是担心在阿拉伯国家中产生误解。上海市国际关系学会以极大的理论勇气，在外交部有关部门的指导下，历史性地召开了我国有史以来首次这样的讨论会，填补了学科发展的空白。为了避免国外尤其是国外媒体对这次讨论会的注意，会址特地选在杭州刘庄。讨论会结束也

不发任何新闻报道。但是这次讨论会在国际上还是引起了巨大反响。世界各地的犹太人对此奔走相告，欣喜若狂。世界犹太人大会、美国犹太人大会、欧洲犹太人大会等世界各地的犹太人社团纷纷来电来函，祝贺此次讨论会召开。一次不为人注意的学术讨论会，在国际上引起如此巨大反响，其敏感度可见一斑。自此开始，世界各地的犹太社团领导人一批又一批地纷纷组团访问上海市国际关系学会犹太研究会，这无疑给增加中国与犹太民族的相互了解、相互信任提供了机会。历史上中华民族与犹太民族友好往来的史诗一件件、一桩桩在相互交流过程中得到回忆、重温。例如耶路撒冷"第二圣殿"被毁以后，犹太民族十二支族的其中一个支族历尽千辛万苦来到中国开封定居下来后，不仅没有受过中国人歧视而且与中国人逐渐融合在一起，按照中国人习俗形成了"七姓八大家"的社区群落，兴旺发达起来，他们的后代甚至成了中国的高官。这个犹太民族历史上独一无二的现象，确实在中国发生了，对犹太民族史研究专家来说至今依然是个谜。再例如第二次世界大战期间，自"水晶之夜"开始，犹太人持续遭到德国希特勒法西斯主义者疯狂屠杀，即使逃难也是走投无路。一船载着犹太人妇女、儿童的轮船航行到美国海域，却遭遇拒绝靠岸的阻拦。犹太民族持续维系主要靠两个纽带：一个是家庭、家族的延续与传承；另一个是犹太教。当年世界上唯一的一所设在波兰的犹太教神学院，里面的师生和典籍对维系犹太民族精神象征有宝贵的意义，他们在几乎绝望之际想到了东方——上海，而同样处于苦难之中的上海人民，患难见真情、无条件地收留了他们。在二战期间先后有三万犹太难民逃到了上海，获得了生存的机会。对此，一位来到上海的犹太教神职人员拉比做了令人震惊的表达："上海人民拯救了一个犹太民族。"

上海研究犹太民族历史文化的学者依据自己科学研究的真知灼见，证实了中华民族与犹太民族历史凝结的友谊。在 1989 年政治风波以后，中国对外关系环境一下子变得极其恶劣，尤其是美国媒体连篇累牍、毫无间隙地为丑化、妖魔化中国制造舆论。为了扭转这种局面，上海研究犹太人的专家建议中央尽早与以色列建立外交关系。新中国成立后，1950 年初以色列就承认了中华人民共和国。为了建立正式外交关系，以色列作出了持之以恒的不懈努力；几十年间，以色列，包括世界上所有犹太人对此几乎是梦寐以求，期待亚洲东西两端的两个伟大民族走到一起。因此，如果中国决定与以色列正式建交，那么一定会给犹太人世界带来巨大的惊喜，这一定会深刻地影响美国媒体对中国问题报道态度的倾向性，至少会变得客观些。1992 年 1 月 24 日中国同以色列宣布正式建立外交关系。一个月后，新华社发布消息：美国媒体对中国问题报道趋向客观。这个消息证实了上海学者的判断是准确的。

与此同时，上海市国际关系学会积极推动对上海犹太难民遗址的调查。这些遗址不仅是犹太民族历史的见证，也是上海人民与犹太人友谊的见证。这些调查研究为有关地区和单位保护、开发这些遗址提供了宝贵的依据。

（五）连续召开讨论会，分析 20 世纪 80 年代末苏联东欧剧变后国际格局的变化

在 20 世纪 80 年代中期，上海国际问题学术界已经预感到国际格局面临大变化的趋势。在 1987—1988 年上海市国际关系学会就提出国际战略应作为一个独立学科来研究，并于 1990 年 8 月召开“世纪之交的国际格局讨论会”，全面分析第二次世界大战后国际格局的演变、现状及其发展趋势，对可能出现的局面作了多方面评估。

1991 年苏联发生“8·19 事件”，上海市国际关系学会立即组织力量开展研究，全面分析发生的原因和后果。是年 12 月 26 日苏联解体。次年 1 月底，上海市国际关系学会与浙江省当代国际问题研究会联合在杭州召开“苏联解体后国际形势发展趋势讨论会”，连续开了三天，全面评估国际格局变化趋势和我国面临的机遇与挑战，在全球性大变动的关键时刻取得了一系列重要共识，许多判断至今依然有效。包括：

（1）苏联东欧国家的剧变、苏联的解体，客观上造成了“冷战”格局的解体。“雅尔塔体系”在欧洲瓦解后，在亚洲部分的终结尚需时日。所以“冷战”格局解体与雅尔塔体系终结不是同一回事。

（2）苏联解体后留下的遗产主要由俄罗斯继承，而俄罗斯依然是世界上有相

当(军事)实力的大国。在俄罗斯裂解成若干小国以前,美国决不会放松瓦解俄罗斯的努力,美国与俄罗斯的对抗、冲突难以避免。美国的目标使俄罗斯难以投入美国怀抱,美国从 20 世纪 90 年代后期起加速了“北约”和“欧盟”的东扩,企图将俄罗斯在东欧的影响力挤压回其边界。

(3) 苏联解体后,世界上只留下一个超级大国,出现了“一超多强”的国际格局。美国或许会寻求对世界的“独霸”,但却会受到“多强”的掣肘,由此形成国际社会新的力量结构分布与组合,使国际关系进入新旧格局交替、转换时期,国际关系将形成新机制、新规则。

(4) 由于世纪之交的国际格局转换是在没有出现大规模战争情况下发生的,因此将是一个相对较长时期的历史过程,国际关系基本趋势将是大国关系总体缓和,相对和平稳定的国际环境有利于中国改革开放发展。

(5) 由于依然处于核恐怖平衡的条件下,美国直接挑战某个大国、出现大国间迎头相撞的可能性不大,但是在中小国家所在地区会不断制造局部动荡。

(6) 苏联解体,“冷战”格局瓦解,美国及其盟国失去了共同敌人,这不仅对“大西洋联盟”的影响深刻而且对整个世界的影响也将极其深刻。这个“深刻影响”是什么?当时并没有做出回答,其实就是后来的经济全球化加速发展,给广大发展中国家带来了日益增多的崛起机会。

(7) 苏联解体后中美之间失去了共同敌人,减弱美国把目标转向中国的可能便成了中国外交的重要课题。

最终在陈启懋研究员的主持下形成专著《跨世纪的世界格局大转换》(陈启懋、金应忠主编,上海人民出版社 1996 年版),获上海市哲学社会科学著作类优秀成果一等奖。

(六) 为修复在上海的“大韩民国临时政府旧址”提供历史依据,延续了中华民族与朝鲜民族的历史情义

1910 年日本吞并朝鲜半岛。“三 · 一运动”以后一批反抗日本侵占的朝鲜爱国人士来到上海,1925 年在上海成立“大韩民国临时政府”,政府所在地设在马当

路 306 弄 3 号。该政府领导抗日复国斗争，写下了朝鲜民族历史的光辉篇章。

中华人民共和国与大韩民国是 1992 年 8 月建立外交关系的。但是在建交前，韩国方面一直期盼尽早修复在上海马当路上的“大韩民国临时政府旧址”。与此同时，朝鲜半岛南北方都有旅游者来到马当路 306 弄 3 号瞻仰他们的先辈为争取朝鲜民族独立而奋斗的场所，瞻仰人士络绎不绝，其中相当多是韩国青年学生，是为接受爱国主义教育而来的。由于当时中韩两国尚未建交，韩国三星公司主动提出由该公司出资 30 万美元买下该处资产予以修复。三星公司的意图是明确的：这是他们的历史遗迹；这个遗址应由他们来修复；这个遗址修复后应由他们来布置展台；这个遗址应由他们来管理。暂且先不说这些意图与中国涉外事务管理原则是否合拍，关键是先要搞清楚当年的历史事实，包括：

(1) 当年“大韩民国临时政府旧址”是否肯定在上海马当路 306 弄 3 号。因为当年在上海有许多朝鲜民族抗日义士，活动居住地有好几处。他们活动场所不仅上海有，杭州、四川、重庆都有。所以必须严肃地甄别，以便给予相对确定的答案。

(2) 当年“大韩民国临时政府总统”是李承晚，但是此人一直在美国从事活动，直到 1945 年美国占领朝鲜半岛南部后才从美国回去。这里存在的问题是当年临时政府总统办公地与当年临时政府所在地的关系，换言之前者是不是“办事处”？当时韩国有关部门认为：既然“总统”在美国，那么“政府”所在地也在美国，而在上海的机构则是“办事处”。按照他们的说法，上海马当路 306 弄 3 号是“大韩民国临时政府上海办事处旧址”。

(3) 该“临时政府”在上海存续期间开展了哪些活动？

(4) 该“临时政府”与第二次世界大战后朝鲜半岛南北双方的关系。

(5) 该“临时政府”与中国共产党的关系如何？

(6) 该“临时政府”与国民党政府的关系如何？

(7) 该“临时政府”与李承晚在美国活动的关系如何？

根据上海市外办的要求，上海市国际关系学会委托华东师范大学历史系艾周昌教授等人开展调查研究，花了近一年时间终于搞清全部事实真相并形成正式报告。该报告为我政府决定同意修复该“临时政府旧址”遗址提供了科学的历史依据，尤其是正式确认上海市马当路306弄3号是“大韩民国临时政府旧址”所在地，也向韩方证明了由我方负责修复与管理是有基础的。经过这种努力终于让韩方同意由我方负责修复、管理，然而修复经费依然由韩国三星集团公司提供。该旧址的修复与对外开放，不仅成了中韩建交的前奏，而且为韩国对本国青少年开展爱国主义教育、开展中华民族与朝鲜民族友好史教育提供了重要场所。

四、为提振1989年政治风波后的中国对外关系发展献计出力

（一）为提振1989年政治风波后的中美关系出力

1989年春夏之交的政治风波发生后，中美关系从曾经传说中的“蜜月期”一下子跌落到冰点，一夜之间当时执政的美国布什政府宣布对华制裁，中止包括军事交流在内的一切官方关系，中美关系陷入了危机。1990年7月7日，当时的上海市长朱镕基率领中国市长代表团启程访问美国，意在通过开发浦东消除美国朝野对中国改革开放的疑虑、促进中美关系改善，同时争取美国国会同意延长给中国最惠国待遇。这个市长代表团虽然是受美国民间组织“美中关系全国委员会”邀请的，却是1989年政治风波后访问美国的最高级代表团，为中美及国际舆论所瞩目。为了协助市长代表团的顺利活动，按朱镕基市长建议，上海组织了一个学者代表团随行，由丁幸豪（上海国际问题研究所）带队，洪文达（复旦大学经济系）、姚廷纲（上海社科院）、周敦仁（复旦大学）、周汉民（上海对外贸易学院）等五人组成。当时这五个人的往返旅费却没有着落。“美中关系全国委员会”知道此事后，立即表示由他们提供。确实不错，当时中美关系极其严峻，但是我们在相互交往中已经在美国有了朋友，已经积累了发展中美关系的外交资产；在关键时刻，有可信赖的朋友是会有帮助的。朱镕基市长率领的中国市长代表团在美国访问效果超出预期，取得很大成功，当然也包含着上海学者代表团和美国学者作出的贡献。

为了改善美国国内媒体关于中国的报道、评论倾向，如上所述上海研究犹太人的学者也建议尽早与以色列建立外交关系。1992年1月中国与以色列建交后，美国媒体关于中国的报道也逐渐趋向客观。

(二) 为中国与印度尼西亚复交穿针引线，使中—印尼关系正常化成为中国外交新亮点

从20世纪70年代开始，印度尼西亚表现出与中国恢复外交关系的愿望，但是一直进展缓慢、久拖不决。当年，双方矛盾的焦点有两个方面，一个方面是有关印度尼西亚对我国台湾省的政策问题，另一个问题是有关华人与华侨的国籍问题，其中也有涉及1967年中断两国外交时遗留的问题。进入20世纪80年代后，两国外交官虽然开始在第三方活动时有所接触交往，但是始终未能进入两国复交谈判的议程，双方也没有形成可以信任的信息传递渠道。

当然，印度尼西亚的态度也是在变的。抓住变化过程的进展使上海学者有了发挥作用的机会，扮演可信赖的穿针引线者角色。1988年底，上海国际问题研究所季国兴研究员在一次国际会议上与印度尼西亚国际问题研究所负责人交往中，对方向季国兴转达了当年该国总统苏哈托提出的两国复交的基本条件，而这些条件与我国的条件也基本上相符，当时的上海国际问题研究所陈启懋所长立即将此信息呈报我外交部领导。过了不久，日本裕仁天皇过世。印度尼西亚国际问题研究所负责人给季国兴消息，问中国拟赴日本参加裕仁天皇葬礼的是哪一位高官？并告诉季：印度尼西亚苏哈托总统将亲自前往，希望借此机会与中国就两国复交事宜交换意见。陈启懋所长立即将此事直接报告外交部领导，并将我外交部的相关意见通报给印度尼西亚方面，因此有了中国与印度尼西亚在日本东京的“葬礼外交”。

对此，钱其琛的回忆录是这样写的：“1989年2月23日至25日，我作为外长以中国国家主席特使的身份，赴日本出席裕仁天皇的葬礼，在东京停留了一天半。除了参加葬礼活动和同日本政府领导人接触外，我同前来参加葬礼的印度尼西亚总统苏哈托就中、印尼关系正常化问题进行了会谈，达成‘三点一致意见’，从而打开了关闭23年之久的两国外交关系的大门。”[1]文中并没有交待事前的相关背景，但这些背景并不是可以忽略不计的。

(三) 建议以优先发展中日关系来突破1989年政治风波后的大国外交僵局

发生在1989年春夏之交的政治风波给中国对外关系，不仅是政治、军事方面，

还有贸易、投资、文化教育方面的冲击是巨大的，坚持改革开放面临严重困难。上海学者竭尽全力为打破这种局面创造条件，为整体上处于僵局状态的我国对外关系发展创造一个个亮点作出了自己的贡献，如上所述包括：由学者组团赴美国宣传中国坚持改革开放的决心；推动中国—以色列建交来改善美国国内对中国的舆论环境；推动修复在上海的“大韩民国临时政府旧址”，促进中国与韩国顺利建立外交关系；为中国—印尼恢复正常外交关系穿针引线、抓住了两国复交的宝贵时机。然而，由于对中国的制裁是美国发动的“群狼式围猎”，几乎所有的美国盟国、盟友都加入了进来，因此如何突围成了必须解决的问题。在中央高层决策咨询会议上，上海学者陈启懋研究员提出要优先发展中日关系，首先做好争取改善中日关系的工作。他认为：在日本，我们有许多朋友都与我们老一代领导人有深厚的情谊，是我们极为宝贵的外交资产；发展经济贸易关系，扩大对中国投资不仅有现实利益而且符合日本根本利益；许多日本人相信完全追随美国不符合日本根本利益。这些情况在世界其他地方都无法企及。陈启懋研究员的建议受到中央领导人的高度重视。日本也在事实上带头突破美国制裁的限制，积极发展与中国的经贸关系。在中国患难时刻，日本友人伸出了援手。更令人惊讶的是日本电气（NEC）决定投资上海发展 8 英寸芯片产业，在陈启懋研究员穿针引线的艰苦努力下中日合资的“华虹-NEC 电子”终于落户上海金桥开发区，1997 年正式成立，注册资本 7 亿美元。

五、新中国成立以来，上海学者率先在报刊、电视上发表国际时评

改革开放的发展，吸引上海市民开始关注国际社会。了解世界成了上海市民的共同心愿。上海市国际关系学会为此首先与《解放日报》合作开展国际时事述评。当年《解放日报》的金福安、邱丹凤、吴谷平、陈振平等同志不仅为此付出了极大努力，而且确实也承担了一定风险。因为这样做不仅在国内所有媒体中带了头，而且也是新中国成立以来从未有过的。其后又与《文汇报》《新民晚报》、上海电视台开展了广泛合作，逐渐在上海媒体中构筑起了国际知识和国际形势普及教育的

平台。从20世纪80年代后期起所作的相关努力，到90年代初得到了中央高层领导的肯定。从此全国各地媒体纷纷效仿，为国际问题学者施展才华、崭露头角提供了重要舞台。

注释

1. 钱其琛:《外交十记》，世界知识出版社2003年版，第111页。

（成稿于2019年7月4日，纽·麦浪基湾。）

“上海国际关系理论讨论会”追记

1987 年 8 月 9 日至 13 日“上海国际关系理论讨论会”在当时的上海外国语学院召开，来自北京、上海、广州、南京、杭州、武汉等地，新中国成立以来的第一代国际关系学者云集于此，用整整五天时间共同筹划如何建立“中国特色国际关系学体系”，为中国特色国际关系学体系确定了性质、任务、目标，描绘了发展的蓝图，这是中国社会科学学术发展史上史无前例的大事。当年，受这次讨论会领导小组的委托，由国际关系学院赵玉梁、赵晓春、楚树龙三位同志依据讨论会记录执笔撰写的《关于建立有中国特色的国际关系学体系——上海国际关系理论讨论会纪要》(见《现代国际关系》1987 年第 4 期)，是周纪荣、张季良教授指导、修改的结果，是中国国际关系学界的一个有历史意义的文件，30 年过去了，至今仍具有(还没有新的东西可以取代的)指导意义。而此事给上海外国语大学赋予的特殊历史地位是：“中国特色国际关系学”是在这里呱呱坠地走向发育成长的，是在这里出发登上中国和世界的历史舞台。将 8 月 9 日视为“中国特色国际关系学诞生日”似乎不应该有疑问，因为从这一天起中国特色国际关系学就受到了国际社会的关注。因此作为当年的参与者，就此事做一个追记或许还是有价值的。

一、背 景

早在 20 世纪 50 年代末，外交学院的学者就已经开始着手马克思主义国际关系理论课程建设，石磊、鲁毅、王德仁等老师都为此倾注了心血。受当时认识的限制，着重于社会主义论、帝国主义论、民族解放运动论的研究等，近似于专题性的教育研究。到 60 年代初，北京大学、中国人民大学、复旦大学设立了国际政治系，为国际关系研究在中国的发展翻开了新的一页。其中对马克思主义国际关系理论的教育研究主要途径是马克思主义经典著作“选读”，均由一批具极高学术造诣的学者教授担任主讲(复旦大学有刘星汉、曹沛霖、张震廷等老师)，为推动国际关系学术思想在中国的发展作出了卓越贡献。但在当时，对欧美国家国际关系理论发展的状况，绝大多数老师几乎是一无所知，即使有知者也不敢说，更不用说进课堂。随着“文革”肆虐全国，即使是马克思主义国际关系理论课程建设的一些设想也都被耽搁下来了。

“文革”结束后，大学教育又迎来新的春天，然而教师却面临业务被“十年文革”所荒废的困惑。例如，现在大学国际关系专业基本上都不开国际关系史课程，但是当时大家认为这是基础知识课程，是必开课程，学生没有厚重的历史知识基础来学国际关系是会晕头转向的，但是当时连教材资料也没有。面对这个现实，1981 年初，上海市国际关系学会根据李储文会长建议，在刘同舜副会长领导下借用“海员俱乐部”礼堂(现在的“上海国际贵都大酒店”原址)举办“国际关系史讲座”，培训相关专业的老师，由刘同舜、姜琦、姚椿龄、张月明、阴巧云、竺培芬等老师担任主讲。“讲座”结束后，学会立即将讲稿编印出来，受到了北京、天津、南京、武汉、广州等地相关专业的热烈欢迎，变成了“及时雨”。同时，上海市国际关系学会在刘同舜副会长领导下，翻译、编印了五册《战后国际关系史资料》，近 90 万字。这些资料同样受到国内相关专业的热烈欢迎。这些都是上海国际问题学术界对国内国际关系史课程教育有目共睹的贡献。

然而要将国际关系理论的教育与研究在“文革”中被否定后重新提上议程并不如做国际关系史这么容易。1980 年 12 月，中国国际关系史研究会在广州中山大学召开成立大会暨学术讨论会，与会者 74 人，只有我递交的论文直接涉及国际关系理论，题目是“试论国际关系学的研究任务、对象和范围”。据说这是新中国成立以来第一篇相关文章。此文被收入当时的会议文集，我也没有争取公开发表，然而有学者将此文的主要内容变成自己的文章在《外交学院学报》上发表了，因而有机会公诸于世。所以确切地说新中国成立后公开发表的第一篇国际关系理论文章是陈乐民教授的《西方现代国际关系学简介》(《国际问题研究》1981 年第 2 期)。当时研究国际关系理论的主要障碍来自两个方面：一方面在学风上对马克思主义经典作家的观点采取不以时间、地点、条件为转移的教条主义态度，或者采取选择性取舍的实用主义态度。要对这种学风提出挑战是有政治风险的。例如当代国际社会相互依赖性问题。关于这个问题，实际上《共产党宣言》早就讲了，已经讲到世界各民族之间互相往来、互相依赖的发展趋向。但当时许多人就是不承认国际社会存在相互依赖性。有人说资本主义要否定社会主义，两者之间怎么可能相互依赖？也有人说西方国家是要通过“相互依赖”对社会主义搞“和平演变”，我们千万不能上当。这方面例子太多了，例如国家利益问题、爱国主义问题、全球化问题等，限于篇幅，在此不展开了。这就是说在当时即使要信守马克思主义也有困难。在北京一次讨论会上我谈了国际社会存在的相互依赖性对我国对外开放的意义，结果被几位老师狠狠地批了一顿。第二个方面是对欧美国际关系理论采取一概拒绝的态度。当年，一位学者在加拿大蒙特利尔一所大学学美欧国际关系理论回到上海，可是一进教室就出问题了，学生跑到学校宣传部去告状了，说资产阶级的东西怎么占了社会主义课堂，这位学者只好走出课堂，不知跑到什么地方去了。我估计是他将在国外辛辛苦苦学到的东西在课堂上全部照搬了，没有适当引导学生去打几个问号，结果招来麻烦。所以在当时如何讲还得讲究方式方法。

即使面对种种困难，上海市国际关系学会依然知难而进，有勇气、有毅力、讲究方法，先从研究马克思主义国际关系理论入手积蓄人才、锻炼队伍。1983 年，马克思逝世一百周年，学会在刘星汉副会长指导下提供了一批研究参考题，启发会员做研究、写文章，于是有了编印《国际关系论文选——纪念马克思逝世一百周年》的可能，就在这一年还编印了《世界经济政治文集——纪念毛泽东诞辰九十周年》，1984 年编印了《战后国际关系论丛》，1985 年编印了《战后国际关系论丛——纪念反法西斯战争胜利四十周年》。学会每年编印论文集，唯一目的是吸引更多学者研究国际关系理论，促进国际关系学科发展。当年，学术成果无处发表是一个众所周知的事实，而收入学会编印的论文集能作为学术成果得到单位认可。学会用自编自印的办法来传播学术成果，交流学术思想，所以这些论文集在当时还是有吸引力的。当然，编印论文集要印刷费用，没有一个教育、研究单位可给钱，上海市社联也没钱给，所以只能由学会秘书长自己想办法到工厂企业筹资、拉赞助。用赞助费来养学术也是当年的一个特色。

学会通过一系列努力，包括开小型讨论会、编印论文集，一是厘清了一些基本概念和观念，包括社会主义国家是否有自己的民族利益、国家利益，社会主义国家是否应坚持爱国主义，帝国主义、社会帝国主义是一种制度还是一种政策，国家对外开放与西方国家"门户开放"政策的区别，国际社会相互依赖性的基本含义及在当代的意义等，这些问题的答案直接与我们如何坚持独立自主方针、如何处理与欧美国家关系、如何发展对外开放及如何认识战后国际社会变化等相互关联着，既解放思想又实事求是，相关的答案尽管现在看来仍有许多不足之处，但是在当时发挥了很积极的作用。相关答案是什么，如有学人感兴趣可以查阅当年的论文集。黄仁伟同志说过在改革开放的大潮中国际关系学术界是挺立潮头的。我认为此说符合事实，先辈们就是这样披荆斩棘前进的。

二是逐渐累积起一支国际关系理论研究队伍。这支队伍的领头人是刘同舜教授、姜琦教授。刘同舜教授对于二战后国际关系历史如数家珍，对美欧国家国际关系理论也很熟悉，而姜琦教授熟悉国际共产主义运动史和马克思主义经典著作，所以学会秘书处在他们的指导、支持下能够有效地开展这方面工作。上海国际关系理论研究在改革开放大潮风生水起之时获得迅速发展，是与他们在学术上的引领作用联系在一起的。至少，我作为学会的工作人员，陈启懋会长关照我：关于国际关系理论研究，直接找刘同舜、姜琦商量。由于工作上的联系，他们因此也自然地成了我个人学术上的引路人，我至今深深地记着他们的教导、衷心地感谢他们的帮助。

二、为什么要召开"上海国际关系理论讨论会"

上海国际关系理论讨论会是一个全国性学术讨论会，来自全国各地的学者 83 名，加上其他与会者共有百余人，大家齐聚一堂，没有人迟到早退，没有人只露个脸、亮个相，而是足足坐了五天，足见与会者对这次讨论会的重视程度，来参加讨论会是高度认真的。这次讨论会的召开仅在《解放日报》上发了个"豆腐块"消息，但是却惊动了北京的一批驻华大使馆，美国、苏联、英国等国大使馆迅速纷纷专程(不管在上海是否有总领馆)派参赞赶到上海找到上海市国际关系学会，他们打探的其中一个问题就是为什么要开这个讨论会。为此陈启懋会长不得不决定请原上海市外办宣传处处长王厚康同志来应对这些人的关心。我在上海市国际关系学会工作30多年组织过无以计数的讨论会，但在国际上立刻引起轰动的有两次：首先就是这一次的讨论会，另外一次是1988年8月在杭州刘庄宾馆召开的"犹太历史文化讨论会"。"犹太历史文化讨论会"之所以在杭州召开，主要怕引起国际社会的注意，所以在报纸上连"豆腐块"新闻也没发，但是依然立即引起了全球犹太人的注视。一批批犹太社团来到上海，接踵而至。对此状况，上海外办不满了，在一次全市外事工作会议上，分管外事工作的刘振元副市长公开责问："金应忠，谁给你这么大的权力?!"陈启懋会长立即采取组织措施，让退休的王厚康同志专管学会外事。但是后来的事实证明上海市国际关系学会在外交部有关领导的指导下开展对世界犹太人的工作是有重大意义的，为中国外交发展作出了贡献。就此事，当时的上海市外办主任赵云俊同志也当面向我道歉，说是"错怪了我"。事实上也确实错怪了。为了开展世界犹太人的工作，朱威烈和我在1987年底冒着北方的严寒专门到北京听取外交部有关领导的意见，是按他们的意见行事的，只是不适宜放在嘴上说，即使遭遇批评也不说，因为自己心里明白是有重大意义才做的。同样，召开"上海国际关系理论讨论会"也是有重大意义的事，所以当时筹备这次讨论会时，讨论会名称前面特地加了"上海"两字，成了专用名，显示了其历史地位。

为什么要召开"上海国际关系理论讨论会"？开会是要花钱的，需要学会自己想办法筹钱。讨论会文集《国际关系理论初探》之所以在1991年，即讨论会结束4年后才正式出版，因为当时上海的一个讨论会发起单位有关同志未能及时提供自己承诺的该由其承担的3 000元费用，需要另外想办法补上这个缺口而受到耽搁。在当年经费如此紧张的情况下，仍然要想办法召开这个讨论会，其主要理由在讨论会领导小组委托国际关系学院赵玉梁、赵晓春、楚树龙三位学者写的《关于建立有中国特色的国际关系学体系——上海国际关系理论讨论会纪要》中是这样说的：

“自党的十一届三中全会以来，我国国际交往的实践和国际关系教育的实践告诉我们国际关系理论的研究已经提到议事日程了。第一，在新的历史条件下，面临着许多新问题、新现象，理应作出科学的阐明，创造性地发展马克思主义国际关系理论，建立我们自己的理论体系。第二，当代世界政治经济正面临着大转折，需要用科学的国际关系理论，预测国际关系的发展演变，制定正确的战略和策略。”这个表述从大处、全局着眼来讲为什么要召开“上海国际关系理论讨论会”的原因是完全正确的。何况中国共产党第十三次代表大会在10月底就要召开，社会主义改革开放事业、中国对外关系发展即将进入新的历史发展历程。

具体地说，还涉及这样几方面：第一，要对已经启动的国际关系理论研究共同推一把。当时国际关系理论研究已经启动是事实。1980年我的《试论国际关系学的研究任务、对象和范围》发表，1981年陈乐民的《西方现代国际关系学简介》发表，1985年陈汉文的《在国际舞台上——西方现代国际关系学浅说》出版，1987年邵文光翻译的《争论中的国际关系理论》出版，1987年倪世雄和我主编的《当代美国国际关系理论流派文选》出版，1987年张季良主编的《国际关系学概论》出版，这是我国历史上第一本用中国人的话语写的国际关系理论教材。第二，对中国特色国际关系学体系在中国如何发展要定个方向，坚持两条腿走路。通过当年学术成果的回顾，我们可以有根有据地说，国际关系学发展在中国的起步，一开始就是两条腿走路的：一条腿是探索具有中国特色的国际关系学理论体系、学术体系、话语体系，当年的开路先锋是国际关系学院张季良教授。客观地说中国学者的国际关系理论研究起步较晚，尚未形成一整套独具特色的学术体系，但在国家对外关系发展中，在观察国际形势变化过程中，中国学者提出的许多观点和具有创造性的理论，在指导国家对外政策、支持世界人民的正义事业方面所具有的价值，是有目共睹的，我国外交取得的成就也是有目共睹的，从学术上给予提炼、抽象是中国国际关系学学者义不容辞的责任。另一条腿是对美欧国家国际关系理论成果开展实事求是的评析。客观地说，国外国际关系理论成果包含着合理与不合理成分是不足为奇的，全面肯定固然不对，完全否定也未必科学，为了分清是非就要评析，就有了科学比较的必要性，在“去伪存真，去粗取精，由此及彼，由表及里”的过程中找出其中合理的、对我们有用的东西。现在有人说国际关系学在中国发展走的是先引进、再创造的道路，这不符合当年的事实。学者要凭事实讲话而不能自拍脑袋说瞎话。第三，为正在诞生的中国国际关系理论定个性。在讨论会上，无论是与会者的发言还是宦乡、汪道涵的讲话都说要建立中国特色国际关系学体系，说明当时的定性是清楚的：一是中国自己的；二是要有中国特色；三是建立国际关系学体系。

当年上海外国语学院胡孟浩院长正在推动外国语学院由单纯的外语教学向复合型教育转型，这在国内外语院校中是独树一帜的创新行动，因此当他从窦晖教授那里知道要召开这个讨论会的消息时，立即让窦晖约我去上外，主动告诉我“上海国际关系理论讨论会”放在上外开，会议期间的会场、食宿费用由上外承担，并要窦晖教授协助开展相关工作。当时张坚副书记从苏联回国，也立即投入了这项工作。今天，当我们纪念这次讨论会召开三十周年时，我们深切怀念胡孟浩院长所做的决定，深深地钦佩他的慧眼和洞察力。因为中国老一辈学者都明白：中国一定要有自己的中国特色国际关系学体系。“要建立有中国特色的国际关系学体系”，这是新中国成长起来的第一代国际关系学者定下的任务。这个体系无法进口、无法找代用品。即使马克思主义也要中国化，对美欧国际关系理论怎么能照搬、照抄、照套，作为中国发展对外关系的指导思想？对马克思主义经典作家的观点不能搞教条主义，对美欧国际关系理论难道可以搞教条主义吗？任何理论都存在结合中国国情、结合中国对外关系发展的实际如何创造性转化、创新性发展变成中国特色理论体系、学术体系、话语体系的问题，都需要中国学者自己作出艰辛努力。而这种艰辛努力是从上海外国语学院起步的！

三、“上海国际关系理论讨论会”的筹备

1986 年底，在安排学会 1987 年工作计划时，鉴于倪世雄从美国学成回国使上海研究国际关系理论的队伍不仅有研究马克思主义、国际关系史的，还有了研究美国国际关系理论的，这支队伍如何起好步、开好头需要听取国内相关学者的意见，于是在陈启懋会长、刘同舜副会长的支持下有了召开国际关系理论讨论会的动议。

这个动议立即得到了上海国际问题研究中心名誉总干事汪道涵同志的支持，也立即得到了上海外国语学院胡孟浩院长、复旦大学美国研究中心的支持，还得到了上海旅游服务开发公司、上海旅游局培训中心总经理应仁才同志的支持。

有了如此多单位的支持，于是我与上海国际问题研究中心的付海鹏、上海外国语学院的窦晖到北京争取有关单位的支持，过程也相当顺利：国务院国际问题研究中心总干事宦乡同志不仅提出做讨论会发起人，而且表示全程与会；中国现代国际关系研究所也自报作为讨论会的发起单位。此外，北京大学国际政治系、中国人民大学国际政治系、中国社会科学院世界经济与政治研究所、外交学院、中国社会科学出版社等单位也纷纷响应。尤其是当年的周纪荣、张季良、李石生、冯特君、卫林、石磊、鲁毅、张明谦等先生对这次讨论会的热情态度至今让我难以忘怀。

有这么多单位支持召开"上海国际关系理论讨论会"，可见这个讨论会是众望所归。1987 年 2 月 26 日上海市国际关系学会召开理事会扩大会议，就年内召开国际关系理论讨论会作出了决议。

四、"上海国际关系理论讨论会"的主要学术成果

这次讨论会所取得的主要学术成果可见赵玉梁、赵晓春、楚树龙执笔的《关于建立有中国特色的国际关系学体系——上海国际关系理论讨论会纪要》和上海市国际关系学会主编的《国际关系理论初探》(上海外语教育出版社 1991 年版)，这里简单地列几条：

(1) 学科名称：国际关系学。

(2) 学科性质：中国特色国际关系学体系。这种定性使学科自然地被要求成为中国特色社会主义理论体系的组成部分。

(3) 学科的知识来源：一是马克思主义关于国际问题的丰富理论遗产；二是国外的国际关系理论可资借鉴，当年强调的是"借鉴"而不是照搬；三是新中国成立以来积累的丰富外交经验及对外开放过程中所创造的新经验、新理念。

(4) 学科任务：一是建立科学概念范畴，包括对国际上流行的概念范畴的重新

定义，揭示国际关系运行演变的规律，能够在长时期内发挥指导作用；二是为国家对外政策的制定和实施提供理论基础，为此应鼓励不同学派、流派的生长、发展和形成，以便为国家对外政策的制定提供多种选择的可能；三是建立国际关系学体系。

（5）学科研究对象：当时认为学科研究有两种思路，一种是从微观（主权国家）到宏观（国际社会），另一种是从宏观（国际社会）到微观（主权国家）。无论取何种思路，尽管逻辑起点不一样，逻辑演绎路径有差别，但根本上并不矛盾，也不存在优劣之分。

（成稿于2017年4月28日。）

论两个体系世界的发生和发展与全球问题

当今世界是国际体系与全球体系并存的世界。从社会历史形态角度考察，两个体系均源自资本主义原始积累和资本主义生产方式的兴盛，是在同一个历史起点上延伸出来的两个并行历史趋向发展的结果。这两个并行发展的历史趋向，一个是民族、民族国家发展的历史趋向，一个是经济全球化驱动下的全球化发展历史趋向。这两个并行发展的历史趋向在近数百年内各自经历了不同的历史发展阶段，各有自己的特质，但始终存在着互动的联系，成为我们研究当今国际环境所必须面对的基本面。当今世界各国对外关系发展都面临如何统筹国际体系与全球体系两个大局的问题，对中国而言尤为突出，因而需要深入研究，科学认识，以便在发展对外关系时准确地把握好对这两个体系的统筹配置，形成合力，争取对外关系发展的更大主动性。这方面要研究的问题很多，本文拟着重讨论国际体系与全球体系并存局面是如何发生和发展的，是如何造就的，以便增强统筹两个大局的自觉性。

一、两个体系世界的历史起点

随着市场经济的兴起，大工业的兴盛，人类社会出现了并行发展而又联系互动的两个历史趋向。这个判断最早是由列宁在第一次世界大战前从民族问题角度提出来的。他说："在资本主义的发展过程中，可以看出在民族问题上有两个历史趋向。第一个趋向是民族生活和民族运动的觉醒，反对一切民族压迫的斗争，民族国家的建立。第二个趋向是民族之间各种联系的发展和日益频繁，民族壁垒的破坏，资本、一般经济生活、政治、科学等等的国际统一的形成。"[1]列宁关于民族问题两个历史趋向的科学论断，是我们认识当今世界国际体系与全球体系并存局面的重要理论起点。如果说第一个历史趋向简言之可以表述为民族、民族国家的历史趋向，那么第二个历史趋向可以简言之为经济全球化驱动下的全球化历史趋向，因而才能造就“国际统一的形成”。

按现代国家意义，第一个历史趋向涉及四个基本问题：一是民族形成；二是民族国家建立；三是国家主权属性确认；四是主权国家体系（即国际体系）的形成和发展。其中国家主权属性确认的意义尤为重大。主权是民族国家的根本属性，是国家固有而非外界赋予的属性，决定了国家之间原则上平等而不具有从属性，是国家最核心的国家利益，具有不可分割性和不可让与性，表现为国家对内的最高权和对外独立权，是国家独立自主地处理内外事务的权力。国家通过主权派生的治权按主权意志实现国家对内的有效治理和对外的有效合作。

随着资本主义生产方式的兴盛，现代民族在欧洲首先陆续形成。列宁说：“民族是社会发展到资产阶级时代的必然产物和必然形式。”[2]伴随民族运动发展的是欧洲各地在反对民族压迫斗争中陆续建立起民族国家。发展资本主义是欧洲各民族的根本利益，而资本主义商品经济需要有统一市场，需要在国家法律保护下有序地发展，这不仅要求各民族实现自己的独立，而且要依靠国家保障市场经济发展，也就是说需要民族和国家的高度统一和结合。列宁说：“民族国家无疑是资本主义发展的最好条件。”为结束欧洲30年战争而召开的威斯特伐利亚和会确认了国家主权属性，确认了国家主权原则是国家间关系的基本原则，成为国家间关系进入一个新历史时期的开端。在国家主权属性确认以前，国家形态早就有了，已有数千年历史，但相对于历史上已经出现过的国家形态，诸如古希腊城邦体系，帝国体系，中世纪欧洲国家体系等，国际学术界几乎一致认为威斯特伐利亚和会开创的威斯特伐利亚体系，是由主权国家组成的，是一个主权国家体系，即我们通常所说的国际体系，按其本质属性是一个自保体系。主权国家体系的出现不仅意味着世界范围内国家形态、国家间关系发生伟大变革的开始，而且加速了经济全球化驱动下的全球化发展历史趋向扩展到全世界，按自己的意志改造世界，尽管异常曲折，但依然造就了今天世界两个体系并存而又互动发展的现实。

在适应资本主义生产方式越出国界、拓展世界市场的历史趋向上，欧洲新兴民族国家成了强有力的推手。随着远洋航海业“地理大发现”奇迹的出现，这些欧洲列强用洋枪、火炮、铁舰把民族征服、民族压迫推向世界各地，将包括南北美洲、非洲、澳大利亚、新西兰及亚洲的在内的世界极大部分地区先后沦为其殖民地和附属国。欧洲殖民者从占领的殖民地、附属国中掠夺了巨额财富、矿产资源及人力，促使工业革命在欧洲迅速发展，成为欧洲迅速崛起的巨大动力，同时也改造了被占领的殖民地、附属国，破坏了当地长期存在的自给自足的农业经济，取而代之的是都市的、工业化的和技术的社会。这种社会在世界各地如野火一样扩展开来。千千万万欧洲人涌到世界各地去，到更广阔的世界中寻找和发现新的机会，既是冒险家，又是新事业的开拓者，在所到地区落户，建立自己的社区，建立自己的产业，形成新的阶级。而当地的本土居民，在工业化、商业化的大潮中也逐渐产生新的阶级，并萌发新的民族觉醒，兴起了新的资产阶级民族运动，为了摆脱殖民统治、获得民族独立，进行了艰苦卓绝的斗争。由欧洲移民所形成的美利坚民族为了从英国殖民统治下独立出来，从 1775 年开始在华盛顿领导下经历了长达 8 年的“独立战争”，建立了美国。受美国独立影响，从 1808 年开始，中美洲和南美洲有 13 个国家经历了长达 20 年反抗葡萄牙和西班牙殖民统治的斗争，先后取得了独立。这表明到 19 世纪，民族、民族国家历史趋向，伴随经济全球化驱动下的全球化发展历史趋向依然在发展，而且呈现了向全球延伸的趋向。然而，这个历史趋向，在 19 世纪末以前是在殖民化对非殖民化的双向发展过程中推进的，即世界越来越多的国家和地区沦为殖民地，而同时又不断有国家取得民族独立、建立民族国家。但是直到 19 世纪末世界被瓜分完毕前，欧洲以外的世界逐渐被殖民化是一个基本趋向。

伴随民族、民族国家历史趋向全球延伸前进的另一个历史趋向是经济全球化驱动下的全球化发展历史趋向，如马克思、恩格斯所说的，“由于开拓了世界市场，使一切国家的生产和消费都成为世界性的了”，“过去那种地方的和民族的自给自足的闭关自守状态，被各民族的各方面的互相往来和各方面的互相依赖所代替了。物质的生产是如此，精神的生产也是如此。各民族的精神产品成了公共的财产”。[3]也如列宁所说的“是民族之间各种联系的发展和日益频繁，民族壁垒的破坏，资本、一般经济生活、政治、科学等等的国际统一的形成”[4]。这个历史趋向首先表现在经济方面,是经济全球化的历史趋向。世界市场的全球拓展不仅带来了商品的世界性流通,而且带来了货币的世界性流通,使欧洲列强如英国、法国等国的货币变成了国际货币,造就了货币互换、国际借贷,建立了国际收付、结算制度,建立了金融市场,形成了国际金融体系。在欧洲列强国别经济不断增强的同时,世界经济的面貌逐渐显露出来。在 19 世纪末 20 世纪初以前,世界经历了“世界经济紧密联结成为一个单一的、相互依赖的整体”的过程,“这一过程的中心是欧洲,另一个中心是美国;各种冲击的力量从欧洲向外扩展,把地球上一片片尚未被发现的大陆展现在欧洲人面前,供他们去探险和渗入;并把各个有人定居和无人定居的、处于殖民地的和独立地位的大陆,同已在前一时期征服了大部分欧洲和北美的工商业资本连接起来”[5],同时也将各国的经济、政治、社会、文化、科学等连接起来,展示了“把世界一切国家牢牢地结成一个体系”[6]的漫漫历程。

二、传统的国际体系力量结构均衡无法应对全球体系生长所提出的挑战

随着各国的资本、经济、政治、社会、文化、科学等逐步连接起来,随着“世界经济紧密联结成为一个单一的、相互依赖的整体”进程,亦即随着全球体系的持续生长,传统的国际体系力量结构均衡日益显示出无法应对由此伴随发生的全球问题。“全球问题”不是世界“全球化”后才有的,而是在全球化生长过程中就累积和暴露出来的各种各样的问题,不同历史时期有不同的突出的“全球问题”。在 19 世纪末 20 世纪初,突出的“全球问题”有两个。

第一个是传统的国际体系力量结构均衡无法为新兴国家崛起提供生长的空间。

尽管主权国家体系和全球体系同时在生长,但是主权国家体系作为本质上的自保体系,其关注点一直局限于主权国家体系的生长,认为只要寻求国际体系力量结构均衡,就能维护世界的稳定,就能寻求自己的发展。当时欧洲列强都这样认

为。尽管美国独立以后，主权国家体已经越出欧洲，但是直到第二次世界大战，主权国家体系内的国际力量结构仍然主要是欧洲的国际力量结构，国际格局仍以欧洲格局为主体。具有当代意义的国际格局是在19世纪初席卷整个欧洲的拿破仑战争失败的基础上建立起来的，以战胜国于1814—1815年召开的维也纳会议为标志，形成了英、俄、奥、普、法在欧洲的均势，史称维也纳格局。维也纳格局建立后的近百年内，欧洲未发生全面战争，开创了百年和平。亨利·基辛格说这是一个“导致稳定的国际体系”[7]。

然而，维也纳会议后，欧洲内部由于各国政治经济发展的不平衡，尤其是不断涌现的科技革命成果，推动了欧洲各国大工业的迅速崛起，导致了欧洲列强间力量结构发生了一系列重大变化，尤其是1834年德意志关税同盟的建立及以后的不断扩大所带来的变化。到1871年以后，随着德意志帝国的崛起，近代意大利的形成，不仅改变了维也纳会议以来欧洲的均势，而且助长了这两个国家的军国主义倾向。这两个国家“没有一个国家完全满足于它们取得的成就”[8]，需要寻求新的生长空间。1871年以后甚至出现由德国、意大利和奥地利“三国同盟”主导的欧洲格局，到19世纪末德国取代法国成了欧洲盟主。法国不仅无法同已经发展成为世界上最强大的军事——工业大国德国挑战，而且甚至找不到一个在外交上可以平衡德国力量的盟国。[9]尽管欧洲力量结构的非均衡状态持续加剧，“欧洲的国家体系达到了极点”，然而欧洲列强在欧洲以外地区的扩展、占领和控制，使欧洲大国仍有可能“在多面的外交联盟和同盟的体系中寻求安全”。“虽然经常使用战争威胁，但是在这一体系还处于灵活的情况下，这一体系使敌对的竞争者之间，进行和平的调整”，“在1871年以后的四十年中，大国之间没有进行过战争”。[10]但是随着世界领土的瓜分完毕，需要重新瓜分、寻求生长空间的新兴大国与欧洲列强之间的冲突日益加剧。1907年，为了对抗德国，法国与英国、俄国联手建立“三国协约”，使欧洲分裂为同盟国与协约国的两极体系。这种两极对抗终因1911—1912年的巴尔干战争而引爆了第一次世界大战。

第二个问题是传统的国际体系力量结构均衡无法为避免经济危机转化为全面危机提供有效途径，传统办法也无法解决“全球问题”。

自从人类社会出现战争以来，历史上任何战争不管其规模多大，多么惨烈，都是地区性、局部性的战争。第一次世界大战则是人类社会有了战争以后第一次出现的世界性战争，表明随着经济全球化趋向的发展，世界各国利益也显现出了全球化趋向，政治也出现了全球化趋向，如何协调全球利益，应对全球共同面临的问题，已经史无前例地提上人类社会的议程，需要人类提出新的思维，作出新的战略判断。然而人的认识总是落后于现实，尽管为第一次世界大战付出了沉痛代价，但依然停留在传统思维。为结束大战而召开的巴黎和会，不仅成了战胜国的分赃会议，而且并未为如何协调全球利益作出任何努力，被称为“凡尔赛体系”的战后国际格局，依然是欧洲格局。1922 年召开的华盛顿会议，虽然在一定程度上补充了“凡尔赛体系”的不足，形成了“凡尔赛—华盛顿体系”，但并未表明国际格局已摆脱以欧洲为中心的特征。1917 年的俄国十月革命，为国际格局改变带来了新的因素，但仅仅是资本主义世界汪洋大海中的一颗红星，欧洲列强之间的矛盾、冲突和斗争，依然主导着国际格局的趋向，重新崛起的德国与意大利与在东方的日本联手，终于形成了新的世界大战策源地。这就是说“凡尔赛—华盛顿体系”并没有解决如何应对国际力量结构不均衡发展可能引发的问题，未能为新兴大国崛起提供生长的空间，主权国家体系依然具有极大的脆弱性。

凡尔赛—华盛顿体系也没有开辟如何避免经济危机转化为全面危机的途径。经济危机是生产过剩的危机，自从 1825 年在英国首次爆发后，不断有国家陷入经济危机，1847 年第一次发生由英国的经济危机演变成世界性经济危机，表明随着世界市场的发展和世界经济体系的生长，经济危机在世界范围的形成呈现出统一的趋势，即经济危机在一个国家的爆发，立即会在短期内蔓延到所有的或大多数国家，甚至会波及殖民地和附属国，成为世界性经济危机。这种危机几乎每隔 8—10 年重演一次，具有明显的周期性。这是经济全球化过程中所出现的问题，也变成了全球化的最初信号。第一次世界大战同样表明在战争有可能成为世界性的状态下，世界性经济危机演变为世界性财政危机、金融危机、社会危机、政治危机的全面危机也并非危言耸听或杞人忧天。而 20 世纪 30 年代大危机正是这样一种状态的表现，并最终演变为第二次世界大战的爆发，给人类社会造成了惨绝人寰的灾难。

回顾20世纪30年代大危机所显示的人类社会生活各方面的危机惨象和世界性危机惨象，可以发现，随着“各民族的各方面的互相往来和各方面的相互依赖”的发展，已经出现了马克思所说的“世界联系的体系”[11]，不仅利益越来越全球化，而且问题也越来越全球化。这些问题已经成为一个体系性问题，而这种体系性问题既与主权国家体系、世界经济体系有关，但又不完全是这两个体系的问题，是一个新的体系性问题。然而，这到底是一个什么新的体系性问题，当时人们都在思考，却没有科学的结论。尽管一个全球性体系已经逐渐呈现在人们面前，但是人们还没有清晰认识。

那么什么是全球体系？就其存在形态而言，是一种自然状态的体系，不仅有国家行为体，还有非国家行为体，甚至自然人，都是全球体系中的行为者。不仅如此，还涉及人与自然和环境的关系。各种行为体在自然状态下自我组织、自我生长，会使全球体系由于各种各样原因累积起各种各样的问题，会演变成制约人类社会发展的瓶颈，演变成威胁人类生存发展的全球性问题。因为全球体系不仅是比主权国家体系、世界经济体系更高层次上的体系，而且就其发展本质而言，是一个相互依赖、相互依存、相互影响的体系，是一个谁也离不开谁的“一荣俱荣、一损俱损”的体系，是一个谁都无法抗拒外部世界影响的体系。各民族之间在各方面的互相往来和各方面的互相依赖，产生了世界各国各方面的互动发展，产生了世界各国境内外各方面的互动发展。经济全球化是全球体系存在的基本形式之一，也是全球体系生长、发展和存在的基础。主权国家体系本质上是一个自保体系，国家间的相互依赖性是在全球体系中发生、发展的，但在全球体系生长、发展的过程中扮演了基本行为体的角色，发挥了促进或制约的作用。当然，尽管主权国家体系对全球体系的生长和发展具有相当巨大的制约作用，但是全球体系最终一定会要求主权国家体系为自己的发展提供道路。列宁说：“民族国家无疑是资本主义发展的最好条件。”市场经济在一国内部发展是如此，超越国界的发展也是如此。全球体系在生长、发展过程中同样要求民族国家为自己提供“最好条件”。然而第一次世界大战后，随着1920年代世界性经济危机的爆发，主权国家体系所能提供的不是“最好条件”，而是越来越糟糕的条件，最终酿成30年代大危机：

（1）世界市场不仅已被欧美列强瓜分完毕，而且被分割的区域之间越来越呈封闭状态。在欧美列强的殖民体系内，各自有自己的生产和销售链，有各自的财政、金融货币体系，有各自的标准规范和法律体系，甚至有自己的文化、语言体系，一句话，就是有各自封闭性的“世界”体系，整个世界是一个被割裂的世界。在经济发展较好的状况下，各个被分割的市场之间还有贸易往来；但在经济危机发生的状况下，各自便纷纷采取贸易保护主义，加剧了生产过剩危机的恶化，并导致全球性大危机。

（2）在大危机的冲击下，世界的分裂进一步加剧。1821年英国率先在世界上实行金本位制后逐步形成国际金融市场的国际金本位制。第一次世界大战后国际金本位制逐步瓦解。在大危机爆发的背景下，世界分裂为英镑区、美元区、黄金本位区、日元区和德国统治下的外汇控制区，统一的国际货币制度不复存在。为了刺激国内经济，各国政府如困兽犹斗，各行其是。然而很少有国家能从危机中挣扎出来。德国、英国、法国、美国因此先后走上了大规模重新武装的道路，为刺激集团体系内部经济的复苏，寻找出路，使一个分裂的世界变成了武装对峙的世界，世界逐步形成两个武装集团，即轴心国（德国、意大利和日本）和“民主国家”（以英国、法国和美国为首）。

（3）在大危机冲击下，非洲、亚洲和拉丁美洲广大殖民地附属国地区陷入重大的苦难，加速了当地民族重新觉醒的进程，“由于危机使城市工人、贫农和农业工人更激进，民族主义和革命运动得到新的支持者的基地”，[12]从而为第二次世界大战后殖民主义体系最终瓦解准备了物质力量。

20世纪30年代大危机所显示的全面性、综合性、全球性特征，显示了全球体系生长、发展已经达到的水平，要求解决“全球问题”必须有新的全球治理办法。然而，人们对此不仅没有认识，没有这种觉悟，而且也根本没有这种愿望，致使新的世界大战再次爆发，由此而造成的战争惨烈、战争破坏比第一次世界大战更甚。用传统办法、用传统思维来解决新世界面临的问题，结果只能是如此。

三、各国外交均面临如何统筹国际体系与全球体系两个大局的考验

第二次世界大战后，无论是主权国家体系发展还是全球体系发展都受到下列因素的推动，从而造就了两个体系并存又互动的世界。第一个因素是主权国家体系全球化。随着第二次世界大战所带来的被压迫民族的普遍觉醒，民族运动迅速席卷全球，到20世纪60年代，延续几个世纪的殖民主义体系最终土崩瓦解，民族国家在全球范围内普遍建立起来，使随着资本主义生产方式萌芽、兴盛而出现的民族、民族国家历史发展趋向，在政治方面达到了全球化高度，使主权国家体系真正成为全球性体系。这个新高度的出现，使殖民体系的再现成为不可能，也为全球体系的生长、发展突破了一个传统的瓶颈，获得了史无前例的广大空间。

第二个因素是现代科学技术的巨大进步。第二次世界大战后第三次科技革命（新技术革命）所取得的成就，促进了工业化的迅速发展，到20世纪70年代甚至出现了世界已进入后工业时代的概念，意思是说工业化时代已经结束。不管这种说法是否确切，事实是高新技术产业（信息技术产业、生物技术产业、生命科学技术产业、新能源技术产业、新材料技术产业、航空航天技术产业、海洋科技产业等）推动了战后经济与社会发生巨大的变化，改变了人类社会生活的方方面面。新技术革命提供的成就也使全球往来更便捷、更快速，“天涯若比邻”已成为事实，以至于人们可以用“全球村落”来表述世界的接近。

第三个因素是重建全球性霸权治理。第二次世界大战后形成的雅尔塔体系是以政治、军事上的两大集团对峙为特征的，一个以美国为头，一个以苏联为首，实际上代表了两种重建霸权治理世界的理念。不管美国说其对世界的目标是一种“领导地位”还是一种“慈善的霸权”，美国断言世界只能由美国领导，对此谁也不能提出挑战。为了维护世界霸权，美国提出了一系列秩序、机制、制度和规则为其服务，包括在世界各地设立军事基地，形成军事条约网，无论其使用“大棒”威慑还是使用“胡萝卜”诱导都是为此服务的，本质上依然是一种霸权治理，但是也确实代表了一

种新的全球治理的理念。

为了治理大战后的世界，在大战结束时，美国依据自己的需要和对世界发展的理解提出了三个方案：政治方案、贸易方案和金融方案。政治方案就是建立联合国，由于该方案有一个对世界事务的五大国否决机制，苏联没有否定美国的方案，从而使现在的俄罗斯依然是联合国五大常任理事国，拥有一票否决权。苏联认为美国的贸易方案（即“关税及贸易总协定”，后改名为世界贸易组织）和金融方案（即“布雷顿森林体系”）对自己不利，因而没有参与，以至于现在的俄罗斯还不是世界贸易组织的成员。战后按美国方案而建立的联合国体系、国际贸易体系和国际金融体系，这些体系最显著的特点，一是有控制的开放性，二是越来越完善的规则性，三是新兴国家有适当的生长空间。因而这些体系在相当大的程度上缓解了战前所面临的问题，促进了经济全球化的形成，并导致了全球体系的出现，带来了更为持久的经济繁荣。尽管这些体系依然存在着诸多缺陷，根本上有利于维护美国霸权，有利于美国对世界的控制和管理，但经过战后几十年多次的变革和调整，仍然适应了国际正常交往的基本需要。经过战后几十年的发展，当今世界的秩序、制度、机制和规则已经相当发达，几乎涉及国际生活的方方面面，主权国家体系已经不再是传统意义上的自然状态，从根本上说这体现了现代世界的进步，为战后世界的和平发展发挥了积极作用。但是这一切变化都是在国际体系框架内发生、发展的，主导因素是国际体系内主导性的国际力量，关注的着力点重在调节国家间的对立、对抗，修复力量、权力结构的失衡，警惕新兴力量对霸权大国地位的挑战，维护现存的国际体系。第二次世界大战后建立的以美国为主导的国际体系，虽然有诸多创新，但由于其根本上依然是一种霸权治理，由此而引发或被掩盖的全球问题也越来越多。

当然，第二次世界大战后，推动主权国家体系全球化和全球体系形成与发展的还有其他因素，例如多种文明的交流和融合，人类对和平发展的追求，国际关系民主化意识的增长，各种社会思潮的交流和撞击，人类对社会发展规律认识的提高，从而造就了当今国际体系与全球体系并存的局面。如果说真正的经济全球化是第二次世界大战后的事，那么苏联的解体则是全球体系出现的重要标志。然而人们对全球化的认识，对全球体系的认识，首先是从全球性问题中逐步感受到的。从20世纪60年代开始，国际知识界发现各国人民面临的共同问题不仅日益增多，而且有不断恶化的趋势。诸如气候变暖、大气污染、酸雨、水污染、淡水资源短缺、生物多样化锐减、物种灭绝速度加快、土壤退化和荒漠化、人口爆炸、粮食短缺、毒品走私与泛滥、国际恐怖主义等，正在威胁着人类的生存和发展，但当时普遍认为这是工业化的后果。由来自不同国家科学家参与的罗马俱乐部则将这些问题归结为"人类困境"和"增长的极限"，表达了对这些全球性问题后果的严重关切和担忧，表明了人类社会发展正面临新的瓶颈。国际知识界越来越多的研究成果表明，面对日益增多、不断恶化的全球性问题，人类必须考虑世界的整体性，全球的一体性。1980年联合国教科文组织所属的国际交流问题研究委员会提出"多种声音、一个世界"，表明不管人们如何描绘世界的多样化，都应以"一个世界"来表达它们之间的相互联系，都应关注人类生存和发展面临的共同威胁，须要用全球共同治理来应对。然而直到"冷战"结束后，这一切仍未被世界主要发达国家所重视。

2001年，美国布什政府依然是揣着构建"一超独霸世界"的雄心壮志登上世界舞台的。但是"9·11"国际恐怖主义袭击却使全世界看到了当今世界不再是"一超独霸世界"，而是一个休戚与共的世界，即使坚持霸权治理的美国也无法免遭全球问题的袭击。在美国遭到国际恐怖主义袭击后的第一时间内，世界绝大多数国家都表达了对美国的同情和声援，不仅美国的盟国是如此，即使被美国视为战略遏制对象的国家也是如此，几乎是全球一致的同仇敌忾，显示了共同治理世界的立场。在相对和平的年代里，在国际格局未出现重大异动的情势下，这种状况的发生是前所未闻的。在"9·11"事件带来的震惊之下，环境安全、能源安全、粮食安全、生态安全、食品安全、公共卫生安全、经济安全、金融安全及反对核扩散等类似概念相继由学者的语言变为政治家的语言，变为国际文件的语言，一系列应对"非传统安全威胁"议题陆续列入"峰会""首脑会晤"的议程。小布什政府"反恐战争"的作为也表明美国政府"单边"治理世界的政策走到了历史尽头，须以共同治理的政策来取代。2008年下半年，由美国次贷危机引发的全球性金融、经济危机，以及由此而启动的全球性共同应对，就全球应对的层级和规模来看，也是前所未有的。近乎一致的步调，更是彰显了不同于传统国际格局的新特征、新局面，表明了用全球社会、全球体系、全球格局来描述这些新特征、新局面，不仅是需要的，而且是必要的，仅仅用经济全球化或"超越主权国家体系"来解释无法表明这种现实。

面对国际体系与全球体系并存而又互动的世界，如何统筹国际体系和全球体系两个大局，应对全球问题挑战，已经无可回避地摆上了各国对外关系发展的议程。也就是说传统外交只需应对国际体系的挑战，而今的外交还必须同时应对全球体系的挑战，必须统筹这两个大局来制定自己对外关系发展的战略、策略和政策，以便形成发展对外关系的合力，有效地增进本国国家利益，推进全球共同治理，促进世界和平发展。

注释

1.《列宁全集》第 20 卷，人民出版社 1958 年版，第 10 页。
2.《列宁选集》第 2 卷，人民出版社 1972 年版，第 600 页。
3.《马克思、恩格斯选集》第 1 卷，人民出版社 1972 年版，第 255 页。
4.《列宁全集》第 20 卷，人民出版社 1958 年版，第 10 页。
5.《世界史便览》，生活・读书・新知三联书店 1983 年版，第 476 页。
6.《列宁全集》第 28 卷，人民出版社 1956 年版，第 134 页。
7. 转引自《世界当代史》，高等教育出版社 1989 年版，第 356 页。
8.《世界史便览》，第 409 页。
9.《世界史便览》，第 467 页。
10.《世界史便览》，第 466—467 页。
11.《马克思恩格斯选集》第 2 卷，人民出版社 1972 年版，第 137 页。
12.《世界史便览》，第 499 页。

（原载《国际展望》2010 年第 1 期。）

避免全球性结盟分裂对抗是当代大国的历史使命

——兼议新型大国关系的理论与实践

自2008年全球金融危机爆发以来，由于受到力量对比变化的影响，大国关系进入了新一轮调整。目前大国关系呈现以下几个特征：首先，对话与合作伙伴关系有所增强；其次，国家利益仍是推动国际关系发展的主动力；再次，传统大国普遍陷入结构性困境；最后，新兴国家正成为大国关系的新主体。能否避免传统大国关系中的全球性结盟分裂对抗局面，是构建新型大国关系的关键之举。

一、当代大国关系没有大规模结盟分裂对抗的本钱

新型大国关系是相对于传统大国关系而言的。尽管历史上一直有大国与小国之分，早在公元前五世纪开始就有在某个地区内几个相对的“大国”争霸的记录，但是具有现代意义的大国关系是在出现由几个大国有实力瓜分世界市场的背景下才开启的，并形成了传统大国关系概念。

传统大国关系有两个基本特征：一是大国之间结盟分裂对抗；二是相互争夺世界霸权。传统大国关系不仅政治关系是分裂的，而且经济关系也对抗，没有统一的相关协调性制度安排。由此形成的历史惯性，尤其是主导意识的历史惯性，使第二次世界大战后由美苏两个超级大国形成的两极格局依然具有这两个基本特征；虽然世界大战没有打起来，但相互间一直处于结盟分裂对抗的“冷战”状态。就当时的苏联这个超级大国而言，之所以会陷入传统大国关系的历史惯性，原因是多方面的，其中在理论上未能科学认识当代世界的统一性是一个关键因素。

对于中国而言，自改革开放以来，对当代世界统一性获得了越来越清醒、科学

的认识，不仅坚持改革开放而且在国际上高举和平、发展、合作、共赢的大旗，既不愿做超级大国，参与地区霸权、世界霸权的争夺，又不希望看到大国之间结盟分裂对抗，因而作为对大国关系发展的正面诉求而寻求构建新型大国关系，既是坚持和平发展道路的题中应有之义，也是希望给当代世界摆脱尚存的传统大国关系历史惯性提供一个共同努力的方向。

构建新型大国关系首先立足于避免大国关系大规模结盟分裂对抗可能带来的灾难性后果，既符合中国坚持和平发展道路的历史选择，也是当代大国关系发展面临的历史性需求和机遇。自从和平发展时代到来后，尽管传统国际体系依然发挥着相当强的影响力，显示了某些传统大国关系的历史惯性，但是避免大国关系形成大规模结盟分裂对抗同样也获得了史无前例、日益增长的掣肘力。[1]这个掣肘力就是：由于相互依赖性的发展已经造就了“你中有我，我中有你”“一荣俱荣，一损俱损”的共生性全球体系，使当代世界更显示出人类命运共同体意义。这个掣肘力也为传统国际体系转型、摆脱历史惯性注入了新的动力。

在共生性全球体系中，任何国家的自我实现都依赖全球各地的他者自我实现的可能需求和可能提供的成果；尽管依然存在各种各样的矛盾冲突，但是都不得不承认他者存在的价值，不得不承认他者稳定发展的意义，不得不接受相互渗透、相互融合、相互救助，也不得不相互作出必要的妥协，不得不寻求适合各方需要的社会建构与制度安排，不断完善国际政治经济秩序，以便在寻求矛盾对立统一中谋求各自的自我实现。要和平不要战争，要发展不要贫穷，要合作不要对抗，推动建设持久和平、共同繁荣的和谐世界，既是各国人民的共同愿望，也是面对史无前例的全球性共生关系的合理选择。因此当代大国关系在发展过程中形成相互尊重，构建新型大国关系，提高发展的稳定性、可持续性，具有现实需求，不仅符合各国人民的共同利益，而且也符合所有大国的发展利益，显示了当代人类命运共同体的历史要求，显示了当代世界统一性的历史规定。

当今世界，所有大国都处于共生性全球体系之中[2]，尽管各自对全球共生关系的依赖程度有差别，所处的地位和所能发挥的作用也不一样，但是谁都只有在共生性全球体系中才能生存、发展，谁都只有在做大共生性全球体系这块蛋糕的过程中才能获得更大权力和更多利益。各自优化和优化选择全球性共生关系是任何大国的最佳选择。中国坚持改革开放就是遵循了这种最佳选择。如果说这种选择使曾经四分五裂的欧洲走上了一体化发展的道路,使曾经各自发展的大西洋两岸国家走上了共同发展的道路,那么未来的更大发展依然得依靠对业已形成的共生关系进一步作出优化和优化选择。两极格局的解体为更大规模的全球性共生关系的优化和优化选择提供了更为宽广的空间和机遇。新兴经济体的群体性崛起也提出了这方面努力的必要性。

尽管美国依然有沿袭传统大国关系历史惯性的欲望,但是一直面临难以为继的挑战。美国确实有一帮盟国、盟友,搞一些局部性"群狼战术"固然还有点本钱,但成功率也有限,说明本事并不大,更不用说没有本事让其所有盟国、盟友都相信面对共生性全球体系搞全面性的全球对抗是必要而又值得的。何况,如果其他大国没有意愿与其做对手,这台戏也唱不起来。在共生性全球体系中唱这台戏既没有必要性又不值得,有许多历史经验教训值得记取。新中国成立以来多次面临禁运、封锁、制裁等一系列严峻挑战,但是最终都证明挑战发起者美国及其跟随者循着传统大国关系的历史惯性既困难重重,又都落得失败的命运,而中国反而变得更强大了,表明中国坚持和平发展道路既符合国情又适合世情。在共生性全球体系中,中国坚持和平发展道路有足够大的回旋空间而能不参与大国对抗,也有足够大的创新智慧来优化和优化选择与他者的共生关系,为自己的发展开拓空间,根本没有理由要"东施效颦",拴在传统大国关系历史惯性的尾巴上。

二、结盟分裂对抗并非处理大国关系唯一和不可避免的选项

正如任何事物均有两重性一样,在共生性全球体系中,大国处理相互关系也有两重性。这种内生性动力的双重性源自国家具有独立性、主体性与合群性、共生性的基本属性的双重性。如果说独立性、主体性属性赋予大国内生的竞争冲动,显示张扬的个体性,甚至摆出一副好斗的架势,那么合群性、共生性属性的外在必然性是要与他者共生,形成共生关系;两者都是维护生存、发展、寻求自我实现所必需

的。当然，大国自我基本属性的双重性如何转化为具体的处理相互关系的动力双重性则是随所处的时间、地点、条件而变化的。第二次世界大战时，美国人说两国之间，“当商品进不去时，士兵就要跨过去”，讲的就是变化的一种动因，表明不存在选择的绝对性而只有相对性，都是相对于时间、地点、条件变化而言的。

“大航海时代”到来后开启的国际社会共生关系，尽管出现了传统大国关系概念，但是传统大国关系的争斗不仅无法阻挡国际社会共生关系的发展趋向，而且共生性全球体系的逐渐孕育、生长、发展，也赋予大国关系逐渐具有体系结构性，使大国关系成为共生性全球体系结构性运动的组成部分。尤其是进入19世纪以后，无论是国内社会发生重大变化还是相互间关系出现显著变动，都逐渐出现了互动连锁性效应，即使各种危机也逐渐具有互动、联动性，经由共生性全球体系结构的传导机制而具有了外溢性、蔓延性。[3]这就告诉我们，共生性全球体系从其开始孕育、生长的那时起，就是作为共生关系的结构体系发展起来的，不仅大国之间的竞争冲突与结构性矛盾同在，而且大国之间的合作也需要由结构性矛盾转化而成。这当然均因条件变化而变化，然而最基础性的条件是大国之间无论是冲突还是合作都存在于共生性全球体系之中，都必须适应共生性全球体系的体系结构运动变化需要。这就是说只能以优化和优化选择共生关系来应对，以便优化和优化选择社会建构与制度设计，既避免因结构性矛盾而使相关各方迎头相撞，又能为结构性矛盾转化为结构性合作创造条件、开拓空间。

不错，国际社会不存在统一的政府来优化和优化选择共生关系，但是任何大国自身基本属性的对立统一性的规定性要驱使其寻求这种可能性，必然要对他者为此“鸣其声矣，求其友矣”，因而出现了交往沟通、对话协商的需要。正因为存在这种可能性的内在动力，因而在第二次世界大战后出现了构建与完善国际政治经济秩序的趋势，出现了几乎所有国家都自觉地参与到这一趋势中来的盛况，显示了当代国家对认识相互关系的新的觉醒。尽管当代国际政治经济秩序依然存在许多不公正、不合理的情况，但是既然这一趋势已经开启，那么随着新兴经济体的群体性崛起，纠正其中不公正、不合理的情况也不是不可能的，因为优化和优化选择共生关系符合各国的发展利益，而各国也只能以寻求自我双重基本属性对立统一来寻求自我实现，不得不接受国际社会的某种拘束。

当代的美国同样是独立性、主体性属性与合群性、共生性属性双重基本属性的对立统一体，这种属性的规定性使其处理大国关系的动力同样具有双重性：尽管依然具有引发与其他大国结盟分裂对抗的内生性竞争冲动，在美国主导下使传统大国关系基本特征依然具有历史惯性，在第二次世界大战后建立的政治军事联盟并不因“冷战”结束而解体，甚至还在继续拉帮结伙拼凑新的联盟，以面对新兴大国群体性崛起。于是中国等新兴崛起大国成了美国高度警惕的对象。尽管中国反复表明不威胁美国，但美国依然很难完全听得进去。美国甚至对其盟国、盟友同样具有相当高的警惕，不仅从未停止过对他们的监视，而且需要不断塑造共同的敌人，以便将他们如蚱蜢一样拴在一起，这或许与美国对当代世界统一性的认识相关联，似乎只有按美国的意志将世界统一起来，世界才有前途。但是美国处理大国关系还有另一面，即美国必须也只能在共生性全球体系中才能寻求自我合群性、共生性的自我实现，因而即使具有强烈的利己动机也必须为结构性矛盾转化为合作共生创造条件，显示了共生性全球体系结构性力量的不可抗拒性。这就是说，尽管美国依然维系着传统大国关系的历史惯性，但是仅依靠这种历史惯性已不能达到完全的自我实现，不能不更多地关注国际政治经济秩序与当代世界政治经济发展现实的匹配性。对美国的这种关注，我们不仅要看到其利己的动机和面临的困难，更要研究其与世界政治经济发展趋势的吻合性，需要冷静观察、沉着应对的客观理性。

传统大国关系基本特征的历史惯性是基于利益矛盾的不可调和性。但是共生性全球体系生长、发展的必然要求是总要找到解决的办法，创造某种新的条件，使利益矛盾的不可调和性变成可调和性，这同样符合矛盾对立统一规律。2 000 多年前中国先贤荀况已经发现“人能群”。就是说人有智慧和能力优化和优化选择共生关系，使不可调和的利益矛盾变得可调和，实现矛盾的对立统一，这同样为 19 世纪以来国际社会发展的历史所证明。进入 19 世纪后，随着世界市场的全球拓展，传统大国关系基本特征所显示的结构性矛盾持续凸显出来。面对各种危机、冲突、战争的不断爆发，对抗逐渐由局部性、区域性演变为全局性、世界性，进入 20 世纪后又先后爆发了两次世界大战和“三十年代大危机”。当年的当事国家都对此几乎是一筹莫展。当年许多人都认为世界矛盾具有结构性，危机、冲突、战争都具有结构性，不仅不可避免而且不可调和。然而第二次世界大战后，国际社会不仅走出了曾经被许多人认为不可逾越的一系列困境，而且终于走进了和平发展的新时代。尽管人们对此可以作出各种各样的解读，但根本而言表明人有智慧有能力"能群"，有智慧有能力科学认识世界范围的结构性矛盾，优化和优化选择共生关系，优化和优化选择社会建构和制度设计，因而能不断地从矛盾冲突对抗的困境、泥淖中走出来。

俗话说"办法总比困难多"。尽管确实存在众多一时无法调和利益的结构性矛盾，但是当今国际社会促进这些结构性矛盾转化为结构性合作的动力生成因素越来越多，包括大大小小的跨国公司分工越来越细的跨国经营的需要；世界范围内的巨额游资都要寻觅生财之道；全球性问题越来越多，必须由各大国共同参与治理；需要相互救助的情况经常发生，即使超级大国也不例外；新兴大国群体性崛起，平等均衡发展面临严峻挑战；科学技术的创新、知识的创新；等等，都需要人们展示"建构性思维"，显示自己的聪明才智，将诸如此类的动力生成因素组合成促进结构性矛盾转化为合作共生的力量，维护世界和平、促进共同繁荣。

三、构建新型大国关系具有历史必然性

中国坚持走和平发展道路，既没有意愿做超级大国，参与地区霸权、世界霸权的争夺，又不希望看到大国之间结盟分裂对抗，而是希望通过争取和平国际环境发展自己，又以自身发展维护世界和平，扩大同各方的利益汇合点，推动建设持久和平、共同繁荣的和谐世界；因而作为对当代大国关系发展的正面诉求，提出构建新型大国关系，不仅具有理论和实践的依据，而且科学地把握了第二次世界大战后国际关系发展的历史趋向。尽管至今尚不可能一蹴而就、轻而易举地构建起新型大国关系，但也不是遥不可及的理想。

首先，第二次世界大战后传统大国关系的传统意义的完整性出现了消退、减弱的趋向。如果说欧洲曾经是传统大国关系的发源地，那么这种趋向今天也首先发

生在欧洲，显现了“相反相成”的效应。所谓传统大国关系，在历史上最初仅涉及欧洲的大国关系。欧洲曾经是传统大国关系基本特征的实践区。美国崛起后，传统大国关系才扩展到大西洋两岸，但是中心依然在欧洲。

传统大国关系的结盟分裂对抗最终形成两次世界大战的策源地也在欧洲。说欧洲具有大国争霸的悠久历史传统或许并不过分，甚至可以追溯到公元前五世纪的雅典与斯巴达之间长达 27 年的争霸战争，至今依然吸引着许多学者的研究兴趣。然而到第二次世界大战后，西欧国家尽管与美国一起参与两极对抗，至今依然是美国盟国体系的重要构成部分，甚至还不时地与美国采取同心合力的行动，但是在内部关系上却结束了结盟分裂对抗，走上了一体化发展道路。走这条道路尽管异常艰辛，却也显示了当代人优化和优化选择共生关系、优化和优化选择社会建构与制度设计的巨大智慧和能力。

第二次世界大战后欧洲内部关系所发生的巨大历史性转折，尽管人们可以作各种各样的解读，但无论如何都无法否认传统大国关系的历史惯性是可以随条件变化而停顿的，人们只能永远臣服于传统大国关系的历史惯性是站不住脚的。传统大国关系的历史惯性在其发源地欧洲出现停顿的现象告诉人们：第一，尽管传统大国关系的历史惯性已经延续了几乎 5 个世纪，但并不存在不受任何条件制约而具有无限延续性的可能。第二，当代共生性全球体系的发展必然会迫使人们在寻求合作中寻求自我生存、安全与发展，人们也有智慧、能力与胆识直面结构性矛盾并创造条件将其转化为结构性合作，实现合作共生，因而迎来了国际制度创新蓬勃发展的时代。

按照传统大国关系理论，当大国之间结盟分裂对抗时，中小国家为了维护自我生存与安全都将不得不选边站，从而造成世界整体性的结盟分裂对抗。如果说这种局面在历史上确实发生过，然而第二次世界大战后的现实已并非完全如此，同样显示了传统大国关系的传统意义的完整性出现了消退、减弱的趋向。确实，在第二次世界大战后，不仅两极对抗年代有中小国家选边站的情况，而且这种现象至今还存在，但是更多国家并没有选边站，尤其是一批新兴经济体几乎都没有这样做，因而曾经出现过声势浩大的“不结盟”运动，因而美国在今天要纠集一批国家对某个国家策动一场“狼群攻击”也并非易事。尽管一些国家至今在概念上还是美国的盟国，但并非时时、事事都按美国意志冲锋陷阵、英勇献身。这些事实同样告诉人们：第一，如果说至今确实依然存在某些中小国家选边站的情况，但是在共生性全球体系高度发展的时代有足够大的回旋空间为自我发展获得条件，选边站不仅不是唯一的选择，而且也未必是最佳的选择。有的国家明知对自己不利，但即使要想从选边站的“围城”中走出来也并非易事。第二，面对共生性全球体系的高度发展，各国与他国的关系都面临如何优化和优化选择的考验，以便首先满足国内民众改善生活、增进福祉的需要，因此对是否有必要“选边站”通常变成一事一议，独立自主作出判断。

第二次世界大战后，传统大国关系的历史惯性还在延续，传统国际体系尚有存在的空间，新兴大国群体性崛起还要经历艰难曲折的历史过程。因此和平发展时代是传统国际体系与共生性全球体系并存的时代。在此时代到来后，我们可以看到传统大国关系的传统意义的完整性正在消融，这不仅为新型大国关系的构建提供了空间，而且也为国际体系转型、摆脱历史惯性提供了条件。当然新型大国关系形成的历史必然性要变为现实性，仍需要我们贡献出智慧和能力。

四、走出传统大国关系历史惯性需要摆脱传统观念的束缚

第二次世界大战后，随着共生性全球体系的形成，人类命运共同体被赋予“一荣俱荣，一损俱损”的当代意义。传统大国关系的传统意义存在的历史条件正在逐渐消失，相应的一系列传统观念也在失去存在的依据。因此，有必要研究可以取代的观念是什么，以便使新型大国关系建立在新的观念层面上。

例如，当代大国关系的关键问题是如何分配世界财富还是如何增值世界财富？是否需要用世界财富增值论取代传统的世界财富分配论？

如果说随“大航海时代”到来而开启国际社会后，几乎所有大国乃至崛起中的大国首先关注的是如何分配世界财富以及如何为此抢占有利地位，因而发生了抢占世界市场的争夺，那么到第二次世界大战后这种大国关系的模式则逐渐发生了

变化。尽管原因是多方面的，但事实上逐渐变成一国财富的增值不仅并不是剥夺他国财富，并不意味着他国财富的减少，而且事实上给他国带来了更多的财富增值的机会。不仅大国有财富增值的机会，而且即使中小国家也有财富增值的机会。传统的新兴大国崛起必定会抢占世界市场正在变成为全世界创造市场，必然会瓜分世界财富正在变成为全世界贡献财富，必然会导致传统大国的衰落正在变成为传统大国继续兴盛创造条件。中国自改革开放以来财富固然获得了巨额增长，然而世界各国，尤其是美国、日本、欧洲国家却也因此获得了巨额财富，不仅在向中国的巨额出口中获利，而且在向中国投资中获利，波音、空客等众多大公司大企业都是获利的大户，也因此为相关国家提供了大量的就业机会。境外许多昔日的中小企业也因此变成了大公司大企业。因此确切地说，中国坚持和平发展不仅为世界创造了市场而且为世界贡献了财富。所以在当代世界的大国关系中，用世界财富增值论取代传统的世界财富分配论是有依据的。对各大国而言，面临的挑战不是如何缩小他国财富增值的空间，而是如何管控与他国的矛盾与分歧、借助他国财富增值的机遇实现自我财富更大增值。

再如，当代大国关系变动是权力转移还是权力相关扶持？是否需要用权力相互扶持论取代传统的权力转移论与权力博弈论？

传统大国关系变动的过程是权力博弈、权力转移的过程，甚至还求助于战争。这种权力博弈、权力转移论关联着传统的世界财富分配论。按传统的世界财富分配理论，权力是财富的源泉，财富是按权力来分配的，权力的转移意味着财富的转移。然而第二次世界大战后，尽管依然有人认为权力是国家间政治的核心，应该为权力而斗争，美国也至今依然要坚持领导世界，但事实上大国之间的权力关系正在发生变化。这种变化显然不是权力转移，而是各自的权力需要通过相互合作来实现，通过相互支持来维护。战后这种大国之间权力关系的变化表现在许多方面：第一，尽管一些国家依然企图使政治权力成为财富的来源，但是这种机会正在变少而不是增多。对任何国家来说要获取更多财富，根本上依赖本国产品的比较成本优势，谁具有最大的比较成本优势谁就具有最大的竞争实力。就此而言，国家实力、国家的财富最终来源于比较成本优势。如果说这种比较成本优势也同样带来权力，那么这种权力是依靠他国的承认、依靠与他国的合作才能实现的。这种规则的变化客观上不仅大大削弱了为寻求财富而疯狂争夺政治权力的冲动，而且增强了寻求与他国合作实现自我权力的内生动力，显示了权力实现的相互性。当代世界，所有国家之间均具有共生性，各自的权力、利益之间都具有共生性，因而使各自的权力、利益得到自我实现才有可能，其内在的逻辑是权力实现的相互性而不是权力转移性。

第二，尽管一些国家依然企图使政治权力成为谋求、控制资源的工具，但是现代科学技术的进步同样在削弱这种必要性。科学技术日新月异的发展，不仅扩大了获取原生性资源的可能，而且提高了合理利用资源、充分发掘原生性资源利用潜能的可能，更重要的是出现了集成创新、开发创造新资源的可能。如果说这也能带来权力，那么这种权力不仅是创造权力增量实现的，而不是从权力的存量中转移获得的，而且可能获得的巨大权力增量也是史无前例的。我们只要想一想美国创造了互联网，不用一枪一炮创造了多么巨大的权力，[4]构成了世界霸权新的支柱，就可以明白这个道理。权力不是叫出来的，而是干出来的，也是这个道理。但是这种权力自我实现的前提条件同样是要获得他者的承认和需要，与他者有自愿合作的可能。人类社会的共生关系是以资源为纽带的。[5]如果说曾经的纽带是原生性资源，在带来共生关系的同时曾经也带来对抗与争斗，而今天正在进入以创新资源为纽带的共生关系时代，需要的不仅是智慧和创新能力，而且是相关各方的合作共赢。美国如果不放弃利用互联网作为攻击他国或监视他国的工具，必然会迫使他国不得不另辟蹊径，削弱美国在该领域的权力和财富也不可避免。显然共同维护网络安全在根本上对美国是有益的。

第三，随着共生性全球体系的形成，人类命运共同体被赋予“一荣俱荣，一损俱损”的当代意义，国家之间的相互救助，国家权力的相互扶助成了常见的国际现象，与国家之间的相互争斗构成了截然相反的矛盾景象。当今世界，几乎所有国际事务场域，既不存在一国可以独占的权力，也不存在仅依靠一个国家的努力就能维护的权力。国家之间的相互权力救助同样显示了相关各方的真实需求。不仅仅基于道义，而且还基于共同的或相似的利益，本质上是对对方某种权力的肯定，根本原因是相关各方的利益、权力的汇合点越来越多，不仅有日益增多的利益汇合点，而且有日益增多的权力汇合点。维护他者的某种权力就是为了维护自我的某种权力，两者具有相辅相成性。在国际活动的许多场合，包括联合国安理会的投票权的行使，都可以找到利益、权力汇合点的各种案例。发现和拓展大国关系的利益、权力汇合点是构建新型大国关系的重要基础。

当代大国关系要客观理性看待彼此战略意图，坚持做伙伴、不做对手，其中一个重要切入点是要彼此客观理性看待双方战略意图中利益、权力的汇合点，尊重和支持对方的利益、权力合理关切，避免只要对方客观理性，而自己看待对方却不那么客观理性。如果过度强调对方战略意图与自己的分歧点，过分强调权力使用方式的分歧点，甚至以偏概全，不顾及双方战略意图的利益、权力汇合点，势必会将对方视为对手，这是非客观理性的必然结果。善于发现和拓展大国关系中各自战略意图的利益、权力汇合点，是坚持做伙伴、不做对手的重要前提。否则欲通过对话合作而非对抗冲突的方式妥善处理矛盾和分歧，就会相当困难。

注释

1. 金应忠:《论两个体系的发生和发展与全球问题》,《国际展望》2010 年第 1 期。
2. 金应忠:《国际的共生论——和平发展时代的国际关系理论》,《社会科学》2011 年第 10 期。
3. 金应忠:《为何要研究“国际社会共生性”——兼议和平发展时代国际关系理论》,《国际展望》2011 年第 5 期。
4. 杨剑:《数字边疆的权力与财富》,上海人民出版社 2012 年版。
5. 胡守钧:《社会共生论》,复旦大学出版社 2010 年版。

(原载《国际展望》2014 年第 1 期。)

解读新型全球伙伴关系的合理内核

2014年,习近平总书记在中央外事工作会议上提出“要在坚持不结盟原则的前提下广交朋友,形成遍布全球的伙伴关系网络”,重申了中国对外关系发展要用合作共赢的全球伙伴关系来构建新型国际关系,实现我们的朋友遍天下的重要任务。

一、经济全球化的伙伴时代

在当代国际关系中“伙伴”是一个常见词语,出现了各种各样的“伙伴关系”,然而其中却有新与旧之别、优与劣之分:有的相关各方都有舒适度,有的却不是;有的对相关各方的发展与安全利益均具有可靠性,有的却并不如此;有的是患难与共、同舟共济的真朋友,有的则未必。

至于以结盟为前提的伙伴关系,有明确对付第三方的针对性,给其他国家发展和安全利益带来威胁,是当代世界不稳定因素,并不是人们乐见的,至于能否给结盟的相关各方发展与安全利益提供有益的能力增量,同样是“如人饮水,冷暖自知”。例如美国对其盟国几乎都不放心,口惠而实不至,又例如日本对美国在自己国土上长期驻军未必心甘情愿,即使在经济发展上日本对经常受到美国的卡压也是有苦难言。

因此对伙伴关系研究首先必须回归到“伙伴”的本来意义。“伙伴”在中文语境中是由古代的“火伴”一词演绎过来的,原意是指古代战场上同吃一锅饭的士兵之间的关系;因为朝夕相处、利益相依、生死与共而成为“伙伴”,具有利益共同体、责任共同体、命运共同体的意涵。在英语的语境中,partner也有“合伙人”“合股人”

的涵义，似乎在一定程度上与中文“伙伴”的意涵相通。所以我们只能用“伙伴”的本来意义来考核当今国际关系中各种伙伴关系的是非，来界定新型全球伙伴关系的合理内核。

新型全球伙伴关系的合理内核与经济全球化伙伴时代的根本特征具有关联性，是我国“在坚持不结盟原则的前提下广交朋友，形成遍布全球的伙伴关系网络”的理论依据之所在。

经济全球化时代是共生性全球体系居主导地位的时代，所有行为体均处在各种各样共生性网络关系的体系之中，其根本特征是：一方面各国要坚持独立自主发展，各有自己的梦想与追求，各自都珍惜自己的历史文化传统或者对自己的现实各有偏好；另一方面是经济全球化造就的“你中有我，我中有你”的利益交融性发展，尽管相互之间依然存在各种矛盾冲突，但是事实上已经在各国之间形成了兴衰相伴、安危与共的命运共同体。

各国在与他国的利益交融性发展过程中既坚持独立自主，又要与他国合作发展，不仅为他国发展作出自己的贡献，而且也承担自己的责任、分享他国的利益，使“搭便车”现象比比皆是；由此形成的命运共同体发展趋向既要求利益共同体的发展，又要求责任共同体的发展，具有“三位一体性”要求；而正是这种“三位一体性”要求才转化为国家之间克服、缓解相互之间矛盾冲突的动力，由此带来的是“和实生物”，和谐共生，共同发展。

二、不结盟原则前提下广交朋友

全球伙伴关系与利益共同体、责任共同体、命运共同体“三位一体性”之间的关系是表里关系、外壳与内核关系；后者是前者的内核，前者是后者的外壳，或曰后者的存在形式；前者的是非曲直是依据后者是否具有合理的“三位一体性”来判断的。

国家之间在合作发展过程中，发展与安全均是相关国家首先关注的两件大事，均不会偏废，同样可以依赖后者合理的“三位一体性”来实现。因此全球伙伴关系研究的核心问题是后者的“三位一体性”研究，不仅要思考建立什么样的利益共同体、什么样的责任共同体，而且要思考如何使利益共同体、责任共同体、命运共同体三者之间的结构体系具有协调性、合理性，使相关各方既能独立自主发展又能合作发展，使伙伴关系既有舒适性又有可靠性。

但是当代国际关系中的许多伙伴关系事实上其内核却并不具有合理的“三位一体性”，三者之间的结构关系既不协调又不合理，因而使伙伴关系既没有舒适度又没有可靠性。因此必须寻求包容性塑造新型伙伴关系、新型国际关系。

就关系与观念的逻辑而言，中国古人云“和实生物”，决不是就关系论关系的结果；关系的理性逻辑是由观念引领的。国家之间建立什么样的利益共同体、什么样的责任共同体，以及利益共同体、责任共同体、命运共同体能否具有合理的“三位一体性”，伙伴关系内核的三者结构性体系是否协调、合理，能否得到有序安排，不只是如何操作、如何建构的技术性问题，要回答以何种观念来引领，必须强调先进观念的引领作用。

然而先进观念同样只能源自我们所处时代的根本特征。经济全球化时代的根本特征规定了国家之间的合作发展必须倡导亲诚惠容的理念，追求合作共赢、互利共赢的目标，而此正是所有国家不得不为此作出努力的方向，具有普遍主义特征。

三、遍布全球的伙伴关系网络

在经济全球化运动过程中，国家之间利益共同体、责任共同体、命运共同体“三位一体性”包容性塑造要求是一直客观存在的。中国将秉承亲诚惠容理念、追求合作共赢、互利共赢目标，体现到国家之间政治、经济、安全、文化等各种关系的方方面面，坚持正确的义利观，做到义利兼顾，在包容性塑造利益共同体的过程中注重责任共同体的包容性塑造，用总体安全观的责任共同体来维护、保障利益共同体，实现和而不同，和谐共生，共同发展，因此是使利益共同体、责任共同体、命运共同体“三位一体性”适应经济全球化运动的合理选择。

就此而言，责任共同体也不是简单地分摊各国的责任是什么，而是要在政治、经济、安全、文化等利益共同体的方方面面关系上追求发展与安全的整体谋划，按照合理需求原则、底线原则、规制性原则来包容性塑造，实现总体安全性。这就是说，责任共同体首先是基于相关各方对责任的相互性合理需求的心灵相通，具有自愿拘束性，同时又基于相关各方共同认可的底线，例如主权原则、和平共处五项原则、“搁置争议”原则等，使自愿拘束性具有平等互惠与公平正义性，并最终使制度、规则、机制得到规范，具有可操作性与实践性。由于利益共同体与责任共同体是刚柔融合、互补互济的统一体，因而使命运共同体具有活力，具有生命力，能适应同舟共济的需要。这也告诉我们包容性塑造新型全球伙伴关系网络不只是外交部门的事，而是所有涉外部门及单位共同的事业，需要齐心合力、同舟共济。

国家涉外关系是一个分层次的体系，是一个由理念层面、原则层面、规则层面、操作层面所组成的复合体；既要用理念、原则层面来引领规则、操作层面，又要用规则、操作层面的“对症处方”来确保目标与手段的统一。不同国家有不同的国情、不同的文化、不同的社会制度、不同的发展需求，所以必须使亲诚惠容理念、使全球伙伴关系内核的“三位一体性”要求在不同的对象国本土化、制度化、机制化，才能使全球伙伴关系扎根于对象国的土壤之中，扎根于对象国的民心民情之中，即使发生地动山摇也能岿然不动，也能经得起国际风云变幻的考验。

形成遍布全球的伙伴关系网络，是在与一个个对象国家形成新型伙伴关系的基础上实现的；扎根于一个个对象国家土壤之中、遍布全球的伙伴关系网络因此也一定是“全天候”的，值得我们为此共同努力，我们的事业也一定能成功，为实现中华民族伟大复兴作出贡献。

“一带一路”是欧亚非的共同发展战略

2013年9月，习近平主席访问哈萨克斯坦时提出沿着古代丝绸之路共建“丝绸之路经济带”的倡议，同年10月访问印度尼西亚时又提出沿着古代海上丝绸之路共建“21世纪海上丝绸之路”的倡议，同年年底党的十八届三中全会将这些倡议正式列入决议，使“一带一路”建设成为中国国家战略。事实上，“一带一路”建设并非只是中国的国家战略，欧亚非三大洲越来越多国家对此倡议表现出浓厚的兴趣和热情，纷纷提出相关建议和方案，这表明“一带一路”建设已超越中国的国家战略，成为更多沿带、沿路国家的国家战略，甚至成为欧亚非三大洲的共同发展战略也是可能的。这种可能的实现将成为当代世界和平发展新的切入点和增长点，为世界经济增长注入新的动力。这样的趋向为我们研究“一带一路”倡议提供了新的视角，因此需要研究这种趋向的动力是什么？促使这种趋向形成合力的理念是什么？中国的作用是什么？研究这些问题与研究中国“一带一路”战略具有相辅相成的意义，本文拟就此展开讨论。

一、凝结欧亚非的历史记忆，承载欧亚非的和平发展梦想

古代陆上丝绸之路与海上丝绸之路可以统称为古代丝绸之路，这不仅是中国先民走出来的，而且是欧亚非三大洲先民共同走出来的。古代丝绸之路建设的壮举与风采不仅在当代中国人中，而且在欧亚非的民众中都凝结着历史记忆。“丝绸之路”概念最早由德国地理学家李希霍芬（F. Von Richhofen）于1877年出版的《中国》一书中提出。[1]然而欧亚非的先民将通往中国之路与“丝”“丝织品”联系在一起却是早已有之。据称在公元前10世纪，中国的丝织品就已到达古埃及。古希腊

人对欧亚大陆的东方生产丝与丝织品的国家也早有耳闻，并以“赛里斯”（seres）称呼中国，用“赛里斯人”称呼中国人似乎与“丝”的译音相契合。[2]对丝织品、瓷器及其他产品的好感激发了“西方”人对中国的向往，试图开拓通往中国之路，犹如唐朝高僧玄奘因对佛教的敬仰造就了赴印度取经的壮举。欧亚非三大洲先民各自对对方的向往、好感以及互利推动了东西方之间的联系与交往。在数千年前，人们不得不利用双脚或借助畜力去跨越崇山峻岭、草原大漠的阻隔，也不得不依靠风帆搏击浩瀚海洋上的惊涛骇浪，实现互联互通的艰难可想而知，然而古代丝绸之路仍然在艰难中联通数千年。

欧亚非三大洲先民走出数千年传承的古代丝绸之路，学者黄仁伟认为是以相互发现对方为主要特征的人类历史第一次地理大发现为标志。[3]正是地理大发现增进了相互了解、互赏互鉴，使相互联系、交往不断增多，贸易、文化交流日益频繁。漫漫的古代丝绸之路互联互通为欧亚非古代先民建构了广袤无垠的生活圈，既有商人的往来，又有民族的迁徙；既有改善生活品质的追求，又有躲避灾难的需要；既有物质的互通有无，又有文明、文化的沟通交融；为各自的生存和发展提供了多样的机会。

近代发生的第二次地理大发现导致欧洲少数列强对非洲、亚洲的殖民与掠夺。而在此之前的数千年中，尽管古代丝绸之路的发展也不可避免地发生这样或那样的矛盾、冲突，但是在陆上与海上仍然不断拓展与延续，总体上对欧亚非三大洲的先民是有益的。古代犹太人在摩西带领下走出埃及、越过红海来到西亚，在“流着奶与蜜”的地方建立了自己的国家。古犹太国在“第二圣殿”被毁之后，其中一个支族沿着古代丝绸之路来到中国，并在开封定居，在融入中华民族大家庭的过程中繁衍生息，形成了“七姓八大家”的社会群体，获得了新的发展空间，成为犹太历史中独一无二的奇迹。公元610年，伊斯兰先知穆罕默德来到麦加传教，他曾说“知识，虽远在中国，亦当求之”，既肯定中国的文化价值，又鼓励双方相互交流。穆圣的后裔沿着古丝绸之路来到中国，既成就事业，又繁衍生息。[4]

中国汉朝使者张骞两次出使“西域”，唐朝高僧玄奘到“西天”取经，郑和奉明朝皇帝之命在28年内率庞大船队七下“西洋”，多次远航至非洲东岸……诸如此类的往来至今都给所到达的国家留下美好的回忆，值得当代人珍惜。古代丝绸之路不仅惠及欧亚非三大洲先民，而且至今依然是相关国家民心相通的桥梁，发展和平友好关系的楷模，共建“一带一路”的历史明灯。

连接欧亚非三大洲的古代丝绸之路源远流长，延续数千年，传承的是坚韧不拔的毅力、互赏互鉴的态度，以及在优势互补的交往联系中提升各国人民的福祉的精神。这种亲和力和精神在相关国家民众的历史记忆中历久弥新，是当代共建“一带一路”的民心基础、动力源泉，这也成为相关国家追求共同梦想的历史依据。这种亲和力和精神表明“一带一路”是沿带、沿路各国共同的发展战略，而且随着经济发展项目逐渐完工，经济开发区逐步建成，新兴城市集群快速兴起，新兴经济走廊不断形成，由此带来的互联互通、经济一体化发展，不仅为发达国家带来更大的发展空间，而且将带动新兴经济体实现群体性崛起。

弘扬古代丝绸之路的亲和力与精神，共建当代“一带一路”是欧亚非各国适应经济全球化发展的历史趋向、维护经济健康、稳定发展的需要。

首先，共建“一带一路”反映了当代欧亚非各国推动经济健康、稳定发展，增进民生福祉的强烈愿望。我们正处在要和平而不要战争、要合作而不要互斗、要稳定而不要动乱、要富强而不要贫弱的和平发展时代。不仅发展中国家要实现和平发展，同样发达国家也要提振经济，扩大出口、增加就业机会、改善人民福祉、提升内部的稳定性等。古代丝绸之路给了欧亚非三大洲相遇的机会，共建“一带一路”又使三大洲获得了合作的契机。因此这不仅是复兴与重振古代丝绸之路的伟大工程，而且将为世界提供和平与稳定之锚，为增进人民福祉提供机会之窗，也为各国实现和平发展的目标准备了条件。

其次，共建“一带一路”为沿线国家创造了相互发现并再发现自己的机会。这可以用黄仁伟所说的人类社会的第三次地理大发现来表述。[5]古希腊人在见到中国人之前，地理学家克泰西亚斯(Ctesias)在公元前397年所著的《旅行者》的著作中这样描述中国人，“男高十二骨尺(中指之端至肘为一骨尺)，寿逾二百岁”，[6]犹如今人对外星人的想象。尽管今人对地球上同胞的描述已不需要这类想象，但是对对方的发现乃至自我发现依然存在着极大的空间。

从认识论的视角来看，社会是一种共生关系，人是在共生关系的相互发现中发现自己的；如果不善于发现他者与自身的真实关系，很难发现自己的存在。受到传统国际政治、地缘政治观念以及历史与现实矛盾和分歧的束缚，国家之间的相互认知以及对自我的认知往往是不完整、有偏差的，由此导致合作的潜能往往被忽视。而这些潜能或潜力的挖掘可能为相关国家带来广阔的发展空间。

而弘扬古代丝绸之路精神，共建“一带一路”可以为应对上述问题提供新的视角。认识的转变需要从新的视角来思考，共建“一带一路”对欧亚非各国都具有内生性，植根于对古代丝绸之路的历史记忆。从古代丝绸之路到共建“一带一路”是一脉相承的，如果说古代丝绸之路因给相关国家相互发现并发现自己带来了繁荣，那么共建“一带一路”同样将带来新的辉煌。路是走出来的，新的辉煌就在脚下，因此需要我们高瞻远瞩、迈开脚步。

再次，共建“一带一路”为欧亚非各国在经济全球化进程中建构战略主动地位提供了新的契机。从“大航海时代”开启的经济全球化以来，“你中有我，我中有你”“兴衰相依”的发展趋势愈加明显，共同发展、共担风险的要求也愈加强烈。这不仅需要研究如何实现共生、共同发展，而且需要思考如何建构相互合作抵御风险的平台。

共建“一带一路”既是适应经济全球化发展的有机组成部分，又是建立应对经济全球化风险的重要战略依托的需要。在经济全球化进程中，超级大国或许是经济全球化风险的策源地，但是由于其资源与实力的体量较大，因此客观上自身可以建立应对风险的战略依托。1997 年，金融危机席卷亚洲并波及欧洲，而美国却岿然不动。2008 年，爆发于美国的金融危机，目前来看美国比其他国家更早走上复苏道路。欧盟经济一体化的发展在某种程度上也使欧洲获得了类似的体量，但是抗御风险的能力却与美国相差甚远，表明其体量还不够大、不够强。因此对众多欧亚非国家而言，应对经济全球化风险，要善于共同建构足够大、足够强的战略依托。俗话说“一个好汉三个帮”，一个人可以走得快，众多人在一起可以走得远。当然这里的战略依托不是传统国际政治概念，也不针对谁、攻击谁，而主要是促进相关国家经济稳定发展的需要。发展中国家需要有战略依托，发达国家也同样需要，日本经济发展经历的波折也证明了这一点。尽管日本曾为建构自己与东亚国家经济关系的"雁行模式"而骄傲，但是日本经济发展的"黄金时期"依然失之于未能使东亚国家成为其经济稳定发展的战略依托。尽管日本曾经提出建立"心心相印"关系的说法，但这仅仅是一种外交辞令，事实上一直秉承使东亚国家落后自己十年的理念，因此无法建立抵御风险的战略依托。20 世纪 80 年代的"广场协议"使日本经济一蹶不振，表明"脱亚入欧"不能使日本获得战略依托，跟随美国也不能使日本获得真正的战略依托。经济问题必须依靠经济办法来解决，没有经济领域的战略依托，日本经济的可持续发展和再复兴是没有希望的。

经济全球化、政治多极化的发展趋势都是当代世界的客观事实，各国相互依赖、利益交融同样是当代世界发展的客观事实，如何合作应对经济全球化的风险是各国的共同需求，就此而言，共建"一带一路"为沿线国家提供了确立战略主动地位的新契机。

二、将是 21 世纪最伟大的经济再复兴工程

对于古代丝绸之路的起点与终点问题，主要是指"官路"，即使在当代讨论也涉及各种因素。太仓浏河港与上海港在历史上都在江苏省内，明朝郑和率船队七次下西洋，都是从该地起航。上海宝山也因当年曾建造烽火台"宝山"、为郑和船队导航而得名。这说明当今的上海港在历史上就是海上丝绸之路的重要节点。至于"民路"的起点与终点更为多样，古代丝绸之路途径欧亚非各地，许多城市或地区都是连接丝绸之路的重要节点。这是因为各地都有加强经济交往联系的内在动力，也有展示自身魅力与优势的内生需求。在这种内生动力与需求的驱使下，使得古代丝绸之路在欧亚非三大洲纵横交错、相互联结，而且延续数千年。

当代的"'一带一路'是世界上跨度最长的经济走廊，包括亚太、欧洲、非洲等多个经济圈"[7]，是经济全球化最重要的组成部分和动力之一，同样也将是沿线国家共同努力、循序渐进实现经济一体化的途径。何处为起点、何地为终点、何处联何地接，将由沿线国家按照经济发展规律、社会发展需要作出选择。将沿线所有经济圈

互联互通起来，实现经济一体化。当然，“一带一路”建设即使用100年时间来完成也不为过，与用数千年时间走出的古代丝绸之路相比，100年或许只是弹指一挥间。当代“一带一路”建设，各国有自己的原则构想，即使远在大洋彼岸的美国也对此有自己的抱负，这是很正常的。“一带一路”建设在客观上可以视为欧亚非三大洲人民实现共同梦想的过程。互联互通的价值最终都将在经济全球化进程中得到体现。因此这项历史性工程的进展如何，将在根本上取决于沿线国家在此过程中相互认知的深化与合作。

经济全球化时代的根本特征是：一方面是各国要坚持独立自主的发展道路；另一方面是各国利益、权力的相互交融发展，这两者相辅相成。各国独立自主发展为利益、权力的相互交融提供新的基础；而各国只有在与其他国家的共生关系中，才能促进利益、权力的相互交融，而且共同发展过程的共生关系也方能更稳、更好、更快地得以建立。一个国家的战略地位、价值、作用是在与他者的共生关系中体现的，也是在与他者的互动中实现的。经济全球化时代要求国家之间在共生关系中实现对立统一，这就使各国都面临如何摆脱传统国际政治、地缘政治观念束缚的问题，从而再发现、再认识自己的挑战。而共建“一带一路”倡议的提出则是对上述问题的现实回应，为人类以发展的视角来认识并应对问题提供了新的路径。

在共建“一带一路”的过程中依然存在很多矛盾，而且一些矛盾与冲突由来已久，尽管人们一直在寻求解决问题的办法，然而始终不得其解。类似情况在欧洲也发生过。在欧洲历史上，国家之间存在许多“百年世仇”，由此使无数财富毁于战火、无数人死于战争，可谓山河破碎、尸骨成堆。但是“煤钢联营”却为欧洲人提供了超越“百年世仇”，思考欧洲共生关系的新空间。在此基础上，“百年世仇”似乎成了“一览众山小”，由此欧洲进入和平发展的新阶段。同样，“一带一路”战略也为人们提供了类似欧洲联盟发展的新空间，推动沿线国家共生关系的发展。但是，国家之间共生关系的建立仍然依靠充分开发各方潜能，并顺应经济全球化发展的时代特征。同时，“一带一路”建设应该根据沿线国家的不同发展水平和实际情况逐步推动，这与古代丝绸之路的发展具有相似性。

实践中，共建“一带一路”显然离不开资金与技术，也离不开对共生关系的科学认识。而目前的国际环境对于“一带一路”共生关系的建设并不完全有利，尤其在西方舆论环境中，一是不断炒作沿线国家间的矛盾、分歧；二是不断炒作“中国威胁论”，夸大中国与沿线国家的矛盾与分歧。显然，这不利于“一带一路”的建设。这种舆论氛围明显不同于20世纪50年代初欧洲“煤钢联营”计划提出时的状况。1950年初，当“舒曼计划”提出“把整个法德煤钢生产置于一个联合总部的领导之下”时，面对的历史与现实的矛盾、分歧也非常突出，诸如传统对抗和冲突的恩怨、现实利益的对立、战胜国与战败国的立场差异、大小国家的不同权益等，这些矛盾和分歧使“舒曼计划”的实践面临严峻的挑战。此外，由于美国对欧洲联合的支持并非出于单纯的经济目的，而是有着很强的政治目的，因此欧洲国家对美国不得不保持警惕，同时，英国对“与美国不平等感到苦恼”[8]，拒绝参与该计划。

但是，总体而言，欧洲国家对“舒曼计划”的争论不集中在矛盾，而是探讨其必要性和重要性，因此促使欧洲六国率先开启了欧洲一体化的发展道路。显然，如果囿于相互间的矛盾与分歧，欧盟不可能取得现在的发展成果。目前我国的“一带一路”倡议同样需要营造良好的氛围，探讨战略实施的必要性、重要性，而不应囿于矛盾与分歧，否则将会阻碍战略的有效实施。

共建“一带一路”，首先要营造良好的国际舆论环境，这是推进战略实施的重要前提条件。对于中国而言尤其是学术界，需要自觉为战略的实施提供新的发展理念，明确战略的必要性、重要性，同时提供合理的“包容性塑造思维”，聚焦沿线国家共同发展，倡导“一带一路”的公平正义理念，以消除沿线国家对“一带一路”倡议的疑虑，并切实推进发展战略与沿线国家的有效对接，为建设共同发展、合作共赢的战略奠定基础。

三、包容性塑造外交理念有助于增进发展的安全性，具有现实合理性

随着“大航海时代”而开启的经济全球化进程的深入发展，国家利益的溢出效应不断扩大，主权国家的利益日益超越国界而在全球范围内延伸，由此带来的各种

危机迫使人们不得不思考经济全球化发展的整体性、系统性和结构性,不得不改变相互孤立的状态,而要考虑如何处理单个国家的发展与全球整体发展的关系。因此在实践中要逐渐规划、设计较为合理的秩序、原则、规则,包括如何保障国家之间的有序竞争,以便为相关各方设定共生关系的底线,从而推动国际法、国际制度、国际机制的发展。

如果说欧洲历史上的“三十年战争”迫使欧洲相关国家在1648年威斯特伐利亚和会上接受国家主权原则作为共生关系的底线,以便寻求和平共处且为相互利益交融提供空间,那么两次世界大战的惨痛教训迫使人们为共生关系设定越来越多的底线,以适应和平共处、和谐共生的需要。这既促进了国家之间利益的相互渗透、融合,也加速了经济全球化的整体性、系统性、结构性发展进程,又为广大发达国家与发展中国家提供了空间,也推动了“世界多极化、经济全球化、社会信息化,各国利益交融、兴衰相伴、安危与共,形成了‘你中有我、我中有你’的命运共同体”[9]的建设。

为顺应经济全球化的发展,中国倡导共建“一带一路”,不仅为欧亚非三大洲各国提供了新的战略机遇,而且也为各国共同利用新的战略机遇期创造了机会。积极倡导利益共同体、责任共同体、命运共同体三位一体的包容性塑造理念。上述三位一体的理念不是中国独创的,而是适应经济全球化的必然要求,因此全球化是包容性塑造外交的时代背景。包容性塑造外交理念既尊重所有国家的独立自主发展权,又强调各国的独立自主发展是在利益、权力相互交融、兴衰相伴、安危与共的过程中实现的,即在共生关系中得到实现的。

在此过程中,利益共同体是相关国家利益、权力共生关系的结构体系。利益共同体概念同时要求合作的开放性,各类区域性组织、机制之间也应相互包容、互联互通,努力扩大共同利益,从而在提升供应链、产业链、价值链过程中,拓展更大的发展空间。毫无疑问,在利益共同体中,各自的利益、权力都需要得到保障,因而需要相关各方权责共担,同时遵循共同而有区别的责任原则,并以具有法律约束力的制度、机制来规范,包括警务、军事合作规范,从而推动责任共同体的建设。

事实上,责任共同体是利益共同体的伴生体,是相关国家保障利益、权力共生关系结构体系的制度、机制规范体系，而且它是建立在一系列底线原则的基础上的，例如和平共处五项原则、协商民主原则、公平正义原则、“搁置争议”原则等。因此责任共同体是以责任合理性原则、责任底线原则、责任规范性原则为基础，以便维护利益共同体的安全性。总体而言，利益共同体、责任共同体、命运共同体三位一体理念是经济全球化时代特征的现实反映、是共建“一带一路”的时代指南。

尽管“一带一路”沿线国家之间确实存在大量历史与现实的矛盾与分歧，但是这些矛盾和分歧并非不可调和，需要通过建设责任共同体来加以应对，包括在尊重历史的基础上，以“搁置争议、共同开发”的原则来处理相关问题，维护利益共同体、命运共同体的整体发展。如果说国家之间的矛盾、分歧具有客观性，那么建构责任共同体就显得十分必要且重要。尽管各国家之间的利益有所差别，相互之间的矛盾在所难免，但共同利益或互补利益并非独立存在，而是与个体利益相互联系、相互促进。任何个体利益均具有双重属性，即与他者个体利益的矛盾性与同一性、自主性与共生性。如果说其中的自主性、矛盾性带来与他者的矛盾与分歧，那么其中的同一性、共生性则要求发现与他者个体利益之间的共同利益或互补利益，承认与他者合作、协作的必要性，也因此需要建立在某种底线上的责任共同体来管控、弥合、化解相关矛盾和分歧，为各自拓展个体利益开辟空间、带来实惠。

按照上述理论，各个国家在经济全球化背景下认识、发现自己，归根到底要求在认识、发现与他者之间的矛盾、分歧的基础上，寻求有效的应对途径，建构具有规范性的相互责任制度和机制。就此而言，共建“一带一路”首要的问题是避免使沿线国家之间的矛盾、分歧影响合作的前景，要用塑造性思维寻求构建责任共同体，以此来管控、弥合、化解矛盾与分歧。在该问题上，尽管面临经济优先抑或政治优先的选择，但是发展对任何国家来说都是硬道理，所以以责任共同体为指导来建构经济与政治的统一性是最佳的选择。如果说欧亚非三大洲先民共同创造的古代丝绸之路是勇气与智慧的体现，主要是对高山峻岭、荒漠草原乃至惊涛骇浪等自然条件和物理障碍的克服，那么当代人共建“一带一路”同样需要以高度的勇气和智慧来塑造责任共同体，以便管控与化解相互间的矛盾与分歧，提高利益共同体的安全性，塑造和平共处、和谐共生的环境，为建立命运共同体创造良好的条件。

利益共同体、责任共同体、命运共同体三位一体的理念源于经济全球化的时代特征，国家之间在安全、发展方面的合作都是全球化进程中的伙伴关系的内容。具体而言，国家之间在诸如经济、贸易、金融、投资、公共服务、环境卫生、社会领域的相互联系也是对伙伴关系内涵的丰富与拓展。伙伴关系也强调兴衰相伴、命运与共。根据《辞海》的解释，“伙伴”是由“火伴”延伸而来，是指同吃一锅饭。伙伴关系既是利益共同体、责任共同体、命运共同体的基础，同时也是外在形式。

此外，伙伴关系也强调国家之间关系的平等与均衡化。第一，平等就是要相互尊重对方的发展利益与权利，不能以大欺小、以强凌弱，更不能以损害对方的利益和权利为代价而谋求自身利益。另外，在伙伴关系的建设中，也面临利益优先还是道义优先的困惑，这需要建立责任共同体来维持两者之间的统一性，既不能为了道义而舍弃合理的利益，也不能为了利益而舍弃道义，要实现二者的平衡，需要树立正确的义利观。

第二，发展的均衡性，是指中国在发展过程中要使相关各方都能从自身的发展中获得更多的发展空间、更多的财富增长机会，因此需要我们为落后国家、不发达国家提供适度的帮助，包括相应的基础设施建设、发展经验方面的支持等。只有其他国家发展了，才能为我们自身的发展创造新的机遇；只有在共同发展、共同增长的过程中，才能赋予伙伴关系实际意义。随着经济全球化的深入发展，国际政治经济不平衡问题日益突出，因而加剧了全球性危机爆发的风险，因此需要以更加平等、均衡的新型全球发展伙伴关系建设来实现同舟共济、权责共担，从而增进人类共同利益。“一带一路”倡议正是对此问题的回应，该战略将为欧亚非三大洲的有关国家实现多侧面、多层次的广泛互联互通，共同发展、共同增长提供机会，以适应经济全球化发展的当代需要，因而具有很强的战略前瞻性。

总体而言，“一带一路”建设作为中国的国家战略，适应了中国和平发展的现实需要，也是中国融入欧亚非三大洲一体化发展的战略选择。但是在此过程中，“一带一路”建设又不仅仅是中国自身的事业和战略，也是欧亚非三大洲各国的共同事业、共同的发展战略，因此不仅需要共商、共建，而且需要各国共同出力，形成合力，因为这符合各国的现实发展与长远利益。此外，在共商、共建的过程中，也要共同分享由此带来的利益，实现各自的战略目标、战略价值以及实现对国际体系的战略再塑造。

中国倡导的“一带一路”是包容性塑造外交的重要组成部分，也体现了近睦远交的战略思想，更有中国对国家利益与长远发展的考虑，同时也符合欧亚非三大洲各国的国家利益与战略发展需要。中国包容性塑造外交倡导利益共同体、责任共同体、命运共同体三位一体的理念，该理念将中国与欧亚非各国的国家利益与长远发展与共建“一带一路”的进程辩证地结合起来，形成合力，实现互利共赢、共同发展，从而使共建“一带一路”具有光明的前景。古代先民有勇气和智慧走出丝绸之路，那么当代欧亚非三大洲各国同样有更大的勇气和智慧为共建“一带一路”开辟光明的发展前景，这是经济全球化时代要求具备的目标自信和理念自信。

注释

1. 参阅潘光、余建华：《从丝绸之路到亚欧会议——亚欧关系两千年》，中共中央党校出版社 2004 年版，第 3—7 页。

2. 朱学勤、王丽娜：《中国与议论读》，上海人民出版社 1998 年版，第 9 页。

3. 黄仁伟：《建设新丝路的战略考量》，《社会观察》2014 年第 6 期。

4. 参阅安惠侯等主编：《丝绸新韵》，世界知识出版社 2006 年版，第 7 页。

5. 同上。

6. 张维华主编：《中国古代对外史》，高等教育出版社 1993 年版，第 7—8 页。

7. 杜尚译：《一带一路，千年的时空穿越——记习近平主席访问塔吉克斯坦、马尔代夫、斯里兰卡、印度》，人民网，2014 年 9 月 24 日，http://politics.people.com.cn/n/2014/0924/c1024-25720718-3.html。

8. [法]阿尔弗雷德·格罗塞：《战后欧美关系》，刘其中等译，上海译文出版社 1986 年版，第 158 页。

9. 习近平：《在中国国际友好大会暨中国人民对外友好协会成立 60 周年纪念活动上的讲话》，新华网，2014 年 5 月 15 日，http://news.xinhuanet.com/politics/2014-05/15/c_1110712488.htm。

（原载《国际展望》2015 年第 2 期。）

论当代中国外交战略思想的逻辑原初性

回顾党的十八大以来中国外交战略思想研究成果，我们可以发现与以往相比发生了许多重要的变化，但是究其最突出、最根本性的变化或许是从过去的碎片式研究回归到系统性研究，正在逐渐形成一个统一的学术体系、理论体系、话语体系。以往外交战略思想的碎片式研究主要是指着重于或专注于一个观念一个观念地研究，所以并未有多少人关注自己研究成果的逻辑原初性。当然，这并不是说一个观念一个观念地研究不重要，而是说还必须研究这些基本观念之间究竟有什么关系，包括核心概念和基本概念是什么，逻辑演绎的原初性是什么，相互之间的逻辑结构体系是什么，逻辑演绎的基本路径是什么，只有如此才能对外交实践具有更强有力的引领作用。很可惜，在过去很长的一段时间里，我们的学术界虽然对系统性问题有一定程度的关注，但是没有用心思考中国外交战略思想的逻辑结构体系、话语体系。而发生根本性转变是在党的十八大以后。

当代的外交战略研究固然不能代替外交实践、外交谋略的研究，但在根本上首先是外交战略如何顺应世界大势的研究，是外交战略思想的研究。我们都知道国际关系发展变化是有规律的，当代国际关系发展变化是按自己的逻辑演绎前进的，即使是偶然性的变化或事件也包含有某种程度的逻辑必然性。合理的外交战略思想基础在于契合这种规律性。外交战略思想只有对世界大势的认识具有这种契合性才能具有更强的审时度势能力，才能具有更大的说服力、吸引力、影响力，才能作为软实力显示更大的感召力，才能设计符合实际的外交实践战略，为外交谋略的谋局、布局、对局提供有效的行动指南，为国家和平发展提供保障，为国际社会和平发展创造条件，使我们的对外关系发展不仅不忘寻求国家和平发展的初心，而且持久地为人民谋安全与福祉。

党的十八大以来，中国外交战略思想研究不仅日益重视对学术体系、理论体系、话语体系的研究，而且逐渐以日臻完善的逻辑演绎来显示中国特色。不仅按中国国情为实现“两个一百年”奋斗目标提供更完善的战略思维，诸如倡导人类命运共同体意识，提出“一带一路”建设倡议，坚持“亲诚惠容”的周边外交理念，主张构建以合作共赢为核心的新型国际关系，等等，而且成为具有特殊性与普遍性的有机统一体。尽管中国外交战略思想表达的思维方式、话语体系不可避免地被打上了中国文化（中国优秀传统文化、革命文化、社会主义先进文化）的烙印，某种程度上遵循中国特色社会主义理论体系的宗旨和价值取向，但是其内涵还要具有普遍主义含义，因此要让世界各国人民能听懂、能理解、可接受，对世界同样选择走和平发展道路的国家有启发、可借鉴。世界更多国家选择走和平发展道路是中国和平发展战略获得成功的基础。中国外交战略思想之所以具有普遍主义特征，之所以能一以贯之地坚持中国外交的初心，真心实意地实践中国人民根本利益与世界人民根本利益的一致性，一刻也没有放弃过追求“中华人民共和国万岁”与“世界人民大团结万岁”统一性的努力，始终坚定不移地走和平发展道路，首先是因为中国外交战略思想在根本上具有普遍主义的逻辑原初性，是基于中国和平发展外交的初心与我们对当代国际社会变化发展大势认识的逻辑原初性的统一，能与世界人民心灵相通、命运与共、相伴共生。

中国外交战略思想的逻辑原初性是由一系列要素构建的，既有在国际社会具有普遍性的要素，又有中国自己的特色性要素，但其首先是以万事万物的“一物两体”性的普遍主义理念为逻辑原点。由此带来的问题是这种假设的依据是什么，支柱是什么，本文拟从三个方面展开讨论。

一、蓄大势，立足于当代世界的多元共生性

中国传统的战略思想研究崇尚蓄势、谋势，在洞察和利用小势、中势的同时尤为重视蓄大势，以蓄大势来谋大局，以谋大局来谋人民安全、福祉的大势，使外交实践、外交谋略能“因势利导”而实现“势如破竹”、事半功倍的功效，因此不会拘泥于

国际社会一事一时的变化，而是依据全局、整体的变化发展趋势来度战略之势。当代中国的战略思想研究继承了中国优秀传统文化，不仅注重审大势、明大势，而且注重蓄大势、谋大势，以便借助大势的功利获得尽可能大的战略主动权、主导权，因此中国外交实践面对国际形势的惊涛骇浪、风云变幻，依然能够保持稳立潮头的战略定力，“胜似闲庭信步”。而任何外交实践、外交谋略的成功首先是因为有“大势”在先而能“借势得势”，水到渠成。中国外交战略思想没有经典现实主义的实用主义特征，没有建构主义那种教条性，没有全球主义那种唯我独尊的风格，没有新自由主义那种近似于“邪教”的极端信仰。

问题是何为势，势的原初性来自何处，世界大势是如何蓄成的。对此，国际社会至今众说纷纭、各行其事。有的大国至今依然认为凭借超越所有国家的军事实力就可以蓄势、得势，可对世界颐指气使。如果说这种所谓“战略”能够获得成功，那么历史上曾经实践过这类“战略”的帝国就不会一个个地被逐出历史舞台。历经五千多年文明熏陶的中国人不相信如此这般“战略”能蓄积世界大势。

按以《周易》为代表的中国优秀传统文化一脉相承的观念，势的原初性在根本上源于世界万事万物内在地具有“一物两体”性，不仅内在地具有阴阳两体的共存性，而且内在地具有阴阳两体矛盾对立统一的共生性，因而世界既有万事万物各自独立存在，又有万事万物的联系互动。而人同样具有这类“一物两体”性，因此人不仅要求独立自主地存在与发展，而且“人能群”，能凝聚起来、组合成共同体。人不仅“和而不同”地共存共生，而且能在“和实生物”中变化发展，都在以自己的方式参与蓄势、造势，促使社会持久地变化发展、绵延不绝，永远不会停留在一个水平上，即使发生某种程度的停滞、倒退，仍然会回归进步的趋向，不仅带来了世界范围内的全面发展进步，而且造就了当代多元共生世界。当今多元共生世界尽管战乱不断，但是所取得的文明成果也是第二次世界大战以前的任何历史时期都无法比拟的。

中国古代的一物之内“阴阳两体”说法可以按现代观念泛指为任何特定的矛盾对立面，表达“一物”之内矛盾对立面的共生性。换句话说，势的原初性存在于人自身内部及人之间多元多样的矛盾对立面的统一运动，存在于多元多样性的矛盾对立统一共生过程。如果没有多元多样性的矛盾对立统一共生过程的全球性拓展，那么就不会有当代丰富多彩的世界。这就是说，在势的原初性基础上建构的逻辑演绎所带来的不仅是社会的多元多样性，而且是社会多元共生的存在性以及多元共生的变化发展性，决定着世界大势。如果说独木不成林、滴水难成湖，那么多元多样性共生的所有社会变化发展趋向所形成合力造就的世界变化发展势头，决定了世界变化发展趋向，任何力量都无法阻挡，此谓之大势。当然对这种大势还可以按多元多样性原则做不同领域、侧面、层次的细分性考察，以获得势的分布在不同领域、侧面、层次的差异性与共同性，指导具体的实践，避免主观性和盲目性。

当代世界，国家及其他行为体的多元多样性，各自信仰、理念、价值观的多元多样性，各自历史变化、内部结构、禀赋、实力、能力的多元多样性，以及各自存在与变化发展的多元多样主体性与多元多样共生性的矛盾对立统一，以及各自变化发展之间关系的多元共存共生、纵横交织的网络结构体系形成的合力之势，将新的历史发展趋向转化为新的"一物两体性"，即在形成新的"一物"——全球体系——的过程中出现了两个新的历史过程(新的"两体")：一个是全球性共生关系网络结构体系的历史演进过程；另一个是人类命运共同体生长发育成长的历史过程。而这两个历史过程面对的却是民族、民族国家历史发展趋向在全球性共生关系网络结构体系中转化为国际体系复杂曲折变革的历史过程。如果说全球体系的"一物两体"性历史过程是随着"大航海时代"到来后才开启的，处理各种各样新情况、新问题、新挑战，那么国际体系的复杂曲折变革则是于新旧因素交织、博弈与选择的过程中展开的。例如传统大国与新兴大国的竞争性生长；又例如不断生长着的全球体系"一物两体"性因素与国家间历史遗留的传统因素；再例如霸权大国要扼杀新兴大国崛起空间，以及国家之间政治经济发展的不平衡性与无序性等，使当代世界多元共生性具有新的特点，面临新的挑战。然而当今世界大势的源泉依然存在于当代世界的多元共生性之中。因此要积蓄世界大势同样务必立足于当代世界多元共生性，对此如果要做进一步解读还可以从以下几个方面考察。

1. 构成当代世界多元共生性的国家及其他行为体均具有主体性与共生性的"一物两体"性，确实需要给予多领域、多侧面、多层次的解读，因为正是多元多样的主体性与共生性矛盾对立统一的合力产生了世界大势原初性的矢量向度。从原初性的矢量向度层面考察，国家及其他行为体都是从事当代世界经济、政治、文化、艺术、科学、技术、社会等诸领域、诸侧面、诸层次实践的主体，具有显示自我独立存在、按照自我意志寻求自我实现的主体性，同时又不可避免地具有追求自我存在、自我实现与他者相互关联的共生性。马克思主义坚持认为人的意识来源于现实，来源于实践，但是意识一旦形成便引领人的行为，处理自我的主体性与共生性的关系，引领自我实现与他者关系的前进方向，在不同程度上显示自我的价值判断与价值取向，因而使孕育世界大势的原初性成为一个个特定的矢量。在人的信仰、理念、价值观不发生根本性改变的情况下，矢量的向度是不会改变的。这是"一物两体"性的第一层含义。第二层含义是国家及其他行为体均因各自内在的主体性与共生性的矛盾对立统一性而存在及发展变化，任何外在因素均是通过内在的主体性与共生性的矛盾对立统一性来实现的，均是在自我的信仰、理念、价值观引领下综合评估内外各种对立因素作出选择的结果。第三层含义是各自的共生性是指各自的自我存在、自我实现与他者的相互关联性，因此与他者同时存在着相互间主体性与共生性的矛盾对立统一性，不仅因此而存在，而且还因此变化与发展。由此带来的第四层含义是国家及其他行为体之间的关系在根本上均是共生关系，即使相互间矛盾对立，其所显示的也依然是共生关系的矛盾对立统一性。国家及其他行为体之间只讲统一性、同一性不符合事实，然而如果只讲矛盾对立性、斗争性也不符合事实。所谓与天斗，其乐无穷；与地斗，其乐无穷；与人斗，其乐无穷的这种态度，仅是表明对矛盾对立、斗争的存在不足畏惧，需要乐观对待，因为你要否认、回避、躲避、退缩都是不现实的，但并不意味着否认统一、同一的必要性、必然性，并不否认社会和谐的伟大意义。

2. 由于共生关系的多元多样构成性，因此有各种各样不同性质的共生性类型。例如奴隶主与奴隶、地主与农民、资产阶级与无产阶级的共生关系，对立的两者都会因对方退出历史舞台而终结。再如苏联与美国的共生关系，其中一个特征是双方建立在恐怖性平衡基础上，各自均以毁灭对方为确保自我存在的前提。而苏联的自我解体不仅否定了美苏共生关系的存在性而且为美国重构与该地区的共生关系提供了新的意想不到的可能，形成了冷战后新的共生关系。当代美俄关系、中美关系均处于全球性共生关系网络结构体系之中，需要寻求相关的契合性、匹配性，必须走出传统的大国关系模式，因此具有创新大国关系的探索性质。尽管结果如何至今难以断言，但是这种探索却是当今时代发展所必需的。双方越来越多的人都认识到大国关系恐怖性平衡存在的不稳定性、毁灭性风险，大国关系正面临变革、创新的必要性挑战。尽管建立不对抗、不冲突，相互尊重、合作共赢的新型大国关系主张明确地表达了中国创新中美关系的愿望，但是一些自以为是的美国人未必能听得懂。所以，中国的主张如何实现仍然有待探索。当然，尽管美国在奥巴马政府时期与俄罗斯对立、对抗态势严峻，但是也没有必要否认两国关系同样处在探索之中，因为要避免迎头相撞、要借助对方发展成果来发展自己，就不得不探索对双方都有利的共生关系。

3. 对国家及其他行为体之间的共生关系涵义有多种解读，是因为各自的共生性以及相互间的共生性存在多种解读的空间，没有唯一正确的答案。例如，国家及其他行为体之间关系有一个从多元多样性到多元多样共存性、到多元多样共生性、到多元多样和谐共生性的演绎过程，然而对和谐共生性依然可以做不同解读，包括既可以解读为各种关系处于相匹配的状态，似乎是无矛盾的境界；也可以解读为各种关系均能按照相匹配的规则制度来协调整合，能够随时化解矛盾并为共同发展创造条件。既可以解读为一种有序状态，也可以解读为无序中的有序性。又例如对立对抗的共生性，冲突的共生性，既可以解读为似敌非敌，又可以解读为非敌非友。当然也存在被认为是完全敌对的状态，但是并不能排斥在某种特定条件下转化成非完全敌对的可能性，不能完全否定“一物两体”性的客观性。即使处于依附性、从属性、共栖性状态的共生性，也不能完全否定这种状态存在的可能性，而要否认其中的矛盾性恐怕也是困难的。类似的多种解读空间显示了类似性质存在的多元多样差异性。当然，这并不是说对共生性性质判断可以任意解读而不必遵守客观确定性阈值。换句话说，共生性的阈值限定了共生性性质的客观确定性。

4. 国家及其他行为体各自的共生性是与他者发生建构关系的前提，相互之间不是关系导向，而是各自的主体性与共生性的矛盾对立统一性导向的关系。共生性为相互间发生关系既提供动力原初性又提供相互间关系变化发展的逻辑原初性。而共生性逻辑原初性的动力原初性在于各自均不得不与他者“分享”相对稀缺性资源，只有在相互“分享”中才能维系各自主体性的自我存在、寻求各自主体性的自我实现，否则一切都不会发生。这里说的“分享”首先是基于共生关系的本质而言的。当今世界，巧取豪夺、损人利己，甚至损人不利己的事情多得很，天天想着如何征服他国的国家也确实依然存在，但是不能在根本上否定任何共生关系均存在“分享”的本质属性，不能在根本上否定共生关系的矛盾对立统一最终实现“分享”的可能性。当然，社会也决不能将合情合理相互“分享”说成是“占他者的便宜”。

虽然共生关系的相互“分享”完全基于相关各方的自身原因，但是要获得相互关系的匹配性、耦合性依然需要一定的条件，包括相关各方寻求心灵相通、政策相通，才能带来相互之间更多的相通性，因为相通、互通、共通、会通才能使“分享”的共生关系具有更大、更多的和谐性。如果共生关系的“分享”是基于某一方对他者的强制性，那么“分享”的共生关系不仅不存在和谐性，而且还会使相互关系处于对立、对抗状态，这种共生关系不仅很难具有可持续性，而且对全球性共生关系网络结构体系具有伤害性、破坏性，至少也会成为隐患、障碍。当今世界，全球化趋势面临挑战，全球经济增长动力不足，世界经济不确定性增加，均与全球性共生关系网络结构体系受到程度不同伤害、破坏相关。

5. 国家及其他行为体要寻求自我存在、自我实现而与他者分享相对稀缺性资源，无论以何种理念、观念、途径、方式实现“分享”，根本上都要依赖相互之间的矛盾对立统一性，依赖因此带来的匹配性、耦合性、互济性、互补性。母亲孕育胎儿，最终还必须承受分娩的疼痛才能让婴儿来到世上，说明即使和谐共生也是在矛盾对立统一中实现的。如果说和谐的共生关系依赖使用强制性途径、手段获得与他者“分享”相对稀缺性资源的过程也是遭到他者反抗的过程，不仅表明实现矛盾对立统一不可能轻而易举，而且冒着他者激烈反抗风险寻求自我实现所需的相对稀缺性资源，实际却证明了与他者共生的客观性。这就是说即使在相互对立、对抗中也存在共生性。当然，如果具有某种程度的适当条件，例如相关各方的力量对比趋向均衡，强制性继续存在已不可能，也有可能在矛盾对立统一过程中造就某种程度的和谐性。国家及其他行为体各自自我实现与他者的相互关联性说到底都是为获得相对稀缺性资源、寻求与他者的矛盾对立统一性，在本质上都显示了共生性存在的普遍性，共生关系的普遍性。

6. 国家及其他行为体在与他者的共生关系中获取自我实现所需要的相对稀缺性资源，创新与创造相对稀缺性资源，都会因创造新的环境条件而带来共生关系新的多元多样性变化发展趋向。社会主义从空想到现实的历史进程，社会主义制度从出现到不断自我丰富与自我完善、直至最终确立的历史过程，科技革命的一次次重大突破所引起的社会变革与社会发展的历史性飞跃，社会主义与资本主义相比较所显示的日益增多的优越性，都表明了创新与创造相对稀缺性资源在社会共生关系逻辑结构体系中的重要地位。国家及其他行为体对多元多样相对稀缺性资源的需要，不仅显示了多元多样性变化发展的需要，而且隐含着相关的变化发展趋势，隐含着人类对变化发展趋向的选择性。就此而言，世界大势是由适应多元共生需要、隐含相关变化发展趋势的创新成果引领的。一种信仰、理念、制度、规则、科技成果要能在世界大势中发挥引领性，首先必须具有创新性，必须具有隐含相关变化发展趋势的指向性，至少人无我有，有能急人所难、解人之困的功效。一个国家、一种力量、一个企业要能在世界大势中发挥引领性，首先必须具有创新性，包括信仰、理念、观念、制度、规则、科技成果的创新性。陈腐的信仰、理念、制度、规则，落后的科技，不仅难以对世界大势发挥引领作用，而且还会误导人们前进的方向。一个具有历史进取性的外交战略必定是适应世界大势发展趋势的战略，根本不同于一般的所谓"进取性战略"。如果所谓"进取性"只想求得一事一时的获利而违背世界发展大势，那么带来的必然结果只能成为创新变革的阻力，构成相互关系调整的障碍，给社会造成不同程度的破坏。

7. 不可否认的事实是，影响多元共生全球性共生关系网络结构体系变迁的因素多种多样，充满了无序性和不均衡性，因此不仅需要全球共同治理，而且需要全球综合、协调治理。国家之间的政治经济不平衡发展，国际分工的持续拓展和延伸，产业结构的持续丰富多样性和不断调整变革，尤其是科学技术不断进步所带来的产业结构变革和社会治理体系变革，都会带来全球性共生关系网络结构体系变迁的无序性和不均衡性。对于这种变迁无序性和不均衡性的治理，人们传统地以局部治理为主，存在头痛医头、脚痛医脚的情况，因此对政治体系、经济体系、安全体系、法制体系、社会体系等偏重于分别研究。然而，这些体系不仅都是全球性共生关系网络结构体系的构成部分，各自具有能动性，而且相互之间具有互动性，需要人们在关注各自特殊的能动性的同时发现相互间的共同性、共通性、联系性、互动性，以便更透彻地理解全球性共生关系网络结构体系变迁原因的关联性、掣肘性，以便对存在的问题综合施策、全面调理。

8. 全球性共生关系网络结构体系内多元多样的共生性所带来的多种多样子体系，其中的任何子体系均与其他子体系既具有结构性又具有体系性，总称体系结构性，因而相互关系所具有的联系性和互动性既有敏感性又有脆弱性。所谓敏感性，一是指任何一方的一举一动都有可能对他者的信任度提出挑战，各自对他者会变得疑神疑鬼；二是指相互关系之间的波动对其他各方都有传导机制带来外溢和扩散，都有可能在相互之间产生“蝴蝶效应”，相互之间某一个领域发生的问题会延伸到其他领域，从一个国家和地区延伸到其他国家和地区，在某一个侧面发生的问题会波及其他侧面；三是国家之间会发生一荣俱荣、一损俱损的联动性，变成命运与共，祸福相依。联系性，不仅需要互联互通、互补互济，而且你中有我、我中有你，谁也离不开谁，谁都难以因他者之祸而得福，事实上均处于相伴相生、众缘和合之中。因此，当代国家在坚持各自独立自主发展的同时，相互之间还要促进贸易自由化与经济一体化，推动各自的经济政策向着更加普惠、开放、包容的方向发展，以构建全方位、复合型互联互通网络，形成合作共赢的伙伴关系网络。

9. 如果说国家及其他行为体的“一物两体”性为世界大势提供了原生性、原初性，那么全球多元共生带来的全球性共生关系网络结构体系的多元共生合力所赋予的世界大势则具有必然性，一如中国古人所云“天行有道”，既客观又必然。大势根本不同于小势的区别点在于其具有全局性、整体性、长效性，而不是局部性、个别性、短期性，也即多元多样性全球共生关系网络结构体所形成的多元共生合力规定了世界变化发展的趋势，即使这种趋势是多种趋势并行，依然谓之世界大势，驱动着历史车轮滚滚向前。就此而言，世界大势是世界历史进程的趋势。

国家及其他行为体对世界变化发展大势贡献有大有小，这是客观存在的正常现象，但是作用有正有反却值得关注。有人认为国家及其他行为体只要关注自己的实力，因为实力决定权力。但是这种说法是需要商榷的，因为权力的使用有显示正能量与负能量的区别，不能否认滥用权力给国际社会造成灾难的事实，不能否认越是强大的负能量权力越会带来更大的破坏力。而真正能够经受历史考验、持久地为社会提供正能量的首先是各自是否具有协和世界多元共生的存在与发展的理念与能力。所以中国先人历来崇尚这种理念和能力，高度称颂大禹，“禹会诸侯于涂山，执玉帛者万邦”成为历史美谈。中国先人相信国家及其他行为体要具有这种理念与能力，遵循的是“以人为本”的逻辑，认为首先取决于人是否具有协和自身“一物两体”矛盾对立统一的理念与能力，根基在于人自身的理念与能力是否中正、能否“处中得道”。因为“中”意味着不偏不倚、不走极端，所以万事万物能够“和而不同”地存在，能够“和实生物”中变化发展。按现代观念就是信守公平、正义、公正、平等，就是遵循规律、讲道理、守规矩。而要做到这一步，中国古人强调人首先要自我净化、自我完善、自我革新，以适应时代与社会发展的需要。《礼记·大学》说，人需正其心、修其身尔后方能承担治国、平天下的大任。中华民族文明传承五千多年有一个一脉相承的信仰与理念在发挥作用，即认为万事万物均“和而不同”地共存共生，相信“天行有道”，人类能“处中得道”，由此形成“道”的逻辑结构体系、话语体系。中华民族从来不以自我为中心，不相信唯我独尊，所谓亚洲“朝贡体系”也是基于旁观者的判断。中华民族一脉相承的信仰与理念所形成的“道”既能中正自身又能中正他者，因而具有吸引力、感召力、凝聚力。因此，出现在中华民族历史上的风景线是：不仅中华大地上的众多种族、民族能凝聚成一个中华民族，而且凡是来到中华大地的任何人、任何民族都会在不知不觉中接受对中华民族文化的认同，甚至内聚成为中华民族儿女的一员，甚至外来宗教也能内聚成中华文化的组成部分。这在旁观者看来似乎成了一种“朝贡”。中华民族历史上既没有出现过经典的排外主义，也没有施行过西方国家传统的同化政策，这在世界民族发展史上是罕见的。当代世界所有国家及其他行为体同样面临着自我如何“处中得道”的严峻挑战。有的国家尽管天天说公平、正义、民主、自由，却不知“公允执中”，因此事实上反其道行之，很难让人相信其说的公平、正义、民主、自由是真的，更难以形成适应多元共生世界的理念和能力。

适应多元共生世界需要实力，然而国家及其他行为体应对国际社会挑战的能力并不与实力成正比关系。例如，进入21世纪以来美国凭着世界第一的经济、军事实力主导反恐战争，不仅美军所到达国家在近10多年来深陷国际恐怖主义泥淖之中，而且由于采取选择性“反恐”、双重标准“反恐”使世界变得“越反越恐”。国际社会普遍认为美国主导的“反恐”之所以实力与能力根本不成比例，是因为缺乏科学、合理的理念。又例如，在美国首先爆发的金融危机使世界经济至今看不到复苏的前景。尽管美国带头搞“货币量化宽松”政策，但是事实表明当代世界经济面临的难题并不是印多少钞票可以解决的，而是需要提供科学、合理的理念与方案，需要提供科学、合理的战略思想。再例如，适应多元共生的世界需要规则、制度、机制，这也没有错，但首先同样需要合理、科学的信仰与理念来引领，包括是否承认、如何认识当代世界的多元共生性，是否承认、如何认识人类命运共同体。当代世界的无数事实都证明，只有引对路才能走正道。首先具有理论自信才能带来道路自信、战略自信、制度自信。

10. 国家及其他行为体面对资源的相对稀缺性，相互之间确实一直充满了矛盾对抗冲突，甚至战争不断，表明相互间的共生关系不仅需要科学合理的认识，而且需要适当调理、治理，需要全球共同治理。或许有人认为“人性本恶”，相互间争斗不可避免，弱肉强食、胜者通吃天经地义，因此不断重复经典现实主义的逻辑。但是，国家及其他行为体的“一物两体”性的主体性与共生性关系所显示的自我存在、自我实现对他者相对稀缺性资源的依赖性，表明所有行为体与他者的共存、共生性具有必然性与客观性，在根本上规定了相互之间关系众缘和合、万事随缘的总体客观性，谁也离不开谁，需要共存、共处、共生、共享。由此客观地引出的逻辑延伸是：国家及其他行为体之间如何分享相对稀缺性资源完全可以用相互尊重、开放包容、平等互利、合作共赢的原则来解决，用持久地建构利益共同体、责任共同体、安全共同体、命运共同体的办法，在逐步增强互信度，以减弱敏感性，增强凝聚力，以减少脆弱性的过程中来解决。中国倡导共商、共建“一带一路”，在相互开放包容、合作互利共赢中分享“一带一路”建设成果，是受数千年历史经验教训启示提出来的。如果说在国内社会中，多元共生的共生关系结构体系与人类命运共同体的矛盾对立统一性为国内社会提供了国家的发展前景，那么多元共生全球性共生关系网络结构体系与人类命运共同体在根本上为当代世界全球体系提供的“一物两体”性，以及所提供的这两个历史过程既有相互适应性又存在各种相互不适性，产生既相互促进又相互掣肘的状态，构成全球体系内矛盾对立统一运动过程，同样为当代世界提供了可预期性。换句话说，世界大势和历史发展趋向也是此“一物两体”矛盾对立统一性所带来的。尽管从历史过程来看由于前者过程的发生使分散在世界各地的一个个人类的命运共同体处于持续地建构利益共同体、责任共同体、安全共同体、命运共同体的过程中，处于持久地打造人类命运共同体的历史过程中，但是不可否认的事实是，前者面临的一系列基本问题都与后者的历史过程所面临的挑战关联着。多元共生全球性共生关系网络结构体系的一系列基本问题都需要在持续而广泛地建构利益共同体、责任共同体、安全共同体、命运共同体的历史过程中来解决，在国际体系不断变革的历史过程中来解决。

二、谋大势，打造人类命运共同体

立足于当代世界的多元共生性，持久地打造人类命运共同体的过程首先是不断倡导人类命运共同体意识的过程，但这离不开必要的物质基础支撑。所以，坚定不移地引领经济全球化进程，坚定不移地提升全球开放性经济水平，坚定不移地打破互联互通瓶颈，坚定不移地打造改革创新格局，是谋大势的根本路径。

这里有三个基本点：一是人类命运共同体是需要持续打造的，是在坚持不懈地建构公平公正的伙伴关系网络过程中打造的，是在建构利益共同体、责任共同体、安全共同体、命运共同体的历史过程中持续打造的。总之，是在多元共生全球性共生关系网络结构体系建构过程中打造的。二是多元共生全球性共生关系网络结构体系的建构过程是客观现实的全球化发展过程。经济全球化符合生产力发展要求，符合各方利益，是大势所趋。人们必须承认自己的全球化观念与客观现实的全球化发展趋势之间存在偏差，而观念偏差与全球化放任自流都会带来全球化客观过程的偏差，所以必须通过实事求是地分析判断多元共生全球性共生关系网络结构体系建构进程来认识全球化过程的缺失。将全球化定义为普及"华盛顿共识"的全球主义和倡导独尊"华盛顿共识"，是对全球化的误读。三是国家及其他行为体的理念和行为必须契合多元共生全球性共生关系网络结构体系的存在与变化发展逻辑演绎需要，契合全球化发展逻辑演绎需要。如果不契合所带来的偏差会给全球化进程带来伤害，给人类命运共同体实现设置隐患。所以，全球共同治理首先要用倡导人类命运共同体意识来优化全球化理论、全球治理理念。既不能以邻为壑，也不能嫁祸于人。要着力促进经济一体化，建设开放型经济；着力促进互联互通，实现联动发展；着力促进改革创新，增强发展增长的内生动力；着力促进合作共赢，深化分享相对稀缺性资源的伙伴关系。

人类命运共同体意识是引领当今世界前进的伟大旗帜。这是因为：

第一，所有国家及其他行为体相互之间建立、形成共生关系是以相对稀缺性资源为联系纽带的。这里说的相对稀缺性资源能成为共生关系纽带、能成为伙伴关系纽带有三个基本特征：一是资源稀缺是相对于需要而言的；二是资源在本质上具有"分享"的特征；三是资源是一个广义概念。任何国家及其他行为体的自我存在、自我实现都不得不关注共生关系纽带的存在和延续，包括人人都关注自身后代的存续，而不断创新相对稀缺性资源不仅能使共生关系纽带持久存续，而且还能使共生关系不断得到改善、完善。相对稀缺性资源作为共生关系纽带在传统上是作为相关各方争夺对象来看待的，但是这明显是历史性误读，客观地说对所有相关各方都是具有凝聚力的磁场。相关各方会聚在一起争夺某个资源也是该资源的某种程度上的凝聚力所带来的。而现代科学技术的进步，现代社会治理体系设计理念的进步，如果在促进共生关系纽带完善过程中能对所有相关各方发挥凝聚力作用，那么就能使减弱相关各方之间争斗、增强相关各方之间的开放包容、合作互利共赢成为可能。例如，互联网发明后尽管出现了从未有过的争斗局面，但是其日益凝聚国际社会的作用却是不容轻视的。换句话说，不断地创新理念观念，不断地创新工具办法路径，使相关各方之间的开放包容、合作互利共赢理念不仅正日益成为普遍的共识和规范，而且有可能变成日益广泛的共同行动指南。

如果说现代科技与现代社会治理体系理念的进步证明共生关系纽带存在不断完善、不断创新的可能与空间，那么和平发展道路可以寻觅也是毋庸置疑的。诸如用相对稀缺性资源的创新性增量来弥补相关各方所需存量资源的相对稀缺度；诸如用资源创新的吸引力使相关各方求同存异具有可能性；诸如不断提升共生关系的互联互通度、均衡度、公正合理性，创造相关各方既能独立自主发展又能合作互利共赢发展的共生关系等，都是有助于增强相关各方凝聚力的路径。历史事实表明，国家及其他行为体无论其内部发展还是相互关系发展都会面临各种各样困难、风险、挑战、危机、灾难，而理论创新、观念创新、工具创新、方法创新、科学技术创新等，以及代表社会最先进生产力、最先进文化、最大多数人民根本利益的力量崛起所提供的相对稀缺性资源，或许都会有助于摆脱“山穷水尽疑无路”的困境，进入“柳暗花明又一村”的新境界。任何创新成果均难以如同神医手到病除地包医百病，但是改革创新结合各国发展的不同实践，注重解决公平公正问题，引领经济全球化向更加包容普惠的方向发展，可以为确保全球共同治理均衡性与公正合理性、拓展全球性共生关系网络体系的互联互通开辟新的前景。

改革创新也会面临如何恰当定位各自主体性与共生性关系的挑战。例如，当代欧美世界的“一体化理论”确实不同程度地强调了国家及其他行为体之间促进互联互通、增强一体化的意义，尤其是欧洲国家共同努力所带来的史无前例的欧盟一体化发展，但是也在“主权过时论”“主权有害论”引导下忽视了各自如何独立自主发展的问题，忽视了如何减弱在各自内部发生的重大问题引起相互之间溢出传导的问题，忽视了如何减弱场域外发生的问题内化成内部结构性问题的可能。这些忽视客观地使欧盟在2008年金融危机后面临史无前例的风险。亦即是说，面对全球性互联互通、一体化发展趋向，外交战略研究如何深化国家及其他行为体之间主体性与共生性关系的矛盾对立统一性认识依然有许多未知的空间，依然面临许多不得不克服的难题。

第二，国家及其他行为体相互之间共生关系存在可持续性、可延伸性的客观需要。即使相互间的共生关系发生中断也要寻求恢复的根本性原因是各自的自我存在、自我实现都对相对稀缺性资源具有相互依赖性，存在复合性相互依赖，因而使任何共生关系在具有敏感性、脆弱性的同时又具有不同程度的坚韧性、凝聚性，出现即使藕断或许丝还连的状况也有可能。例如，英国虽然在 2016 年 6 月 23 日作出了脱离“欧盟”的公投决定，但是无法否认英国与欧盟国家之间维持与增强相互开放包容度、互联互通度的必要性。第二次世界大战时期美国社会曾流行一句话，说国家之间“商品进不去，士兵就要跨过去”。这个说法或许有点侵略扩张的味道，但在一定程度上确也反映了相互开放包容、互联互通的必要性。当代世界各国发展的可持续性、稳定性或许涉及多种因素，诸如发展的均衡性、发展的科学性、发展潜力的储备、各方面发展的相互协调、科学技术的进步、人才的结构与潜力，资本、商品、技术、人员的自由流动等，需要文化创新、理论创新、制度创新、道路创新等，但是均离不开国家相互之间开放包容、互联互通的拓展与深化。这就是说国家及其他行为体之间存在开放包容、互联互通的客观必要；存在建立利益共同体、责任共同体、安全共同体、命运共同体的客观需要；存在着在此过程中打造人类命运共同体的客观需要。

第三，国家及其他行为体各自内在的主体性与共生性关系的矛盾对立统一性以及相互之间主体性与共生性关系的矛盾对立统一性，是围绕着共生性底线展开的。国家及其他行为体在共生关系中是关注建构、定义他者还是关注建构、定义相互之间的共生性底线，直接影响共生关系的命运。关系建构不要陷入庸俗化泥淖，首先必须关注建构共生性底线。中国传统文化主张处理相互关系应“允执厥中”，据说这是舜传授给禹的治国理政的“秘方”，因为相互之间只有“允执厥中”才能客观地表达共生性底线，只有在共生性底线上才能获得矛盾对立统一性，否则相互关系不仅不可能稳定，而且谁都不会获益。当然，国家及其他行为体之间在共生性底线上获得矛盾对立统一的可能或许不是完全基于各自的善意，而是基于如果不寻求矛盾对立统一所可能带来的破坏性后果会使任何一方均无法承受这一背景，这种背景迫使相关各方不得不思考相互之间的矛盾在共生性底线上不仅需要对立统一而且需要想方设法寻求对立统一。在共生关系中相互之间既是利益攸关方又是责任攸关方，既是过程的参与方又是命运与共方。而共生性底线的存在使相互之间界定利益、权力与责任的公正合理性、构建共同体成为可能。无论是共同责任还是共有责任，无论是自我拘束性责任还是外部强制性责任，无论责任涉及经济、社会还是涉及政治、安全等，其合法、合理性，其平等、公正、正义性只能以共生性底线为依据。

国家及其他行为体之间的共生性底线存在于各自主体性的边界上和各自共生性的交汇处，有多少共生关系组合就有多少条共生性底线，均会随着各自主体性与共生性双重属性对立统一性的变化而变化。国家及其他行为体之间的共生性底线一般而言有相当高的稳定性，甚至具有某种历史阶段性。但是随着社会进步它不会永远停留在一个水平上，而会按“水桶短板原理”和相互关系发展水平调整共生关系底线，亦就是说存在升降变动的可能。当然，既不会恒定不变，也不会消失不见。

第四，国家及其他行为体之间存在共生性底线是不以任何人主观意愿为转移的客观性存在，是符合最大多数人民意愿、促使国家及其他行为体之间和谐共生的基础。国家及其他行为体之间不可能没有竞争、没有矛盾，但是共生性底线却要求相互间的竞争、矛盾能控制在各自可承受和可容忍范围内，相对稀缺性资源的相互分享度只能界定于共生性底线的阈值内，因为共生性底线是各自主体性之间的毗邻线，是各自共生性之间的交汇线，是各自独立自主合法性的根据线，是各自利益攸关、安危相依的临界线，是相互间共生关系的稳定线。底线意识是国家及其他行为体之间关系获得相互信任的基本依据，否则相互之间凭什么建立和维护信任？换句话说，相互之间失去底线就没有信任，无法界定利益和权力的公正合理性，无法划分各自的责任，难以确定各自安全性的边界。而国家及其他行为体之间共生性底线的存在表明了相互之间具有利益共同体的客观性，存在构建责任共同体的可能性，形成安全共同体的必要性。

虽然共生关系底线意识未必能使当代国际关系进入完全和谐共生境界，但是却告诉所有国家不仅要有相互尊重的理由，而且还要有避免对抗冲突的依据，要为平等合作作出循规蹈矩的安排，如此寻求互利共赢对相关各方无疑都是有益的。

第五，国家及其他行为体相互之间依据共生性底线设定合理的规矩实现主体性与共生性的矛盾对立统一性，是国际社会治理走向和谐共生的根本路径。社会治理研究有各种范式，社会共生研究就是其中之一。许多人说社会共生性研究起源于现代生物学理论，这或许符合欧美国家实际，出于欧美国家的视角。但社会共生研究在中国却是一种古老的社会治理的理论范式、思维方式、话语体系。早在尧舜禹时代就开始研究用“一物两体”、阴阳共存共生来解读社会，解释世界。认为阴阳相生相克、刚柔相济的共生原理是引领和谐社会、协和万邦的光明之路；认为本国内部的“自强不息”与对他国的“厚德载物”是国家安国兴邦的强国之路。当然，当时的“国”与现在的国家根本不可同日而语，但似乎也能启发人们：当代世界各国按照共生原理走和谐共生之路具有可行性。走和谐共生之路的可行性有三个基本要素：一是讲底线。在中国古代话语体系中是以“中”来表达底线的。古典《周礼·地官·大司徒》说“以五礼防民伪，而教之中”，就是说国家对民众要讲清共生性底线。《左传·文公元年》说“举正于中，民则不惑”，就是说要清晰底线于中正，民众才会心悦诚服。二是讲“和实生物”。中国古人主张“致中和”来寻求各自主体性与共生性关系的矛盾对立统一的过程中，正天地、育万物，走“天下之大道”。三是讲规矩。中国古人认为“不以规矩，不能成方圆”（《孟子·离娄上》）。当今世界让各国都有规矩可循，不仅能明白自己言行的合理合法性，而且还能实现“和而不流”、避免带来混乱。所以，要充分发挥联合国在为国际社会建章立制、循规蹈矩过程中的权威性，减少个别国家对联合国宗旨、基本原则及相关法规的任意解读。

1648 年欧洲国家以三十年战争的巨大牺牲和惨痛代价换来了《威斯特伐利亚和约》的签订，一致同意将国家主权界定为国家之间的共生性底线，确立了国家主权原则。在长期的共生关系实践中，人们也用其他行为体各自的法人属性来界定它们之间的共生性底线，确认相互之间的法人原则。这表明人类社会经历长期的磨炼，对所有行为体之间的多元多样共生性底线认定已经有据可依，并以多元多样性共生关系规矩确定下来，以多元多样性秩序、制度、规则、准则等显示出来。用规矩来表达共生性底线的存在，以底线来衡量、框定规矩的合理合法性，如今日益成为人们的共识。所以当今世界虽然没有统一的政府，但并不是处于完全的无序状态，当然，仍然有待提高规矩的公正合理性。

命运共同体是以相互关系的规矩打造起来的。命运共同体的关键词有两个:一个是命运,另一个是共同体。毫无疑问,各人有各人的命运,打造命运共同体不可能消除各自命运之间的差异,不可能否认各自打造自己命运所做的努力。人们所言的“命运与共”仅是说命运具有共生性,不是要让各人放弃打造个人命运的努力;仅是说各方命运具有相关性、关联性,但不是要用某一方的命运否定其他各方命运。各自命运的共生性与各人打造自己命运的个体性是以相互间的共生性底线来实现矛盾对立统一的,是用界定共生性底线的规矩来行大道、育万物,因此人类社会建构了各种各样共存、共处、共生、共享的规矩,建构起共同体,形成了命运共同体。中国古人在悠久的历史实践中不仅认识、使用了规矩,而且发展、创新了规矩,用国法、乡约、家规汇合成社会的规矩系统,形成社会多维、多层次、复合性、网络性凝聚体系,涉及社会生活方方面面。中国古人创造的社会凝聚体系是中华民族五千多年持续传承的根本基础,是中华民族代代传承的看家宝。任何外来种族、民族,任何外来力量只要进入这个凝聚体系,都会不知不觉被吸纳、融合。尽管中华民族凝聚体系中确实有某种程度的缺陷或历史局限性,尽管中国历史曾经发生过各种各样曲折,但就维系中华民族命运共同体的凝聚力和传承五千多年历史的延续性而言,依然闪烁着中国古人的智慧光芒,依然是中华民族的瑰宝。这也告诉我们用规矩打造人类命运共同体不仅可以实践操作,而且可以在安危与共、同舟共济中前行。当然,这不可能是一帆风顺的,因为发展过程中一直会有人不断地选择对抗、冲突,但是历史事实也证明这种选择是很难持续的。

第六,共生关系规矩的合理性是在国家及其他行为体之间主体性与共生性矛盾对立统一过程中得到检验的,是在长期的历史磨炼过程中被不断修正、完善、提升的,甚至会内生各种“抗体”捍卫必要的规矩。国家及其他行为体之间的共生关系规矩的不公正、不合理性是由多元多样性带来的:或者是因行为体的理念有偏差和缺陷;或者是因行为体之间实力与能力的差异,强者有可能按照自己的意志定规矩;或者是对共生性底线判断有偏差;或者是因为行为体自我实现所需要的相对稀缺性资源因创新发展获得质的飞跃而需要重新界定来提升共生性底线。诸如此类的原因都会使遵循共生关系的规矩面临困难和障碍,给相关各方带来麻烦、制造摩擦，诸如中医所言“不通则痛”。

由于国家及其他行为体的“一物两体”性为相互之间共生关系派生出一系列共存、共处、共生、共享的机制，诸如对话机制、协商机制、协调机制、选择机制、管控机制等，因而使国际关系显示双重性特征：尽管世界天天不太平，战火此起彼伏，但是当代世界依然有能力迎战危机、排除风险；世界的多元共生不仅既能存在又能发展，而不断涌现的科学技术革命最新成果使这些可能具有更大的现实性。因此，推动当代世界前进的总趋势是：国家及其他行为体在充分发展各自主体性的同时不断拓展相互之间的多元共生性；在推动公正合理的共生关系网络结构体系建设过程中，打造遍布全球的公正合理伙伴关系网络结构体系，推动构建以平等互利、合作共赢为核心的新型国际关系。尽管在历史上有多个案例表明国家间结盟对平衡对立势力有一定价值，但是这种办法用在当代则会分裂世界的多元共生性，造成全球共生关系网络结构体系的人为分割，增加相互间互联互通的障碍。因此蓄大势务必立足于当代世界的多元共生性，谋大势务必立足于打造人类命运共同体，据此争取和平发展的可能性，这不仅有利于中国坚持走和平发展道路，而且也会启示世界各国选择走和平发展道路。

三、审大势，务必坚持辩证唯物主义和历史唯物主义

无论是立足于当代世界的多元共生性还是致力于打造人类命运共同体，都有一个人的认识如何契合人类多元共生变化发展规律的方法论问题。这里所说的方法论主体是人，是人的活动蓄积造就了世界大势，而科学的方法论则能使人在世界大势中如鱼戏水。就个体的人而言，人都是主体性与他者共生性的矛盾对立统一体，都具有主体性与共生性的双重属性，无一例外。按照这个判断，人与人的关系都是以主体性与共生性的矛盾对立统一性为轴心的共生关系网络结构体系，由此构建了社会，无论是生产关系、经济基础、上层建筑都将随着共生关系变化而变化，由此带来社会变革。人与自然之间同样存在以主体性与共生性的矛盾对立统一为轴心的共生关系问题，由此构建了广义的世界。国家之间构成的世界是一个狭义

概念，相互之间在当代也具有以主体性与共生性的矛盾对立统一性为轴心的共生关系。就此而言，国际关系在本质上是共生关系网络结构体系，由此构成的社会被称为国际社会。同样，国际关系的变化会带来国际社会的变迁。尤其是科学技术造就的新的生产方式将根本上带来社会共生关系的根本变革，从而变革整个社会。这就是说，人是按共生关系逻辑书写个人人生历史，创造社会变迁的历史。

而人要生存，人要创造历史又首先需要从事获得生活资料的生产，并且只能在共生关系中才能实现，因而形成人、社会、自然界以主体性与共生性矛盾对立统一性为轴心的共生关系网络结构体系。当然，这里说的主体性与共生性矛盾对立统一性不可能是单向型的，而是由无数个主体性与共生性矛盾对立统一的各种趋向复合交织起来的，因此人的荣辱、沉浮、安危，社会的治乱、兴衰、存亡，不仅与如何认识、调理共生关系关联着，而且变得扑朔迷离、难以捉摸。所以人的认识要契合人类相互关系变迁历史、人类社会变迁历史，人要客观地审视社会、世界的发展变化大势，坚持辩证唯物主义与历史唯物主义认识路线变得理所当然，更毋庸置疑。为此，辩证唯物主义和历史唯物主义对现实多元共生世界的关系和人类命运共同体的延革而言既是世界观又是方法论。

就人类社会发展的历史变迁而言，分散在世界各地的人们首先都是按照共生关系的逻辑自我演绎发展，即借助各自的地理、气候、社会以及历史累积的各种条件创造国内社会历史的，由此形成的命运共同体是人类的命运共同体。各自在组织家庭、形成家族、氏族、种族、民族、国家的变迁过程中，在创造生产力、形成生产关系、缔造经济基础、构建上层建筑的变迁过程中，在持续地调整、变革共生关系过程中，包括代表先进生产力、先进文化的社会力量引领的一次又一次革命性变迁的过程中，逐渐按共生关系逻辑结构体系演绎路径，选择、建构、调整、变革而形成各自的利益共同体、责任共同体、安全共同体、命运共同体，在各自的土地上最终打造起各自的命运共同体。世界各国在自己的土地上走向命运共同体的趋势却是任何力量都不可阻挡的，当地的人民因此坚信生于斯、长于斯的土地是自己的母亲。任何国家国内社会缔造命运共同体的主人是生于斯、长于斯的该国人民。因此国家之间的相互尊重不仅是对各国主体性的尊重，而且更是对各国人民的相互尊重。

将各国的命运共同体孕育成人类命运共同体是随着"大航海时代"到来后开启的，是随着资本主义首先从欧洲向其他各大洲拓展的过程中开启的，这不仅意味着国内社会共生关系网络结构体系开启了融入全球性共生关系网络结构体系的新时期，需要人们关注国内与国际两个大局，而且意味着国内社会人类的命运共同体开启了融入人类命运共同体的历史新时期，需要有统筹这两个共同体的意识。面对这个趋向，国际社会确认这时的国家身份既是民族国家又是主权国家，以根本上区别于传统国家，以便合理地关注"两个大局"、统筹"两个共同体"。此过程的出现在根本上是因为欧洲国家及其他行为体的主体性自我实现需要更加巨大的相对稀缺性资源，如范围更广大、吞吐能力更强大的商品市场、原料市场、劳动力市场等，国内共生关系结构体系需要向海外延伸，需要编织解决相对稀缺性资源供求的共生关系网络体系、伙伴关系网络。从现象上看，从欧洲各国走向世界的是资本，但是由于资本只能在共生关系中寻求自我实现，所以欧洲资产阶级在全球奔走、到处落户过程中向海外延伸的不仅是公司企业，而且还有生产关系、生产方式以及发展的信仰和理念，各自按自己的生产关系、生产方式、经营方式、交换方式、分配方式在全球层面建构相互关系体系，并在不同地区显示各自的特殊性。尽管人们据此将该体系定性为资本主义体系，批评者也会在声讨资本罪恶的同时指出其中的各种各样问题，证明资本主义的不可持续性，但是客观地说该体系包含的合理内核在本质上受共生关系逻辑结构体系支配，资本的逻辑必须服从共生关系合理逻辑演绎的需要，因此在客观上造就的是各民族的互相往来和各方面的互相依赖以及纵向与横向交织联系的网络结构体系。

不仅物质的生产是如此，而且精神的生产也是如此，即各民族的精神产品在这个体系中也成了公共的产品。这个共生关系网络结构体系只按自己的逻辑演绎方向前进，在不断调整共生关系结构体系过程中冲破各种各样的障碍，解决各种各样的问题；这个体系的逻辑演绎决不服从任何资本主义国家的旨意和束缚，决不会宽容资本家的尔虞我诈、巧取豪夺造成的各国经济社会发展的无序性及贫富差距悬殊性，当然也不会接受各国之间发展不均衡、往来联系的不畅通。总之，全球性共生关系网络结构体系逻辑演绎会义不容辞地将社会推向变革、革命的进程，使整个世界都革命化，不时地用衰退、危机、灾难以及社会革命鞭笞资本家的恶行，迫使资本不得不进入抑恶扬善、去伪存真的历史过程。如果说第二次世界大战后欧美国家终于走出了曾经的“气息奄奄”、焕发出某种新的活力，根本上就是这种逻辑演绎的结果，是全球化的胜利。当然整个社会也为此付出了巨大、惨痛的代价。

在当代全球性共生关系网络结构体系逻辑演绎的趋向面前，任何社会面临的只能是顺之者昌、逆之者亡，至于社会最终以何种手段、路径得到改造，根本上取决于社会按共生关系网络结构体系逻辑演绎趋向的自我更新能力、自我选择能力和自我修复能力，取决于社会有没有理论创新自觉以增进这种能力。就当今世界来说，虽然不能说资本主义已经失去活力，但是现存的资本主义逻辑无法解读当代所有欧美国家面临的各种问题却是事实。自进入 21 世纪以来欧美国家无论是国内社会理论还是国际关系理论都处于没有新的大理论诞生的“空窗期”，不清楚应该用何种理论来引领社会。社会没有思想的主心骨、顶梁柱，面对各种各样危机、风险的多发期，整个社会无奈地进入了民粹主义的盛行期，不仅无法应对不断发生的诸如经济危机、金融危机、社会危机等各种风险和威胁，而且无法引导民众摆脱民粹主义。

当代世界，无论是国内社会的和平发展还是国际社会和平发展所面临的各种问题均需要依据共生关系网络结构体系的逻辑演绎系统论辩证地来回答、来解决。第二次世界大战后殖民主义体系在全球的终结不仅没有终结共生关系结构体系，反而在全球范围内的拓展进程中带来更加巨大、更加波澜壮阔的发展局面，从而形成了当今世界的全球共生关系网络结构体系，掀起了一波又一波全球化浪潮。第二次世界大战后欧美国家内部劳资关系的变化、“福利社会”的出现、社会矛盾一度相对缓和下来，表明欧美国家内部共生关系结构体系在一定程度上、一段时期里获得了一定程度的调整。当然，当代欧美国家又面临新的历史选择，包括在国内社会如何进一步调整共生关系结构体系，在国际社会如何调整向境外延伸的共生关系结构体系，坚持公平正义，寻求与他国相互尊重、平等互利、合作共赢，共同实现均衡性增长、包容性发展。

人类命运共同体是随着全球性共生关系网络结构体系的持续建构、调整、完善而打造起来的，两者之间相辅相成、相得益彰。

第一，同样具有网络性。第二次世界大战后，无论是老牌资本主义国家还是日益增多的发展中国家，各自向海外延伸的共生关系，无论是经济的、政治的还是文化的、社会的等，不仅具有多元多样性，而且具有纵横交织性，在超越国家的地理空间上将人类命运共同体构建成共生关系网络结构体系，使所有国家及其他行为体犹如蜘蛛网上的一个个结点。因此在支持联合国按《联合国章程》的宗旨和原则发挥积极作用，维护联合国在国际事务中的核心作用的同时，需要倡导打造多元合作平台，需要倡导任何国际组织都不能相互拆台，而应该在平等沟通中互相补台，争取好戏连台。共生关系网络结构体系的成长已为人类命运共同体的打造提供了越来越深厚的物质基础，相互拆台似乎可以对付他者但却同样会给自己带来伤害，需要人们具有更大的理性，远离私欲的冲动。

第二，同样具有结构性。在共生关系网络结构体系中国家及其他行为体均是结构的组成部分，就此而言均具有参与性、主体性、平等性，因此应该相互尊重，各自的自我实现对他者的结构稳定性、力量对比的均衡性、经济社会发展的平衡性不仅需要体现出彼此间高度的契合性，而且还需要扮演相互支撑的角色。任何国家及其他行为体都需要有广泛的公正合理伙伴关系网络来支撑。打造日益广泛的伙伴关系网络，优化伙伴关系网络，创新伙伴关系网络，深化伙伴关系，对任何国家来说都是合情合理的取向。所谓国家间关系“结构性受到破坏”既是指共生的政治、经济、社会等关系失去了相互之间的契合性、匹配性、协调性、互补性，又是指国家及其他行为体对相互关系稳定性、均衡性、平衡性难以发挥支撑作用，甚至客观上在相互拆台。所以新型共生关系需要互惠、普惠，自我发展成果需要乐意与他国分享，欢迎他国搭自己发展的顺风车，要义利兼顾而不能只顾私利，要用打造新型伙伴关系网络的办法来避免“结构性破坏”。

第三，具有体系性。在共生关系网络中国家之间的结构性关系、系统性关系不是个别国家及其他个别行为体之间的关系，而是所有国家及其他行为体都参与的关系。无论是直接的还是间接的，所有参与者的关系不仅是共存关系而且是共生关系，不仅具有联系性而且具有互动性，相互联系不仅具有承接性而且具有顺序性，相互关系不仅讲究规矩而且讲究心灵相通、配合默契。因此当代全球性共生关系网络结构体系不仅是国际分工体系、产业体系、贸易体系、金融体系、货币体系、能源资源体系、基础设施体系、物流体系等，而且是价值链体系、政策体系、制度规章体系、人才体系、民心相通的体系。第二次世界大战后国际社会的经验教训告诉我们：当代全球性共生关系网络结构体系的体系性不是在减弱而是在增强，越来越成为一个全球系统工程。如气候变化甚至史无前例地成了全球共商、共建、共享的工程项目。如果说在历史上曾经出现过单向性的权力和利益，存在一人可以说了便算数的情况，诸如“君要臣死、臣不得不死”，权力和利益都在君王手中，那么当代世界的任何权力和利益都存在于共生关系网络结构体系之中，都必须借助他者的支撑而具有双向性、多向性。权力和利益不仅具有相互性而且具有互惠性，不仅具有互助互补性而且具有相互掣肘性，因此各国只能在全球性共商、共建、共享中实现自己的权力和利益最大化，任何权力和利益的实现都需要相互间的默契配合，这构成了文明与野蛮的分野。

在人类命运共同体中实现权力和利益的相互默契需要有相互默认的命运共同体意识，所以必须倡导人类命运共同体意识。人类命运共同体意识包括：一要承认所有国家及其他行为体都是人类命运共同体的组成成员。二要承认自己在国内与国际所做的努力是会相互呼应的，不会互不搭界，因此既要关注国内政策的溢出效应，留心是否会对他者带来伤害，又要关注国际政策对自我与他者的反馈效应，要关注“飞去来器”效应，以便及时发现问题，及时采取应对之策。三是在促进自身发展的同时，要关注他国发展的条件，要尊重他者的合理关切。四是要有合情合理的“义利观”。

倡导人类命运共同体意识是适应全球性共生关系网络结构体系需要，具有必要性、客观性。有人认为倡导人类命运共同体意识属于国际道义范畴。这种观点其实只说对了一部分，在历史上或许确实如此，而在当代世界是基于现实的必要性，与所有国家的利益、权力、安全联系在一起。当代世界的国家间关系：一是“你中有我、我中有你”。“你中有我、我中有你”既不是相互寄生又不是相互共栖，更不是从属关系，而是具有相互助力性与相互分享性，相互在对方国土上、在对方的公司与机构中为自己谋利益的同时也为对方发展作出贡献，不仅必须相互尊重而且必须平等互利，相互要讲公平正义，相互要适应对方的公序良俗。二是“一荣俱荣、一损俱损”，具有唇齿相依、安危与共的相互依存性，需要同舟共济，需要共谋发展，需要寻求合作共赢。如果一心一意想要拆他者的台，那么最终可能导致自己垮台。

例如，有人说国家发展对外关系就是要追求国家利益最大化。这个观点在历史上或许曾经有一定道理，但是在当代则行不通。你要国家利益最大化的结果必然是他国国家利益的最小化，这无异于要在毁掉他国发展前景的同时毁掉本国发展的立足之地，例如失去更高附加值的商品消费市场，带来产业链、物流链、价值链的断裂等。在当代国际关系中，利益不是独苗，而是在共生体中生长的，是在与他者的关系中生成的，具有“一物两体”性，如果一定要将共生体中的对方视为对手，视为必须限制、制约、控制的他者，千方百计使其获得的利益最小化，这无异于竭泽而渔。

又例如，有人说国家的政治目标就是为权力而斗争。这个观点也是似是而非。在国际社会中，任何国家均应有自己正当的利益和权力，不寻求权力与不寻求利益同样不现实。利益需要权力做保障，维护自身权力是维护自身利益的需要。然而按照传统的权力观，权力是排他的、对付他者的，权力与他者的关系是菜刀与砧板的关系，说“为权力而斗争”就是要永远成为握菜刀者，要杜绝菜刀被他者抢走的可能。但是当代世界不仅时代变了，而且权力关系也变了。在当代，尽管在现象上看权力有所有权之分，但在本质上是多方参与、多方分享、多方担责、相互扶持的。如果权力没有他者认可、扶持，那就是虚假的权力。如果权力没有他者分享的可能，那么就没有持续的可能。换句话说，国家及其他行为体只有在共生关系网络结构体系中才能找到属于自己的那份利益和权力，而属于自己的那份利益和权力的安全性与可持续性也只有在其中才有获得实现的可能。利益和权力、安全性与可持续性获得的根本依据在于共生关系网络的结构体系性。就此而言，安全的概念不再是如何对付对手、排斥他者的概念，而是共同安全概念，综合安全概念，是如何共同维护结构体系互联互通、公正合理，如何实现结构体系改革创新，促进开放包容、互利互惠、合作共赢。如果说公司企业的“反垄断法”是要解决权力为什么要分、如何分，那么当代世界的互联网则提供了权力如何“联”的可能。然而权力联起来后如何用、如何分享、如何创造生存与发展的新空间则有待人们开拓。

再例如，有人说权力是可以转移的，所以超级大国要为阻止权力转移而奋斗。这个观点也是不当的。如果说在历史上曾经发生过霸权国家之间相互取代的情况，似乎存在着权力转移的可能，但这是以一方征服一方、一方吞并一方为前提的，在当代没有一个大国敢冒天下之大不韪而追求类似奢想。这就是说只要没有追求类似奢想的可能，就无法实现权力转移。当然，当代国际社会确实也出现了某些霸权大国行使某些传统权力难以为继、今不如昔的现象，但是也未必能断言权力会转移到他国手中，因为人家未必想要其权力，新兴大国增长的权力也未必是从传统大国那儿争得的。例如殖民主义势力因不得人心而被迫退出非洲国家，而中国人民却与非洲人民结下了深厚情谊，显然不能因此说中国人民接收了殖民统治的权力，因为中国人民根本不要殖民者的权力，采取了与殖民统治者完全相反的政策，对非洲人民“真、实、亲、诚”，“永远做可靠的朋友和真诚的伙伴”，由此造就的权力关系与殖民统治的权力完全风马牛不相及，不可相提并论，“权力转移”便无从谈起。权力和利益在本质上都有“分享”性特征，或者就根本上而言没有“分享”就没有权力；不与他国分享权力便不可能具有持久性。

权力不可能转移，但权力却可以创造，这与利益可以创造是一样的道理。新的先进文化、先进理念、新的科学技术成果都有可能创造新的利益、新的权力，在为社会带来财富的同时孕育新的共生关系，而新的权力则寓于新的共生关系之中。这里最典型的例子是互联网技术的出现，或许互联网根服务器的控制者以为据此可以成为新的霸权源头，这在一定程度上不是没有道理，但是互联网在虚拟空间造就的共生关系网络结构体系在为无数的草根民众、为无数从未知权力为何物的涉世未深的青年提供寻觅权利、利益的巨大空间的同时，也为未来世界提供了至今谁都无法预言的大趋势，而“霸权源头”说或许会变得日益前途渺茫。

在全球共生关系网络结构体系中，国家及其他行为体的利益和权力要实现，利益和权力的安全性能得到实现，相互之间的互联互通是不可缺少的必要条件。现代社会尽管有各种各样制度规则来维护互联互通的实现，来应对可能发生的各种各类状况，但是“天有不测风云”，确实会发生未曾预料、设想的状况，相关各方如果能实现理念相通、心灵相通的默契，那么相互合作即使在制度规则还有某种不足情况下也能进展顺利。客观地说，规则确实有其重要价值，暂且不说规则有多少不公正合理性的地方，但是规则的表述不可能穷尽丰富的现实，而心灵相通则可以避免产生不必要的误会，理念相通则可以弥补规则周延不足的困扰。当今世界的全球治理不是谁治理谁、权力从谁那儿转向谁的问题，而是面对全球性共生关系网络结构体系存在的问题如何共迎挑战、共同治理、共享机遇、共谋发展、共同受益，所以，一是要打造相互认同的理念，否则就无法应对共同面临的问题；二要按全球共生关系网络结构体系的结构性与体系性要求自觉拘束自己；三是逐渐在纠正现存制度与规则的不合理、不公正性因素过程中推动新制度、新规则的创设；四是共同完善全球经济治理，以便为共同构建平等互利、合作共赢的全球伙伴关系网络，增强相互之间的包容性与开放性提供必要的经济基础。

人类命运共同体的建构是在不断完善全球性共生关系网络结构体系公正合理性过程中实现的，是在持续性全球治理过程中实现的。在全球性共生关系网络结构体系中，由于种种原因会带来各种各样的不公正、不合理性，其中既有客观因素又有主观因素。就客观因素而言也是多方面的，例如：一是国家之间政治经济发展的不平衡性、非均衡性在相当长的历史时期里都具有不可避免性；二是人类对全球共生关系网络结构体系认识的各种局限性，需要一个长期的“实践—认识—再实践”过程来完成全部的认识；三是全球性共生关系网络结构体系始终处于持续的变化发展过程中，人对其认识在一定时期内落后于变化具有不可避免性。就主观因素而言更是具有多元多样性，这至少有三大类：一类是一些国家仅凭主观意志任性而为、“党同伐异”带来大量问题。例如2003年美国小布什政府恣意发动伊拉克战争后的中东地区动乱局势就是如此。一类是一些国家标新立异、乱定规则。例如所谓“民主国家”标准、“专制国家”标准、“市场经济国家”标准、“华盛顿共识”等。又例如设定双重标准、多重标准，以便完全依据自己利益、好恶来套用标准的适用性。再例如，纵容私欲私利，假借制度规则之名行为非作歹之实。总之，当今世界对一些国家奉行的强权主义至今还没有完全拘束的条件，因此这些国家既让自己无规无矩，又使国际社会上许多很好的行为规则也变得杂乱无章。引起的共生关系不合理性、不公正性的任何原因都有其发生与存在的理由，在各自存在的理由没有消失以前，共生关系不合理性、不公正性的一面还会继续存在下去。这就是说如要摆脱全球性共生关系网络结构体系中不合理性、不公正性一面就需要我们不断努力，要创造各种条件来消除相关的原因，包括力促国际力量对比的平衡性，着力推动更具有吸引力的先进文化与先进理论成果的涌现等，因此这只能是一个不断寻求公正性与合理性的建设过程。

综上所述，中国外交战略思想研究是为中国共产党人的理想、信仰服务的，是为中国人民实现共同目标服务的，因此中国外交战略思想研究既是当代学研究又是未来学研究，是关于世界大势研究的学问。中国是依据世界大势来确定自己的国内战略、设计自己的国际战略。世界大势不仅显示了当代世界变化发展的大趋势，而且显示了国际社会变化发展的规律性，规定了当代中国有所作为的战略空间，其逻辑依据是：当今世界大势源自由世界万事万物的“一物两体”性造就的世界多元共生性，这既是世界变化发展逻辑演绎的原初性，又是变化发展的动力源头；既开创了全球性共生关系网络结构体系的成长过程、全球化演变过程，又跨入了打造人类命运共同体的历史过程。

当代世界持续打造全球性共生关系网络结构体系公正合理性、包容开放性的过程，同时也是建构人类命运共同体多维、多层次、复合性、网络性凝聚体系的过程。将人类命运共同体的打造过程与推动全球共同治理、促进全球性共生关系网络结构体系公正合理性、包容开放性的过程统一起来，既符合全人类的利益与安全性要求，又为世界各国和平发展扫除障碍；既能增强共同应对各种挑战与风险的合力，又能促进相互之间的心灵相通、相互信任，在应对各种现实问题挑战过程中推进世界可持续发展。在全球化的历史演进过程中，高高飘扬的人类命运共同体大旗照耀着历史前进的方向！

（原载《国际观察》2017 年第 2 期。）

试论人类命运共同体意识

——兼论国际社会共生性

面对动荡的世界，人们确实看到了实在太多的人世间丑恶现象：动辄对别国群狼般围攻与武力威胁，以莫须有罪名对别国发动“精确制导”的军事打击，天天在别国家门口拉帮结伙、炫耀武力……据此，要让人们相信当代世界是一个人类命运共同体似乎有点困难，甚至有人认为这是一种理想主义概念。尽管当代越来越多的人看到了世界具有日益增强的相互依赖性，国际关系具有日益增强的体系结构性，自己正身处于一个“你中有我，我中有你”“一荣俱荣，一损俱损”的世界，然而许多人更愿意相信财富分配论、权力博弈论、权力转移论，更愿意相信按传统的零和博弈思维而不是按人类命运共同体意识来应对面临的各种矛盾与挑战。命运共同体是命脉相连、兴衰相依、祸福与共的相互依赖体。因此在理论上讲清楚人类命运共同体的意涵具有现实意义，诸如起源与形成，矛盾冲突在其中的地位，个体性与整体性的关系，自我与他者的关系，当代人类面临的挑战等。本文拟围绕这些问题展开讨论。

一、人类命运共同体以共生关系为存在形式，所以人们必须具有共生性意识

（一）人类命运共同体源自人自身能群的内在能动性

尽管至今依然有人在说“人类勿忘自身兽性犹存”，[1]但是绝大多数人更愿意相信人类比动物界更胜一筹，处于更高的生物发展层次上，人与动物有许多根本不同。早在2 000多年前，我国思想家荀况在比较中已经发现人类具有根本区别于

动物界的特性。他说人“力不若牛，行不若马，而牛马为用。何也？曰：人能群，彼不能群”(《荀子·王制》)。许多人都看到了人的群体性、群居性，但是荀况却发现了区别于动物界群体性的根本点是“人能群”，将全部关注点聚焦于有无自身内在能动性上。尽管他也看到了人的矛盾冲突、错综复杂群体关系，但是他却超越这些现象发现了人的群体关系之所能得到延续、发展，社会并不被矛盾冲突所毁灭，是因为人具有内在的“群”的能动性。

人何以“能群”？荀况有一个解读。当然，作为当代人是否要拘泥于荀况提供的理由，是否要赞同荀况由此引申出来的主张[2]，取决于我们如何解读古人的认识。当然我们也不能不承认人能群具有内在能动性的客观性，是对人类社会存在认识的伟大发现，并且至少也告诉我们应该关注人自身内在的能群能动性究竟是什么，源自何处，使之以历史的逻辑演绎出当代世界的相互依赖性，带来了当代世界具有体系结构性并构成了体系结构运动，使我们不得不用人类命运共同体意识来思考如何应对我们面临的矛盾冲突、危机的挑战，处理国际社会共生关系。任何事物的运动变化及相互关系的运动变化，都源自事物的内因，而“内因”是由特定因素所构成的。试想，如果人只有独立性、主体性，个人至上；国家只有独立性、主体性，国家利益至上，权力与利益都要最大化，追求自身的绝对安全，那么由此带来的相互间权力、利益博弈和竞争虽然会激励各方不得不“自强不息”，寻求发挥各自的优势，增强各自的实力，但是这种只有自我而没有平等的他者，或者将他者视为客体，会说话的工具，仅仅是劳动力、原料的供应方，甚至视为敌对者，实行强权政治，巧取豪夺，秉承“丛林法则”弱肉强食，不仅难以能群，而且只能陷于矛盾冲突的泥淖之中，出现穷兵黩武局面，结果只会使各方受到严重伤害。人类社会自古以来因此遭受的苦难罄竹难书。公元前 5 世纪的斯巴达与雅典长达 27 年的争霸战争，虽然斯巴达实现了霸权目标，但是却造成了希腊经济的严重破坏，而斯巴达后来也被人吞并了。而 1618—1648 年的欧洲“三十年战争”最终也以相关国家均以无法承受战争破坏而不得不签订《威斯特伐利亚和约》而告终。无数历史事实表明，穷兵黩武、“丛林法则”不可能带来和平的美好世界。尽管威斯特伐利亚和会后欧洲的冲突与战争依然时有爆发，甚至进入 20 世纪后还成了两次世界大战的策源地，但是威斯特伐利亚和会与和约这个事实本身却表明，如何摆脱冲突、对抗与战争，人并不是无能为力、无所作为的。因为人不仅面临能群的必要性而且有能群的智慧和能力，具有动物界所没有的"内因"驱动力。经过数个世纪的努力，摆脱冲突、对抗、战争惯性的历史曙光，正随着和平发展时代的到来而逐渐显示在人们面前。

（二）人类命运共同体源自人只能存在于共生关系之中

人具有能群的内因驱动力，是因为除了独立性、主体性属性外，还有合群性、共生性属性。尽管极易看到人张扬的个性，显示独立性、主体性的欲望和追求；极易忽视人内在的合群性、共生性属性，然而正是后者催生了人能群的必然性，即必然会与他者合群、能够与他者合群、形成共生关系，否则要寻求自我实现是不可能的。在此意义上，人是独立性、主体性与合群性、共生性属性的矛盾对立统一体。恩格斯认为"劳动创造了人本身"，而"劳动的发展必然促使社会成员更紧密地互相结合起来，因而使互相帮助和共同协作的场合多了，并且使每个人都清楚地意识到这种共同协作的好处"。[3]这就是说人能群的必然性在各种因素(例如劳动、对资源的依赖性、人的种族延续等)的影响下，促使人的共生关系构建起"社会结合的各种形式"，由人类社会早期出现的家庭、家族、种族逐渐衍生出各种各样"社会结合形式"，诸如民族、国家、公司企业、社会团体、政府间与非政府间组织等，并且使"社会结合的各种形式"成为一个个"独立"的共同体。

不仅其内部的所有成员与所处的"社会结合形式"唇齿相依，而且所有成员之间也休戚与共，个体必须同舟共济，各自为所处的"社会结合形式"提供社会活力的同时，赋予所处的"社会结合形式"具有独立性、主体性与合群性、共生性双重基本属性。与其他"社会结合形式"在广泛范围内、在不同层次上构建起共生关系的内生驱动力，从而形成更广泛范围、更高层次的命运共同体——民族与国家。使任何人、任何行为体的个体性发展必须面对社会发展的整体性。

什么叫共生？共生就是个体性与整体性的对立统一关系。自"大航海时代"到来后，国内社会共生关系的发展出现越出国境发展的趋向，带来了国际社会共生关系的孕育、生长、发展，显示了国家同样是独立性、主体性与合群性、共生性属性的对立统一体。人类命运共同体是一个历史范畴，是人能群的历史发展过程中由各种各样共生关系形成、拓展、延伸、强化而逐渐营造起来的，存在于历史演进过程中，具有“你中有我，我中有你”“一荣俱荣，一损俱损”当代意义的人类命运共同体是历史发展产物。具有当代意义的人类命运共同体的出现使任何国家、任何行为体的个体性发展不得不考虑如何面对国际社会的整体性，如何与他者共生。

尽管人们极易忽视人内在的合群性、共生性属性，然而正是这个属性显示了人的自我实现对外部资源的依赖性，在共生关系中寻求自我实现所需要资源的必然性，并进而实现自我实现的再创造。这里所说的资源至今已成为一个广义的概念，包括物质资源与非物质资源、实体资源与虚拟资源、不可再生资源与可再生资源等。国家的自我实现不能没有资源，但是任何资源均具有稀缺性，不仅过去是如此，现在是如此，而且将来也是如此，因而必须珍惜资源。资源的稀缺性与国家的利己性固然给国家间带来矛盾冲突，使处理国家间关系面临深层次难题，但是国家在共生关系中寻求自我实现所需要的资源这个事实本身，不仅表明资源是构成共生关系的纽带，而且显示了相关各方对他者的相互依赖性，显示了共生关系必然要以承认与尊重他者的存在为前提，必然要以承认与尊重他者自我实现的成果为前提，不得不考虑与他者共生关系的共生性底线。因此，相关各方不仅必须具有承认与尊重他者存在的包容性，而且必须具有容忍他者发展的包容性。对他者的存在与发展必须在共生性底线上拘束自己，既要寻求权力、利益，又要讲道义；既要坚持原则又要讲情谊。对他者不能杀鸡取卵，不能竭泽而渔；对他者的发展应该扶危济困、守望相助。总而言之，只能风雨同舟、和谐共生，在寻求权力、利益的共同点和交汇点的过程中包容共进。

这一切“必须”均与国家的共生性具有内在的逻辑关联性，是解读国际关系本来是什么所必然得出的结论。中国古人否定竭泽而渔原则，否定杀鸡取卵原则，从反面肯定了相互具有包容性的必要性。随着商品经济在国内社会的兴起，生产者所需要的原料依赖他者的供应，生产成果也是供他者需要，因而对原料供方及对成果需方的包容性的必要性变得无可置疑，否则既可能带来原料供应不足又可能带来生产过剩，产生危机。而随着“大航海时代”的到来，生产者的原料供方和生产成果的需方都是遥远的其他国家，在更大地域范围上提出了如何按共生性底线相互包容性的问题。就此而言，1648 年的《威斯特伐利亚和约》，自有国家出现以来第一次在共生性底线上肯定了承认他国存在的包容性，在实践上肯定了将格劳秀斯提出的国家主权、国家领土与国家独立等原则作为相关国家拘束自己、包容性地承认与尊重他国存在的基本准则，因而具有划时代意义。尽管自此以后国家主权原则依然经常不断地遭到践踏，但是至今依然不能否定这是国际社会稳定性的根本基础，是国家在共生关系（国际关系）中寻求存在和发展的合法性原则。如今按国家主权原则的共生性底线包容性地承认和尊重他国的存在与发展的必要性，正在被越来越多的国家所认识，已经成为国际关系公认的基本准则。

二、在共生关系中国家间的矛盾冲突仅具有相对性，必然会随着按共生性底线优化与优化选择相互关系而变化，所以人们必须具有共生性底线意识

（一）矛盾冲突相对于共生性而存在

国家是国际社会的基本行为体，其内外政策在极大程度上影响着其他行为体，而大国的内外政策会极大程度上影响国际社会的稳定性。国家间的矛盾冲突在国际关系中司空见惯，因此一些人认为国家间矛盾冲突不可避免地会使国家处于安全困境和权力制衡状态，没有别的更佳选择，甚至断言人类命运共同体是一种理想状态，不能引领人们在实践上寻找可操作的选择。这种观点是令人怀疑的。

从发生学角度看，国际关系的发生源自国家间的共生性，在本质上是一种共生关系。国家间的矛盾冲突是共生关系发展过程中的特定现象，在共生关系发展的不同历史时期、不同的国家之间、不同的问题领域会有不同的矛盾冲突。这不仅表明优化和优化选择共生关系的必要性，而且只能按包容共生的意识才能找到妥善处理应对的有效办法。而按"安全困境"与"权力制衡"的逻辑来应对，有悖于共生关系的逻辑。国家间矛盾冲突固然有权力、利益纷争的原因，但是均是相对于共生性而存在的。具有权力、利益纷争、矛盾冲突的国家均只能处于国际社会共生关系

之中，因此权力、利益纷争只能用共生关系来解读。

国家同任何由人派生出来的所有行为体一样，都具有合群性、共生性属性，显示了其生存、发展具有对他者的相互依赖性。显示其独立性、主体性的自我实现对他者的相互依赖性，不仅对资源具有相互依赖性，而且对权力、利益也具有相互依赖性，构成了国家间交往与关系发生的逻辑原初性。国家自我实现的需要使这种属性具有外在的必然性，尤其是当“大航海时代”到来时，商品经济发展已经达到无法局限于国内市场的程度，生产的国内关系必须越出国境演变成生产的国际关系，因而必然要欣赏他国，产生了“发现新大陆”的强烈欲望。要对他国“嘤其鸣矣，求其友声”，因而产生了跨国交往联系，并在交往联系过程中与他国的合群性、共生性发生交汇连接、排解矛盾冲突障碍而形成各种各样权力与利益的共生关系。共生关系是在共生性底线上构建起来的。国际关系也因此孕育、生长、发展起来。这种取向显然不完全是利他主义，因为出发点是各自自我实现的需要，各有自己的利益和权力欲望与追求，或者说具有利己性，因而相互间会产生矛盾冲突。但即使如此，首要的前提条件却是他者自我实现的成果有可能满足此种需要，具有吸引力，否则“利己”不可能实现。亦即是说，即使不是利他主义，也必然要以他者的存在和发展为前提，必须尊重与他者的共生性底线。当然这种取向也不完全是利己主义，因为也使他者自我实现的成果具有价值实现的可能，获得相应的利益和权力的可能，即使在客观上也会使他者发现自我存在、自我实现成果的价值以及自我应该具有的权力和利益。

就此而言，权力与利益共生关系的相关各方之间存在共生性底线。是否顾及共生性底线，不仅都面临公平正义性的挑战，而且使相互间存在的矛盾冲突同样仅具有相对性。由于首先是相关各方均存在共生的需要而建立交往关系，因而不得不在寻求共生的前提下面对矛盾冲突，不得不在共生性底线上按公平正义原则优化和优化选择共生关系。“大航海时代”到来后，国内社会共生关系越出国境生长的权力与利益共生关系，在当时的历史条件下是以殖民主义拓展为特征的，超越了共生性底线，由此产生的国际体系是寄生型国际体系。因此迫使殖民地居民（无论是作为本土居民还是作为殖民者而来的居民）不得不按公平正义原则重构与宗主国之间的共生关系。当然新的权力、利益共生关系中依然存在矛盾冲突,依然面临是否要顾及共生性底线的挑战。然而,无论是矛盾冲突的性质,还是应对矛盾冲突的办法都已发生了变化。

(二) 矛盾冲突问题在本质上是如何共生的问题

观察共生关系不能仅看到其中的矛盾冲突,而且还必须看到其中的公平正义性,看到其中的相互包容性和舒适度,这是由共生关系的共生性底线所决定的。共生关系的相关各方是因各自共生需要而合群的,包容性地让他者拥有更好、更多的发展条件,使他者能获得更多、更佳的自我实现成果,才能满足自己更大、更高的需要,获得更大、更真实的权力和利益。这种取向显示了共生关系的相关各方具有互利互惠、合作共赢性。利益是在共生关系中获得的。按互利互惠、合作共赢逻辑可以构建起更稳定、更公平合理、也能有更大利益的源泉。权力也是在共生关系中获得的,没有共生关系便没有权力。共生关系中相关各方的权力具有相互性、相对性。一方的权力是以他方的舒适性与认可为前提,他方的舒适性与认可才使权力具有真实性、稳定性;而他方的认可对他方而言,可能是一种享受,也可能是一种制约,当然同时意味着也使他方获得了制约权力施加方的权力。就此而言,权力施加方与权力认可方在权力实现的真实性意义上具有相互性,需要在共生性底线上相互尊重、相互扶持,不能相互拆台、相互踩脚,这同样具有互利互惠、合作共赢的逻辑。

由于历史的局限性,例如国家间实力对比悬殊,国际拘束力量不足,国际制度不公正、不合理等,国家间存在的利益与权力的共生关系曾经表现为大国列强对中小国家的强权政治、掠夺占有,表现为大国结盟对抗、争夺世界霸权,都企图超越共生性底线,由此产生了霸权型国际体系,因此使世界范围内战乱不断、危机四伏,国际体系的转型也只能求助于战争。但是在寻求和平发展、稳定发展、可持续发展的当代世界,遵循在共生性底线上互利互惠、合作共赢的逻辑则更具有现实意义。这也是处理国家间权力、利益关系不得不作出的选择。所以逻辑演绎的必然要求是国际体系是共生型的,用构建新型国际关系和新型大国关系来取代传统国际关系和传统大国关系。权力、利益的相互尊重就是尊重共生关系的共生性底线。一方的绝对的获益，而另一方遭到严重损失，只会带来冲突对抗而使双方都受到伤害。当然要妥善处理相互间的矛盾冲突至今依然面临不公平、非正义的挑战，因此首先需要具有适应当代人类命运共同体的新理念、新思维。据此，中国共产党十八大报告提出："我们主张，在国际关系中弘扬平等互信、包容互鉴、合作共赢的精神，共同维护国际公平正义。"

（三）人类有智慧和能力管控矛盾冲突

独立性、主体性在国家之间存在的巨大差异性显示在各个不同领域：意识与宗教信仰的不同，以及战略文化受到各自传统文化和历史的影响，都认为自己与众不同；道德和情绪因素对相互关系的影响；相互往来及相互判断对方也并非总是理性的，竞争、追求利益和权力向来是国际政治的特征。所以国际关系中存在矛盾冲突，会出现各种不公平、非正义现象，研究国际关系的共生关系显然不能以消除或避免这一切为逻辑前提，但是不能据此认为竞争只能是你死我活的零和游戏。矛盾冲突必须抗争到底，国际公平正义是一种理想，不必以是否顾及共生性底线为前提。因为这种认识不符合人类共生性存在的根本法则。卡尔·马克思认为人"不仅是合群的动物，而且是只有在社会中才能独立的动物"[4]。马克思不仅肯定了人的社会共生性，而且认为这种共生性才使人"意识到必须和周围的人们交往"[5]，并使交往、关系变成有意识的行为，运用自己的智慧和能力优化和优化选择共生关系，建立某种秩序与交往、联系的制度和规则，控制竞争、矛盾冲突发生在一定的范围、一定的程度上，以一定的社会建构和制度设计使共生关系逐渐处于有序状态。

自"大航海时代"到来开启国际社会以后，尽管世界没有统一的政府，但是人们为实现国际社会的有序性作出了坚韧不拔的努力。1648 年的威斯特伐利亚和会开启了用国际会议解决国际问题的先河，确认了共生性底线的国家主权原则。此后这类会议不断增多，至今已成为国际关系中常态的一部分。1865 年国际电报联盟的创立开启了用"行政组合"管理全球性问题的先河，以后这类组织持续增多，对相关涉及的全球性问题开展协调合作，使无政府状态在共生性底线基础上逐渐变得有序。

经历两次世界大战苦难后，“和平解决国际争端”“禁止以武力相威胁或使用武力”原则不仅写入了“联合国宪章”，而且得到越来越多国家的赞同，在实践上也不断地创造出有效的新途径、新办法。著名的“舒曼计划”采用“欧洲煤钢联营”消除法国与德国之间世代敌对状态，不仅使法德握手言和，也因此开启了欧洲一体化发展的历史进程，出现了史无前例的欧洲无战争的新时代。历史发展表明人是合群的，必须是合群的，而且有智慧和能力能够合群的。这三重取向作为恒久的矢量引领着人类不得不优化和优化选择自己的观念、理论、原理、原则等意识形态及思维方式，以创新的思维不断优化和优化选择共生关系，在排解各种矛盾冲突的过程中不断开创历史发展的新时期。

三、作为共生关系中的国家必须自强不息，必须尊重他者、拘束自我，是人类命运共同体意识的基本要求

（一）人的社会性本质上是人的共生关系性

人类社会是共生的，是在共生关系中存在和发展的。人是在共生关系中才成为社会的人，才意识到自己是社会中的人。人类社会的存在和延续，或者说“人们为了能够‘创造历史’，必须能够生活”，因而首先依赖物质生活资料的生产，而这是在不断完善、优化和优化选择共生关系中实现的，因此发生了生产关系和社会关系的不断变革。在这个历史活动过程中，不仅促进了人的共生关系的发展变革，而且人得到满足的物质生活需要本身、满足需要的活动和已经获得的为满足需要而使用的工具，又会引起新的需要，这种需要又会得到扩展和延伸。因而使共生关系始终处于变化发展的动态过程中，不断显示人能群的能动性，变革生产关系和社会关系，完善社会建构和制度设计。人类社会的存在和延续同时依赖人的生产。人类种族要繁衍下去，人的生产是必不可少的，然而也是在共生关系中得到实现的。人的生产又使人的社会关系不断地被复制出来。人的社会关系不断地被复制出来的过程，与不断追求满足物质生活资料的生产扩展和延伸过程同时发生，这两个方面

的相互结合与统一，构成了最基本的人类社会历史运动。[6]所以，人、所有行为体、所有国家都必须具有人类命运共同体意识。

（二）如何在共生关系中获得主动性

在共生关系中存在和发展的人类社会，人能群是就人类社会整体而言，这并不意味着每个人、每个行为体、每个国家都具有人类命运共同体意识，都能合情合理地能群。这里的“情”是国情世情，这里的“理”是社会发展规律之理。客观地说，所有行为体对此情此理都面临现实的考验、严峻的挑战，在不同历史时代、不同的社会历史环境下都存在如何能群的问题。对此在中国传统文化中有广泛的解读，有各种各样主张，当然其中许多仅适用于当年的一时一事，然而一以贯之的核心观念是《周易大传》（又称《易传》）所言：“天行健，君子以自强不息；地势坤，君子以厚德载物。”亦即是说在共生关系中，人就个体而言要始终处于主动地位，要彰显自我的独立性、主体性，寻求自我实现，首先必须具有自强不息的坚韧不拔意志，有竞争的智慧和能力；自强才能在共生关系中获得自立、自主、自卫的能力。作为一个民族、一个国家，只有自强不息才能自立于世界民族之林、屹立于国际舞台，显示自我存在的价值。同时，要实现自我的合群性、共生性必须对他者厚德载物，善于解析共生关系的底线，彰显自我的智慧和能力。在共生关系的底线上善于优化和优化选择与他者的共生关系，与时俱进地提供相关社会建构与制度设计的公共产品，从而为自我的自强不息提供最广泛、最深厚的社会基础，创造相对舒适的社会环境。否则，即使最能干的人也会处处碰壁，即使军事装备最强的国家也会亡国。这就是说“自强不息”与“厚德载物”同人、行为体、国家作为独立性、主体性与合群性、共生性双重基本属性的对立统一体具有对应的匹配性。坚持自强不息与厚德载物的并行不悖、对立统一能使人、行为体、国家的自我实现获得相辅相成、相得益彰的效果。

对他者厚德载物包含有在共生关系底线上自我拘束、包容他者的意义，这同样也是共生关系所要求的。即使就道德而言，任何行为体要“言必信，行必果”，“己所不欲，勿施于人”，没有自我拘束、不能包容他者是做不到的。现代国际社会倡导国家间关系的制度建构，如果各自不能自我拘束、诚信为本也会成为一纸空文。因此，无论是要“做到私人关系间应该遵循的那种简单的道德和正义的准则”[7]，还是遵循国际关系公认的准则与规范，都是以各自自我拘束、包容他者为前提的。构建和平发展、共同繁荣的和谐世界，国际社会成员的自我拘束、包容他者是一个不可缺失的因素。

对于任何国家而言，对他者是否在共生关系底线上要自我拘束都是不得不直面的问题，也是由国家的独立性、主体性与合群性双重基本属性对立统一性所规定的。如果说国家的独立性、主体性属性给国家在国际社会中显示的是个体性，那么合群性、共生性属性则带来的是使自己存在于国际社会的整体性发展之中，因而面临个体性与整体性对立统一性的挑战，必须寻求自我实现的欲望和追求与国际社会整体性环境的匹配。这种挑战催生国家不得不考虑是否要在共生关系底线上自我拘束以及如何自我拘束。由此可见，国家在国际社会中的自我拘束受双重驱动力推动：一是外生性强制力，即外部整体环境的可容忍度，涉及各种各样不得不面临的制约性因素；二是内生性，即自我实现的需要及自我调节的自觉性。《威斯特伐利亚和约》虽然确认了国家主权原则，承认了各自自我拘束的必要性以及相互必须信守的准则。但事实上，迄今为止，促使国家自我拘束的外部强制力的驱动力在总体上还未能达到确保能“全天候”实现的程度，所以国家主权原则依然不断遭到践踏。然而这并不意味着各自自我拘束的必要性未发生作用，即使是被动发生的也显示了自我拘束的必要性，因为无论什么国家都不可能在任何事件，在任何时候都能为所欲为、逞性妄为，它们不得不具有在共生关系底线上拘束自我的自觉。而在当代世界，超级大国为所欲为的空间无论在国际社会还是在国内社会都在持续遭到压缩，不得不自我拘束。所以，我们同样应该看到促使国家在国际社会中自我拘束的外生性强制力和内生性驱动力都在不断增强。[8]

构建平等互信、包容互鉴、合作共赢的共生关系事实上面临不公平、非正义的挑战，因此不可能轻而易举、一帆风顺。任何国家在共生关系中并不是在任何情况下、在任何时候都可以为所欲为。这不仅在国内社会中如此，而且在国际社会中同样如此，这就为促使相关各方在共生关系底线上自我拘束提供了制约性，也同时为相关各方展示自己的智慧和能力、创新社会建构和制度设计提供了空间。因而有利于协调、调节各自独立性、主体性自我实现的欲望和追求的度，在协商、磨合、匹配的过程中寻求各自合群性、共生性交汇连接的匹配性、适时性及各自的舒适度。这个过程既是各自自强不息的过程，又是排解矛盾冲突、彰显“人能群”的过程。动物界均没有这一切内在能动性，固“彼不能群”。

四、在多元共生的国际社会里，包容共进是所有人类命运共同体成员生存、发展的最佳选择

（一）多元性与共生性并存于国际社会

随着“大航海时代”到来而开启的国际社会是一个历史形成的过程。这个历史过程展现在人们眼前的是国际社会越来越具有多元性，因而出现了当代的多元国际社会。就文明形态而言，即使在古代也是多元的，因而有埃及文明、巴比伦文明、印度文明、中国文明、爱琴文明等五大文明的说法。对当代文明，不同的区分标准（参照系）更显示了文明多样性的存在。就国家而言，既有不同的历史与文明的背景又有不同的社会制度、发展道路和意识形态的选择，既有大小、贫富、强弱的差别，更有不同民族传统的区分。几乎每个国家都可以说出自己“例外论”的理由，表明即使国家也具有多元性、多样性。人们可以从各种不同视角来表达当代国际社会的多元性、多样性，例如以不同行为体作为观察视角，也同样是丰富多彩、形式多样。

当代国际社会具有丰富的多元性、多样性，但是又具有共生性，是一个多元共生的国际社会。随“大航海时代”到来开启国际社会后，早在160多年前马克思和恩格斯在《共产党宣言》中就已经揭示，这不仅是一个具有全球化发展趋向的社会，而且是一个社会生活的各个方面互相往来和互相依赖日益拓展、增强的社会。“物质的生产是如此，精神的生产也是如此。各民族的精神产品成了公共的财产。”这就告诉我们国际社会从其开始孕育的那刻起就已经显示了多元共生的发展趋向，它不仅是多元的（物质与精神就是两大“元”）而且是共生的；不仅互相往来而且互相依赖。国际社会虽然没有统一的政府，但是国际社会的所有行为体在社会生活

的各个方面的互相往来和互相依赖却显示了多元共生状态。人的共生性是人的社会生活各个方面的互相依赖性，而国际社会共生性不仅是所有行为体在国际社会生活各个方面的互相依赖性，而且是多元、复合性互相依赖。国际社会尽管充满了矛盾冲突，甚至发生杀戮、战争，但在本质上是多元共生的存在体。因此研究国际社会不能仅研究其矛盾冲突一个侧面，而且首先要研究是如何多元共生的，以此来把握其矛盾冲突这个侧面，寻求化解矛盾冲突的办法。

（二）多元共生的国际社会历史运动是体系结构性运动，只能包容共进

国际社会自其开始孕育的那刻起，随着所有行为体在国际社会生活的各个方面，诸如贸易、投资、金融、经济、科学技术、文化艺术等等各个方面的互相往来和互相依赖的全球性拓展与增强，不仅影响着一般意义上的国际关系发展，影响着以大国为主导的国际体系的变革，同时也催生了共生性全球体系的孕育、生长、形成、发展。这使国际社会多元共生性不仅显示为一种客观存在，而且显示为共生性全球体系。尽管共生性全球体系的孕育、生长、形成是一个历史性过程，但是却意味着国际社会的多元共生性从其一开始就具有体系结构性，所有行为体内部和之间的相互关系都存在互动、联动效应。就此而言，共生性全球体系与当代共生性国际社会的体系结构性具有同义性，而国际体系的体系结构性却面临是否具有匹配性的挑战。我们正面对一个“世界联系的体系”，正“生活在许多国家组成的体系”中。早在100多年前，马克思主义经典作家在他们的著作中就有这方面的叙述。如今，这种体系结构性已经具有相当广泛、丰富的含义，并且具有全球性，需要我们全面、系统、完整并且与时俱进地给予解读，以便为国际体系结构性的匹配性提供路径。共生性全球体系或者当代共生性国际社会的体系结构性至今仍有下列基本含义需要我们科学解读。

第一，国内社会与国际社会具有体系结构性，存在互动、联动的趋向。尽管国内社会与国际社会是两个根本不同的社会，不可相提并论，但国际社会是由国内社会的行为体越出国境的发展所带来的，源自国内社会自我实现的需要。这显示了国内社会对外部社会的互相依赖性，以至于国家本身也成了国际社会的一个基本

行为体。国际社会发展与所有国家之间的互相往来与互相依赖的发展关联着，而所有国家之间的互相依赖的发展所构成的多元、多重复合性互相依赖关系的发展才带来国际社会发展。在多元、多重复合性相互依赖关系中，既有正能量又有负能量，由此“复合性”所构成的合力是国际社会发展的动力。国内社会与国际社会互动、联动关系的体系结构性有多重层次：双边关系层次的体系结构性；多边关系构建的体系结构性；特定区域内多边关系（或一体化关系）构建的体系结构性；更广泛范围的多元、多重复合性相互依赖性所形成的体系结构性等。这种体系结构性，既有可能给相关各方带来结构性矛盾，也为相关各方用制度建构克服结构性矛盾提供了路径，更可能使国家间合作具有某种稳定性。由于中美之间经济领域广泛的相互依赖性所构成的体系结构性存在，因而有了中美经济关系是中美关系基石的说法。国内社会发展面对国际社会多元、多重体系结构性影响，既有正向动力又有负向压力，所以国家不得不统筹国内与国际两个大局：既要关注到国际社会整体性、全局性发展和其他地区、其他国家发展给自己带来的机遇和挑战；又要关注自己的发展、自己的政策与国际社会整体性、全局性发展的匹配性及给外部世界所带来的机遇和挑战。

第二，国际社会所有行为体及所有行为体在国际社会生活的各个方面互为存在、发展的前提使其具有体系结构性。当今世界，由于相互依赖性的发展已经将世界上所有的人或事都有形或无形地联结在一起（有形即直接的互相往来，无形即存在于体系结构性之中），因此即使没有直接的互相往来，但由于同处于体系结构性之中而同样联结在一起。由于任何行为体以及所有行为体在国际社会的各个方面均具有互为存在、互为发展前提的共生关系，因此相互间关系的必然要求是各自具有承认对方存在、发展的包容性，承认合作、互利、共赢对各自均有益。由于国家是国际社会的基本行为体，因此相互间更需要具有尊重他国的包容性，尊重他国的存在和发展的权利，尊重他国对安全、权力和利益的合理关切。这一切要求是各自互为前提的共生关系所规定的，并不完全基于某种道德的合理性。据此同理，否认相互间互为存在、互为发展前提的共生关系必然要求所带来的矛盾冲突同样受到这种必然要求所具有的体系结构性制约，给否认者构成必须在共生底线上自我拘束的外部强制力。

由于国际社会所有行为体在国际社会生活的各个方面的关系具有互为存在、互为发展前提的相互依赖关系，不仅社会联系多渠道，而且相互交织、耦合，因此具有四通八达的共生关系传导机制。一国的变化或政策改变会给其他各国带来影响，即使在某个方面的变化也会给所有行为体在国际生活的各个方面带来影响。其中，大国的相关政策变化则会对其他国家产生更大影响，所以大国的决策必须顾及对其他国家可能带来的风险，是大国的重要国际责任之一。

由于国际社会存在多元、多重复合性相互依赖关系所构建的四通八达的共生关系传导机制，因而一国发生的问题、危机也具有外溢性、蔓延性。在地域层面上可以变成其他国家、其所在区域乃至全球性问题和危机。20 世纪 30 年代的“大危机”和 2008 年“全球金融危机”首先爆发地在大国美国，1997 年“亚洲金融危机”首先爆发地是小国泰国，说明问题和危机的爆发地无论在大国还是在小国，都会发生“蝴蝶效应”。金融问题所引发出的各种其他问题，均源于国际社会存在复合性相互依赖关系所构建的四通八达的共生关系传导机制。因此，国际社会不得不求助共同治理、相互救助，并建立必要的救助机制。所有国家的国内发展和国内政策不仅要对国内社会负责，而且也要对国际社会负责，促进国内社会的和谐、稳定发展同样是对国际社会的贡献。要推动国际秩序和国际体系朝着公正合理共生关系底线的方向发展，为所有国家促进国内社会的和谐、稳定发展提供更多、更好全球性机遇和条件，而不是带来更多的全球性风险和问题。历史已经证明寄生型国际体系已经离开历史舞台，历史也将证明共生型国际体系取代霸权型国际体系也具有必然性，这是由共生性全球体系历史发展趋向所规定的。

第三，国际社会所有行为体的独立性、主体性与国际社会的整体性、共生性都具有体系结构性，不仅互动、联动而且利益交融、命运与共，已经使人类命运共同体具有“你中有我，我中有你”“一荣俱荣，一损俱损”的当代意义。

这种体系结构性使国际社会所有国家的稳定发展与国际社会的稳定发展直接关联起来。当今世界的时代主题是一要和平，二要发展。没有和平，国际社会稳定性要打折扣，发展也没有保障。国内社会的稳定发展是国际社会稳定发展的重要支柱，新兴经济体群体性崛起将为国际社会稳定性提供更坚实的基础。然而就国家自身而言，要稳定发展，首先依靠自身的和平发展，如果对外到处炫耀武力、穷兵黩武、透支政府财政，势必会带来国内经济与社会发展的不稳定性。因此国家不得不拘束自己，同时要在国内实施科学的经济社会发展政策。

这种体系结构性也使国内社会的稳定发展与国际社会的稳定发展具有互为前提性。当今世界的任何一对互为前提的共生关系已不再具有纯粹的单一性，因为任何一对互为前提的共生关系都存在于无比广泛、无比深刻的国内社会与国际社会之中，存在于各种各样互为前提的共生关系的体系结构之中。国家在国际社会层面上的所有共生关系不过是这种体系结构之中的一部分，因此，国家对外关系发展受到其他国家或其他各种因素影响不可避免，或者说这是一种国际关系中的常态，应以平常心对待。处理国家之间关系要善于将双边外交与多边外交结合起来；双边关系和多边关系的发展与稳定要与公共平台关系的构建与稳定结合起来，发挥优势互补、相辅相成的作用。

国内社会与国际社会之间所存在的无比广泛、无比深刻的各种各样互为前提关系的体系结构稳定性，要求各种各样互为前提的结构性共生关系在整体上具有均衡性和对称性。但事实上，任何一组互为前提的共生关系，例如商业领域的卖与买，金融领域的借与贷，由于对应的双方行为体各自的发展水平、实施的政策具有不对称性、不均衡性，以及受到第三方的影响，会给互为前提的结构性共生关系带来不对称、不均衡，所以不仅相关各方必须信守底线（分界线），尊重相互关系的结构原则、合法原则和协调原则（否则就会产生冲突），而且还必须寻求总体上、整体上的均衡性、对称性，以便为局部的不均衡、不对称性提供外部的稳定环境。尽管当代世界依然是总体上、整体上的不均衡、不对称，但并不等于结构性矛盾冲突不可调和，不可能找到共生性底线，不可能按共生性底线使矛盾冲突转为合作。二战后曾被认为是不可调和的一系列结构性矛盾已一个个得到破解，尽管具有被迫性，但也证明了解析共生性底线可能性的存在。因为结构性关系的生命力在于按共生性底线自我制约，它的发展动力在于寻求共生性底线的内部互动。

二战后破解一系列结构性矛盾的经验证明，即使涉及权力和利益，不均衡、不对称性完全可以用发展的办法，可以按共生性底线用政策调整的办法来应对。共同做大“蛋糕”，既可以增进各自权力、利益，又可以实现共赢。因此，需要倡导人类命运共同体意识，在追求本国权力、利益的同时，兼顾共生性底线。关注他国的合理关切，在谋求本国发展中促进各国共同发展，建立更加平等均衡的新型全球伙伴关系。同舟共济，在全球共同治理的各种公正合理制度建构过程中，在重构共生性底线的过程中，逐渐解决不均衡、不对称所累积起来的各种结构性矛盾，以及由此带来的各种问题，增进人类共同利益。当然，有的结构性矛盾或许一时无法找到解决办法，但应该相信人类的智慧和能力。世界也是在不断找到与共生性底线相匹配的解决办法的过程中发展过来的。总之，在多元共生的国际社会里，包容共进是最佳的选择。

注释

1. 参阅《人类勿忘自身兽性犹存》，《文汇报》2013 年 3 月 11 日。
2. 参阅任继愈主编：《中国哲学史简编》，人民出版社 1976 年版，第 191—192 页。
3. ［德］恩格斯：《家庭、私有制和国家的起源》，人民出版社 1961 年版。
4. 《马克思恩格斯选集》第 1 卷，人民出版社 1966 年版，第 199 页。
5. 同上书，第 34 页。
6. 参阅《马克思恩格斯全集》第 3 卷，人民出版社 1960 年版，第 31—36 页。
7. 《马克思恩格斯选集》第 2 卷，第 244 页。
8. 参阅金应忠：《国际社会的共生论》，《社会科学》2011 年第 10 期。

（原载《国际观察》2014 年第 1 期。）

从“和文化”到新型国际关系理念

——兼论人类命运共同体意识

一、“和文化”与新型国际关系理念处于同一个文化层次上，是中华民族的历史追求

文化既是多侧面、多维度又是多层次的，即使同一个侧面、同一个维度也存在不同层次。“和文化”是中国文化理念层次上的文化，回答世界及人类是如何存在、如何发展，属于世界观、方法论范畴，引领中国文化各个侧面、各个维度的多层次发展，引领人们的意识和行为如何发展。中国倡导的以合作共赢为核心的新型国际关系理念（以下简称“新型国际关系”或“新型国际关系理念”）同样要回答世界及人类是如何存在、如何发展的问题，因此与“和文化”处在同一个文化层次上。尽管新型国际关系理念是一个当代概念，与“和文化”产生的时代根本不同，但是研究“和文化”有助于解读中国为何要倡导新型国际关系的逻辑源头，显示中华民族的历史追求。

中国文化要回答世界及人类是如何存在、如何发展，世界各国文化都要回答这些问题，曾经面临相似的挑战，显示出相似的追求，因此研究“和文化”有助于从文化的源头上解读中国文化与世界各国文化的同理性，有助于解读世界各国人民之间的民心相通性，从而有助于揭示新型国际关系理念的普遍主义特质。

从文化史、思想史角度看，文化发展有源与流的区别。水有源，树有根，世界各国文化都有自己的源与根。“和文化”是中国文化的源与根，是中国文化的原初性基因，是中华民族基础性信仰。中国文化在漫长的历史岁月中有无穷的发展变化，有丰富多样的创造，但其中有不变并一脉相承性的东西；这种一脉相承性是“和文

化”原初性基因的一脉相承性，是中华民族基础性信仰的一脉相承性。固然，今天的世界与古代的世界有天翻地覆的区别，今天的世界存在和发展有今天的特殊性，但是今天的世界是古代的世界演变过来的，相互之间存在内在的逻辑演绎结构体系，有一脉相承性。作为对此认识的观念形态，中国人的思维方式、话语体系在历史洗练中的一脉相承性是“和文化”对世界及人类如何存在、如何发展的逻辑演绎结构体系认识的一脉相承性，用以面对相应的挑战、实现相应的追求。研究新型国际关系理念与研究“和文化”结合起来思考，让对“和文化”研究走向当代的现实，有助于世界各国了解和理解今天的中国人为什么要这样想、为什么要这样说、为什么要这样做。

“和文化”源远流长。远在 4 000 多年前的尧舜禹时代，中国先人就开始从理念层次上思考世界及人类如何存在、如何发展，企图用阴阳太极解读如何协和社会、“协和万邦”。据《左传》，“禹会诸侯于涂山，执玉帛者万国”，足见当时“协和万邦”实绩显著。或许中国古人早就认为协和社会与“协和万邦”在逻辑演绎结构体系上有相通性、同理性。殷周时期的甲骨文中就有“和”的记载，足见古人对和的认同。夏朝著《连山》，殷朝著《归藏》，周公著《周易》，显示中国古人一直致力于解读矛盾对立的世界及人类如何因“和”而存在、因“和”而发展，用阴阳相克、相济、相生开展了多层次、多侧面、多维度的解读，用刚柔互存、互用、互济提供了多种多样应对之法。中国传统文化的儒学、道学等各种诸子百家学说都渊源于“和文化”。即使从境外传入的佛教等也与“和文化”有相通性，在交融中得到融合发展，被“和文化”化成为中国文化的组成部分，显示了中国文化宏大的包容性和巨大的内聚力。研究中国传统文化既不能虚无主义也不能教条主义、形式主义，而是要探源索渊“和文化”是如何揭示世界存在、发展的逻辑演绎结构体系，是如何影响中国人的思维方式、话语体系，以便面对当代中国和世界的现实，面对当代国际社会与国际关系的现实，解决如何接下去说的问题，为新型国际关系理念提供历史的逻辑依据。

文化之河在历史上也经常发生改道，其中有改对的，也有改错的。从中外文化发展史来看，源与流的关系也存在这种情况。中国自秦皇汉武开始，社会文化发展越来越偏离源头活水，片面性不断扩大，僵化性日益严重，保守性持续增强，这也是不能否认的事实，但是不能据此事实否定“和文化”在中国文化发展史中的一脉相承性，不能否认历朝历代的先辈为此作出的努力，当然也不能完全依据流来解读“和文化”是什么。在今天，科学地研究“和文化”的源头活水是如何解读世界及人类的存在与发展，发掘适应当代中国和世界的现实、当代国际社会与国际关系现实所需要的东西，合乎逻辑地解决新型国际关系理念如何接下去说的历史与现实相结合的立体感，不仅自己说得通、信得过、用得上，而且让人们听得懂、信得过、获认同，为实现中华民族伟大复兴，建设和平与繁荣的世界而努力。

二、“和文化”与新型国际关系理念的核心概念

“和文化”有丰富的内涵，对此解读也众说纷纭，然而就整体而言核心概念有两个：一个是“和而不同”，另一个是“和实生物”。“和而不同”是解读世界如何存在，“和实生物”是解读世界如何发展。或许人们可以从人、社会、国家、自然界等各个侧面来指称世界，而各个侧面都有自己的特殊性，在不同时间、地点、条件下各有自己的特殊性，但“和文化”认为相互之间有统一性、同一性，世界是统一的，并且可以用“和而不同”“和实生物”来解读统一的世界、来解读人类社会的统一性。这两个概念有三个关键词。第一个关键词是“不同”。世界万事万物是不同的、异质的，有差异区别，有矛盾对立，因而世界是多元、多样的，有各种各样多元、多样性，相互之间有矛盾对立都不足为奇，是客观存在。因为人有区别性、异质性，所以才有人类社会。人与人要相互尊重，在本质上是尊重客观事实具有个性区别的属性。中国文化讲“三人行，必有我师”，主张要像尊师那样尊重他者、学习他者，讲“仁者爱人”，主张将对人的关爱放在首位。这种认识是“和文化”有宏大包容性、内聚力的逻辑原点。就此而言，“和文化”是包容性文化、内聚性文化。

人类存在无数的变化不同，有丰富的多样性、多元性。由人组成的国家社会也具有文化与文明的多样、多元性，历史过程、社会形态、社会制度、发展道路演变的多样、多元性，使世界变得绚丽多彩，使历史学家穷尽毕生精力仍有写不完的故事，这都是客观事实。因此世界各国既应承认相互不同又应该相互尊重、互鉴互赏、互

学互补，使自己用巨大的包容性、内聚力增强发展的原动力。

第二个关键词是“和”。按“和文化”观念，人的存在不只是不同、异质，相互间还有“和”、还要“和”、能“和”，因而有“和也者，天下之大道也”之说。由于“人能群”而区别于动物界，因为人之间不仅要“和”而且能“和”，不仅有对立、竞争而且还有合作、互利、共赢，能“和而不同”地存在于世界上，能在“和实生物”中发展。什么叫“和”？按算术观念，加起来就是和。然而作为事物发展的规律性，并不能简单地用“加起来”来解读“和”。按“和文化”观念，万事万物阴阳相克、相济、相生，刚柔互存、互用，或者相反相成、相异相成、相辅相成，或者物极必反，这都是“和”。按现代文化观念，任何事物、任何事物发展都有矛盾、对立与统一、同一的两方面，相互之间要矛盾对立统一，在矛盾对立统一中获得新发展，形成新状态，产生新事物，这就是“和”。这就是说尽管人在生产劳动中、在繁育后代的过程中早就发现合作的好处，然而人之间要合作、互利、共赢是需要人为寻求矛盾对立统一，作出艰苦努力的，既要求又要谋，否则不可能自动降临。不管按何种观念，都告诉人们世界万事万物的存在状态、变化条件、变化过程、发展结果是依赖“和”来实现的，“和”寓于世界万事万物的存在与发展过程之中，或者说世界万事万物的存在与发展过程中自始至终都存在“和”的功能作用，因而使事物的生存与发展具有稳定性与可持续性，使事物发展具有多样性。按“和文化”逻辑，人类社会需要时时刻刻寻求矛盾对立统一，在刚柔互用、互济中避免矛盾对立激化为对抗冲突，将其控制在萌芽状态。因此孔子主张人应首先从自身做起，把“修身”放在首位，相信“凡事豫则立，不豫则废”，应善于预见事物变化可能带来的后果。就此而言，“和文化”是内修、内化文化，因而具有巨大的内聚力、内旋力。国际关系中固然有矛盾对立、竞争，然而也需要内修、内化，通过对话、协商、互谅互让、互补互济来寻求矛盾对立的统一，避免恶性竞争，在刚柔互济中避免矛盾对立激化为对抗冲突，获得合作、互利、发展、共赢。而这正是新型国际关系理念所追求的。

有人说“和文化”是“和谐文化”，或许可能被视为仅是就目标而言的，但是“和文化”不是终极论，而是寻求“和谐”的世界观和方法论，既具理念性又具实践性。“和为贵”，首先贵在“和文化”的实践性。因此，当应用于人类社会实践，“和文化”

主张将寻求相反相成、相异相成、矛盾对立统一作为第一选择，以避免矛盾对立激化为对抗冲突；面对对抗冲突，则主张用外柔内刚、刚柔相济来应对。当然，人们也将“和”视为最佳状态，出现了“和平”“温和”“和缓”“谦和”“和谐”“和睦”“调和”“和顺”“和衷共济”“和颜悦色”，等等，主要是就“和”的状态或结果而言的，显示了人们对“和”的追求与崇尚。世界各国人民都有这种追求与崇尚，就此而言，“和文化”具有普遍主义的特征。

为什么万事万物之间不仅要“和”而且能“和”，因为中国古人早就发现世上的万事万物都不是孤立存在的，早就注意到万事万物联系性的本质是既相互联系、相互依存、相互影响，又互相制约、互相促进、互相转化，各自都以他者的存在为前提，均因他者的变化而变化，相互之间要“和”有客观要求，能“和”有客观条件，即使对立的事物也是如此。老子说：“有无相生，难易相成，长短相形，高下相倾，声音相和，前后相随。”他还说：“祸兮福之所倚，福兮祸之所伏。”按他的观点，这一切都是在正反联系中存在和发生的，而要避祸求福，就必须善于发现矛盾对立、寻求统一。中国道学、儒学等学说都相信世界万事万物的联系性。即使佛教也肯定一切事物的互相联系性，因而使“缘起”说、因果观成为佛学理论的基石和核心。暂且不说佛教的因果观能否对人们发挥警示作用，然而不得不指出的一个事实是世界历史从进入近代以来，一些大国列强一直否认世界万物联系的本质，而是把联系当作“你的就是我的”的理由，把世界的统一性当作可以在世界上称王称霸的依据，把对抗冲突、战争视为实现这个目标的工具和途径，由此形成国际关系的传统对抗思维，给国际社会带来众多灾难，因此需要摆脱传统对抗思维、作出新的选择。因为当代世界的国家间关系即使存在众多的矛盾对立、竞争，然而不仅相互联系性史无前例而且你中有我、我中有你，相互之间能“和”的客观条件、要“和”的客观要求同样史无前例，因此构建新型国际关系不是可能或不可能的问题，而是谁能更早放弃传统的对抗思维。

第三个关键词是“生物”。什么叫“生物”？按《说文》解读“生，进也”。“生物”是指世上万事万物生生息息、变化万千。“生物”是“和实”带来的，亦即是不同事物相反相成、相异相成、对立统一的产物，是刚柔互用、互济的结果，因而称之为“和实生物”。春秋时代齐国人晏婴说,“和”好像作羹汤,加上各种作料、鱼、肉以及火力烹调,使各种味道调和,吃起来才会好吃;“和”类似音乐,由于有“清浊、大小、短长、疾徐、哀乐、刚柔、迟速、高下、出入、周疏”等声音,才能“相济”以组成乐曲。此说无疑将“和”说得很形象,但并未表达“和”的相反相成、相异相成、矛盾对立统一实质含义。“和实生物”,是因“和”而“生物”,在相反相成、相异相成、矛盾对立统一中带来的是事物变化的多样性、发展的多样性,造就新事物的多样性。在当代世界,合作共赢的国际关系取代对抗冲突的国际关系同样具有“和实生物”要求的不可避免性。

解读“和文化”的“和而不同”与“和实生物”两个核心概念的三个关键词,我们可以发现“和文化”是“和生文化”,对世界万事万物既讲如何存在又讲如何变化发展。固然,世界万事万物的存在与发展均各有自己的特殊性,今天各国发展、国家之间关系的发展与过去也大不一样,但是均依然要遵循“和而不同”“和实生物”的逻辑演绎结构体系求生存谋发展,因而对此的研究依然具有现实性,因此研究“和文化”的核心概念对研究新型国际关系理念的核心概念有启迪价值。尽管国内学术界有人说“和文化”是“和合文化”,但是此说在国际舞台上,尤其在洋人中易产生误解,以为中国人要把世界各国“合”起来,而讲“和生文化”事实上也更接近“和文化”的本意。

三、“和文化”核心概念的人类社会演绎

世界上的万事万物均“和而不同”地存在,均在“和实生物”中变化发展。然而人不是一般的事物。人有意识、有理念、有理想、有情感。人有个体性、独立性属性,人人均以某种理念引领寻求自我实现。人的有意识、创造性活动是人类社会发展的本体性原动力。按马克思主义观念,人民群众是历史创造者。“和文化”不仅一般地承认人的不同,而且主张人人应“自强不息”,发挥各自的聪明才智,彰显各自的个体性、独立性属性,寻求各自的自我实现,为此要一刻不停地努力奋斗,以便使自己变得更强大。今天的中国人不仅自己追求“中国梦”而且尊重各国人民追求

自己的梦，因此有了对“亚洲梦”“欧洲梦”“世界梦”这一类说法的赞赏。周公著《周易》将个体的自强不息列在六十四卦的第一位，显示对个体努力的肯定和重视。有人说中国文化不像西方文化那样重视人的个性发展、个人奋斗，这是不符合事实的偏见和误读。

当然“和文化”不是一般地强调人是不同的，不是单纯地主张人应该“自强不息”，而是同时主张人对他者要“厚德载物”，尊重他者、包容他者，在发展中要与他者相互分享自己的利益和权力，要相互分担责任、权责共担、合作共赢；对他者要有底线，要有相互的安全感，要讲仁、义、礼、智、信；不能强加于人，而要“己所不欲，勿施于人”，为增进相互信任、为各自独立自主发展创造条件；在患难之际要守望相助，使他者生存与发展的可持续性具有可能。人不仅有个体性、独立性属性，而且还有共生性、群体性属性，只能“亲望亲好，邻望邻好”。因为人是在与他者的共生性、群体性属性交汇连接中实现自己的个体性、独立性，是在与他者的利益、权力交汇连接中实现自己的利益和权力，人只能在对他者“厚德载物”、相互分享利益和权力的过程中实现“自强不息”，只能在与他者的合作发展、共同发展中实现自我，因此有可能与他者形成利益共同体、命运共同体，因此有可能使各个利益共同体、命运共同体之间在合作发展、共同发展过程中得到发展。当代世界各国的发展也只有如此才能致富致强。

“和文化”是两点论不是一点论，是唯物主义辩证法，不是唯心主义形而上学。其对世上万事万物的认识，是既肯定“和而不同”又肯定“和实生物”的两点论。其对人类社会的认识，也是在此两点论认识基础上既肯定“自强不息”又肯定对他者“厚德载物”的两点论。其主张人要“自强不息”，但寻求自我实现时不能以自我为中心，而是要观照他者，不能个人至上而是要与他者合作发展、互利共赢。如果说“自强不息”带来的是“不同”，那么“厚德载物”不仅为“不同”带来“和而不同”存在的可能，而且为“和实生物”变化发展创造条件。“和文化”用“自强不息”与“厚德载物”的对立统一性、协和性解决人类如何按“和而不同”“和实生物”法则展开逻辑延伸的问题，并在此认识基础上用“自强不息”与“厚德载物”的矛盾对立统一性、协和性回答人类社会如何形成存在与发展的逻辑演绎结构体系，如何带来各种各样利益共同体、命运共同体的形成、发展、变革以及相互关系的发展、变革。

人都要按自己的理念寻求自我实现，因此人之间发生矛盾对立、竞争是必然的。但是人的自我实现都依赖他者自我实现的成果和他者寻求自我实现的需求，只能在相互分享利益和权力过程中实现，因此人的自我实现面对相互间的矛盾对立、竞争，需要不可或缺的两种能力和实力：一是自我双重属性如何统一；二是与他者属性如何统一。这两种能力和实力的结合从认识论角度讲对人的自我身份认同具有两种功能：一是避免自我身份矮化、产生身份危机感；二是防止自我身份自大（自傲）、产生盲目冲动。人自我实现过程中不断寻求这两种能力和实力相结合的努力不仅创造了日益增长的生产力而且造就了不断协和的生产关系，在形成社会的同时不仅创造了日益提升的经济基础而且造就了不断优化的上层建筑。人自我实现的这种努力建立了国家；国家承担了协和万民与协和万邦的职责。当然，“和文化”并不认为这一切都会自然发生、发展，而是认为这一切是在不断地相反相成、相异相成中实现的，因此任何行为体同时还需要面对各种各样矛盾对立，不断地作出刚柔相济的艰苦努力，促成各种各样的矛盾对立的统一。而作为这种努力的基本前提，人应自强不息、国家应自强不息，同时又主张人对他者要厚德载物，国家对他者要厚德载物，用现代话来说既需要硬实力又需要软实力。自强不息与厚德载物这两者之间确实是矛盾对立的，但是必须由国家用理念、价值规范、秩序、制度、规则来统一，发挥国家在促进这两者的矛盾对立统一中的引领作用；这两者的矛盾对立统一、刚柔互存就能形成刚柔互济、互用的力量源泉，构成硬实力与软实力交相辉映的源泉。人的自强不息能形成力量，协和生产力与生产关系的关系、协和经济基础与上层建筑的关系，协和万民能形成力量，协和万邦也能形成力量。就此而言，“和文化”是刚柔互存、互用的文化。中国古人早就发现了这些努力的刚柔互存、互用价值。他们将“自强不息”喻为天，说“天行健，君子当自强不息”，将“厚德载物”喻为地，说“地势坤，君子当厚德载物”，而这两者的结合与统一就意味着能顶天立地，成为堂堂正正的人、堂堂正正的国家。在天安门城楼上有两幅标语，一幅是“中华人民共和国万岁”，一幅是“世界人民大团结万岁”，其深刻的当代含义也是如此。

四、“和文化”是共生文化，新型国际关系理念也是共生关系文化

有人说“和文化”是关系文化，但是此说表达不完整。中国古人对人何以能群的研究早已超越了一般性关系的思考，对相反相成、相异相成、物极必反的研究早已超越一般性关系的思考，对“和而不同”“和实生物”的研究早就超越了一般性关系的思考，所以我们今天必须指出，“和文化”中的关系是随着人的生产与再生产形成的共生关系，是随着生产和交换发展而形成、发展的共生关系，不仅互为存在的前提，而且互为发展的条件，是既互相依存、互相依赖又矛盾对立统一的共生关系。“和文化”中似乎没有共生这个概念，但是中国古人早就将对世界万事万物联系性的认识事实上与共生性联系起来，用阴阳的共生性逻辑地演绎出各种各样共生性，乃至天地人的共生性，形成“天人合一”概念。无论是人的生产还是生活资料、物质资料的生产，都是共生关系带来的，各自的延续和延伸都是共生关系的延续、延伸；不仅各自的利益、权力均存在于共生关系之中，即使各种各样相互之间的问题、挑战、风险、机遇以及可能的发展趋势和取向，都存在于共生关系之中。“和文化”关于世界上万事万物之所以能“和而不同”地存在，之所以能在“和实生物”中变化发展，是以相互关系的共生性为逻辑前提的，关于人之所以能在“自强不息”与对他者的“厚德载物”的对立统一中求生存、谋发展，是以人与人之间在人的生产的过程中、在生产和交换过程中形成的相互关系的共生性为逻辑前提的，因而形成了相反相成、相异相成、相辅相成的观念。当代要建设以合作共赢为核心的新型国际关系同样是以生产与交换过程中存在的共生性为逻辑前提的，以所有国家发展与安全的共生性为逻辑前提的。否认相互关系的共生性，“和文化”就成为无源之水、无本之木。

人的共生性是人能群的逻辑原初性，是人能形成利益共同体、命运共同体的逻辑前提，是人类的存在形式、变化条件、发展途径。自人类历史进入近代以来，国家间关系同样是如此。人类社会不仅要拓展和延伸各种各样的共生关系，而且是在

互相依存、互相依赖的矛盾对立统一共生关系中发展起来的，是在各种各样利益共同体、命运共同体的形成、发展、变革过程中发展过来的。固然，每个人都有个体性、独立性，各自在按各自理念寻求自我实现的过程中自然会发生矛盾对立，然而各自共生性、群体性属性赋予的内生动力，各自只能在矛盾对立统一共生关系中寻求自我实现的逻辑前提性，使协和与他者的矛盾对立具有了可能性，使形成各种各样利益共同体、命运共同体具有了可能性。当然，可能性不等于现实性，还涉及其他各种各样因素，而且这些因素根本上几乎都与人的意识、理念、情感关联着，使协和相互之间矛盾对立的可能性变得多维、变得异常复杂曲折。例如，相关各方是否认为凭借自己优势和实力可以征服、控制其他各方，是否认为可以否认他者的个体性、独立性而达到自我实现的目标；例如，相关各方是否认为协和相互间矛盾对立、避免矛盾对立激化为对抗冲突对自己是有好处的；又例如，相关各方是否认为相互间对抗冲突会造成各自都无法承受的后果，等等，诸如此类的问题不仅都在人类社会共生关系中一再提出而且一直拷问着所有人、国家及各种行为体。各自的荣辱、成败、兴衰在根本上都与对诸如此类问题如何提供答案关联着。

人类要生存、要发展，唯一的选择是适应现实共生关系发展的需要。“和文化”的社会实践有两个基本点：一个是主张所有人都应自强不息地寻求自我实现；一个是所有人对他者都应厚德载物地寻求合作发展、共同发展。与此相对应的是“和文化”有两个基本前提：一个是人是共生的，相互之间存在共生关系，是在矛盾对立统一共生关系中存在和发展的；一个是人是在不断调整自己的意识、理念、情感中引领自己行为。在这两个基本前提对立统一过程中，人类自出现后一直在不断地调整自己的意识、理念、情感，由不断产生、形成的新的力量按某种新的理念在推动修正制度、道路、方式的过程中不断优化共生关系、不断为相互“厚德载物”提供实质性进步，从而为各自的自我实现开拓空间、创造条件，形成适应合作发展、共同发展的路径，使形成、变革各种各样利益共同体、命运共同体变为现实。

固然不错，所有人、国家及其他各种行为体不得不选择自强不息，但是也不得不选择对他者厚德载物。对他者厚德载物似乎是一个道德、道义的伦理问题，其实在根本上是利益问题，是自我实现的方式、形式、途径问题，是能否为自强不息、自我实现提供机会与空间问题。将对他者厚德载物称为王道，不单纯是因为重伦理而是因为符合事物发展法则，是自我实现之路，是在经历无以计数的挫折、失败、苦难以及社会动荡、变迁所带来的困境中不得不作出的选择，是在总结荣辱、成败、兴衰的无数经验教训中获得的选择，既源自人类社会的矛盾对立统一共生关系，又适应人类社会矛盾对立统一共生关系发展的需要。形成各种各样利益共同体、命运共同体是合作发展、共同发展的需要，各种各样利益共同体、命运共同体之间相互厚德载物是合作发展、共同发展的需要，当然同样在根本上也适应每个个体发展的需要。

人只能在矛盾对立统一共生关系中生存和发展，每个人只有在矛盾对立统一共生关系中对他者“厚德载物”才能为自我的自强不息、自我实现提供机会与空间，由此形成的意识和理念是人类生存发展的常识。但是在事实上，这种常识性认识往往变得模糊，甚至常常背离这种常识性认识。这种倾向性的出现从认识论角度看在根本上与对人的双重属性是否需要对立统一关联着，是只承认自己的个体性、独立性而否认自己的共生性、群体性还是承认两者兼而有之、需要对立统一。中外哲学家早就发现人最困难的事是如何认识自我。所以中国古人认为人要治国、平天下首先要修身。人是这样，国家及其他行为体也是这样。如果只承认自己的个体性、独立性而否认自身的共生性、群体性要求，结果诸如“个体至上”“利益最大化是人唯一目标”“零和博弈”“胜者全得”“霸权有理”“国强必霸有理”，等等，都变得振振有词。但是，历史事实都一再证明，如此的“死磕者”不仅很难结出正果，而且给社会带来的是灾难。

“和文化”是以承认人类社会是矛盾对立统一共生关系为前提，是以承认人是有意识、有理念、有情感的为前提。如果说前者表明人类社会矛盾对立统一共生关系有其内在运转机制的客观性，有其存在、发展的“和而不同”“和实生物”逻辑演绎结构体系，如古人所言“天行有道，不为尧存，不为桀亡”，甚至能使曾经分散在世界各地的人类命运共同体逐渐演变为人类命运共同体，那么后者则表明人类社会共生关系的现实具有多样性、多元性与多变性、曲折性，不同的人、不同的群体有不同的选择性，相对于人类社会共生关系的客观性而言又具有人的主观性。因此社会果然有众人都厌恶的共生关系，然而也没有最好的共生关系，需要在不断选择中优化共生关系，从而为所有的人、国家及其他行为体的自强不息、自我实现提供更公正、合理的机会和空间。所以人首先要关注社会存在，发展"和而不同""和实生物"逻辑演绎结构体系的不同机制，并据此要关注当代国际关系逻辑演绎结构体系的不同机制。

五、"和文化"关于人类社会的存在机制

存在而具有机制性表明任何存在都不是孤立、凝固的，而是在共生关系中相互联动、互动的。中国古人说世界万事万物"和而不同"，讲的就是存在的机制性。当代的国内社会与国际社会都是由纵向与横向交织的各种各样共生关系网络结构体系构建起来的，由此带来的是复合性联动、互动，因而复杂、多变，然而依然具有历史上久久存在的人类存在机制的特征。人类社会的存在机制是人在互相依存、互相依赖中矛盾对立统一的机制，亦即是说互相依存、互相依赖中含有矛盾对立统一性。不管人与人、群体之间互相依存、互相依赖是否具有对称性、是否具有均衡性，都有如何相互对他者厚德载物的矛盾对立统一问题。人的共生关系是否具有稳定性，不仅涉及互相依存度、互相依赖度而且涉及是否具有矛盾对立统一性。即使人与人之间、群体之间互相依存、互相依赖不具有对称性、不具有均衡性，但是具有相互对他者厚德载物的矛盾对立统一性，并且能在相互对他者厚德载物的协和矛盾对立中实现统一性，因此相关各方仍均有生存、发展的机会和空间，都有舒适度，那么共生关系依然具有稳定性，如果反之，便会失去稳定性。对抗冲突、动荡混乱、危机丛生都是不稳定性的表现，其内在的机制是矛盾对立失去统一性的结果。因此在相互对他者厚德载物中使矛盾对立回归统一性是共生关系回归稳定性的前提。人类是在不断地否定这个前提、又不断地创造这个前提的过程中向前推进的，是否定之否定的逻辑演绎过程。

世界上所有人的关系乃至国家之间的关系未必都存在对称性、均衡性，即使貌似对称、均衡，实际上依然存在各种各样的不对称、不均衡因素，出现矛盾对立同样不可避免。当代国际关系中，尽管人们要寻求更加平等均衡的新型全球发展伙伴关系，但是国家之间的不均衡、不对称至今依然普遍存在。为了避免矛盾对立激化为对抗冲突，维护相互关系的稳定性，必须关注“三性”（对称性、均衡性、矛盾对立统一性）的关系，必须承认相互之间“和而不同”、相互尊重，互相对他者厚德载物，寻求矛盾对立的统一，以便合作发展、共同发展。

六、“和文化”关于人类社会的发展机制

人类社会是在共生关系中发展的，是在互相依存、互相依赖的矛盾对立统一中按不均衡—均衡—不均衡逻辑发展的，既是“和而不同”的存在形式，又是“和实生物”的发展过程。发展是人按各自的理念均有自强不息、自我实现的内在动力所带来的，因而能不仅在发展中增强生存的实力而且创造出比他者更强的实力、更大的优势。这就是说人自强不息、自我实现带来的是人与人之间的不均衡，是整个社会的不均衡。对任何人、任何群体、任何国家而言，发展的本质有多重含义。首先，是填补不均衡缺口、短板的途径。中国古人说“长短相形”。人既然是不同的，那么人之间必然各有缺口、短板。人要发展首先要发现与他者不均衡的缺口是什么，他者的短板是什么，要发现社会不均衡的缺口有哪些，社会的短板有哪些。因为发现不均衡的缺口、短板而使发展具有现实性，具有现实目标，从而为寻求自身利益、自我实现提供切入点。这就是说，发展即使不是为了寻求与他者的均衡、寻求社会的均衡，然而客观上也可以使寻求均衡具有可能。国家的发展也是如此，不仅要在国内作比较，发现自己存在哪些短板，而且要经常与他国比较，不能夜郎自大，有比较才有发展。其次，是开发自身潜在优势、寻求潜在利益的途径。人们在发现不均衡缺口的同时，也为发现自身潜在优势提出了需求，这种需求不仅促使自身潜在优势转化为现实优势，而且促使潜在利益转化为现实利益。再次，是创造不均衡。任何个体，无论是单个的人还是单个的群体使自身的潜在优势转化为现实优势，都是在与

他者的不均衡中显示出来的，即使客观上也能为他者的自我实现提供机会和空间，然而事实上带来的是相互之间不均衡。如果说在历史上人们的利益和权力或许主要靠争夺，要靠“权力转移”，那么在当代条件下，任何个体潜在的优势可开发的空间与维度愈来愈广泛，技术创新、管理创新、市场创新以及社会治理的创新优化可孕育的潜在优势愈来愈巨大，用不到与他者争夺而可创造利益、权力的空间越来越巨大，因此相互之间可能带来的利益、权力的超越与滞后的发展不均衡性同样是史无前例的。最后，是均衡与不均衡的矛盾对立统一运动。任何个体，无论是单个的人还是单个的群体的自强不息，将自身的潜在优势转化为现实的优势，将潜在的利益转化为现实的利益，都是在与他者的共生关系中实现的。现实的优势需要以现实的利益来显示，只有获得现实的利益才能增强自身的实力，但是同样只能在与他者的共生关系中实现，因此必然的要求是使他者与自己的发展过程和发展结果的实现相对地具有某种程度的对称性，因此需要相互对他者厚德载物，由此构成需要善于与他者分享利益和权力的逻辑原点，需要共同发展的逻辑原点。例如你发现市场上缺某种商品，意味着市场的不均衡性，于是你寻求生产某种商品来显示你的优势，但是你的优势、你的利益依然是潜在的，还需要有他者为你提供原材料，他者愿意买、有钱买你的商品，总之需要对他者厚德载物，为他者创造条件，包括与他者分享利益和权力，使他者与你具有某种对称性，才能使你的潜在优势、利益转化为现实性。中国坚持改革开放，主动为他国提供它们的短板、缺口，让他国分享改革开放的红利，也让自己获得了改革开放的红利。当然这种对称性要求同样是均衡性要求。为此，他者同样也会作出类似的努力以获得均衡性。这就意味着发展的过程是从不均衡中发现机会和空间为起点的，经过各自自强不息的努力既带来与他者的不均衡而又需要互相厚德载物，从而与他者获得某种程度的均衡，而他者在不均衡中寻求发展机会和空间所作出的努力，不仅为相互之间的均衡作出了贡献，也同样会带来不均衡。因此发展过程是不均衡—均衡—不均衡的逻辑演绎过程，是均衡与不均衡矛盾对立统一过程。就此而言，尽管均衡与不均衡具有动态性，但是没有这两者的动态性矛盾对立统一就没有发展。

七、“和文化”关于人类社会共生关系的底线机制

人类社会各种各样的人“和而不同”地存在，首先是因为“不同”之间有底线、有边界，所以才有区别，才有不同，才能区分质的异同性。这似乎是人人明白的事实。然而事实上，在人类社会中还存在着无以计数隐性的底线、边界。这些底线、边界存在于均衡与不均衡、对称与不对称的共生关系之中，因而需要人们对共生关系的底线具有共识，相互承担责任，需要用法律、制度、规则来界定各自的责任、权责共担，否则就会破坏、伤害底线，使相关各方的共生关系失去安全性。因而利益共同体必须是责任共同体、安全共同体。

由于人具有共生性、群体性属性而与他者形成各种各样共生关系，然而在各种各样共生关系中各自的个体性、独立性之间存在毗连区、临界线，构成各种各样共生关系底线，使各自的个体性、独立性得到维护和存续，使相互间依然能显示区别与异质。世界万事万物的发展既然都是在共生关系中实现的，那么各种各样底线的存在是一个不可回避的事实。共生关系中底线的无形性、隐性特征因此使人们需要有底线意识、底线思维，避免因底线受到侵蚀而损害共生关系，失去安全性，带来灾祸。“祸兮福之所倚，福兮祸之所伏”，祸与福之间存在底线，越过底线使祸与福会发生相互转化。因此“和文化”历来高度重视共生关系的底线意识，提出了各种各样警语。就此而言，“和文化”思维是一种底线思维，是一种忧患思维。人与人之间的共生关系底线，是人各自实现个体性、独立性的逻辑依据，是人各自能自强不息、自我实现的逻辑前提，是社会理性秩序的基本准则，是人与人情感凝聚的信任基础，是相互对他者要厚德载物的基本要求，是人“和而不同”地存在、“和实生物”中发展的基本保障。

由于人均是有意识、有理念、有情感、有各自的自我实现欲望的，人的共生关系变化多端、变幻莫测，共生关系底线显示出“钟摆效应”，显现为共生关系底线机制。如果说底线是原则性，那么机制就是灵活性，寻求原则性的方式、途径的多样性，以便在坚守底线原则性基础上适应变化的多样性，这就是机制。共生与矛盾对立、同

质与异质、均衡与不均衡、对称与不对称、自由人格与现实规范、个体领域与公共领域、合作与冲突、和平与战争，等等，都是围绕着共生关系底线机制转化的。对于任何人、群体、国家之间关系而言，各种各样共生关系底线机制尽管各自都有自己的特殊性，但均是共生关系底线的存在形式、运转方式及与其他因素的互动关系，其表现在诸多方面。

（一）普遍性机制

在共生关系中的相关各方，不管对立多么深刻、冲突多么激烈、战争多么惨烈，任何一方都无法否认自己的共生性、群体性属性，都无法否认与他者形成共生关系的必然性。即使不愿尊重与此他的共生关系底线，那么同样要尊重与彼他的共生关系底线，回避不了，否则对抗冲突依然不可避免。共生关系底线存在于任何时候，存在于与任何行为体的任何关系之中，存在于与任何行为体关系的任何场域之中。共生关系底线的存在性与行为体的强弱、贫富、大小、长幼没有关联性，只与共生关系有关联性。孙悟空能七十二变，能腾云驾雾，能一个跟斗十万八千里，魔法众多，神通广大，都逃不出如来佛手掌。如来佛手掌是孙悟空的底线。现代资本似乎威力无穷，然而依然逃脱不了社会共生关系的底线掣肘，这也是事实。[1]任何个人、群体、企业、社会、国家等都是在各种各样共生关系底线基础上存在的，都是循着共生关系底线机制变化发展的，荣辱、成败、兴衰都是循此派生出来的。一个有底线的社会必定是稳定的社会。当代国际社会要成为稳定的社会首先必须是所有行为体相互之间有底线的社会。

（二）被否定的共生关系底线回归具有必然性

人之间有矛盾对立，相互之间的底线被其中一方所否认是常有的事。在奴隶社会，奴隶失去的，也是被奴隶主否认的其作为人的主体性、独立性属性，就此而言，奴隶主与奴隶之间没有底线。尽管这个事实存在数百、千余年，但是奴隶作为人回归其应有的主体性、独立性属性却具有必然性，当然这是奴隶社会灭亡的结果。历史发展已经证明了这一点。自“大航海时代”到来后，欧洲列强在市场经济向海外拓展的过程中，令美洲、非洲、亚洲、澳洲等大片土地沦为自己的殖民地、附属国，使这些地区的众多国家失去了主体性、独立性。这种状况延续了数百年。但是这些权力重新回归到这些国家人民手中同样具有必然性，当然这是殖民主义体系崩溃的结果。历史发展也已经证明了这一点。一个社会内部，或许由于各种各样原因而可能失去众多的共生关系底线，带来各种各样社会混乱，但是使失去的众多共生关系底线回归，重塑社会秩序，不仅是众望所期而且一定会变成现实。一个有底线的秩序必然是稳定的秩序。就此而言，重塑社会秩序就是重塑社会底线；国际社会不例外，国际关系也不例外。

（三）新的共生关系底线形成有其必然性

随着新的社会共生关系的生长，新的共生关系底线会自然形成。社会在变化发展，社会共生关系也在变化发展，旧的共生关系消亡、新的共生关系兴盛都具有必然性，社会生产力的提高与生产关系的变革都具有必然性。这种必然性所带来的是新的共生关系底线形成。而认识新的共生关系底线同样是适应新的共生关系的需要。自从“大航海时代”到来后，欧洲列强一方面向海外拓展殖民地，另一方面也需要将市场经济崛起所带来的新的共生关系在欧洲国家之间相互延伸、拓展，然而在相当长的时期里人们并不知道新的共生关系底线是什么，经历了1618—1648年的“三十年战争”，慢慢地才搞清楚国家主权原则是新的共生关系底线。正是有了《威斯特伐利亚和约》确认此原则，从而开启了具有当代意义的国际关系和国际社会的新时代。当代互联网技术的出现为在虚拟空间中拓展人的共生关系开辟了新时代，然而机会与挑战同样并存，就挑战而言，如何认识虚拟空间的共生关系底线，如何在技术上解决防止共生关系底线被破坏，如何认识虚拟空间共生关系底线遭到破坏给实体共生关系可能带来的破坏，都有许多未知的东西。当然在新的共生关系形成后，认识新的共生关系底线显然存在困难，即使认识了但如何转化成人们守住共生关系底线的自觉行动同样要经历一个路漫漫的历史过程。

（四）共生关系底线提升是一个自然趋向

如果说随着社会发展会产生新的社会共生关系，会形成新的共生关系底线，那么原有的共生关系的变化要使自己适应人的发展需要而不至于被消亡，提升社会共生关系底线则也是一个自然趋向。世界上一切事物都是随着时间、地点、条件的变化而变化的，社会共生关系也是如此。随着时间的推移，人们活动空间的变化，人们活动的条件、要求、需求的变化，社会共生关系的基础也会发生变化，底线的变化是必然的。共生关系存在于人类社会生活的方方面面，无时不有，无处不在，所以关注共生关系底线的变化同样是必要的，否则就会落后于社会发展的现实，带来社会的不满与混乱。

八、"和文化"关于人类社会共生关系的选择机制

共生关系内在地具有迫使人们选择更合适的共生关系的机制。社会共生关系具有客观性，有其自身的存在机制、发展机制、底线机制的内生性，然而由于人的认识局限性、人的主观能动性的不当行为而未必能提供适合社会共生关系发展的客观逻辑，未必能提供适合社会发展需要的共生关系，包括在当代未必能适应国际关系发展的关系，等等。何况直至今天依然有人并不认为人是共生的、每个人都生活在共生关系之中，并不认为自己要尊重他者生存和发展的底线，思维中没有人的因素而只有物的因素，见物不见人。这种思维的客观背景是人依赖资源作为生存和发展条件的，而资源却具有相对的稀缺性特征，你有我无的情况普遍性存在。资源的相对稀缺性特征固然使人能显示优势，获得利益和权力，然而也会促使人们未必能完全遵循社会共生关系的客观逻辑。但是见物不见人、你的就是我的、贪得无厌却会给共生关系带来障碍、混乱、对抗冲突甚至战争，迫使人类不得不不断地对共生关系作出重新选择。中国古人早就肯定周武王灭殷的合理性，早就指出霸道必亡的合理性。这种一再发生的重新选择，既有单项的要求，例如对存在机制、发展机制、底线机制中某一项作出重新选择，又有对其中的某几项要求，例如对发展机制、底线机制的重新选择，当然也有要求对存在机制、发展机制、底线机制全面作出

重新选择。共生关系选择机制是共生关系内在逻辑演绎的自然要求,逻辑演绎不下去了自然要求重新作出选择,人类不得不循之而改变自己的行动。

共生关系选择机制有共生关系内在逻辑演绎的客观要求,人类之所以不得不循之是因为共生关系与人类社会的资源分享关系关联着。人类的生存和发展离不开资源,资源如何分享关系到具体每个人的利益和权力。任何资源,不管是物质的还是非物质的,实体的还是虚拟的,原生性还是非原生性的,等等,对任何人、任何国家,在任何时候、任何场域,在共生关系中都具有相对稀缺性特征,即使创新社会高度发展也不能摆脱这种相对稀缺性特征。在共生关系中资源这种相对稀缺性特性,有各种各样表现,例如古有今无的稀缺性、质量差异的稀缺性、功能不一的稀缺性、新旧不同的稀缺性、需求量与供应量差额的稀缺性、现实的稀缺性与潜在的稀缺性,等等,对每个人而言最终都会转化为我有你无的相对稀缺性。科技创新、制度创新、管理创新等创新活动都是为了开发出更多的潜在的相对稀缺性资源,创造出更多的我有你无的相对稀缺性资源。人与国家都拥有并可以创造出共生关系的相对稀缺性资源,无一例外,因而均拥有利益和权力。由于资源的相对稀缺性使资源成为人、国家的共生关系纽带,在共生关系的互补互利中实现资源的相互分享、实现各自利益和权力的相互分享,而为各自带来发展。在共生关系中分享各自相对稀缺性资源的过程中,在分享各种利益和权力过程中,人、国家才能实现各自的利益和权力。人、国家各自拥有相对稀缺性资源,因而拥有自己的利益和权力,就此而言利益和权力姓"私"。但是任何人、国家拥有或创造的相对稀缺性资源只有在与他者分享的过程中方能转化为自己的利益和权力,因此,任何人、国家的利益和权力都发生于、存在于共生关系之中,是在共生关系中显示出来的;没有共生关系,任何资源便都不具有相对稀缺性,利益与权力不仅没有存在性而且不可能有延伸、拓展性。就此而言,利益和权力姓"共"。对他者的强制性或许也可以获得某种利益、权力,然而"强扭下来的瓜是不甜的",事实上被强制者并不认可这种权力,其真实性便成为疑问,利益的持续性也难,但因此带来的争斗的不可避免却具有真实性。任何人、国家的利益和权力就其形成途径、存在形式、实现形式而言在本质上都姓"共",是相关各方在共生关系中各自作出贡献度并获得相互认可、尊重的结果。这种利益和权力在本质上姓"共"属性的规定性从根本上不仅为相互之间带来了共同利益、共同安全性,而且决定了任何人的发展必须对他者厚德载物,必须与他者合作发展、共同发展、互利共赢;与他者的相对稀缺性资源的互相分享,自我利益和权力的实现与获得,必须尊重他者的属性平等性和他者的贡献度,坚持公正、合理性原则,使相关各方都有自强不息、自我实现、可持续发展的机会和空间,都能为可持续地互相分享相对稀缺性资源作出贡献,这也在根本上决定了随着共生关系的变化不得不对共生关系不断地作出新的选择,以便适应生产力和生产关系的关系已经变化了的现实,以便适应共生关系已经变化了的现实。

对共生关系作出新的选择,是一种共生关系的调整,是一种共生关系的变革,是一种共生关系的改革。社会要进步、经济要发展都离不开对共生关系作出新的科学、合理选择,需要有新的理念、新的思路、新的举措,需要用新的发展理念引领发展方式和举措,建构新的共生关系。当然,变革共生关系无疑源自对共生关系现实的认识,然而由于会涉及相关各方的利益和权力,会面临既得利益者的抗衡,即使因此带来阻力,但是依然不得不为之,因为公正、合理的共生关系是解决各自资源相对稀缺性、实现互补互利的唯一途径,是寻求更大利益和权力的唯一稳定性路径。

九、"和文化"关于人类社会共生关系的修复机制

这是指遭到破坏的共生关系必然会被修复的机制。共生关系遭到破坏,原因是多样的,例如共生关系中各种各样问题长时间得不到解决,由此发生的系统性、结构性危机而使共生关系遭到破坏,一般来说需要形成新的力量来修复、重塑共生关系。人的共生关系不是单一性的而是多层次、多维度、多侧面的,换句话说人有多少需求就会与他者形成多少共生关系,由此形成的纵向与横向交织的共生关系体系结构网络。在自给自足的自然经济时代,共生关系体系结构网络相对地比较简单,而且发生的系统性、结构性危机相对地比较单一,在中国曾经主要表现为一次又一次的农民起义。但是随着市场经济的兴起和发展,共生关系体系结构网络

变得越来越具有多样性、复杂性。从 15—16 世纪开始，市场经济越出国境的发展带来了共生性全球体系的生长和发展，带来了共生关系体系结构网络的国内社会与国际社会的互动、联动性，在经济上表现为两种资源与两种市场的互动、联动。这种趋向果然带来了世界的发展和进步，但也逐渐累积起各种结构性、系统性问题。这些问题都产生于共生关系之中，所以问题的治理都是共生关系治理，都只能是所有参与者的共同治理、多元治理。然而当时谁都只知道抢夺更多资源，获得更多财富，比谁掠得殖民地多，比谁占有的势力范围大，不仅分割世界，而且使后起国家面临生存空间的恐惧，这就是说谁也不想、谁也不能解决这些问题，到 19 世纪中期开始演变为一国又一国内部爆发的危机。虽然首先以经济危机形式表现出来，然而也是各种累积的问题综合作用的结果。因此带来的是欧洲列强之间关系越来越紧张，终于在进入 20 世纪后爆发了第一次世界大战。第一次世界大战虽然在欧洲列强之间的力量结构方面做了某些调整，但是共生性全球体系生长、发展所累积起来的结构性、系统性问题没有得到解决，整个共生关系体系结构网络依然破烂不堪，其结果不仅带来了 20 世纪 30 年代的“大危机”，而且带来了第二次世界大战的爆发。第二次世界大战中反击日本军国主义和德意法西斯主义的胜利显示了修复共生性全球体系结构网络的力量崛起，包括和平进步力量的壮大、民族解放运动的不断高涨、殖民主义体系的崩溃，等等。新的力量的出现并带来新的理念为第二次世界大战后国际社会共生性全球体系结构网络的修复、重塑创造了一定程度的可能。

当然，无论在国内社会中还是在国际社会中，共生关系遭到破坏而被修复的案例也屡见不鲜，但通常都发生在局部性、个别性的场域。例如有的国家之间虽然曾经长期陷入对抗冲突之中，然而结果发现这对谁而言都是无利可图的，而修复共生关系或许还有着新的利益诱惑，因此使结束对抗冲突、修复共生关系有了可能。即使发生这种情况也会带来新的理念的产生、合理理念的重申。1648 年欧洲相关国家召开威斯特伐利亚和会，确实是因为相关国家因三十年战争而遭受了深重灾难，谁都无法继续战争，所以要结束战争、要重塑国家间共生关系，于是确认了国家主权原则，为国家间如何共处提供了新的理念。中国提出的“和平共处五项原则”，不仅讲国家间应该如何共处，而且讲如何共生，强调相互性、平等性、和平性，政治与经济关系的统一性，适应了第二次世界大战后大批新兴国家登上历史舞台、重塑国际社会共生关系的需要。

由于各种各样原因，不仅国内社会而且国际社会的共生关系都有可能遭到破坏，然而都存在被修复的可能，根本的原因是人既要生存又要发展。但是共生关系遭到破坏，相关的地区、相关的国家乃至整个国际社会为此付出的代价是巨大的，修复共生关系的代价也是巨大的。当今世界上一些地区、一些国家至今还在蒙受共生关系遭到破坏带来的灾难，有的国家至今依然在为加深这些灾难而行动，要实现“浴火重生”还有相当长的路要走，表明“物极必反”并非易事。当然，这也反过来证明不断优化共生关系、避免共生关系结构体系网络出现结构性、体系性障碍的必要性，这也印证了“小病不治，大病难医”的意义。

十、人类命运共同体意识与“和文化”意识的同理性

“和文化”用“和而不同”“和实生物”揭示了世界万事万物是如何存在、如何发展的，用“自强不息”“厚德载物”揭示了人类社会适应世界存在与发展的基本逻辑。这就是说人类社会发展既遵循“和而不同”“和实生物”的根本法则又有自己的特殊性，由此形成的人类社会存在机制、发展机制、共生关系的底线机制、共生关系的选择机制、共生关系的修复机制，具有不以任何人的意志为转移的客观性。因此使人类社会能生生息息、绵延持续并且不断获得进步发展。在此过程中，固然有无以计数的为非作歹者，即使尽显出荣华富贵，然而在历史上留下的却是臭名昭著。国家形态尽管古今根本不同，即使在现在也各不相同，然而依赖强权、凭借武力对他国称王称霸，即使成为盛极一时的帝国也都依然走出了历史舞台，庞大的罗马帝国、奥斯曼帝国等都成了历史故事。随着殖民主义兴起而兴盛起来的大英帝国，固然创造了维多利亚时代的辉煌，然而昔日的“日不落”帝国至今也只能在历史故事中找到足迹。至于妄图以毁灭他国为己任的日本军国主义势力和德意法西斯主义势力尽管疯狂地发动了第二次世界大战，最终被钉上了历史的耻辱柱。这一切都历

史地表明人类自身存在的各种各样机制是不可抗拒的，具有强大的生命力。在这种不可抗拒性面前，历史上发生过的中国春秋战国时期诸侯国间的战争，欧洲古希腊时期城邦国家间的战争，都只不过是历史的插曲，并不是历史的主流。中国古人早就说“春秋无义战”，不值得多费笔墨口水来讨论，然而古希腊城邦国家间战争至今仍被一些欧美学者视为应对纷争世界的楷模，当年的一些经验仍被当作瑰宝，显然这种努力除了人为地制造身份安全危机尚有价值外，要用来面对当代世界发展的历史趋向是无济于事的。

当代世界发展的历史趋向是，不仅在国内社会中出现了日益增长的利益共同体、命运共同体，需要所有行为体之间相互对他者要厚德载物，寻求社会治理的创新优化，寻求合作、互利、共赢，促进社会的稳定和繁荣，而且在国际社会中出现了人类命运共同体的日益增长，出现了国家之间利益共同体、命运共同体的日益增长，需要国家之间合作、互利、发展、共赢，寻求共同安全、共同发展、共同繁荣，因此需要更加关注人类社会的存在机制、发展机制、共生关系的底线机制、共生关系的选择机制、共生关系的修复机制，以便为人类社会创造更加平等均衡的新型全球发展伙伴关系，在追求本国利益时兼顾他国合理关切，在谋求本国发展中促进各国共同发展，同舟共济，权责共担，增进人类共同利益，避免对抗冲突一再发生、不断持续。

当代世界发展的历史趋向是随“大航海时代”开启国际社会生长的过程而来的，是在第二次世界大战后逐渐成就的。在“大航海时代”到来以前，尽管早就有世界各地的民众相互往来的记录，在数千年前欧亚非大地上的人们持久不懈地走出了陆上与海上丝绸之路，但在总体上而言，相互之间是各自“自给自足、闭关自守”的。这就是说，在“大航海时代”到来以前，尽管各国内部存在利益共同体、命运共同体，人类社会仅是分散在世界各地的人类的命运共同体的统称。然而“大航海时代”到来后，随着市场经济的兴盛和发展而来的民族国家命运共同体内部的利益共生关系越出国境的发展以及在相互之间建构起的纵向与横向交织的利益共生关系网络结构体系，不仅互动、联动而且利益交融、命运与共，逐渐在民族国家命运共同体之间建构起人类命运共同体，并逐渐赋予“你中有我，我中有你”的当代意义。这种趋向尽管是逐渐实现的，然而却使每个国家稳定发展与其他国家稳定发展直接关联起来而且具有互为前提性，逐渐变成“一花独放不是春、百花齐放才成春”的互相依赖性，变成“一荣俱荣，一损俱损”的互相依赖性，逐渐形成了整体性、共生性发展取向，相互之间需要合作共赢的发展取向。

不得不指出，人的行为、国家的行为都是由理念引领的，要有适应新的历史发展趋向的行为首先要有适应此趋向的理念，要避免相互间的矛盾对立演化为对抗冲突需要有新的理念。

然而随着“大航海时代”到来后先后崛起的欧洲列强对新的历史发展趋向却木讷无知，既不知自己不过是寻求民族独立、建立和建设民族国家历史发展趋向中的一个产物，也不知自己开辟、拓展海外市场是共生性全球体系生长、发展历史趋向的组成部分，更不认为他们的传统理念需要作任何改变，甚至认为已经为他们掠夺世界各地的土地、资源、财富提供了机会，是获取世界霸权的机遇，为争夺欧洲霸权从1618—1648年连续打了30年，即使在威斯特伐利亚和会后相互之间的霸权争斗也始终没有停息过，众多的“百年世仇”“安全困境”折腾着欧洲国家间关系，英国外交因善于在大陆国家之间扮演平衡手角色而闻名，因在世界各地抢占大片的殖民地而似乎成了世界的霸主，然而如何应对共生性全球体系生长、发展过程中累积起来的问题，如经济危机等，却是一窍不通，直到第一次世界大战爆发，许多人都认为这是“秘密外交”惹的祸，打破“秘密外交”、寻求和平的诉求带来对国际关系研究的重视，然而未等搞清楚人性善恶对国际关系的影响，“30年代大危机”爆发了，第二次世界大战爆发了。在半个世纪内，人类社会竟然蒙受了两次世界大战的浩劫。这是没有适应新的历史发展趋向的新理念的沉痛教训。

在第二次世界大战中，世界人民反击日本军国主义势力、反击德意法西斯主义势力的胜利，尽管付出了巨大的代价，但为重新修复共生性全球体系、重新修复人类命运共同体提供了机会，使求和平、谋发展的进步力量出现全球性增长，使新兴国家在全球各地如雨后春笋破土而出，为共生性全球体系、国际关系、国际体系、国际秩序、人类命运共同体赋予新的全球性含义，因此带来了新的全球发展、全球增长，使全球化概念跃然而出，多极化发展波涛汹涌。但是超级大国、传统大国的理念依然停留在古希腊城邦国家间争斗的水平上，即使不断碰壁、一再失败，仍不断地叨唠着用“修昔底德陷阱”来说事，为自己的不当行为寻理由、找根据。即使在日本，右翼势力的观念至今依然沉陷在战前的迷路之中。尽管当今世界的开放性有了巨大发展，但超级大国对他国的“禁运”、“制裁”、狼群式围猎依然任性，尽管今天世界的制度规则令人眼花缭乱，但是超级大国不仅不断玩弄制度规则的双重标准、多重标准，把当代的国际秩序搞得乱哄哄的，而且还经常派自己的军队到别国家门口耀武扬威。因而世界一直不太平，战争几乎天天不断，各种各样全球性问题在日积月累中增长，许多新兴经济体崛起困难重重，面临着日益增多的风险和挑战。或许人们关注国际体系、国际秩序、国际制度规则、全球治理等都有道理，但是这一切都需要有先进、科学理念来引领，所以必须倡导人类命运共同体意识，说清楚人类命运共同体是什么，使人们明白应该做什么，不能做什么，否则逆潮流而动是要碰壁的。

人类命运共同体是民族国家命运共同体之间在共生关系利益交融发展并赋予体系结构性过程中建构起来的，有自己发展变化的逻辑前提和逻辑演绎的条件和依据。存在于世界各地的各个命运共同体相互间整体性、共生性取向与所有行为体的主体性、独立性取向的矛盾对立统一运动使民族国家利益共生关系网络具有体系结构性，并带来了体系结构性的演进。这种利益共生关系的体系结构变化演进使人类当代生存的国际社会根本不同于修昔底德笔下的伯罗奔尼撒战争时代，使人类当代生存的“这个世界，各国相互联系、相互依存程度空前加深，人类生活在同一个地球村里，生活在历史和现实交汇的同一个时空里，越来越成为你中有我、我中有你的命运共同体”[2]。这种变化演进历史所造就的当代事实需要使国内社会与国际社会之间形成无比广泛、无比深刻的各种各样互为前提的共生关系体系结构在整体上具有均衡性和对称性。

当然，国家之间任何一组互为前提的共生关系，由于相关各方的发展水平、实现能力、实施政策并非均衡、对称，以及受到第三方影响，会给互为前提的结构性利益共生关系带来不均衡、不对称，因此相关各方必须相互尊重、信守底线，尊重相互关系的结构原则、合法原则和协调原则，否则就会发生对抗冲突。因此，国际社会必须寻求利益共生关系网络结构体系总体上的均衡性、对称性，以便为局部的不均衡、不对称提供外部的稳定环境。

当然，尽管当代世界的利益共生关系网络体系结构依然总体上不均衡、不对称，但并不等于任何一组互为前提的利益共生关系结构性矛盾冲突不可调和，不可能找到共生性底线，不可能按共生性底线原则使矛盾冲突转化为合作共赢。二战后一系列曾经被认为不可调和的利益共生关系、结构性矛盾冲突一个个得到破解，甚至"百年世仇"也被解怨松结，久久存在的"安全困境"也走了出来，虽然是不得不这样做但也证明这种可能性是存在的。因此，建设新型国际关系、新型大国关系并不是一种假设。

第二次世界大战后一系列曾经被认为不可调和、你死我活的结构性矛盾、"安全困境""百年世仇"得到破解的经验证明，即使涉及权力和利益，相关各方利益共生关系的不均衡、不对称完全可以用发展的办法来应对。相关各方共同做大"蛋糕"，既可以增进各自权力、利益，又可以实现合作共赢、共同发展、共同繁荣。由于当代世界的利益共生关系网络结构体系依然是总体上不均衡、不对称，因此需要按命运共同体意识，按共同发展、共同安全理念，在构建利益共同体、责任共同体、安全共同体的过程中，在更加清晰地确认共生关系底线的过程中，逐渐重构全球治理中不公正、不合理的秩序、制度、规则，逐渐优化全球利益共生关系网络结构体系，逐渐解决由不均衡、不对称体系结构发展所累积起来的各种结构性矛盾，以及由此带来的各种问题，增进各国利益与共同利益。

人类命运共同体意识与中国传统"和文化"意识具有同理性，与"和文化"关于世界及人类如何存在、如何发展的逻辑演绎结构体系具有相似性。中国倡导并遵循人类命运共同体意识，既显示了当代中国的理念与"和文化"理念的一脉相承性，又具有与当代世界和平发展的现实所需要的适应性。当代世界和平发展的现实：一是当今世界是一个共生性全球体系，不是某国独大的霸权体系；二是当代世界各国之间是"你中有我，我中有你"，各国之间既享受"一荣俱荣"的成果又面临"一损俱损"的挑战，不得不命运与共；三是"你中有我，我中有你""一荣俱荣，一损俱损"是当代人类命运共同体的基本特征，让世界各国依附于某个大国对人类命运共同体而言不具质的规定性；四是人类命运共同体具有内在的利益共生关系网络体系结构性，任何国家都只能在利益共生关系网络体系结构均衡性、对称性中求和平谋发展，因此当今的首要任务是促进互联互通，为互联互通清障而不能相反；五是人类命运共同体给所有国家提供了创造利益、权力的巨大空间和机会，不仅用不到人们从他者那儿“分配”、“转移”、争夺利益、权力，而且需要用与他国分享利益、权力为自己创造更加巨大的利益、权力。面对当代世界和平发展的现实，任何国家都绝不能采弱肉强食、丛林法则之道，绝不能取穷兵黩武、强权独霸之策，绝不能玩这边搭台、那边拆台之术，绝不能走赢者通吃、零和博弈之路，也不能做拉几个国家到别国家门口寻衅挑事、弄得别国家门口不得安宁的小动作，否则对谁都不会带来好处。日本军国主义势力、德意法西斯主义势力挑起第二次世界大战给人类带来的浩劫便是前车之鉴。世界人民反击日本军国主义势力、德意法西斯主义势力的胜利显示了人类命运共同体强大的生命力和巨大的修复能力，但是付出的代价太巨大。因此，任何国家都必须敬畏人类命运共同体，要倡导命运共同体意识，在国家之间要采相互尊重、互学互鉴之道，要取合作共赢、共同发展之策，要做相互补台、好事连台之事，要走多元共生、和谐共生、包容共进之路，用建设更加平等均衡的新型全球发展伙伴关系网络适应人类不断优化利益共生关系网络内在机制的需要，用建设国家之间的利益共同体、责任共同体、安全共同体适应命运共同体共同发展需要。

结　语

“和文化”是中国历史发展的产物，是中国历史文化一脉相承性的表达。虽然在历史过程中，中国社会内部存在各种各样与“和文化”理念相悖的价值理念和行为方式，但是就总体而言，“和文化”构成了中国自古至今根本性的文化内核、思维方式、话语体系。

“和文化”虽然植根于中国，然而其所表达的普遍性价值取向，以及关于人类社会发展基本理念的思考，与世界各文明古国的圣贤先哲们关于世界及人类如何存在、如何发展的思考具有相似性。换言之，各自由此形成的逻辑演绎结构体系的认识具有同理性、相通性。因此，由“和文化”演绎出来的以合作共赢为核心的新型国际关系理念具有普遍主义特征，不仅能在世界各地获得认同，促进全球伙伴关系网络的建设，而且其指向国家间关系的处理，旨在促进人类利益共同体、责任共同体和命运共同体的生长。

新型国际关系理念的核心是合作共赢，其追求个体发展与共同发展、竞争与合作的矛盾对立统一性，与“和文化”追求和而不同与和实生物、自强不息与厚德载物的结合与统一是一致的，都属于共生关系范畴，旨在实现如何共处、如何共生、如何共同获得美好的未来。由此构成的超越个体、群体、国家、组织的共有价值、共同利益，是国际关系良性运行的基石，是人类社会未来发展的价值导向，承载着人类命运共同体发展的历史使命。

注释

1. 马克思恩格斯认为：“资本是集体的产物，它只有通过社会许多成员的共同活动，而且归根到底只有通过社会全体成员的共同活动，才能被运用起来。”参见《马克思恩格斯选集》第1卷，人民出版社1966年版，第253页。

2. 习近平：《顺应时代前进潮流促进世界和平发展——在莫斯科国际关系学院的演讲》，2013年3月23日。

（原载《社会科学》2015年第11期。）

论人类命运共同体的学说构成

伟大的时代孕育伟大的思想，伟大的实践需要伟大的理论创新。原创性理论的形成存在于三个“需要”：一是需要将实践创新成果及时地给予理论概括、理论抽象，科学地升华为理论表达；二是需要面对社会进步的新阶段、事业发展出现的新情况、实践过程中提出的新问题，在实践上敢于大胆探索的同时、在理论上要善于有所发现、有所创造；三是需要善于完善理论的彻底性。伟大的社会实践永无止境、走在理论前面是经常发生的事，因此理论也常会暴露自身的缺陷、短板以及薄弱环节，乃至需要释疑解惑。所以人们认识真理、进行理论创新就永无止境，以寻求实现理论的彻底性。马克思说：“理论只要能说服人，就能掌握群众；而理论只要彻底，就能说服人。”[1]习近平新时代中国特色社会主义思想就是这样形成的、也必然会这样继续发展。正如《中国共产党第十九届中央委员会第六次全体会议公报》指出：“习近平同志对关系新时代党和国家事业发展的一系列重大理论和实践问题进行了深邃思考和科学判断，”“是习近平新时代中国特色社会主义思想的主要创立者。”正是由于习近平躬身垂范、科学引领，新时代中国特色社会主义理论园地上才百花盛开，马克思主义中国化才不断结出丰硕成果，闪耀着中国人民的共同智慧。人类命运共同体从曾经作为一个被倡导的“意识”演变成为引领新时代潮流和人类前进方向的鲜明旗帜，从曾经的一个概念演变成中国特色社会主义国际关系学的一门学说，成为实践原创性理论三个“需要”的经典范例，正在中国特色社会主义新时代绽放璀璨光辉。

一、改革开放推动社会主义中国融入人类命运共同体

（一）人类命运共同体是中国共产党人的伟大发现

对于人类命运共同体为何具备强大的吸引力至今有着不同的解释。然而一个显著的事实是：倡导人类命运共同体意识，正在被越来越多人所认同。人类命运共同体是人“发明”的还是人“发现”的？确定性答案是后者而不是前者。客观地说，社会存在决定社会意识，由于人类命运共同体的客观存在，才有中国共产党人对此的伟大发现。而由于人类命运共同体是人类认识自身社会的历史过程中，自 21 世纪以来获得的第一个伟大发现，是人类关于人文科学研究自进入 21 世纪以来所取得的伟大成就，因此不可避免地得到普遍关注，对人类社会发展带来的巨大影响也在预期之中。

具体而言，中国共产党人感悟到当代国际社会存在人类命运共同体，这是源于中华民族与世界各民族能够天长地久地共存共生的信仰，这也源自中国共产党人对中华民族伟大复兴事业与世界各国人民发展事业关联性的持久关切。

中国在实现中华民族伟大复兴、逐渐由富起来走向强起来的过程中，在持续不断地探索当代中国同世界关系、并发生历史性变化的过程中，不断地加深了中国和平发展与世界各国人民的休戚与共的认识。

中国共产党人发现，在经济全球化历史潮流中，随着国际分工与合作的全球拓展，在相互依存日益拓宽加深的基础上，世界各国之间逐渐变得命运与共。人类命运共同体因为是被发现的，所以要研究其孕育、生长、发展的历史过程性，要研究其在当代如何存在、如何变化发展，弄明白构建人类命运共同体的切入点、抓手和路径是什么。改革开放让中国发现了人类命运共同体，由此铸就了知行合一的人类命运共同体学说，因而能够迅即变成世界亿万人民认识世界、改造世界的共同指南。

（二）人类命运共同体既是社会现实又是历史发展趋势

人类命运共同体既是现实的社会现象又是历史现象，既是当代国际社会存在

的现实又是历史发展的趋势，包含着人类崇高目标的最终实现。

人类命运共同体作为一种社会现象，告诉世人：当代国际社会不仅有矛盾对立冲突还有命运与共性。如果说当代国际社会具有多侧面性，诸如国际体系与国际秩序、世界经济体系与世界经济秩序等侧面，那么人类命运共同体与全球发展伙伴关系同样是当代国际社会的重要组成部分。国际社会的多侧面之间既各有存在特殊性和独立性，又有相互复杂交织的联系性。各自既要竞相显示自身优势，又要相互从对方汲取营养，因而发展不是简单粗暴地否定他者存在的合理性，发展是量变到质变、否定之否定的逐渐演进过程。因此人类命运共同体研究不能脱离这种复杂交织的联系性，而是要在这种复杂交织中善于把握人类命运共同体存在的现实、发展的历史趋势、前进的逻辑路径，关键要在辨大势、识大势中驾御大势，把人类命运共同体意识当作行动指南。

人类命运共同体作为一个历史现象则与人类物质资料的生产方式不断进步关联着，不仅有孕育、成长、发展的历史过程而且代表了人类前进的历史发展趋向，包括从命运与共性—命运共同体—人类命运共同体。具体而言，人类命运与共性的形成不仅存在多元多样形式和途径，而且从微观至宏观还具备多元多样的逻辑演绎路径。胎儿与母亲不仅有共生性，而且有命运与共性。家庭、家族、宗族、民族内部起源于亲缘性(血缘性)命运与共性。自然灾害等威胁孕育了地域性命运共同体。多元多样因素成就了各种人类的命运共同体，直至升腾为当代的人类命运共同体。基于生产方式进步的阶段性，人类命运共同体在前进过程中也呈现阶段性，不仅其自身演进过程有阶段性，而且人们对其认识过程也有阶段性。当下所言的人类命运共同体无论其核心要素还是基本意识都是指当代的。从人类对社会认识历史发展角度看，人类自出现相互交往后，一步步发现了人与人之间存在的相互联系性、相互关系性、相互依赖性、相互依存性和命运与共性。人类社会在不断深化对人与人之间关系认识的同时，逐步延伸至对由人组合而成的各类共同体之间关系深度的认识。其中，从国家之间的相互联系性、相互关系性、相互依赖性、相互依存性中揭示出命运与共性，是发现命运共同体、人类命运共同体客观存在的逻辑前提。而这些认识还经历了从个别到一般的演进过程。尽管命运与共性在人类发展历史上早就在不同侧面、不同程度上已经存在，但是能够被人所发现，则是世界历史进入近现代后随着经济全球化趋势，出现国家间全球性相互依赖升腾为相互依存的结果。如果说马克思、恩格斯的《共产党宣言》揭示了相互依赖全球性拓展的趋势，那么中国共产党人则揭示了相互依赖、相互依存全球性拓展历史趋势所隐含的逻辑前提——命运与共性。人类社会内部的命运与共性是否还在孕育更深层次的逻辑前提，例如国家之间是否会变得命脉相连性，则是未来学的研究任务。据此认识，对人类命运共同体的当代性与未来性之间关系认识也不能分割开来。而当今的全部努力毫无疑问首先是直接为当下国际社会和平发展合作共赢服务，但同时又为了追求美好未来。

就此而言，人类命运共同体不是"一个难以一蹴而就的长远目标"，并不是一个"遥远的理想"。当代人类走在命运共同体的路上是现实正在发生的事。每个人融合于命运共同体之中，所以要有命运共同体意识，少一点"冷战"思维，多一点创造命运共同体的努力。这个命运共同体具有当代的基本特征，具有当代的基本构成要素，只能做当代能做到的事，即使并没有想象中的完美，但依然如此的富有吸引力。

人类命运共同体概念首先是以"当代"为前缀的，而当代世界的现实又是如此地多元多样，包括：主权国家特殊性、特色性的多元多样性；民族特色性的多元多样性；文明、文化特色的多元多样性；……当代世界还出现了多元多样各具功能特点的共同体。乃至于当代世界还需要尊重各国人民的自主选择，包括各国社会制度、道路自主选择。所有这一切都显示了当代人类命运共同体需要直面和适应的是百花绽放、斗奇争艳的世界，具有无比巨大的包容力。

尽管人类命运共同体的当代性有如此众多的多元多样性，然而都具有"命运与共"的统一性、一体性。命运与共性是当代人类命运共同体的活的灵魂，是使人类命运共同体焕发出蓬勃生机的原生性结构机制内核。这种以"命运与共性"为原生性结构机制内核，在历史发展的长河中是史无前例的现象。人类命运共同体之所以自成一体是因为是以"命运与共"性为凝聚的联系纽带，事关全人类的祸福安危、兴衰存亡，涉及全人类的共同价值和共同利益。

人类命运共同体是动态的，既代表着人类历史发展趋势，又引领着人类社会前进的方向。不仅其自身构成要素会发生逐渐吐故纳新的情况，而且基本特征也会不断出现新旧更替的现象，由此成就未来的人类命运共同体。如果说当代的人类命运共同体有当代的物质基础和各种物质条件，那么未来的人类命运共同体则是在未来的物质基础上产生，也会得到未来各种物质条件的支持。

人类命运共同体是中国共产党人对世界近现代历史发展趋势的一个伟大发现。党的十八大倡导人类命运共同体意识，党的十九大倡导构建人类命运共同体，至今已经得到越来越多人的认同。联合国有关机构的文件、有关会议的决议，多次将“人类命运共同体”概念写入其中。人类命运共同体概念之所以有如此巨大的吸引力、感召力，首先是因为人类命运共同体是现实的，不仅在众多的人群中产生共鸣，而且让众多的人群出现从来没有过的共情，切身体验到自己已经生存和发展在人类命运共同体之中。对中国而言，改革开放既让中国发现了正在茁壮成长的人类命运共同体，又为中国融入人类命运共同体提供了路径，走上了人类社会前进的康庄大道，由此铸就了知行合一的人类命运共同体学说，成就了马克思主义中国化的又一次伟大飞跃。

尽管人类历史上遭遇过无数的流行性疾病、自然灾害、战乱乃至两次世界大战的冲击，然而都或多或少、或轻或重地具有局部性。即使第二次世界大战战火也没有直接烧到美洲。然而从 2019 年底开始席卷全球的新冠肺炎疫情，却具有史无前例的全球蔓延特征。在新冠肺炎病毒全球大流行面前，几乎没有人认为自己能置身事外。

当今世界面临的全球问题越来越多，全球发展失衡，全球治理困境，南北贫富差距、数字鸿沟，全球公平赤字，都客观存在。这一切都需要以人类命运共同体意识为共同行动指南。

有史以来，人类就是在这类不得不承认的事实面前认识社会、认识自己、认识自己与自然界、社会之间的关系，这就构成了人类命运共同体的认识论历史，成了人类思想史的重要组成部分。从认识论历史来看，人类命运共同体意识的形成是在各种认识论成果基础上逐渐凝结而成的。

创造历史不容易，但是发现历史趋势同样不易，尤其在大动荡、大变局时期，能够“不畏浮云遮望眼”、发现历史发展大趋势更不容易。例如《共产党宣言》揭示了国际社会相互往来、相互依赖的发展趋向，然而在相当长的时期里并没有被人们普遍重视。虽然正在茁壮成长的人类命运共同体发展并不完善、不完美，甚至还面临各种各样挑战，但是，习近平依然毅然地揭示了正在茁壮成长的人类命运共同体的存在。他说：“这个世界，各国相互联系、相互依存的程度空前加深，人类生活在同一个地球村里，生活在历史和现实交汇的同一个时空里，越来越成为你中有我、我中有你的命运共同体。”[2]他还说：“人类已经成为你中有我、我中有你的命运共同体，利益高度融合，彼此相互依存。”[3]当代中国共产党人从纷繁复杂的世界中揭示人类命运共同体的存在，无疑是对当代人类社会的宝贵贡献。

人类命运共同体正在茁壮成长是当代世界的现实。习近平在肯定人类已经成为命运共同体的同时，又认为“构建人类命运共同体是一个美好的目标，也是一个需要一代又一代人接力跑才能实现的目标”[4]。

（三）坚持社会主义制度的中国存在于人类命运共同体之中

中国坚持走中国特色社会主义道路，倡导人类命运共同体，是当代世界客观实际发展趋势的反映，自改革开放以来，学术界常常以“融入国际社会”“融入全球化”来表达社会主义中国改革开放发展方向与人类社会前进方向的一体性和统一性。其实“融入国际社会”的说法并未真实地把后者的意义确实地表达出来。因为当代国际社会也呈现出多方面发展态势，例如不仅有以美国为主导的国际体系，还有并不太公正合理的国际秩序等。而唯一能够完整表达中国发展道路与人类社会前进方向一体性、统一性意义的是“融入人类命运共同体”。融入与建设人类命运共同体，是既利好中国和平发展又造福于所有国家的正事、大事、好事。

中国存在于人类命运共同体之中，但是人类命运共同体成长发展并不以中华民族共同体为中心。中国参与建设人类命运共同体，在行动中不可避免地在不同程度上带上中国特色社会主义烙印，但是人类命运共同体并不以中国特色社会主义为模式。人类命运共同体将继续遵循自己变化发展的客观逻辑，显示自己变化发展的客观规律。当然,中国特色社会主义也有普遍性因素。人类命运共同体成长、世界上其他国家的社会发展呈现出类似中国特色社会主义的因素,也不是不可能发生的事情。这是社会发展的自然选择、历史发展必然选择的结果,遵循的是社会、历史发展客观规律。何况各国独立自主发展并不排斥相互影响、相互借鉴的正常性。因此与中国输出根本上不是同一回事。

中国不仅承认人类命运共同体在当代世界的客观存在,而且确认了中国特色社会主义在国际社会中客观上已经形成的定位。这种定位逻辑地回答了三个问题。

其一,中国在资本主义主导的国际体系中有无立足之地?对社会主义国家在资本主义主导的国际体系中能够傲然屹立的怀疑,在国际共产主义运动发展史上并未少见,在理论上涉及社会主义能否在一国或若干个国家首先取得胜利。社会主义苏联的解体似乎是社会主义没有立足之地的一个例证。因此当年弗朗西斯·福山(Francis Fukuyama)急不可耐地作出"历史终结论"的判断。然而福山并不知道世界近现代历史发展趋势已经不可抗拒地孕育着人类命运共同体。社会主义中国立足于人类命运共同体,意味着立足于全球,与全球各地的人民命运与共、心心相印。忘记资本帝国主义的本性是不现实的,因为这不仅是是否承认国际垄断资本力量本性的理论问题,而且是如何规避可能带来风险的问题。伴随美国仍在不断用制裁、断供、脱钩等手段打压中国,人们尚能切身体会到国际垄断资本力量本性意味着什么。

其二,中国能否与世界各国共处、共存、共生?中国能与世界各国共处共存共生,根本原因是命运与共,具体地说可以从多方面现实存在展开讨论。首先,当今世界是多侧面、多层次的,既是生长着的人类命运共同体的世界,又是人类命运共同体与变革中的传统国际体系并存的世界。中国与世界各国共处共存共生的多侧面空间、有多方位的努力方向,任何人都应该享有民主选择的权利。其次,人类命运共同体以"和而不同"彰显自己巨大的包容性。万物存在的基本形态是"和而不同"。世界万物如果都相同就不具有存在的可持续性。中华民族的先人数千年前就发现了这个事实,因而周太史伯说"同则不继"。不同之间又能和,使万物之间共处共存共生具有持续的可能。当然，人们对“和而不同”理解甚至有种种理想状态的理解，但是首先要有基于现实的理解：一是要承认不同的现实存在性。对不同要有包容性，互相尊重不同与区别，互相不否定对方，对方存在的合理性要由对方的人民做选择，留给历史做结论。二是要学会善于求同存异。“和而不同”并不意味着不同的消失，而是在和的条件下共处共存共生。当然，求同而获得的和或许同时意味着局部地、某种程度地找到了相互和合性、相互匹配性、相互契合性。再次，当今世界是“东面日出西面雨”的世界。尽管变革中的传统国际体系依然由霸权大国居主导地位，遏制发展中国家发展的手段层出不穷，但是广大发展中国家在人类命运共同体中依然能获得发展的空间和机会。最后，中国对其他国家具有吸引力。中国与世界各国不仅能共处、共存、共生，一起茁壮成长，而且能与世界各国共同分享发展的空间和成果。正如习近平所说：“中国的发展是世界的机遇，中国是经济全球化的受益者，更是贡献者。中国经济快速增长，为全球经济稳定和增长提供了持续强大的推动。中国同一大批国家的联动发展，使全球经济发展更加平衡。中国减贫事业的巨大成就，使全球经济增长更加包容。中国改革开放持续推进，为开放型世界经济发展提供了重要动力。”[5]

中国坚持改革开放政策，不排斥世界各国在中国按公平正义逻辑合理合法获取利益。中国也坚持与伙伴国家一起在共商共建共享发展成果过程中为自己发展开拓空间。中国用自己与世界各国和合共生的事实证明中国是人类命运共同体的重要成员国，与整个人类命运与共。

其三，中国与世界各国之间是否存在相互包容性、相容性、兼容性?

面对一些国家对中国“禁运”“制裁”时，许多人一再提出这种疑惑。其实，这是根本不同的两回事。自从资本主义产生以来，资本为了获得垄断利益一直在千方百计从事阻止别国发展的勾当。21 世纪的美国垄断资本主观能动性仍未能超越原始资本野蛮的本能性，而且变得不择手段、不计后果：一方面，封锁、制裁、禁运等手段更加疯狂；另一方面，阻止别国发展与抢占别国市场两个目的往往交织在一起，欺骗与讹诈两种手段会交替使用，这类事例也不胜枚举。所以社会主义中国对此要有高度警惕和应对的预案，以便既不被压榨所吓倒又不会受欺骗而上当。

中国与世界各国之间之所以具有相互包容性、相容性、兼容性，就国家间相互关系逻辑原点而言，国家间的相互包容性，是因为每个国家都有这方面本能性基因。这个基因就是每个国家除了有主体性、个体性、独立性外，还有群体性、共生性。世界各国归根到底都要寻求发展，要持续满足和改善本国民众的生活需要，否则任何国家都不会太平。因此发展是任何国家主体性、个体性、独立性的本能性追求，区别仅在于是否已经超越了野兽的本能性。然而从理论上说，一个国家的发展离不开包容性，都是在满足、适应他国自我实现需要的共生关系互动过程中获得自我实现的，是在与他者的共生性交汇连接而获得相互匹配契合的过程中实现的。

人类历史发展具有多面性，当代世界各国之间关系也是多面的，既有矛盾性、斗争性又有同一性、统一性。由此生长起来的人类命运共同体不仅代表了经济全球化发展方向，而且其本身仍然是个体性与群体性、独立性与共生性多面性和合共生的统一体，让世界各国都能享受足够大的发展空间和发展机遇。在这个统一体中，所有行为体都有自强不息、发挥各自主观能动性的可能，能够用适合现实的多种多样方式方法获得生存发展空间。这就是人类命运共同体巨大包容性、相容性、兼容性的来源。

在相互依存、利益交融、“你中有我，我中有你”的人类命运共同体之中，“每个国家都有发展权利，同时都应该在更加广阔的层面考虑自身利益，不能以损害其他国家利益为代价”[6]。这是人类命运共同体的全球发展逻辑。人类命运共同体作为一个统一体将在历史发展过程中荡涤自己身边的污垢浊水，正是以自己如此巨大的包容性、相容性、兼容性融合世界一切社会进步的力量，不断创新全球社会发展与治理的机制，日益焕发出勃勃生机。

学术界有人说包容性是强国的专利，国家间包容性的权力在强国手里，弱国对强国无法施展包容性。这种观念失于片面。包容性的逻辑原点是相关各方都具有共生性。而共生性首先的含义是相互性、包容性，否则就失去了相互依存的可能。强国与他国的包容性同样存在相互性、相互依存性。强国之所以是强国的原因是多方面的，但是离不开与他国的相互性、相互依存性、命运与共性。或许在短时间里，强国可以凭借强权获得单方面利益，但是没有可持续性。如果要承认利益、权力的相互性，其前提就是要承认利益、权力的相互依存性、共生性，亦即首先要承认相互包容性具有逻辑必然性，坚持合作共赢、共同发展的理念。

（四）中国能和合共生于人类命运共同体之中

人类命运共同体是历史进步逻辑演绎的产物，同样有自己运动发展的逻辑。中国坚持和衷共济、和合共生，能够在融入人类命运共同体过程中适应与世界各国的包容性、相容性、兼容性，能够找到与世界各国之间的和合性、匹配性、契合性。今天的中国与世界各国的和合共生性既是全方位又是多层次、多侧面的，是一个纵横交织、和合共生的全球性网络结构体系。如果以改革开放为起点，在 40 多年的时间内就达到如此水平，可见社会主义中国的亲缘能力、适应能力、融合能力。国家之间有矛盾、有问题要和合，这是正常现象，任何国家间关系都是在不断和合的过程中发展的。中国与世界各国的相互需要都要寻求和合性、匹配性、契合性，包括各自都要寻求不同程度的舒适性和满意度。各自获得某种程度的舒适性和满意度，证明了各国之间包容性、相容性、兼容性的存在。当然，世界各国对当代世界和合共生地存在并未都满意、并未有完全的舒适度，几乎都依然有这样或那样的不满意，说明还需要继续和合，需要在和衷共济、和合共生中前进。

按照和合共生学理逻辑，能够使中国闭关自锁的只有中国自己，而不是国际社会某些势力的封锁、禁运、打压。然而当代中国不可能选择闭关锁国，各国也都不愿看到中国作出这种选择。因为任何国家都具有共生的基本属性，任何国家的发展都是在个体性与群体性、独立性与共生性的对立统一、和合共生中实现的，具体地说要有日益广阔的与他者分工与合作的空间、不断提升与他者分工与合作的层次。如果说一国的闭关自守是可能的，那么一国在闭关自守历史条件下要获得有效发展根本不可能。全球发展就是全球的互联互通的联系发展、相互依存发展，就是全球产业链、供应链、价值链、物流链的发展，使世界各国、使各国人民的智慧和才能都有自我实现的机会和空间。这是“大航海时代”到来后世界近现代的历史事实。因此没有任何力量可以拆解世界各国与中国的联系发展、相互依存发展，也不可能让中国发展“掉链”。要在人类命运共同体的世界各国之间“去中国化”绝对是无法实现的“空想”。换言之，由于生长着人类命运共同体，生长着新型全球发展伙伴关系体系，中国与世界各国之间需要的相互匹配性、相互契合性是可以经过努力创造、完善、发展的，即使会面临这样那样的困难、曲折，然而解决困难的办法一定比困难多得多。和衷共济、和合共生的力量肯定比企图拆解的力量强大得多。

（五）“你死我活角斗”的发起者不可能来自中国

社会主义与资本主义之间是不是只有你死我活斗争冲突的一面？是否还有你活也要我活、我活也要你活的同一性、统一性这一面？“你死我活角斗”的发起者究竟是谁？

毋庸讳言，资本主义列强许多人相信存在“你死我活冲突”。所以他们的炮舰常常会出现在中国的家门口，他们的军用飞机不时地会出现在中国的领空附近。现代战争武器的毁灭性能力，几乎没有一个国家敢于以身相试。这就使越来越多人相信当代霸权大国是“纸老虎”，色厉内荏、外强中干。当然，在完全有能力实施有效反击的条件下，中国对美国的无理军事纠缠、战争威胁挑衅行为，在嗤之以鼻的同时，也不能放松准备，不能排除演练真打实战、厉兵秣马的必要性。

美国战略界确实有某些学者，喜欢凭着未能证实的“大胆假设”来建构美中“你死我活”决斗的战场，预设“险恶而残忍的角斗场”情景，推导中美关系的趋向。约翰·米尔斯海默的《大国政治的悲剧》就是这样一部“预设场景”的著作，客观上为人们提供了美中关系的一个宿命论。他一再说这本书是要告诉人们“中国无法和平崛起”[7]，似乎也有几分真实性。因为这类“国际体系”逻辑在当代只符合美国维护其霸权需要，这种逻辑固然会给中国和平发展带来种种困难，但是也教育中国人民与世界各国和衷共济、和合共生，走合作共赢、共同发展的道路是超越这种所谓“角斗场”逻辑的唯一选择。

中国融入人类命运共同体，并以此为基础发展中国特色社会主义、积极参与人类命运共同体建设。在人类命运共同体意识旗帜引领下，与世界各国一起共同推进新型全球发展伙伴关系体系建设，推进“一带一路”建设，这是造福世界各国人民的伟大事业。坦率地说，社会主义中国作出这种选择来之不易。中国人民敢于选择融入人类命运共同体、与世界各国共同发展、合作共赢，需要坚持制度自信、道路自信、理论自信、文化自信、历史自信。

二、当代人类命运共同体的基本内涵

当代人类命运共同体的基本内涵最早出现在《中国的和平发展》（白皮书）和胡锦涛《在中国共产党第十八次全国代表大会上的报告》（以下总称“两个重要文件”）中。

（一）“命运与共性”引领命运共同体生长

按照“两个重要文件”的提示，人类命运共同体是主要就国家间关系而言的。具有不同命运的国家演绎成命运与共的命运共同体，是经济全球化对国际关系影响的历史发展趋势所带来的，是“大航海时代”到来后的经济全球化持续拓展、人类社会命运与共性日益提升的产物。

然而就形成和发展的逻辑而言，人类由“命运共同体”逐渐迈向“人类命运共同体”的引领者是“命运与共性”的持续增长，经历了“命运与共性”—“命运共同体”—“人类命运共同体”的演进过程。

时至今日，尽管一直有人用所谓“狭隘民族主义”来谴责民族的命运共同体意识，但是在国家参与国际关系时，民族命运共同体意识比任何时代都更强烈，更希望本国以独立自主的身份参与国际关系。这一方面是由于对自身民族价值的珍惜，希望自己的国家对国际社会有独特的贡献；另一方面也受到对强权统治的反抗意识所推动。这种民族命运共同体意识是任何霸权主义难以逾越的障碍。

中华民族先人早就有“天人合一”“民胞物与”的说法，实际上就是讲人、社会、万物的命运与共性。换言之，这种客观存在性早就被古人所发现。在一个相当长的历史过程中，人们对人、社会、自然的命运与共性，经历了一个从逐渐感知到充分认识的过程。

社会行为体的基础性存在，自身就具有个体性与群体性、独立性与共生性双重基本属性。人的善与恶的区别是由个体性与群体性、独立性与共生之间和合共生的匹配度、契合度带来的，即能够平衡个体性与群体性、平衡独立性与共生性的行为显示为善；否定群体性、共生性的行为显示为恶。不仅个体的人之间需要有这类双重基本属性的平衡性，而且由人组合而成的所有行为体之间同样需要有这类双重基本属性的平衡性。这类双重基本属性两者之间的平衡被打破同样会带来善与恶的区别。具有共生性、群体性的个体之间之所以会发生交汇连接不是无缘无故的，而是因为相互间存在命运与共性、具有相互依存性，或者说相互依存性中包含着命运与共性。既然相关各方之间命运与共，这使相互之间寻求匹配、契合、耦合、和合具有必要性。

随着人类交流交往发展，人与人之间的联系性、关系性也得到相应发展，然而人的双重基本属性依然是逻辑演绎的原点。“大航海时代”到来后，经济全球化历史发展趋势使分散在世界各地的国家间相互联系性、相互关系性在各自共生性、群体性交汇连接的基础上逻辑地演绎为全球相互依赖性。而相互依赖性的发展则孕育了人类命运与共性，产生了全球相互依存性。全球相互依存性的发展，国家之间不仅发展了利益交融性，而且出现了“你中有我、我中有你”的交织融合性发展，结果孕育了人类命运共同体的生长，使人类成为你中有我、我中有你的命运共同体。

随着经济全球化潮流滚滚向前，人类的命运与共性意识是否还会进一步升腾、升级为命脉相连性意识？这个可能趋向值得关注。如果将来某个时候，人类社会出现命脉相连性，那么人类命运共同体运动或许会成为类似生命有机体的社会自觉运动。当然，这是未来学范畴内的研究课题。

（二）当代人类命运共同体的基本特征

经济全球化历史发展趋势使分散在世界各地的国家间在命运与共性的引领下，在相互联系性、相互关系性的过程中，在各自共生性、群体性交汇连接的基础上，逻辑地演绎为全球相互依赖性。而相互依赖性的发展不仅强化了人类命运与共性，产生了全球相互依存性。全球相互依存性的发展，国家之间不仅发展了利益交融性，而且出现了利益交织融合性发展，结果孕育了人类命运共同体的生长，使人类成为你中有我、我中有你的命运共同体。相互依存性，利益交融性，“你中有我，我中有你”的相互交织性，是当代人类命运共同体成长的三个基本要素，构成了当代人类命运共同体的三个基本特征，形成了当代人类命运共同体的基本存在形式。

这些基本参数在当代世界各国之间，尽管存在差异但是具有普遍性，因此人类命运共同体的客观实在性具有普遍性。所谓人类命运共同体意识，就是要以国家间相互依存、利益交融、“你中有我，我中有你”为基础，深层次认识当代国家间关系、构建以合作共赢为宗旨的国际关系新视角，建立同舟共济、共同发展的新理念，寻求多元文明交流互鉴的新局面，寻求人类共同利益和共同价值的新内涵，寻求各国合作应对多样化挑战和实现包容性发展的新道路。[8]换言之，人类命运共同体概念首先是作为认识现实国家的“视角”提出来的。而这个“视角”可以分为若干层次展开研究和探索，包括探究国家之间为什么会变得命运与共？如何为国家之间赋予同舟共济、合作共赢的新理念？如何开创多元文明交流互鉴的新局面？如何寻求人类共同利益和共同价值的新内涵？如何开辟共克时艰、守望相助、包容性发展的新道路？换言之，诸如此类问题的求索、求解都不能离开命运共同体的三个基本特征的研究，否则便是无解；如何构建命运共同体，同样需要循着这三个基本特征所显示的路径。就此而言，中国共产党人发现命运共同体是为我国寻求与世界各国合作共赢开辟了新道路，由此形成知行合一的意识和理念。

人类的全球性分工与合作持续发展赋予人类命运共同体具有深厚的物质基础。全球化时代人类存在于全球产品生产链、产业链、供应链、物流链、价值链等一系列联系之中，因此需要共同维护这个“人人为我，我为人人”的物质基础，需要共同建设更加平等均衡新型全球发展伙伴关系网络结构体系。

（三）当代人类命运共同体的核心内涵

党的十八大报告将对个体人之间命运与共的整体性认识不仅上升到“人类”层面的高度，而且用命运与共性来定性人类的整体性，显示了人类整体性发展已经达到的深度，因此有了人类命运共同体概念。如果说《中国的和平发展》白皮书使用

“命运共同体”概念是作为一种认识“视角”提出来的，以便客观认识和面对当代世界国家间关系的现实，党的十八大报告则将人类命运共同体上升为一种被倡导的“意识”。按哲学逻辑，意识与存在相对应，先有事实后有概念，先有存在才有意识，存在决定意识。因为当代的人类已经形成了命运共同体，所以要“倡导人类命运共同体意识”。为什么要“倡导”？或许因为有些人还没有意识到人类命运共同体的存在，或许有些人还不知道什么是人类命运共同体，而事实上有些人甚至还习惯于“权力—利益”逻辑思维，习惯于霸权思维，习惯于冷战思维，习惯于“孤岛”思维，习惯于相信权力是支配他者的思维，习惯于权力可转移思维……

那么什么是人类命运共同体意识？按照当代人类命运共同体现存的基本特征，就是要有相互依存意识，利益交融意识，“你中有我，我中有你”融合的意识。当代人类命运共同体的现存基本特征已经使世界各国之间不仅相互联系、相互依存，变得“一荣俱荣、一损俱损”，已经全球命运与共、休戚相关，所以不得不确立人类命运共同体意识。把人类命运共同体意识变成一种指导思想，以便妥善处理“本国发展”和“与他国共同发展”之间的关系问题，在更加平等均衡的基础上打造新型全球发展伙伴关系，打造以合作共赢为核心的新型国际关系。

党的十八大报告关于人类命运共同体意识的表述回答了人类是如何命运与共、怎么样才能命运与共的根本问题；从而昭告天下，中国在人类命运共同体中应该做什么、应该怎么做。具体而言：首先，要坚持国家“追求本国利益”与“他国合理关切”相互兼顾，把他国关切的事要放在自己心上；要坚持寻求“本国发展”和“与他国共同发展”的契合性、匹配性，寻求国家之间的相互包容性。每个国家都有发展权利，同时都应该在更加广阔的层面考虑自身利益，不能以损害其他国家利益为代价。其次，要建立更加平等均衡的新型全球发展伙伴关系，坚持公平包容，打造平衡普惠的发展模式。发展为了人民。要让发展更加平衡，让发展机会更加均等，提升发展公平性、有效性、协同性，以便发展成果人人共享。最后，坚信携手努力、共同担当，同舟共济、共渡难关，增进人类共同利益，就一定能够让世界更美好、让人民更幸福。[9]

党的十八大报告关于人类命运共同体意识的表述与中国人民的历史追求具有

一脉相承性，揭示了中国和平发展与世界各国发展的联结纽带，揭示了人类命运共同体的物质基础。中国和平发展与世界各国的关系可以建立在“人民”“民族”等不同纽带的基础上，而当代人类命运共同体赋予中国和平发展与世界各国人民联结的纽带，则是以“人类”为标识。历史遗留的一条陋习是“各人自扫门前雪”，然而现在实实在在地被人类的全球性分工与合作来取代，赋予人类命运共同体深厚的物质基础。今天的人类已经共同存在于全球产品的生产链、产业链、供应链、物流链、价值链上，因此需要共同维护这个“人人为我，我为人人”的物质基础，需要共同建设全球伙伴关系网络结构体系。如此系统性，环环相连、节节相扣，相互之间的互联互通成为人类社会不可或缺的血脉经络。按照中华民族优秀传统文化，人的生命系统是由人的血脉经络系统的互联互通维持的。而今人类社会的血脉经络系统同样是维护人类社会生命力的基础，哪里有障碍，哪里就出现病变。这个血脉经络没有一环可以发生障碍，更不能发生一节掉链，否则整个系统会发生混乱，带来系统性、体系性伤害，谁都无法幸免于难。如此血脉经络赋予了当代人类各自的生命、生活、生存、发展运道在相互之间形成的命脉，不仅具有共生性而且具有相连性，构成了史无前例的人类命运共同体。

（四）当代人类命运共同体的最大公约数逻辑

当今世界各国有不同的社会制度、不同的意识形态、不同的历史文化、不同的发展水平，当然有不同的利益、安全、权力的追求，因此需要求同存异、按照最基本的追求来建立共存、共处、共生之道，在逻辑的起点上形成各种公约数，在人类层面上形成最大公约数，即使贫弱小国也能因此获得最基本的利益、安全、权力保障。

第一，发展是在与他者共同努力的过程中实现的，发展成果是与他者分享的过程中变为利益，因此在发展自身利益的同时要考虑和照顾他国的利益，坚持正确的义利观。

第二，利益的自我实现是在相互适应、满足他者自我实现过程中相互获得的。和合共生的过程，本质上是各自获得自我实现的过程，因而，和合共生的逻辑是合作共赢的逻辑。要努力使相互适应、满足他者自我实现需要的过程变成和合的过程，各美其美，美人之美，美美与共，天下大同。这个过程本质上显示了各方利益是在利益相互实现的过程中获得实现的平衡性，因此利益需要合作共赢。没有利益的共赢，利益的可持续性就会发生困难。“既要马儿跑，又要马儿不吃草”是不现实的。

第三，权力是在与他者和合共生中获得真实性、有效性，因此各国是平等的，不仅应该相互尊重而且权利需要共享。反言之，权力是因与他者和合共生需要而产生，因此还可以共同创造。“己所不欲，勿施于人”是最基本的理性原则。

第四，任何国家发展是在人类社会互联互通的社会“血脉经络”中实现的，因此需要在结伴而不结盟、对话而不对抗的前提下形成遍布全球的伙伴关系网络，建立更加平等均衡的新型全球发展伙伴关系体系。为什么要以不结盟为前提？因为不管结盟用什么名义，客观上都是分割人类社会的整体性、统一性。

第五，国家之间和合共生过程中存在多种多样风险和危机，因此责任需要共同承担，需要弘扬同舟共济的伙伴精神。在发展自身利益的同时，更多考虑和照顾其他国家利益。坚持正确的义利观，以义为先、义利并举，不急功近利，不搞短期行为。

第六，文明是多元共存的，相互间互鉴、互补，因而文明多元共生、在开放中融合发展。习近平指出，文明交流应超越文明隔阂，文明互鉴应超越文明冲突，文明共存应超越文明优越，以推动各国相互理解、相互尊重、相互信任。[10]

三、人类命运共同体理念遵循国际社会相互依存的本质逻辑

人类命运共同体起源的历史与资本主义在全球拓展、发展的历史处于同一时期，或者说都存在于近现代世界历史运动变化发展的过程。马克思主义经典作家认为：“以资本为基础的生产，一方面创造出一个普遍的劳动体系，即剩余劳动，创造价值的劳动；另一方面也创造出一个普遍利用自然属性和人的属性的体系，创造出一个普遍有用性的体系。”人类命运共同体就是其中一个“普遍有用性的体系”，并且在相当大的程度上与人类社会分工与合作发展的历史关联着。因此研究“自

然属性”，发现人与自然的和合共生体系，研究人的主体性与群体性、独立性与共生性的基本属性，发现人的基本属性逻辑演绎而成的共生关系体系，成为认识和理解现代社会必须掌握的钥匙，是透彻理解人类命运共同体必须掌握的钥匙。

（一）人类命运共同体是世界近现代历史的结晶

1. 人类命运共同体是“以资本为基础的生产”所创造的“普遍有用性的体系”

马克思主义经典作家说：远在人类诞生的蒙昧时代，社会“分工起初只是性行为方面的分工，后来是由于天赋（例如体力）、需要、偶然性等等而自发地或‘自然地产生的’分工。分工只是从物质劳动和精神劳动分离的时候起才开始成为真实的分工”[11]。社会分工演进的同时，社会分工的行为体也发生多种变化，包括由个人与个人之间关系延伸为个人与群体之间关系、群体与群体之间关系。家庭成为人之间一个相对确定的群体后，在生产生活资料的同时还生产生产资料，因此有了累积私有财产的可能，因而有了恩格斯所阐述的《家庭、私有制和国家的起源》。

随着社会演进，不仅个人追求个体利益而且家庭也追求个体利益。社会不同群体的增多，追逐的个体利益也在增加。但是参与社会分工与合作的个体，各自的自我实现（无论是个体利益还是别的什么）均需要在适应、满足他者自我实现的和合共生过程中获得自我实现。这种各自获得自我实现的和合共生过程显示了相关各方之间不仅存在相互依存性而且存在共同利益。对此，马克思主义经典作家是如此描述的：“随着分工的发展也产生了个人利益或单个家庭的利益与所有互相交往的人们的共同利益之间的矛盾。同时，这种共同的利益不是仅仅作为一种‘普遍的东西’存在于观念之中，而是首先作为彼此分工的个人之间的相互依存关系存在于现实之中。”[12]

马克思主义认为社会分工与合作的逻辑是，在特定的社会分工与合作范畴内，“所有互相交往的人们”之间存在共同利益；尽管个体利益与共同利益存在矛盾，但是“彼此分工”的个体之间具有相互依存性，彼此的分工关系本质上是相互依存关系。这种关系的存在，使任何个体均是在塑造共同利益的过程中获得个体利益的实现，由此构成了马克思主义关于国际社会相互依存性的逻辑本质。

马克思主义从人类社会分工与合作发展的矛盾运动过程中，揭示了“彼此分工的个人之间”的共同利益存在于相互依存关系之中。即使个体利益与共同利益之间存在矛盾，个体利益的形成也由于相互依存关系中的共同利益的存在而能在和合共生中得到统一，从而保障了个体利益的自我实现。

2. 人类命运共同体是经济全球化影响国际关系的产物

伴随资本主义全球拓展而兴起的经济全球化成为影响国际关系的重要趋势，主要表现为国家之间持续累积相互依存关系、塑造多种多样行为体共同价值和共同利益的过程，国家之间不仅利益交融日益增长而且“你中有我、我中有你”的交织融合性日益增强。不管人们是否意识到共同价值和共同利益中有获得个体利益的机会和机遇，也不管是否意识到社会分工与合作过程中存在相互依存关系，但是个体利益的获得则在无声无息中吸引人们参与社会分工与合作，这就同时意味着为孕育人类命运共同体提供了可能。

直至当代，人类命运共同体已经鲜明地形成了自己的基本特征，在国家之间已经出现了一系列关系，包括相互依存关系、利益交融关系以及“你中有我，我中有你”的关系。这些史无前例的基本关系构成了当代人类命运共同体的基本存在形式，从而使我们研究人类命运共同体有据可依，使我们建构人类命运共同体有路径可循。这些史无前例的基本关系形成的基本历史发展趋向，也是当代世界的客观现实，不仅引领人类社会前进的方向，变成亿万人民群众的历史追求，而且是我们国家统筹自己的战略、策略、政策，应对百年未有之大变局、实现中华民族伟大复兴的基本依据。

同世界上任何事物一样，人类命运共同体不仅有孕育、生长、发展的历史过程而且有孕育、生长、发展的土壤，这个土壤也是人类共同利益和共同价值生长、存在的营养物质来源，并且随着国家间关系由相互依赖升腾为相互依存而变得日趋肥沃。换言之，无论是人类命运共同体还是全人类共同价值和共同利益都有根有源、有本有枝，因而能够根深叶茂、结出丰硕成果。即使世界上矛盾冲突不断，人类命运共同体依然能够不以制造对抗冲突者的意志为转移而奔腾向前。

(二) 国际社会相互依赖性、相互依存性的形成

相互依存关系的起源和延伸存在于社会分工与合作关系的持续不断拓展过程之中。然而在历史上，世界各国之间，无论是相互依赖关系还是相互依存关系曾经都不存在。由于交通、通信条件缺乏，分散在世界各地的人类极少有联系的可能。

随着“大航海时代”到来后交通、通信条件的不断改善，到了 19 世纪中期马克思和恩格斯已经发现，“资产阶级，由于开拓了世界市场，使一切国家的生产和消费都成为世界性的了”，“旧的、靠本国产品来满足的需要，被新的、要靠极其遥远的国家和地带的产品来满足的需要所代替了。过去那种地方的和民族的自给自足和闭关自守状态，被各民族的各方面的互相往来和各方面的互相依赖所代替了。物质的生产是如此，精神的生产也是如此”[13]。这就意味着，随着世界市场的全球性拓展、随着经济全球化拓展，伴随的是社会分工与合作的全球普遍拓展，造就的是全球性相互依赖的普遍拓展。按照学理性逻辑，个体之间的分工与合作关系本身就是个体之间独立发展与相互依赖发展的关系，因此出现全球性相互依赖的普遍拓展也在情理之中。

亚当·斯密(Adam Smith)在其著作中就已使用相互依赖概念。[14] 1848 年诞生的《共产党宣言》则揭示了国际社会相互依赖性发展的历史趋向。马克思恩格斯认为随着世界市场的拓展，各民族之间出现了“各方面的互相往来和各方面的互相依赖”的历史发展趋向、全球化发展的历史趋向。列宁在第一次世界大战爆发前也已经看到“民族之间各种联系的发展和日益频繁，民族壁垒的破坏，资本、一般经济生活、政治、科学等等的国际统一的形成”[15]已经成为一种历史发展趋向。然而，这些基本判断在当年不仅没有得到欧美国家学术界的及时响应，而且也一度被“十月革命”胜利后的苏联学术界“熟视无睹”。

世界万物之间均有共生性。人类社会的基础性存在，就是人与人之间既具个体性、独立性又有群体性、共生性。经济全球化发展最初造就的是国家之间在共生性基础上形成了相互依赖性。如果说相互依赖显示的是互为依托、难以完全独立、绝对自立，那么相互依存则意味着即使各自的生存和发展也依赖他者的存在，变成了互为存在的依据，变成了互为生生不息的依据。当然，这种升腾的过程经历了数

百年漫长岁月的变迁，否则不可能在当代出现明朗化、具有可被感知性。

随着二战后殖民主义体系崩溃，新的科技革命兴起，“生产的国际关系”全球拓展，国际分工与合作形成的产业链、供应链、物流链、价值链的全球性延伸，全球经济体系不仅存在相互依赖性而且变得相互依存、利益交融，逐渐变得“你中有我，我中有你”。到20世纪60年代，这种发展趋向无论其广度还是深度都出现了令人注目的发展，变成了所谓“全球化浪潮”的基本内容。相对应地，国际社会相互依存概念不仅进入美欧国际问题专家的视野而且逐渐成为一门显学。人们不断创造“你中有我，我中有你”“一荣俱荣，一损俱损”“地球村”“全球村落”“没有国界的世界”“全球化”“全球主义”“跨国主义”“世界主义”“世界体系”“全球体系”等新概念来描述全球的变化趋势，同时还相应地产生了各种各样学说。

（三）人类共同利益的形成

任何个体的人均存在于社会分工与合作的世界，既有个体性、追求“个体利益”，又具有共生性、相互间存在“共同利益”，需要与他者合作。就一件正式产品形成过程而言，或许可以分为获取原料、初加工原料、半成品、成品、最终成品等若干阶段，需要有不同层次的分工努力，才能成为最终产品。在此不同层次的加工制作过程中，相关各方之间即使存在矛盾冲突，也因存有共同利益和相互依存关系，从而使矛盾冲突有消解的可能。相关各方要承认共同利益、相互依存的客观性，要承认共同利益基础上衍生出来的共同价值，由此规定了在实现个体利益时要兼顾共同利益和共同价值，以求和合共生、合作共赢、共同发展。个体利益、个体的独立性都是在实现共同价值和共同利益的过程中实现的，没有任何个体能够例外。个体利益与共同利益的矛盾需要和合来获得共生，共同利益的存在和牵制有利于矛盾和合而共生。

共同利益起源和形成于社会分工与合作关系的过程之中，因为这个过程不仅存在相关各方共生性、群体性的交汇，而且有相关各方对他者存在依赖性、依存性的集聚。在这个过程中，由于相互依存关系持续不断拓展延伸，从国内社会向海外拓展，众多行为体不仅在相互依存的和合共生中催生出共同利益，而且在个体利益与共同利益的和合共生中获得个体利益，由此产生的利益交融累积起全人类的共同价值和共同利益，从而为人类成为相互依存、利益交融、“你中有我、我中有你”的命运共同体创造了条件。

共同利益是相对于个体利益而言的。众多个体的个体利益如何实现？许多人认为这是其个人努力的结果，这确实不错。确实任何行为体不付出个体努力，要取得收获是困难的。所以中国传统文化鼓励个体应该“自强不息”。但另一部分靠个体努力基础上的参与社会分工的所有个体之间的相互依存性。所以中国传统文化同时鼓励个体应该对他者“厚德载物”。由于参与社会分工的所有个体之间的相互依存性意味着相互之间具有共同利益，因此吸引众多个体在适应、满足他者个体利益自我实现的和合共生过程中获得各自的自我实现。就此而言，不仅全人类的共同利益是众多参与分工与合作的个体之间的共同利益形成逻辑自然演绎的产物，而且众多个体的个体利益也是在催生共同利益的过程中获得自我实现。

探寻共同利益的源头可以看出，共同利益的出现是社会分工与合作的产物。社会分工与合作发展也是一个历史演进的过程。具体而言共同利益与个体利益的关系表现在以下五个方面。

其一，共同利益与个体利益相对应，互为依存。没有个体利益便无所谓共同利益。社会分工的个体各自均要追求个体利益，但是没有共同利益就没有个体利益。私人利益与公共利益之间的关系也是如此。

其二，共同利益与个体利益之间的互为依存关系，最初存在于个体的人之间或个体的家庭之间，存在于生产与交换的关系之间。个体利益的实现只能存在于相互适应和满足他者自我实现的和合共生过程中，由此与他者不仅形成相互依赖关系而且形成相互依存关系，不仅相互依托他者而且以他者的存在为存在，因此不仅各自追求个体利益是现实的、具体的，而且相互之间的相互依赖、相互依存关系同样是现实的且具体的。

其三，人类社会无论是生命的生产、生活资料生产、生产资料生产，还是精神产品生产，都是社会分工与合作的生产，因此都存在共同利益与个体利益之间的关系。在相互依存的条件下，相互适应和满足他者自我实现的和合共生过程，既是形成共同利益的过程，又是产生个体利益的过程，因此这既是共同利益与个体利益之间矛盾冲突的过程，又是两者和合共生的过程。

其四，社会结构归根到底是由社会分工与合作生产所带来的，因此社会结构归根到底是共同利益与个体利益关系的结构。由于各自个体利益的自我实现不得不存在于相互依赖、相互依存关系之中，因此即使与共同利益存在矛盾冲突而不得不寻求和合共生，不得不寻求个体利益的实现与共同利益之间相互匹配性、契合性，相关各方的个体利益也因此能够获得自我实现。相关各方寻求个体利益的自我实现因此不得不自我调节、调整，不得不自我约束适应共同利益的规定性。

其五，共同利益与个体利益的关系归根到底是社会分工与合作的关系。当然，在逻辑上社会分工的相关各方之间，究竟是先有相互依赖、相互依存关系，还是先有共同利益，似乎与“先有鸡还是先有蛋”类似，都是互为前提的。

（四）全人类共同价值的扩展

全球性相互依赖的拓展成就了全球性国际分工与合作的拓展。随着国际社会分工与合作的不断拓展，社会分工的相关各方之间的相互依赖性不断上升为高度的相互依存性，不仅带来人类共同利益的增长而且带来了共同价值的扩展，因此出现了人类共同利益和共同价值的发展、完善与累积。和平、发展、公平、正义、民主、自由的共同价值是长期的历史演变过程中为维护全人类共同利益而不断选择的结果。尽管这是一个漫长的过程，但是随着人类命运共同体的生长逐渐稳定下来。

1. 和平与发展相伴相生

在相当长的历史时期里，人们曾经一直囿于和平与战争的逻辑。按照此逻辑，和平成了战争间隙的奢侈品。对大多数国家而言，直到第二次世界大战后人们终于发现和平还可以与发展连在一起。对国内社会与国际社会而言，发展都是硬道理。发展的过程本身是一个社会分工与合作不断拓展与质的提升过程，是互联互通拓展过程，既是为和平扫除障碍的过程，又是为和平积累物质基础的过程，从而使发展不仅登上了人类道义的制高点而且成为和平的伴生体，两者相伴相随、相异相合，形成了和平与发展逻辑，相关各方合作共赢、共同发展构成了预防战争、避免战争、维护持久和平的基础性逻辑。

2. 平等、均衡发展需要公平

如果说国内社会需要科学、平等、均衡的发展，那么国际社会同样需要科学、平等、均衡地共同发展。同舟共济促进贸易和投资自由化便利化，推动经济全球化朝着更加开放、包容、普惠、平衡、共赢的方向发展，不仅成为国际社会普遍安全、共同发展的基础性要求，而且成为维护世界持久和平的重要条件。

国际社会要实现平等、均衡发展，首先需要的是公平。然而，霸权国最不愿意看到的也是公平，甚至不断寻找、制造借口，任意制裁与霸凌别国，干涉他国内政，对别国恣意实施战争挑衅甚至发动侵略战争。这种恶行由于违背全人类共同价值和共同利益，而跌入了人类道义的洼地。

3. 民主、自由源于人与人之间的相互尊重

人之间的民主、自由起始于对人的尊严的相互尊重，起始于社会分工与合作发展需要尽可能释放个人能量。马克思主义认为对于人来说，资本将“培养社会的人的一切属性，并且把他作为具有尽可能丰富的属性和联系的人”[16]。欧洲文艺复兴时代讲人权、自由，启蒙运动强调平等、公平、正义，都是为了使人“具有尽可能丰富的属性和联系的人”。因为社会是共生的，所以民主、自由只能建立在多元多样的相互性基础上，只能置于当代国际关系民主化和维护主权国家独立和自由的基础上，所以必须秉持相互尊重与平等、公平、正义的原则。和平共处五项原则的本意也在于将主权、利益、尊重建立在相互性基础上。人们习惯于用个体与集体的关系来解释马克思主义的自由观，然而个体与集体的关系说到底是人的个体性与群体性的关系、独立性与共生性的关系，说到底是社会的人的一切属性内在的相互尊重逻辑。国家的民主、自由观说到底受到相互尊重原则对这类关系的调节。欧美文化自文艺复兴运动开启反对中世纪黑暗、倡导人的尊严，因此产生了自由概念。启蒙运动的最大贡献就是重塑人的尊严，倡导人的尊严的相互性，因此有了公平、正义、民主的概念。

现代社会将人的尊严置于首位，以人为本是人类社会进步的一个重要标志。民主、自由同样应以人为本，因此人的尊严的相互尊重理应成为民主、自由的前提。

中国倡导中美之间相互尊重，被美国认为这是对美国霸权的挑战。这证明美国民主、自由的真实性事实上被霸权所取代。

4. 全人类的共同价值是一个统一体

和平、发展、公平、正义、民主、自由的价值存在于实践全球人类的共同价值的统一体之中，不仅在这个统一体中得到真实显示，而且在实践这个统一体过程中，在促进国际社会相互依存发展的过程中不断得到完善。当然，人类对此相关各方面知识的积淀、升华的过程相当缓慢甚至还有曲折坎坷，似乎没有一蹴而就的条件，因此共同价值要转换成共同实践还有待时日。人类命运共同体具有在相互依存中形成的共同价值和共同利益的必然性，至于如何转化为人们正确的意识、转化为正确的指导思想，仍然有待研究。

（五）中国走出一条研究国际社会相互依存的新路

按照辩证唯物主义和历史唯物主义，否定美国学者在相互依存研究中的工具主义倾向，正确的答案不能以否认国际社会相互依存性客观存在的事实为前提，也不能幻想美国会轻易放弃相互依存，而是要揭示国际社会相互依存的真实的特定本质，看清历史发展的大趋势，看清时代前进的大潮流，站在历史正确的一边，站在真理一边，研究国际社会相互依存条件下所有行为体之间的命运与共性，顺着历史潮流方向前进。对中国而言，要充分重视国际社会相互依存对本国发展的历史性战略机遇，要关注处理相关国际问题的敏感性、复杂曲折性，要研究外部环境变化的复杂曲折性，更要注重研究如何在趋利避害中破浪前进，确立坚持中国特色社会主义的理论自信、道路自信、制度自信、文化自信，敢于回答“中国没有辜负社会主义”。

如前所述，人类社会结构的逻辑起点是社会分工与合作。国际社会的相互依存、共同利益首先存在于社会分工与合作的系统结构之中。社会分工的相关各方要实现各自利益，不能只看到个体利益与共同利益的矛盾，不能只看到个体利益之间的冲突，而是首先不得不承认各方的相互依存性，不得不在寻求实现共同利益的过程中获得各自利益的自我实现。这是争取合作共赢、共同发展的必由之路，也是维护稳定、可持续发展的必由之路。一个不平等、不均衡的社会，既不可能稳定也不可能持续。

中国学术界不仅接受了国际社会相互依赖、相互依存、“地球村”、全球化之类的概念，而且做了大量学术创新、理论创新工作。尤其从党的十八大以来，空前活跃的学术研究、严谨细致的守正创新，逻辑演绎出一系列适应当代中国和世界发展需要的新理念、新论断、新概念，诸如生命共同体、利益共同体、责任共同体、命运共同体、人类命运共同体、新型全球发展伙伴关系等。学术研究给一系列曾经习以为常的概念衍生了新的含义，例如赋予伙伴关系平等相待、均衡发展的含义；为国家之间的平等概念赋予了主权平等、权利平等、机会平等、规则平等之类的含义；为经济全球化概念赋予开放、包容、普惠、平衡、共赢的要求；给普遍安全概念赋予了共同、综合、合作、可持续性的含义；给国际关系概念赋予了相互尊重、合作共赢的含义，完善了新型国际关系相关概念，为中国特色国际关系学发展提供了学术体系、话语体系建设思路及成果。

笔者认为，中国学术界发现了中国与世界的命运与共性，发现了经济全球化在各国之间形成的相互依赖、相互依存关系的本质命运与共性。这就是说，许多看似理想主义的概念都是国际社会相互依存性所造就的命运与共性本质逻辑演绎出来的，即在国际社会相互依存、利益交融、“你中有我，我中有你”历史条件下，由于利益共生因此需要合作共赢，由于权力共生因此需要权利共享，由于文明多样因此可以文明互鉴，由于安危与共因此需要责任共担，由于共处共存共生因此需要包容互惠。

中国学术界相信经济全球化过程中形成的相互依存、利益交融、“你中有我，我中有你”关系，即使涉及无以计数的矛盾竞争和对抗冲突，由于各国之间具有命运与共性，依然能够和合共生，不仅形成一般性的共同利益，形成多元多样的利益共同体，而且能够成就全人类共同利益和共同价值，建构全球性更加平等均衡的伙伴关系体系。历史经验告诉世人：冲突与融合是历史和合共生的一体两面，今天的世界是历史上在和合矛盾对抗冲突过程中融合发展过来的。当代世界上存在着多种多样因素制约大国间的对抗冲突趋向恶化，存在着众多管理和控制冲突趋向恶化的办法。战争威慑由于被威慑者敢于采取报复性行动，即使报复是如此地不对称，也能成为战争威慑者难以启动战争的重要因素。就此而言，人类命运共同体力量事实上已经成为当代世界维护世界和平、促进共同繁荣的巨大力量。中国抗日战争和世界反法西斯战争的胜利是人类命运共同体的胜利，证明任何损害人类命运共同体的行为最终都是要失败的。[17]

四、在相互依存中探索和衷共济、和合共生之道

如果说美欧学者从国家之间的相互依存中寻找权力的空间，那么按照辩证唯物主义和历史唯物主义原理，则要按照和衷共济、和合共生逻辑，在国家间相互依存基础上，拓展互利共赢、共同发展的空间，共同追求更加美好的未来。因此中国学术界从相互依赖、相互依存合乎逻辑地推导出与美欧学者完全不同的概念：命运共同体、人类命运共同体。人类命运共同体是中国在经济全球化时代的世界观、秩序观、合作观、价值观、责任观，需要坚持和衷共济、和合共生之道，拓展互利共赢、共同发展空间。

（一）何谓和衷共济、和合共生之道

和衷共济、和合共生之道源于世界观的逻辑。人如何看待自我存在的世界？按照马克思主义观点，人自我存在于社会分工与合作的世界，人既有个体性、独立性，要追求“个体利益”，又具有群体性、共生性，相互间存在“共同利益”。在社会分工与合作的世界，除了私人利益还有公共利益，人自我存在的个体性与群体性、独立性与共生性两个侧面同时存在，少了一个侧面都不可能。同样，人要存在、发展也不可能脱离社会分工与合作的世界。

和衷共济、和合共生之道是人类寻求自我实现的逻辑。个体利益之间、个体利益与共同利益之间有了矛盾冲突怎么办？尽管矛盾冲突会发生，但是任何个体都不能摆脱各自利益与共同利益的联系，不能改变个体间的相互依存关系。换言之，矛盾冲突的各方之间还受共同利益牵扯，还受到相互依存关系制约。所以相关各

方要承认共同利益、相互依存的客观性，要承认共同利益基础上衍生出来的共同价值，由此规定了在实现个体利益时要兼顾共同利益和共同价值，以求和合共生。

和衷共济、和合共生之道是人类寻求权力稳定性、可持续性的逻辑。权力的稳定性、可持续性源自相关各方对权力的认可和自愿拘束自己，在于各方均承认权力源于相关各方的相互依存性而不得不认可与接受。由于权力源于相关各方的相互依存性，并且相关各方均有某种舒适性和满意度，因此权力具有稳定性、可持续性。换言之，真实、有效的权力必然是共生的，因此权力必须共享。

和衷共济、和合共生之道是寻求合作共赢的逻辑。什么是和合共生？就共生的基本含义而言，相关各方的自我实现均是在相互适应、满足他者自我实现的需要过程中相互获得自我实现的。换言之，和合共生的过程，本质上是各自获得自我实现的过程；因而和合共生的逻辑是合作共赢的逻辑。如何实现合作共赢？就是要努力使相互适应、满足他者自我实现需要的过程变成和合的过程，变成寻求各自自我实现的相互匹配、契合，以便各得其所、各显其能、各美其美、各有所得，进而实现合作共赢。构建以合作共赢为核心的新型国际关系，也是这个逻辑演绎的产品。

和衷共济、和合共生之道是共建美好世界的最大公约数逻辑。当今世界各国的社会制度、意识形态、历史文化、发展水平均不相同，当然有不同的利益、安全、权力追求，因此需要求同存异、按照最基本的追求来建立共存、共处、共生之道，在逻辑的起点上形成最大公约数，即使贫弱小国也能获得最基本的利益、安全、权力保障。由此形成的最大公约数逻辑是：发展是在与他者共同努力的过程中实现的，发展的成果是在与他者分享的过程中变成利益的，因此在发展自身利益的同时要考虑和照顾他国的利益，坚持正确的义利观。利益是在与他者和合共生中产生、衍生的，因此利益需要合作共赢。权力是在与他者和合共生中获得真实性、有效性，因此各国是平等的，不仅应该相互尊重而且权利需要共享。“己所不欲，勿施于人”是最基本的理性原则。任何国家发展都存在于互联互通的社会“血脉经络”之中，因此需要在结伴而不结盟的前提下形成遍布全球的伙伴关系网络。和合共生过程中存在多种多样风险和危机，因此责任需要共同承担，弘扬同舟共济的伙伴精神。

(二) 和衷共济、和合共生的哲学依据

善与恶不是人的基本属性，而是人的基本属性在特定条件下的表征，因此必须追溯造成“善”与“恶”现象的逻辑原初性、人与人之间关系的逻辑原初性，即人的基本属性是什么。

马克思主义经典作家非常重视人的属性，曾经有过这样描述，他说：“人是最名副其实的社会动物，不仅是一种合群的动物，而且是只有在社会中才能独立的动物。”[18]马克思这个判断为人们提供了人的个体性与合群性的关系、独立性与共生性的关系，亦即人的个体性不能离开合群性，人的独立性只能存在于共生性之中。这种关系不仅涉及“人本身”而且涉及人的最基本属性。由于人对外延伸的所有联系与关系，都是以人的个体性与合群性之间和合共生的逻辑演绎出来，都是以人的独立性与共生性之间和合共生的逻辑演绎出来的，所以人自我实现的独立自主性，只能在相互适应、相互满足他者自我实现需要的过程中才能相互获得，由此构成了人与人之间的共生性与社会性。所谓利益是由于人们发现了自己与对方(对方无论是物还是人)的共生性才发现了利益，是人们在共生关系中实现利益、创造利益，因而需要合作共赢。马克思主义经典作家没有采用过共生性概念而是采用社会性概念，但这两者是共通的。人们之所以能够组织社会、组成各种行为体，是因为社会具有合群性和共生性的内生特性。与共生性相类似的表述在马克思主义经典著作中大量出现，都显示了社会性与共生性的共通性。他们相信，“只有在集体中，个人才能获得全面发展其才能的手段，也就是说，只有在集体中才可能有个人自由”[19]。

中华民族古代先贤早就发现人的个体性与群体性、独立性与共生性的相伴相生性，可见人的这种基本属性古已有之。荀子在《王制》中曾说：“(人)力不若牛，行不若马，而牛马为用，何也？曰：人能群，彼不能群也。”他主张人应该“善群”，亦即要善于处理个人与群体的关系、个体独立性与他者的共生性之间关系，人应该善于组织社会、管理社会。

正是人的个体性与合群性之间和合共生的逻辑演绎、人的独立性与共生性之间和合共生的逻辑演绎，不仅带来了人与人之间的和合共生性，而且带来了社会分工与合作之间和合共生的逻辑演绎，带来了国内社会生产力与生产关系之间、经济

基础与上层建筑之间和合共生的逻辑演绎。“大航海时代”到来后，这种和合共生逻辑演绎趋向使国家社会内部的人类的命运共同体超越国境，从而有了当代人类命运共同体的形成。用恩格斯的话来说，是“把世界各国人民互相联系起来”[20]，日益变得命运与共。换言之，人类命运共同体是特定物质基础上的产物，包括经济全球化发展所形成的物质基础，以经济全球化为驱动力的全球体系所形成的物质基础。

当然，人类命运共同体的形成决非易事。凡是由人组合而成的任何行为体，无论是公司、企业还是国家，都有这类个体性，各自为政、各自为战、各自寻求自我实现。因此相互之间有差异、有矛盾、有猜疑不可避免，即使引起对立对抗冲突也有可能，乃至让人们看到一个不断争斗、经常流血的世界。然而，透过这种纷争甚至血腥的顽瘴痼疾，可以看到的另一个侧面却是相关各方之间的合群性、相互依存性、共生性。因为所有人以及由人组合而成的所有行为体各自要寻求自我实现，都只能走与他者合群、共生之路，都会产生相互依存关系，都只能在与他者合群、共生之中才能发现各自的利益和权力，在相互依存中获得自我实现、共享权益。

人与人之间的命运与共性在人类历史上早已存在，但在当代变得具有普遍性。大禹治水的故事，描述大禹率“万国”民众疏浚河道，之所以有如此威望是因为“万国”间在洪涝干旱面前根本上有命运与共性。这种命运与共性即便是如此单一，但却显示了巨大的威力而能够“协和万邦”。而相互之间的所有矛盾对立对抗冲突都因为相互之间具有合群性、相互依存性、共生性而发生，并且存于其中，因此前后两者之间存在相生相克性。那么如何实现变相生相克为相反相成？如何实现由“和而不同”的存在变成“和实生物”的变化发展？中华民族先人发明了“求同存异”“和衷共济”“刚柔相济”方针，认为可以针对不同状况据此应对，寻求和合共生、和实生物。

当然，和合共生概念也需要进行层次化分析，这表现在：首先，因为有矛盾冲突，所以要和合，达到和合、匹配、契合，才能共生。其次，共生过程中还会产生新矛盾、新冲突，依然要和合，以便保持和合、匹配、契合状态，才能获得共生的可持续性。最后，共生中会产生新的追求，追求新追求时也会产生矛盾冲突，依然需要和合，寻求共生的可持续……而就社会而言，和合共生不仅有不同层次还有不同侧面，不同侧面也有不同层次，各自都有如何和合共生的问题，都有和合共生实际所能达到的程度问题。求同存异，就是只和合了一部分。和合共生是生生不息的动态过程。当代世界，面对矛盾对立对抗冲突的现实，应坚持和衷共济、和合共生，弘扬中华民族智慧结晶。

（三）国际社会只有和衷共济、和合共生一条出路

当前，世界上有 2 500 多个民族。虽然具有五千年以上文明史的民族并不多，但是各自都有自己的历史，各民族创造了多样的文明，在推动自身发展的同时促进了人类社会的进步。各自在发展历程中，各民族对自己的存在和发展既有经验又有教训，不断积累了对世界的认知，包括选择了自己的国家。

人类是一个整体，地球是一个家园。人类是就人的整体性而言，是因为人类是一个整体，相互之间具有命运与共性。经济全球化发展不仅增进了人类整体化发展、深化了人类的命运与共性，而且促成了人类命运共同体的形成。

对人类而言，习近平说“地球是一个家园”，是因为“宇宙只有一个地球，人类共有一个家园”[21]。人与自然是生命共同体，人类必须尊重自然、顺应自然、保护自然。人类开发利用自然资源必须遵循自然规律，人类应与自然和合共生。人类对大自然的伤害最终会伤及人类自身。

面对共同挑战，任何人任何国家都无法独善其身。当代的人类一次又一次共同承受着战祸、灾难的洗礼，包括经受了两次惨绝人寰的世界大战、经济社会的大危机等，以及新冠肺炎病毒全球大流行，无不证明“人类是一个整体”“人类只有一个家园”，而且证明在人类命运与共面前，面对共同挑战，任何人任何国家都无法独善其身。

或许人们曾经认为各人有各人的“命”，各人有各人的“运”，然而现实是各人的“生命”需要人类共同努力来捍卫，各人的“运道”需要人类一起合作来创造。事实不断表明，联合国 190 多个会员国，在全球性危机的惊涛骇浪里，各国不是乘坐在 190 多条小船上，而是乘坐在一条命运与共的大船上。小船经不起风浪，巨舰才能

顶住惊涛骇浪。

和衷共济、和合共生之道是历史的选择。国家间外交关系不仅有悠久的历史而且经历了复杂的变迁。如果说国家间外交关系在相当长的历史时期里是在各自“自给自足和闭关自守状态”中开展的、是在“孤岛”中度过的，那么在当代人类命运共同体历史条件下，国家间相互依存、利益交融、“你中有我，我中有你”，不同社会制度、不同意识形态、不同历史文化、不同发展水平的国家之间命运与共，在国际事务中利益共生、权利共享、责任共担。即使面对共同威胁、灾难，也要同舟共济，守望相助。团结奋斗是迎战威胁、战胜灾难的唯一正确道路。任何相互掣肘，任何无端“甩锅”，都会贻误战机、干扰大局。国家之间即使有政见不同，也要摒弃冷战思维，实现和平共处，争取合作共赢、共同发展。

五、新型全球发展伙伴关系是人类命运共同体的物质基础

倡导人类命运共同体意识变成了相关国家争取互惠互利、合作共赢的历史机遇，使“一带一路”变成了相关各国共商共建共享全球新型伙伴关系的公共产品，为相关各国的共同发展提供了巨大空间。

（一）合作共赢、共同发展是国家间相互依存关系的合理内核

由于国家间的相互依存关系，客观上存在不同程度的不平衡性和非对称性，这种状况仿佛变成了美国施展霸权主义的来源。与美国经常在国家之间的相互依存中寻找支配他者的着力点、用力处相反，人类命运共同体意识则揭示了当代世界国家间相互依存的本质是命运与共性，合理内核是合作共赢、共同发展，因此能够引领世界各国科学地认识国际社会相互依存的现实，共同构建创新、活力、联动、包容的世界经济，共同构建更加平等均衡的新型全球发展伙伴关系，争取合作共赢、共同发展的美好前景。习近平说：“以‘一带一路’建设为契机，开展跨国互联互通，提高贸易和投资合作水平，推动国际产能和装备制造合作，本质上是通过提高有效供给来催生新的需求，实现世界经济再平衡。……有利于稳定当前世界经济形

势。”[22]二战后的经验教训告诉世人，用“更加平等均衡”性来减少相互依存中出现某种程度的不平衡性和非对称性，不仅是合作共赢、共同发展的需要，而且是用好相互依存关系的需要，是为世界经济稳定并可持续发展增添动力的需要，是维护世界和平与安全的需要。如果说相互依存在国际社会具有普遍性是二战后的新情况，那么如何避免相互依存条件下的霸凌现象则是适应历史发展的新课题。因此，不仅打造新型全球发展伙伴关系需要在“更加平等均衡”上下功夫成了适应这个新课题的历史性创举，而且“更加平等均衡的新型全球发展伙伴关系”这个概念提出的本身也成了理论创新的历史性成果。

自从马克思提出“生产的国际关系”[23]概念后，学术界一直在资本主义现象范畴内诠释这个概念。而“更加平等均衡的新型全球发展伙伴关系”概念则是对马克思主义“生产的国际关系”概念在当代历史条件下的创造性发展，不仅丰富了其内涵而且为其稳定发展、增强普遍安全性提供了前进的方向。之所以这样说，是因为资本主义历史条件下生长起来的“生产的国际关系”所固有的合理内核，是要求在社会分工与合作过程中的相关各方能够合作共赢、共同发展，否则资本主义不可避免地会陷入衰退和危机。然而这个合理内核在资本主义历史条件下，因为极端不平等、不均衡性而根本没有付诸实践的可能。“建立更加平等均衡的新型全球发展伙伴关系”不仅揭示了“生产的国际关系”的合理内核，而且在人类命运共同体形成的历史条件下，亦即由于国家之间相互依存、利益交融、“你中有我，我中有你”的相互交织融合，第一次有了实践的可能，因此有了倡导和推动共商共建共享“一带一路”的重大举措，这不能不说是一个历史性的伟大创举。

党的十八大报告在解析如何实现“合作共赢”时，不仅第一次提出了“人类命运共同体”概念，而且第一次提出了“更加平等均衡的新型全球发展伙伴关系”概念，可见这两个概念之间相互匹配、契合的重要意义。习近平说：“构建人类命运共同体，关键在行动。我认为，国际社会要从伙伴关系、安全格局、经济发展、文明交流、生态建设等方面作出努力。”[24]伙伴关系不仅被列入行动方面，而且被置于诸方面行动之首，可见打造更加平等均衡的新型全球发展伙伴关系，不仅是中国所坚持的国家间交往的指导原则，而且是实现互利共赢、共享发展的重要路径。

在党和政府的相关文献中，“伙伴关系”概念的使用，虽然除了“更加平等均衡的新型全球发展伙伴关系”之外，还有“全球伙伴关系”“全球伙伴关系体系”“全球伙伴关系网络”“朋友圈”等不同表述，但核心意涵都是“新型全球发展伙伴关系”概念所要表达的基本内涵——“更加平等均衡”。用合作共赢、共同发展的新型全球发展伙伴关系来构建新型国际关系，为建设人类命运共同体奠定坚实的物质基础，符合当代国际社会发展的大趋势。

（二）伙伴要有适应经济全球化发展的本来意涵

在当代国际关系中“伙伴”是一个常见词语，出现了各种各样“伙伴关系”的使用，然而其中却有新与旧之别、优与劣之分：有的相关各方都有舒适度，有的却不是；有的对相关各方的发展与安全利益均具有可靠性，有的却并不如此；有的是患难与共，同舟共济的真朋友，而有的却是尔虞我诈。美国以结盟为前提的伙伴关系，有明确对付第三方的针对性，是为了拉帮结伙闹对抗、打群架，形成“狼群”势力、为自己围猎食物，给其他国家发展与安全利益带来威胁，构成当代世界不稳定因素、威胁世界和平。美国如此的盟国政策，能否给结盟的相关各方发展与安全利益提供有益的能力增量，同样是“如人饮水，冷暖自知”。因此对伙伴关系研究首先必须回归到“伙伴”的本来意义。

“伙伴意味着一个好汉三个帮，一起做好事、做大事。”[25]例如共同努力打造推动经济合作一体化发展的制度平台，打造加强发展经验交流的政策平台，打造反对贸易保护主义的开放平台，打造深化经济技术合作的发展平台，打造推进互联互通的联结平台等一系列实践。

伙伴关系意味着建立平等相待、互商互谅。既然是伙伴，首先的要义是相互尊重，不仅人格上要有平等性而且国格上要有平等性。互相尊重主权和领土完整、互不侵犯、互不干涉内政、平等互利、和平共处五项原则就是国格平等性的具体体现。“和平共处五项原则”的核心要义就是相互尊重、平等相待，包括各国自主选择社会制度和发展道路。按照相互尊重、平等相待的逻辑，不仅各国的前途命运只能由各国人民自己去创造，各国如何推动经济社会发展、如何改善人民生活的实践，都应由各国人民自己做决定，而且世界的前途命运必须由各国共同掌握、不能由个别国家垄断，国际社会同样需要世界各国共商、共同来治理，即使相互之间有分歧也应该互商互谅来弥合。换言之，只有懂得相互尊重、平等相待，才会知道相互间如何寻求共存、共处、共生，才会知道如何相互往来、如何互商互谅。

伙伴关系意味着合作共赢、互学互鉴、共同发展。[26]当今世界，仍有相当多的发展中经济体确实面临较多困难，而如果没有他们的发展，其他国家的发展就可能缺乏可持续的基础，即使发达国家也会发生困难。由此引申出合作共赢、互学互鉴、共同发展的逻辑。

在没有危机的情况下，富国或许对国家之间贫富差距不当一回事。然而由国家之间贫富差距带来的产业链、供应链和价值链失衡，世界市场的失衡，则会造成通货膨胀、经济滞涨、经济危机等诸如此类的风险。如何避免危机的出现？按照“木桶效应”，国家之间唯有互学互鉴，优势互补，扩大联动效应，缩小贫富差距，才能实现共同发展。

伙伴关系意味着发扬同舟共济精神。当今世界，各国国情不同、发展阶段不同、面临的现实挑战不同，但是要推动经济增长的愿望相同，应对危机挑战的利益相同，实现共同发展的憧憬相同。就此而言，相关各方不仅有共同的追求而且有共同的利益，因此面临共同风险和共同挑战时有可能发扬同舟共济的伙伴精神，克服世界经济的惊涛骇浪。

伙伴关系意味着坚持“三位一体”性原则。当今世界是经济全球化的伙伴时代，新型全球发展伙伴关系与时代的根本特征具有关联性，是我国“在坚持不结盟原则的前提下广交朋友，形成遍布全球的伙伴关系网络”的理论依据之所在。经济全球化的伙伴时代是国家之间相互依存、利益交融、“你中有我，我中有你”的时代，是共生性全球体系居主导地位的时代，所有行为体均处在各种各样共生性网络关系的体系之中，其根本特征是：一方面各国要坚持独立自主发展，各有自己的梦想与追求，各自都珍惜自己的历史文化传统或者对自己的现实各有偏好，而另一方面是经济全球化造就的“你中有我，我中有你”的相互依存性、利益交融性发展。尽管相互之间依然存在各种矛盾冲突，但是事实上已经在各国之间形成了兴衰相伴、安危与共的命运共同体。

各国在与他国的利益交融性发展过程中既坚持独立自主、发扬自己的特色，又要与他国合作共赢、共同发展，不仅要为自己发展尽心尽力，而且也要为他国发展作出自己的贡献。当代世界各国之间既承担自己的责任又分享他国的利益，“搭便车”现象比比皆是。发展中国家有搭便车行为，发达国家也有借发展中国家的发展势头“搭便车”的行为，相关事实都不胜枚举。由此形成的命运共同体发展趋向既要求利益共同体的发展，又要求责任共同体的发展，具“三位一体性”要求。而正是这种“三位一体性”要求才能转化为国家之间克服、缓解相互之间矛盾冲突的动力，建设国际法治，并成为共同努力的重要方向。提高国际法在全球治理中的地位和作用，确保国际规则有效遵守和实施，由此带来的是“和实生物”，和谐共生，共同发展。

（三）构建遍布全球的平等均衡发展伙伴关系网络

在经济全球化运动过程中，国家之间利益共同体、责任共同体、命运共同体“三位一体性”的包容性塑造要求是一直客观存在的，正是因为在“三位一体性”实践过程中存在这样或那样的问题而使经济全球化历史运动过程出现这样或那样的曲折。中国坚持“三位一体”性要求，追求合作共赢、共同发展目标，具体落实到国家之间政治、经济、安全、文化等各种关系的方方面面，坚持正确的义利观，做到义利兼顾，在包容性塑造利益共同体的过程中注重责任共同体的包容性塑造，用总体安全观的责任共同体来维护、保障利益共同体，因此是使利益共同体、责任共同体、命运共同体“三位一体性”适应经济全球化运动的合理选择。

就此而言，责任共同体不是简单地分摊各国的责任是什么，而是要在政治、经济、安全、文化等利益共同体的方方面面关系上追求发展与安全的整体谋划，按照合理需求原则、底线原则、规制性原则来包容性塑造，实现总体安全性。

由于利益共同体与责任共同体是刚柔融合、互补互济的统一体，因而使命运共同体具有活力，具有生命力，能适应同舟共济的需要。这也告诉我们包容性塑造新型全球伙伴关系网络不只是外交部门的事，还是所有涉外部门及单位共同的事业，需要齐心合力、同舟共济。国家涉外关系是一个分层次的体系，是一个由理念层面、原则层面、规则层面、操作层面所组成的复合体，既要用理念、原则层面来引领规则、操作层面，又要用规则、操作层面的“对症处方”来确保目标与手段的统一。

不同国家有不同的国情、不同的文化、不同的社会制度、不同的发展需求、不同的政策规定，所以必须使亲诚惠容理念、使全球伙伴关系内核的“三位一体性”要求在不同的对象国本土化、制度化、机制化，才能使全球伙伴关系扎根于对象国的土壤之中，扎根于对象国的民心民情之中，即使发生地动山摇也能巍然不动，也能经得起国际风云变幻的考验。

综上所述，“新型全球伙伴关系”的基本内涵主要涵盖以下四个方面：第一，“在追求本国利益时兼顾他国合理关切”，不能只顾追求本国利益，更不能奉行本国利益高于一切而无视他国利益，甚至否定他国的核心利益、根本利益。第二，要“在谋求本国发展中促进各国共同发展”，使本国发展能变为他国发展的机遇、机会，能为他国发展创造更好条件，使本国能够成为他国共同发展的伙伴。毫无疑问，既不能将他国发展视为对自己的威胁，也不能将自己置于威胁他国发展的地位，更不能将自己与他国基于产业链、产品生产链、价值链、资源供需、货币支付结算等经济关系所形成的相互依存当作对他国“掐脖子”的工具。第三，共同发展符合和合共生的基本原理。因为任何个体的发展均是在相互适应、满足他者发展需要的和合共生过程中获得发展机会，各自是在相互适应、满足他者需要的和合共生过程中获得自我实现，显示了相关各方发展之间的平等性、均衡性。第四，共同发展的本来意义还包括：利益是共生的所以要合作共赢；权利是共生的所以权利要共享；权力是共生共享的所以权力可以共创；战胜风险的得益是共享的，所以在战胜风险过程中要同舟共济。世界上既不存在没有权利的责任也没有不承担责任的权力，均需要在权责共担、增进共同利益的过程中实现个体利益。而倡导人类命运共同体、建立更加平等均衡的新型全球发展伙伴关系的目的首先要增进人类共同利益，以便确保实现个体利益，这似乎与“大河有水小河满”原则相类似。

六、人类命运共同体与新型全球发展伙伴关系相伴相生

人类命运共同体与新型全球发展伙伴关系这两个概念的提出，是中国共产党人对当代国际社会基本结构认识的伟大发现，是对马克思主义“生产的国际关系”理论在当代历史条件下的创造性发展，以便在妥善处理这两者关系的过程中增强国际社会和平发展的稳定性、可持续性与普遍安全性。因此这两个概念在实践中的相互匹配性、契合性，是增强国际社会和平发展稳定性、可持续性的基本保障。

（一）人类命运共同体与新型全球伙伴关系之间需要相匹配

人类命运共同体与新型全球发展伙伴关系，是既相对应又相匹配的两个基本概念、两个国际社会发展的基本趋势，两者之间互为表里、相伴相生、相得益彰。如果说前者是偏重于从国家间关系，尤其是就新型国际关系而言的，那么后者则偏重于从国家间经济关系说起，赋予“生产的国际关系”在新时代的新内涵。如果说前者偏重于作为引领当今世界时代潮流和人类前进方向的理念、意识、观念，那么后者偏重于新型全球发展伙伴关系的构建、为前者提供更坚实的基础。

建设人类命运共同体在相当大程度上是就引领新型全球发展伙伴关系建设而言，如果说前者是后者的引领意识，那么后者则是为前者构筑物质基础，共商共建“一带一路”则是共同为打造新型全球发展伙伴关系提供切实可行的样板。在此意义上，共商共建“一带一路”不仅是打造新型全球发展伙伴关系的抓手，而且其成就将直接影响人类命运共同体建设。

（二）国际社会与国内社会有不同的基本结构

人类命运共同体与新型全球发展伙伴关系的关系并不类似于国内社会的基本结构关系。按照马克思主义政治经济学理论，国内社会的基本结构关系是由生产力与生产关系、经济基础与上层建筑的关系构成的。但是这种基本结构无法自动

延伸为国际社会的基本结构。尽管从理论上说，国际社会是由各国内部生产力与生产关系越出国境的发展所成就的，但是在国际社会并没有相应地构建起统一的生产力与生产关系、经济基础与上层建筑的关系结构。国家在国际社会的荣辱安危，并不存在受类似国内社会那种生产力与生产关系、经济基础与上层建筑的关系所左右的情况。换言之，活跃于国际社会的所有行为体均由各国，或者直接由行为体自我组织、自我经营、自我防卫。国际社会没有统一的政府，因此在现象上被称为“无政府状态”。历史上尽管不断出现企图称霸世界、一统天下的大国，并且为此东征西夺，但是都无法在国际社会建立“统一的政府”，因此国际社会没有经济基础与上层建筑的关系可言。

国际社会不存在类似国内社会的基本结构，但并不等于没有与自己特殊性相匹配的基本结构。国际社会的特殊性在于：第一，所有国家都是主权国家，相互之间没有从属性；第二，没有凌驾于主权国家之上、类似于世界政府的机构；第三，所有主权国家自我组织、自我管理、自我实现、自我保护，类似于无政府状态；第四，国家是国际社会基本成员，按照国家主权原则都是国际社会平等成员等。换言之，国际社会即使有基本结构也要首先适应国际社会这类特殊性，或者说国际社会的基本结构是适应这类特殊性逐渐生长起来的。

（三）人类命运共同体的物质基础基本结构

“生产的国际关系”是马克思用来表达国际社会物质基础基本结构的概念，是为世界经济学所确定的研究对象。尽管在历史上，由于国内社会的生产力与生产关系的对立统一性越出国境向海外延伸，曾经由殖民地宗主国在殖民地建立了类似国内社会的政治经济结构，但是不同宗主国的殖民地之间并没有形成统一的生产力与生产关系的关系结构。而当代人们所见到的国家之间相互依存、利益交融、“你中有我，我中有你”和“一荣俱荣，一损俱损”现象，却是社会的分工与合作的产业链、供应链、价值链在各国之间相互延伸、纵横交织所形成的“生产的国际关系”所造就的，是资本在各国之间相互流动、相互渗透、相互交织、相互融合过程中带来的“生产的国际关系”所造就的。可见“生产的国际关系”在历史变迁中已经发生了巨大的变化。

按照马克思主义原理,“生产的国际关系”是国际社会全体成员的共同活动所形成的。由于在商品市场经济历史条件下,资本与万物一样既有个体性又有共生性,既以追求剩余价值为目标又相互依赖金融市场、原料市场、劳动力市场、销售市场、物流市场等各种各样市场资源。如果说追逐剩余价值显示资本的个体性,那么后者显示资本的共生性,资本只有在市场的共生关系中才能获得个体性的自我实现。换言之,资本的共生性成就了各种各样市场,而市场显示的相互依存性、流动性和活力为资本提供了生命力。没有市场便没有资本生命力。市场失去相互依存性、流动性便会使资本失去生命力。资本的个体性与市场的相互依存性成就了资本的个体性与共生性的对立统一性,构成了资本海外扩张的驱动力,因此驱使资本家奔走于世界各地。《共产党宣言》指出:“资本是集体的产物,它只有通过社会许多成员的共同活动,而且归根到底只有通过社会全体成员的共同活动,才能被运用起来,”“因此,资本不是一种个人力量,而是一种社会力量。”资本作为“一种社会力量”的海外扩张成就了纵向与横向交织的生产链、供应链、物流链、价值链,从而造就了相应的“生产的国际关系”,包括国际分工与合作体系的共同塑造,各种各样伙伴关系的共同塑造,国家间关系的共同塑造,构成了经济全球化的历史运动。习近平说:“历史地看,经济全球化是社会生产力发展的客观要求和科技进步的必然结果,不是哪些人、哪些国家人为造出来的。”[27]经济全球化历史运动,由于国际分工与合作体系、国家间关系的流动性会由于各种各样不公正、不合理、不平等性而造成各种各样不均衡性,会使人们面临多种多样障碍和各种清障能力的挑战,因此一直是困难重重、艰难曲折、波涛起伏。

然而在历史上,传统的“生产的国际关系”中参与共同活动的全体成员的关系存在严重的不合理性。马克思主义经典作家指出,在传统“生产的国际关系”中,只有“资本具有独立性和个性,而活动着的个人却没有独立性和个性”。[28]这符合资本主义社会的现实,符合当年殖民主义的事实。在殖民主义者曾经到达的国家和地区,那里的国家和人民被剥夺了独立性和个性,失去了自由。于是,让“社会全体成员的共同活动”都能相对地获得独立性、个性和自由,变成了社会变革的基本方向,世界掀起了波澜壮阔的民族解放运动。二战后殖民主义体系崩溃了，但是让“社会全体成员的共同活动”都能相对地具有独立性、个性和自由这些问题并没有根本解决。所谓投票权的自由意志依然从属于资本的意志。旧的国际政治经济秩序中种种不公平不合理因素依然阻挡着社会前进，即使国家之间虽有合作但难以共赢，许多人甚至认为共赢是不可能的。显然这是按照传统的国际体系、按照传统的以经济全球化为驱动力的全球体系得出的结论。这表明传统国际体系、传统全球体系有变革的必要。

在当代，要打造新型全球发展伙伴关系，则要在人类命运共同体意识指引下，“要在坚持不结盟原则的前提下广交朋友，形成遍布全球的伙伴关系网络”[29]，坚持对话不对抗、结伴不结盟，“努力打造利益共同体、责任共同体、命运共同体，共同营造良好环境”[30]。并且以利益共同体、责任共同体、命运共同体“三位一体”基本结构关系（简称“三位一体基本结构关系”）为基础，构建以合作共赢为核心的新型国际关系，走出一条国与国交往的新路，为打造人类命运共同体奠定坚实的物质基础。

伙伴关系与“三位一体基本结构关系”之间的关系是表里关系、外壳与内核关系；后者是前者的内核，前者是后者的外壳，或称其为后者的存在形式，前者的是非曲直是依据后者是否具有合理的“三位一体性”来判断的。国家之间在合作发展过程中，发展与安全均是相关国家首先关注的两件大事，均不会偏废，同样可以依赖后者合理的“三位一体基本结构关系”来实现。因此全球伙伴关系研究的核心问题是后者的“三位一体基本结构关系”研究，不仅要思考建立什么样的利益共同体、什么样的责任共同体、什么样的命运共同体，而且要思考如何使利益共同体、责任共同体、命运共同体三者之间的结构体系具有协调性、合理性，使相关各方既能独立自主发展又能合作发展，使伙伴关系既有舒适度又有可靠性。

在当代国际关系中，许多伙伴关系的内核事实上并不具有合理的“三位一体性”，三者之间的基本结构关系既不协调又不合理，因而使伙伴关系既没有舒适度、满意度又没有可靠性。因此新型全球发展伙伴关系的构建，在路径上必须包容性塑造新型伙伴关系、新型国际关系，在目标上必须寻求责权共担、利益共享、合作共赢，共同发展。就关系与观念的逻辑而言，新型全球发展伙伴关系决不是就关系论关系的结果，而是由合作共赢、共同发展的观念引领的，遵循的是责权共担、利益共享的关系理性逻辑。国家之间建立什么样的利益共同体、什么样的责任共同体，以及利益共同体、责任共同体、命运共同体能否具有合理的"三位一体性"，伙伴关系内核的三者结构性体系是否协调、合理，能否得到有序安排，不只是如何操作、如何建构的技术性问题，要回答以何种观念来引领，必须强调先进观念的引领作用。然而先进观念同样只能源自我们所处时代的根本特征。经济全球化时代的根本特征规定了国家之间的合作发展必须倡导亲诚惠容的理念，追求合作共赢、互利共赢的目标，而这正是所有国家不得不为之进行努力的方向，具有普遍主义特征。

(四) 高举人类命运共同体旗帜，循着历史发展必由之路前进

马克思主义有许多重要特征，其中一个重要特征就是在对抗冲突激烈、风雨如磐之时能够把握历史发展趋势，预见历史发展趋势的必由之路。马克思列宁主义关于国际社会的论述，曾经有过一系列历史发展趋势的判断。这些判断经过漫长的历史逻辑演绎，逐渐显现出旧的体系内孕育着新体系的成长，一旦时机成熟便会呱呱坠地，而今需要我们继续打造的人类命运共同体和新型全球发展伙伴关系，正是如此产物。

19 世纪 50 年代前后是资本主义国家争夺殖民地和势力范围十分激烈的时期。马克思主义经典作家毫无疑问地看到了这种历史发展的现实趋向，即资本主义危机不断恶化，战争与革命不可避免。这就是人们看到的第一次世界大战前后欧美社会的现实。马克思列宁主义经典作家在目睹危机、冲突、战争的资本主义世界现实的同时都发现了世界的体系性发展历史趋势。从"世界联系的体系"到各民族的各方面的互相依赖，再到"生活在许多国家组成的体系"，都让人们感受到世界融合发展趋向的磅礴气势，都让人似乎看到一个新社会正在孕育、即将降临人间。"生活在许多国家组成的体系"，这个表述与今天所说的"人类命运共同体"非常相似。

第一次世界大战是资本帝国主义重新瓜分世界的大战。大战前夕，列宁发现世界近现代历史发展已经出现两个趋向。他在论述民族问题时说："在资本主义的发展过程中，可以看出民族问题上有两个历史趋向。第一个趋向是民族生活和民族运动的觉醒，反对一切民族压迫的斗争，是民族国家的建立。第二个趋向是民族之间各种联系的发展和日益频繁，民族壁垒的打破，资本、一般经济生活、政治、科学等等的国际统一的形成。"[31]如果说第一个趋向可以简言之为"民族、民族国家历史发展趋向"，那么第二个趋向可以简言之"经济全球化历史发展趋向"。这两个历史发展趋向揭示"大航海时代"到来后国际社会的两个并行发展的历史运动。

纵观经济全球化历史发展趋势，"大航海时代"，人们的直接感觉是殖民主义的全球扩张，炮舰外交、攻城略地，在世界各地留下的都是血与火的痕迹。但是从市场扩张视角来看则是资本家奔走于世界各地，在各地安营扎寨、安家落户，是世界市场的全球拓展。欧洲列强奔走于世界各地，不仅驱动商品的世界性流通，而且驱动货币的世界性流通，因此产生了国际流通货币，造就了货币兑换与汇率、国际借贷，建立了国际收付、结算制度，建立了国际金融市场，在形成商品市场、原料市场的同时形成了国际金融体系。在 19 世纪末 20 世纪初以前，世界已经经历了"世界经济紧密联结成为一个单一的、相互依赖的整体"[32]的过程，同时也将各国的经济、政治、社会、文化、科学等连接起来，展示了"把世界一切国家牢牢地结成一个体系"[33]的漫漫历程，国际体系也由欧洲延伸到北美大陆。随着经济全球化驱动这个过程的推进，不仅一国内出现的问题发生外溢，全球体系性发展不平等、不均衡问题也突显，诸如由于供需失衡、生产与消费的失衡得不到有效处理，最终导致了经济危机，进而转化为全面危机，再进而演变成世界性危机。战争也由个别国家之间的战争转变为世界大战，1914 年爆发了第一次世界大战。直到经历"30 年代大危机"和第二次世界大战，人们才发现自己已经生活在一个全球体系之中，需要有全球层面上的体系性建设，开启了全球治理的议程，包括联合国、世界贸易组织（最初称为"关税与贸易总协定"）等全球性国际组织因此而诞生。

二战后，经济全球化发展被美苏冷战所分化。由美国居于主导地位而建设的

"全球"体系也被打上了美国的印记,"全球"体系呈现一定程度的开放性,国际规则也愈发完善与多样,新兴国家存在一定的生长空间。这都促进了经济全球化加速发展。1991年苏联解体后,美国主导建立的"全球"体系才有了真正的全球性内涵。在经济全球化推动下,发达国家有了稳定、可持续的发展,发展中国家也有了群体性崛起可能,而且国家间经济关系出现了深度的相互依赖,利益交融在扩展,但二战后的国际体系和全球体系不可避免地带有旧时代的痕迹和弊病,因此人们一般称为传统国际体系和传统全球体系。

由于任何国家在传统国际体系与传统全球体系中所处地位、运动变化的空间和条件各不相同,因此各自有了如何做发展战略设计的不同选择。换言之,任何国家做发展战略设计,不仅应该置身于国际社会多边关系之中来考虑,而且应该置身于国际体系与全球体系的历史运动变化过程之中来考虑。在两个体系并存的世界上,善于发现自己战略被动的短板,善于找到自我实现战略主动的路径,研究扬长避短的办法,才有可能实现战略被动转换成战略主动。[34]

传统国际体系与传统全球体系并存,不仅相伴相随而且相互影响、相伴相生,其中最显著的成果是经济全球化成为影响国际关系的重要趋势,包括国际体系已经不再是传统意义上的自然状态。经过战后几十年的多次变革和调整,当今的世界秩序尽管依然问题不少,但是制度、机制、规则已经相当发达,几乎涉及国际生活的方方面面。

在经济全球化大潮驱动下,如果说与传统国际体系相伴生长的是人类命运共同体,那么与传统全球体系相伴生长的是新型全球发展伙伴关系体系。如果说人类命运共同体成长面临着如何与传统国际体系相异相成的挑战,那么新型全球发展伙伴关系体系同样承担着如何与传统的全球体系相异相合的历史性转变。尽管在过程中不可避免地会出现这样或那样的障碍,不可能一帆风顺,包括经济全球化是一把"双刃剑",会出现一些负面影响,经济全球化过程也会出现波涛起伏,但是"历史地看,经济全球化是社会生产力发展的客观要求和科技进步的必然结果,不是哪些人、哪些国家人为造出来的。经济全球化为世界经济增长提供了强劲动力,促进了商品和资本流动、科技和文明进步、各国人民交往"[35]。所以在人类命运共同体旗帜下，国际社会能在和衷共济、和合共生的道路上合作应对一切挑战，打造全球发展伙伴关系体系，为世界经济发展开辟一条新路，在合作共赢、共同发展中促进各国之间的相互依存、增进利益交融、“你中有我、我中有你”，推进国际体系的良性演进。

注释

1.《马克思恩格斯选集》第1卷，人民出版社1966年版，第8页。

2. 习近平：《在莫斯科国际关系学院的演讲（全文）》，中国政府网，http://www.gov.cn/ldhd/2013-03/24/content_2360829.htm，登录时间：2022年1月8日。

3. 习近平：《习近平谈治国理政》第二卷，外文出版社2017年版，第481页。

4. 习近平：《共同构建人类命运共同体——在联合国日内瓦总部的演讲》，《人民日报》2017年1月20日，第2版。

5. 习近平：《习近平谈治国理政》第二卷，第484页。

6.《马克思恩格斯选集》第1卷，第31页。

7. 米尔斯海默：《我可能已经说130遍了　中国无法和平崛起》，新浪网，https://news.sina.cn/gn/2020-06-12/detail-iirczymk6596672.d.html，登录时间：2021年12月31日。

8.《〈中国的和平发展〉白皮书（全文）》，中华人民共和国国务院新闻办公室。

9. 参见习近平：《习近平谈治国理政》第二卷，第482页。

10. 同上书，第513页。

11. 同上书，第35页。

12.《马克思恩格斯选集》第1卷，第36页。

13. 同上书，第242—243页。

14. [英]亚当·斯密：《国富论》，谢祖钧译，新世界出版社2007年版，第436页。

15.《列宁全集》第20卷，人民出版社1958年版，第10页。

16.《马克思恩格斯全集》第46卷，人民出版社2003年版，第392页。

17. 金应忠：《中国抗战胜利是人类命运共同体的胜利》，《人民日报》2015年9月1日。

18.《马克思恩格斯选集》第2卷，人民出版社1966年版，第199页。

19.《马克思恩格斯选集》第1卷，第78页。

20. 同上书，第204页。

21. 习近平：《习近平谈治国理政》第二卷，第538页。

22. 同上书，第504页。

23.《马克思恩格斯选集》第2卷，第222页。

24. 习近平：《习近平谈治国理政》第二卷，第541页。

25. 同上书，第454页。

26. 同上书，第454页。

27. 同上书，第477页。

28.《马克思恩格斯选集》第1卷，第253页。

29. 习近平：《习近平谈治国理政》第二卷，第444页。

30. 同上书，第502页。

31.《列宁全集》第20卷，第10页。

32.《泰晤士世界历史地图集》中文版翻译组译：《世界史便览　公元前9000年—公元1975年的世界》，生活·读书·新知三联书店1983年版，第476页。

33.《列宁全集》第28卷,人民出版社1989年版,第134页。

34. 参见金应忠:《空间与轨迹:两个体系中的中美关系——中美关系战略定位历史变迁新解》,《社会科学》2009年第12期,第3—11页。

35. 习近平:《习近平谈治国理政》第二卷,第477页。

(原载《国际观察》2022年第3期。)

写在最后

任晓教授让我写一个后记，写一写我眼里的金应忠。

我和先生相识于复旦附中，携手于复旦大学校园。在我们两人相携50多年的岁月里，我深深感受到了他对家国的热爱，对事业的执着，对工作的热忱，对后辈的关心。

初到奥克兰，凭着他多年善于和人打交道的经验，上到亚裔国会议员、华语电视台主播，下到普通的华人老伯伯、老奶奶，他都会和他们聊新西兰，聊中国，聊新中关系，聊世界，聊得津津有味、欲罢不能。乃至一位华人老伯伯几乎隔几天就会在我先生早锻炼必经的路口等他，要听他讲国际上发生的事情，听我先生有什么见解。至于洋人邻居，我先生也和他们聊得起来，邻居们都喜欢这个博学多闻的中国爷爷。久而久之，我先生出去锻炼身体，一路上，和华人、洋人朋友打招呼都来不及。大家都知道那个戴墨镜、白手套的华人老爷爷是研究国际关系的，什么都知道！我先生也以此为乐。

每天去海边转一圈回来，接下来便是他的写作时间，我们都不打扰他。一般，我先生一天总是会写六到七个小时，我总在想，他脑子里哪来那么多的东西好写?！先生写作时，孩子们都知道，这是外公在做学问，因为外公要写书！他们觉得，也要像外公一样，好好学习，做一个对社会有用的人。他们对外公说的最多的一句话是:我爱您，外公！

最后的几年里，因为身体和疫情的关系，我先生一直和我们一家定居在新西兰。但是他心心念念的依然是祖国，时时刻刻关注着国内的社会发展和经济形势。虽然远隔重洋，但感谢现代科技的发展，网络的普及，使他依然能够随时和国内的朋友们进行沟通交流。他经常在国内外各种媒介发表文章阐述他的观点和看法。

近年来，更是废寝忘食，笔耕不辍，撰文多篇发表于国内外的网络、杂志上，对祖国的眷恋之情，溢于言表。先生深知社会科学研究的辛苦与不易，虽然人在海外，仍然通过视频和音频热心地参与对后辈学生的授课和座谈会。同时，因为定居海外，使他有更多机会与孙辈交流，不断对小辈们进行祖国的传统文化和艺术熏陶，把中国是所有中华儿女的根的理念根植于小辈们的心里。孙辈们都以外祖父为榜样，努力学习中文，拥有一颗中国心！

最后要感谢任晓教授的帮助和支持，他花费了不少心血，才使先生的文稿得以编订出版，也让我对先生的承诺得以实现。希望这本文集能够对国际关系理论学术界有些许的贡献，我想先生在天之灵也会有所感慰吧！

金应忠夫人　徐苹

2023 年 12 月 8 日

图书在版编目(CIP)数据

共生与国际关系 ： 金应忠文集 / 金应忠著 ； 任晓编. -- 上海 ： 上海人民出版社， 2025. -- ISBN 978-7-208-19384-0

Ⅰ. D81－53

中国国家版本馆 CIP 数据核字第 2025ZK5312 号

责任编辑 史美林

封面设计 夏 芳

共生与国际关系

——金应忠文集

金应忠 著

任 晓 编

出　　版 上海人民出版社

(201101 上海市闵行区号景路 159 弄 C 座)

发　　行 上海人民出版社发行中心

印　　刷 上海商务联西印刷有限公司

开　　本 720×1000 1/16

印　　张 26

插　　页 2

字　　数 387,000

版　　次 2025 年 5 月第 1 版

印　　次 2025 年 5 月第 1 次印刷

ISBN 978－7－208－19384－0/D・4468

定　　价 118.00 元